# 창의·인성 교육의
## 이론과 실제

강충열 · 김경철 · 한상우 · 신문승 공저

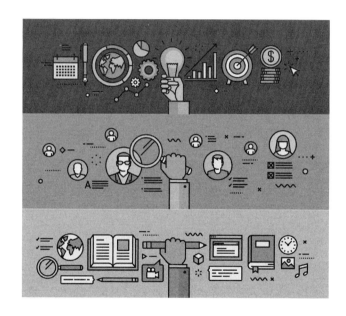

학지사

# 머리말

　'창의·인성 교육'은 교육부와 시·도교육청에서 교육 혁신의 주요 정책 중 하나로 추진하고 있는 개념이다. 창의·인성 교육은 창의성 교육과 인성 교육이라는 서로 다른 장르의 교육을 통합하여 지칭하는 말이다. 창의성 교육(creativity education)이란 독창적이고 유용한 산물을 생산해 낼 수 있는 능력을 길러 주는 데 초점을 맞춘 교육이고 인성 교육(character education)은 인간으로서의 됨됨이(personhood) 형성에 초점을 맞춘 교육이다. 인성 교육은 각각 사람이 가지고 있는 고유한 특성(personality 또는 personal traits) 혹은 개성(individuality)을 바꾸는 것이 아니라, 사람으로서 지녀야 할 됨됨이, 즉 인격을 형성하는 교육을 의미한다. 또한 범문화적으로 보편적인 도덕적 가치[덕(virtues)이라고도 함]를 지도하기 때문에 가치 교육 또는 덕 교육(virtues education)으로도 불린다.

　창의성 교육은 자아실현과 사회에의 공헌을 목적으로 한다. 자아실현이란 학생 자신이 타고난 잠재력을 충분히 계발하여 되고자 하는 사람이 되는 것을 말하고, 사회에의 공헌이란 학생이 성인으로 성장하여 창의적인 작품을 생산해 사회의 제 영역에 발전을 가져오도록 하는 것을 말한다. 인성 교육은 학생이 선한 것을 알고, 선한 것을 사랑하고, 선한 것을 행하는 사람이 되도록 하는 것을 목적으로 한다. 창의성 교육과 인성 교육은 그 목적 측면에서 개인의 성장과 집단의 안녕이라는 두 가지 개념의 연계를 도모한다는 공통점이 있다. 창의성 교육에서 말하는 자아실현이란 로저스나 매슬로와 같은 인본주의자들이 말하듯, "우리(We)라는 관계 속에서 나(I)를 발견하여 진정한 내가 되는 것"으로, 이런 나를 찾게 될 때 비로소 우리를 위해, 즉 사회를 위해 기여할 수 있다고 보는 개념이다. 인성 교육에서도 리코나, 라이언 등이 주장하듯 학생이 선한 것을 알고, 좋아하고, 행하면 인격적으로 좋은 사람이 되고, 그런 좋은 학생이 모여 좋은 학교를 만들고, 그런 좋은 학교를 나온 사람은 사회를 좀 더 좋은 곳으로 만들 수 있다고 본다. 창의성 교육과 인성 교육은 모두 개인의 성장을 집단의 안녕과 별개의 개념으로 보지 않고 그것의 연계를 도모하고자 한다.

이렇게 창의 · 인성 교육의 정의와 목표가 시사하듯, 창의 · 인성 교육은 학교 교육에서 본질적인 지위를 점하고 학교의 교육 과정, 수업, 시설 및 문화 형성의 측면에서 지속적으로 그리고 실제적으로 반영되어야 한다. 그러나 창의 · 인성 교육은 현재 우리나라의 학교 교육에서 주변적인 지위를 점하고 있다. 학생들은 창의적으로 문제를 해결하고 독창적이고 유용한 산물을 생산하도록 교육받기보다는 교과의 정해진 내용 지식을 습득하고 시험을 통해 재생하는 데 초점을 맞춘 교육을 받고 있다. 또한 학생들은 덕을 갖추고 타인을 배려하고 협동하는 인간이 되도록 교육받기보다는 교과 지식을 습득하고 상대평가 체제 속에서 친구를 이겨야만 '대접받는' 교육을 받고 있다. 그에 따라 학생들은 학교에서 배움의 즐거움을 찾지 못하고 각종 심리 · 사회적 부적응 현상 속에서 어려움을 겪고 있다.

이런 현상의 원인을 분석하고 그 대책을 마련하는 일은 쉽지 않다. 여기에는 다양한 관점과 접근이 있을 수 있다. 저자들은 우리나라가 농경사회에서 산업사회 그리고 정보화사회로 빠르게 변화하는 과정에서 교육 분야는 아직 산업사회의 틀에서 벗어나지 못함에 따라 그러한 현상이 나타나는 것으로 파악한다. 즉, 산업사회의 패러다임인 집단과 표준 중심의 소품종 대량생산 교육 체제에 머물고 있어, 정보화사회의 패러다임인 개인과 인간 중심의 다품종 소량생산 교육 체제를 정착시키고 있지 못하는 것이 원인이라고 본다. 정보화사회를 살고 있는 학생들의 요구를 산업사회의 집단과 표준 중심의 교육 체제로는 만족시킬 수 없어 나타나는 현상이라는 것이다. 이에 대한 대책은 학생 개개인의 소질과 적성을 살리고 학생을 인간으로 존중하고 대우하는 학교 문화와 교육 체제를 정착시키는 것이다. 그러기 위한 주요 핵심적인 교육 정책이 창의 · 인성 교육이다.

이 책은 이러한 배경에서 창의성 교육과 인성 교육에 대한 이론과 수업에 적용하는 실제들을 소개하여 창의·인성 교육이 바른 이론적 토대 위에서 펼쳐졌으면 좋겠다는 바람으로 편찬하였다. 따로 구분하지 않았으나 이 책은 전체 3부로 구성되어 있다.

1부는 창의성 교육과 인성 교육에 대한 기본적 이해를 돕기 위한 창의성 교육과 인성 교육의 개관, 창의성의 개념 및 구성 요소, 창의성 교육과 이슈 및 창의적 사고 과정, 창의적 문제해결력 신장을 위한 사고기법과 창의성 평가 등 창의성 교육에 관한 내용을 살펴보는 순으로 구성하였다.

2부는 인성 교육의 개념과 지도 원리, 인성 교육을 위한 교수법, 결의론과 인성 교육, 시와 영화를 활용한 인성 교육 등 인성 교육에 관한 내용을 살펴보는 순서로 구성하였다.

3부에서는 국내 학교에서 실제 적용할 수 있는 사례를 제시하였는데, 2015 개정 교육과정의 창의적 체험활동 및 자유학기제 운영과 관련한 내용과 초등학교 창의·인성 교육의 실제 사례, 중등학교 창의·인성 교육의 실제 사례를 제시하였다.

이 책이 나오기까지 수고해 주신 집필진과 실제 사례를 제공해 주신 예서현 선생님, 이혜현 선생님 그리고 검토에 도움을 준 한국교원대학교 초등교육학과 석사과정 선생님(김정훈, 신태중, 유명희, 이고운, 임문희)에게 감사드리며, 출판을 위해 애써 주신 학지사 김진환 사장님과 강대건 님을 비롯하여 직원 분들에게도 감사의 뜻을 전한다. 모쪼록 현장에서 교사들이 창의성과 인성 교육을 실천으로 옮기며 학교를 가고 싶은 곳, 즐거운 곳으로 만드는 노력을 할 때 이 책이 도움이 되기를 기대한다.

집필자 대표 강 충 열

# 차 례

## 시와 인성 교육 • 211

## 영화와 인성 교육 • 247

## 자유학기제 및 창의적 체험활동 운영 • 271

## 초등학교 창의 · 인성 교육의 실제 사례 • 319

제**1**장

창의성 교육과 인성 교육

# 1. 창의성 교육 개관

　창의성(creativity)이란 독창적이고 유용한 아이디어를 생산해 낼 수 있는 능력을 말하고 창의성 교육이란 그런 능력을 길러 주는 데 초점을 맞춘 교육을 말한다. 창의성 교육은 목적, 목표, 방법, 내용, 배경의 다섯 가지 요인을 포함하며 각 요인 간의 관계를 제시하면 [그림 1-1]과 같다.

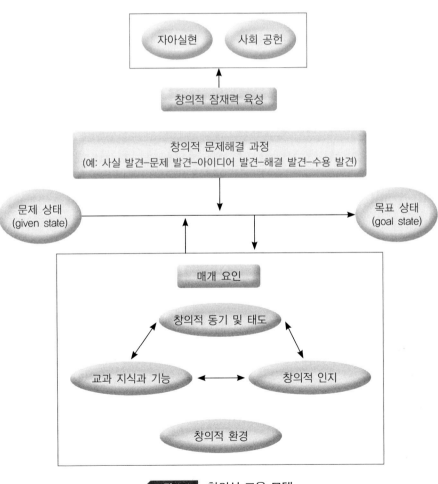

**그림 1-1** 창의성 교육 모델

## 1) 창의성 교육의 목적

교육의 목적은 교육이 추구하는 지향점으로서 궁극적이고 장기적이고 광범위하고 일반적인 결과를 언급하며, 전반적인 교육 과정 계획의 개발에서부터 학급의 구체적인 수업 지도안에 이르는 학습 상황의 모든 측면을 뒷받침하고 관계 짓는 통일된 철학적 구조를 제공한다(Wiles & Bondi, 1989). [그림 1-1]에서 보듯, 이 창의성 교육 모델은 그 목적을 자아실현(self-actualization)과 사회적 공헌(social contribution)에 두고 있다. 자아실현이란 인본주의 심리학자들이 주장하는 개념으로서 인간 자신이 타고난 잠재력을 충분히 계발해 자신이 되고자 하는 사람이 되는 것을 말하며, 완성된 실재(fulfilled entity) 또는 결과(outcome)로서의 개념이 아니라 끊임없이 추구되는 과정(process)으로서의 개념이다. 두 번째 목적인 사회적 공헌은 일반인에게도 창의성 교육과 관련하여 가장 잘 알려져 있는 목적으로서 창의적인 인물들이 생산해 내는 창의적 작품이 사회의 제 영역에 발전을 가져올 것을 도모하는 것이다. 이렇게 볼 때 창의성 교육의 목적은 일반적인 교육의 목적과 맥을 같이하며 창의성 교육은 학교 교육의 근본을 다루는 활동이라는 것을 시사한다.

## 2) 창의성 교육의 목표

교육의 목표는 목적과 같이 추구하는 도달점 또는 결과를 언급하지만, 교육 목적에 비해 구체적인 성격을 지닌다. 창의성 교육 모델의 목표는 '창의적 잠재력의 육성'인데, 창의적 잠재력은 교과의 내용과 기능, 창의적 인지, 창의적 동기 및 태도, 창의적 문제해결 능력 등을 포함하는 복합적이고 통합적인 능력이다. 창의성 교육의 이런 목표는 일반 교육에서의 '지·정·의가 통합된 전인적 능력의 함양'이라는 목표와 상응한다.

창의성 교육의 실제에서 이 창의적 잠재력의 육성이라는 목표는 창의성 교육 프로그램 전체를 구체적으로 계획하는 원천의 역할을 하고, 이 목표에서 프로그램의 여러 코스를 계획하는 중간 목표들이 유도된다. 예를 들어, 창의적 문제해결 과정에 익숙해지거나, 창의적 인지 능력을 습득하거나, 창의적 동기와 태도를 기르는 등의 여러 코스의 목표들이 유도될 수 있다. 그리고 코스 목표들은 더 나아가 여러 수업 단원을 계획하는 하위 목표들로 세분화될 수 있다. 예를 들어, 여러 가지 창의적 문제해결 과정을 배우는 단원에서는 데이비스(Davis, 1986)의 2단계 모델, 월러스(Wallas, 1926)의 4단계 모델, 놀러, 판스, 비온디(Noller, Parnes, & Biondi, 1976)의 CPS 모델 등을 학습할 계획을 세우는 목표로 사용될 수 있고, 창의적 동기와 태도를 배우는 단원에서는 여러 창의적인 인물들의 어릴 적 생활 모습에 대한 글을 읽고 토론하는 목표를 설정할 수 있다. 그리고 창의적 인지 능력을 다루는 단원에서는 유연성, 독창성, 융통성, 정교성, 관찰력, 평가력, 분석력, 종합력, 연상력, 비유력 등 여러 가지 인지 능력을 교수하는 계획을 세우는 목표로 사용될 수 있다.

## 3) 창의적 문제해결 과정

본 창의성 교육 모델의 목표는 '창의적 잠재력의 육성'이다. 이 모델에서는 창의적 잠재력을 계발하려면 창의적으로 문제를 해결할 기회를 반복적으로 제공함으로써 실제적으로 발견과 발명의 기쁨을 느끼도록 해야 한다는 논리(Finke, Ward, & Smith, 1992; Osborn, 1963; Westcott & Smith, 1967)에 기초하여, 창의적 문제해결 과정을 본 모델의 중앙에 위치시킴으로써 창의적 잠재력 육성의 주된 방법이 되어야 한다고 본다. 이 모델의 화살표가 시사하듯이 하위에 위치하는 모든 매개 변인은 아동이 창의적 문제해결 과정에 임할 때 총체적으로 투입되어 사용되고, 이 문제해결 과정을 통해 얻은 경험은 창의적 잠재력의 육성이라는 목표로 연계되는 동시에 다시 역방향으로 매개 변인들을 학습하는 데 그 의미를 부여하고 변인 간의 연계를 도모해 주는 방식으로 영향을 준다고 본다. 이렇게 본 창의성 교육 모델이 창의적 문제해결 과정을 핵심 요소로 보는 것은 듀이(Dewey, 1971a)가 발견 학습(discovery learning)이 아동에게 가장 자연스러운 학습 방법이기 때문에 모든 학습의 근본은 발견 학습이어야 한다고 보고 이런 학습을 통해 아동이 지식을 통합하여 자신에게 의미 있는 경험으로 이어지도록 하여야 한다고 주장한 것과 상통한다.

아울러 모든 문제해결의 과정은 문제 상태(given state), 목표 상태(goal state), 통로(path)의 세 가지 요소를 가지고 있는데(Wallace, Goldstein, & Nathan, 1990), 즉 문제가 주어진 상태를 어떤 통로를 거쳐 문제가 해결된 목표 상태로 바꾸는 것이 문제해결이라고 보는 것이다. 창의적 문제해결 과정도 이 세 가지 요소를 포함하고 있으나 각 요소가 일반적인 문제해결 과정에서 관여하는 것과는 질적 측면에서 상당히 다른 것으로 간주되고 있다.

### (1) 문제 상태

월러스, 골드스타인과 네이선(1990, p. 235)은 문제를 '잘 정의된 문제(well-defined problems)'와 '잘 정의되지 못한 문제(ill-defined problem)'로 나누었다. 전자는 대개 단 하나의 답이 나오며, 답을 내는 데 필요한 정보가 문제 내에 모두 주어져 있고 그 정보에 정해진 알고리즘을 적용하면 답을 얻을 수 있는 종류의 문제다. 이에 반해 후자는 문제해결에 필요한 모든 정보가 문제에 제공되지 않아 문제 해결자가 추가 정보를 수집하여야 하며, 하나 이상의 해답이 가능하고, 그중 어떤 답은 다른 답보다 더 나은 경우를 발생시키는 문제다. 창의적 문제해결에 적절한 문제 유형은 후자의 잘 정의되지 못한 문제다. 비슷하게, 오스본(Osborn, 1963, p. 97)도 "예(yes), 아니요(no), 또는 아마도(maybe)"라는 답을 요구하는 문제보다는 '최선의 아이디어'를 요구하는 문제가 창의적 문제해결에 적절한 문제라고 주장했는데, 이런 종류의 문제들은 과정적 교육에서 선호하는 문제 유형이다.

### (2) 목표 상태

창의적 문제해결 과정이 일반적 문제해결 과정과 다른 점은 문제해결의 목표 상태 또는 결과에서도 나타난다. 창의적 문제해결의 결과는 반드시 두 준거를 만족시켜야만 하는데, 그것은 독창성(originality)과 유용성(utility)이다. 즉, 창의적 산물은 새로운 것이어야 하는 동시에 유용해야 한다.

독창성 개념은 통계적 희귀성(statistical infrequency)을 의미한다. 그 개념 자체가 가치중립적(value-neutral)이기 때문에, 독창성이 가치를 지니는 것은 사회가 '선한' 의미를 부여할 때다. 다시 말해, 독창성이 가치를 지니려면 유용성을 동반하여야 한다. 특히 가치를 추구하는 교육에서는 유용성도 중요한 창의적 산물의 준거가 된다. 한편, 유용하기는 하지만 자신에게나 사회에서 독창적이지 못한 산물이 있을 수 있는데, 이런 경우도 창의적이라고 보기 어렵다. 그러므로 창의적 산물의 판단 준거로 독창성과 유용성은 동시에 만족되어야 하며, 이런 관점은 대다수 학자에 의해 수용되고 있다(Amabile, 1983; Bruner, 1962; Gardner, 1989; Mednick, 1962; Perkins, 1984).

한편, 창의적 산물은 준거 개념 외에 수준의 개념을 필요로 한다. 여기서 수준이란 작품의 새로움과 유용함이 시·공간적으로 확대될 수 있는 정도를 말한다. 창의적인 작품이 시간적인 차원에서 과거에서부터 현재까지 새롭고 유용했으며 그리고 미래까지도 그러하면 그 수준은 높아진다. 또한 공간적인 차원에서도 그 새로움과 유용함이 개인, 지역사회, 국가 사회, 세계 사회로까지 확대됨에 따라 그 수준이 높아진다.

창의적 작품의 수준 개념은 여러 학자에 의해 언급되고 있는데, 기셀린(Ghiselin, 1963)의 하위 수준의 창의성과 상위 수준의 창의성, 테일러(Taylor, 1971)의 표현적 창의성(expressive creativity), 기술적 창의성(technical creativity), 발명적 창의성(inventive creativity), 혁신적 창의성(innovative creativity), 출현적 창의성(emergentive creativity) 개념, 매슬로(Maslow, 1976)의 자아실현적(self-actualizing) 창의성과 특별재능(special-talent) 창의성 개념, 가드너(Gardner, 1993)의 'little C' 창의성 수준과 'big C' 창의성 수준 개념 등이 그 예다.

이들의 관점을 종합해 볼 때, 창의적 작품의 수준 개념은 창의적 작품이란 '창의적이다' 또는 '창의적이 아니다'라는 이분법적인 성격을 가지고 있는 것이 아니고 '조금 창의적이다'에서 '매우 창의적이다'라는 연속선(continuum)의 개념을 지닌 것으로 보아야 한다는 것을 시사한다. 특히 교육의 맥락에서, 더욱이 어린 학생들을 대상으로 하는 교육에서는 이분법으로서의 수준 개념이 아니라 연속선으로서의 수준 개념이 필요하며, 그렇게 할 때 창의적 작품의 한계가 넓어지고 그에 따라 창의성 교육의 가능성도 커진다.

### (3) 통로

　창의적 문제해결 과정은 문제 상태에서 목표 상태로 이어지는 길 또는 통로에서도 일반적 문제해결 과정과 차이가 있는 것으로 간주된다. 학자들은 창의적 문제해결 과정에서 작용하는 사고의 특징적 성격을 초월적 사고, 환상과 상상, 통찰, 무의식적 사고, 우뇌적 사고, 비범한 연합, 브레인스토밍, 뜨거운 사고 등 여러 가지 용어를 사용하여 기술하고 있다.

　창의적 사고의 통로는 기본적으로 다양한 아이디어를 많이 생산하는 데 초점이 맞추어져 있고 대개 단계로 제시된다. 학자들이 제시하는 단계는 2~7단계까지 다양하다(Oech, 1983; Kris, 1976; Taylor, 1986; Wallas, 1926; Davis, 1986; Amabile, 1983; Guilford, 1950 et al.). 각 단계 모델들은 문제를 정의하고, 아이디어를 많이 생산하고, 최선의 것을 선택하고, 선택된 아이디어를 정교화하는 등 비교적 구별된 활동들로 구성되는데, 그 세분화 정도에 따라 단계의 수에 차이가 난다. 어떤 모델은 학급 상황의 정규 수업처럼 시간 제약이 있고 구조화된 상황에서 활용하기에 적절한 것이 있는 반면에 일상생활에서처럼 시간 여유가 있고 비구조화된 상황에서 적절한 모델이 있다. 본 창의성 교육 모델에서는 학교와 같은 구조화된 학습 상황을 고려하여 오스본과 판스의 CPS(Creative Problem Solving) 단계 모델을 예로 제시하고 있는데, 학습 상황에 따라 다른 단계 모델이 사용될 수도 있다.

　[그림 1-1]에서 제시된 CPS 모델을 좀 더 구체적으로 제시하면 [그림 1-2]와 같다(Noller, Parnes, & Biondi, 1976, p. 1).

　먼저 아동은 교사가 제시하든, 실생활의 경험을 통해 느끼든 간에 어떤 문제가 나에게 존재하고 있음을 느끼고(문제의 감지), 그에 따른 심리적 불안정 또는 혼란을 느끼게 되며, 이를 극복하기 위해 막연한 수준에서나마 해결되기를 원하는 상태(목표)를 설정하게 된다. 이런 상태에서 각 단계를 통과하게 되는 것이다. 각 단계에서 확산적 사고와 수렴적 사고가 교대로 반복되면서 그다음 단계로 진행하게 되고([그림 1-2]에서 화살표가 넓어졌다가 다시 좁혀지는 모습이 이를 나타냄), 문제해결의 전 과정에서 아무리 엉뚱한 아이디어들이 나오더라도 비판하지 않고 오히려 상대방의 아이디어 위에 자신의 아이디어를 조합하려는 노력을 하게 된다. 이 모델은 학생 개인이 개별적으로 사용할 수도 있지만 소집단을 이루어 사용할 수도 있다.

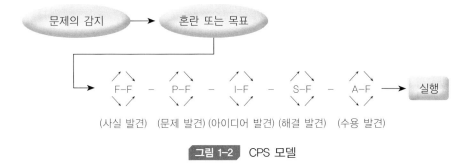

(사실 발견) (문제 발견) (아이디어 발견) (해결 발견) (수용 발견)

그림 1-2 CPS 모델

사실 발견(F-F; Fact-Finding) 단계는 문제를 파악하기 위해 정보를 수집하고 분석하는 단계로서, 수업 활동으로는 왜 그 상황이 문제가 될 수 있는지 배경을 알아내고, 정보를 수집하여 그 상황에서 무엇이 진행되고 있는지 더 잘 이해하는 활동이 일어난다. 교사는 육하원칙(언제, 어디서, 누가, 무엇을, 어떻게, 왜)에 따라 여러 가지 질문을 유도하면 학생들의 수행에 도움을 줄 수 있다. 이렇게 질문을 통해 가능한 한 많은 정보를 수집하도록 한 후에는 문제해결에 필요하다고 생각되는 정보만 다시 추려 내는 분석 작업을 한다.

문제 발견(P-F; Problem-Finding) 단계는 문제를 정의하는 단계로서, 제시된 문제를 여러 가지 방향에서 다시 진술해 본 후 진짜 도전해야 할 문제가 무엇인지를 알아내는 활동이 일어난다. 학생들이 문제를 잘 정의하기 위해 확산적 사고를 할 때 교사는 사실 발견 단계에서 얻은 정보를 바탕으로 '내가 어떻게 하면 ~ 할 수 있을까?(In what ways might I ~ ?)'라는 문구를 사용하여 구체적으로 자신에게 질문하도록 한다. 예를 들어, 교통과 관련한 문제에서 "어떻게 하면 차들이 막히지 않고 잘 달리게 할 수 있을까?" "어떻게 하면 차도를 쉽게 많이 만들 수 있을까?" "어떻게 하면 차들이 길에 덜 나오도록 할 수 있을까?" 등의 질문을 만들 수 있을 것이다. 이런 확산적 질문을 한 후에, 진짜 이것이 문제가 되는가? 이것이 해결되면 정말로 문제가 해결되는 것인가? 등의 수렴적인 성격의 질문을 하여 최종적으로 해결할 문제를 진술한다.

아이디어 발견(I-F: Idea-Finding) 단계는 최종적으로 진술된 문제를 해결할 아이디어를 생각해 내는 단계로서, 여러 가지 가능한 모든 방향으로 상상을 함으로써 해결책을 많이 찾아낸다. 아이디어의 양을 강조하고 한 사람이 생각해 낸 아이디어를 기초로 다른 사람이 아이디어를 내도록 하는 활동이 일어난다. 후반부에는 다시 수렴적 사고를 통해 문제해결에 최선이라고 생각되는 소수의 아이디어를 추려 낸다.

해결 발견(S-F: Solution-Finding) 단계는 생산해 낸 아이디어 중에서 최선의 아이디어를 선정하는 단계다. 먼저 아이디어들을 평가할 기준들, 예를 들어, 성공 가능성, 실천 가능성, 소요 경비 등에 따라 평가하고 그중에서 최선의 아이디어를 선정한다.

수용 발견(A-F: Acceptance-Finding) 단계는 최종적으로 선택된 아이디어를 실천에 옮길 행동 계획을 세우는 단계로서, 육하원칙을 사용하여 질문하며 계획을 세우는 것이 도움이 된다.

이렇게 계획이 마련되면 실행으로 옮기게 되는데, 창의적 산물은 이 행동의 결과로 나타난다. CPS의 5단계는 논리적으로는 계선적이지만 문제해결의 실제에서는 그렇지 않다. 각 단계가 만족스럽지 못한 경우에는 다음 단계로 나아가기보다는 전단계로 되돌아가야 하며, 경우에 따라서는 어떤 단계를 건너 뛰어나갈 수도 있다.

창의적 문제해결 과정의 통로는 잘 정의되지 못한 문제를 다루고 다양한 아이디어를 많이 내는 것을 강조하고 최선의 아이디어를 결정하거나 산물을 생산해 내는 데 초점이 맞춰지기 때문에, 학교의 교과 학습에서 정해진 알고리즘에 의해 문제를 쉽게 해결하는 경우와는 상당히 차이가 있다. 또한 창의적 문제해결 과정에서 아동은 자기주도성을 발휘하여야 하고, 실패할 경우도 허다하기 때문에 이전의 과정을 순환하는 인내심과 도전 정신이 필요하다.

### (4) 매개 요인

창의적 산물은 지적 능력, 인성 특성 및 태도, 사회적 · 문화적 · 환경적 요인 등 여러 가지 매개 요인이 창의적 문제해결 과정에 종합적으로 작용하여 나타나는 전인적이고 총체적인 반응의 결과다(Feldhusen & Clinkenbeard, 1986; Tannenbaum 1983; Amabile, 1983; Nickerson, 1999; Taylor, 1988). 본 모델에서는 이런 매개 요인으로 학자들이 지적하고 있는 것을 종합하여 네 가지 요인, 교과의 지식 및 기능, 창의적 인지, 창의적 동기 및 태도, 창의적 환경을 제시하고 있다. [그림 1-1]의 모델에서 화살표가 보여 주듯 각 요인은 상호 간에 영향을 미치고, 창의적 환경이 제공된 상태에서 각 요인을 체계적으로 지도하며 창의적 문제해결 과정에 활용되도록 하면 효율성과 효과성을 높일 수 있으며, 창의적 문제해결 과정을 반복하면서 얻은 경험은 역으로 이런 요인들을 강화시키는 상보적 관계에 있다고 가정한다.

### 교과 지식 및 기능

어떤 영역에서든지 괄목할 만한 창의적 작품을 만들어 내는 사람들은 거의 그 영역에 대해 풍부한 지식과 높은 기능을 가지고 있는 것으로 나타나고 있다 (Nickerson, 1999). 이런 이유로 학자들은 영역특수적 지식과 기능을 창의적 산물을 생산하는 데 필요조건으로 간주하고 있다(Mednick, 1962; Amabile, 1983; Simonton, 1984; Csikszentmihalyi, 1996; Williams & Stockmyer, 1987).

그러나 지식은 창의적 산물을 내는 데 재산이 될 수도 있지만 방해물이 될 수도 있다(Taylor, 1993). 방해가 되는 경우와 관련하여 지식은 적어도 두 가지 측면이 지적되고 있다. 하나는 지식은 많은 것 외에 조직화된 상태도 중요하다는 것이다. 즉, 지식은 충분하고 광범위할 뿐만 아니라 장시간을 통해 안정적이고 잘 조직화되었을 때 새로운 문제에 대한 응용력이 높아진다(Chi & Ceci, 1987). 또 하나는 높은 수준의 지식과 기능은 문제 해결자로 하여금 문제에 접근하는 데서 관련 영역에의 표준적인 방법과 지식에 너무 집착하도록 만들어 융통적인 사고를 통한 대안적 접근의 가능성을 보지 못하게 할 수 있다는 점이다(Taylor, 1993; Frensch & Sternberg, 1989; Simonton, 1984; Davis, 1986; Perkins, 1984).

영역특수적 지식이 가져올 수 있는 이런 부적 기능을 극복하는 방법은 간학문적 접근을 통해 개별 영역의 지식을 상호 연계하며 융통적으로 활용하는 기회를 제공하는 것이다. 메드닉(Mednick, 1962)의 원격연합 이론(remote association theory)이나 케스틀러(Koestler, 1976)의 양연합 이론(bisociation theory)이 이를 뒷받침한다. 이 이론들은 보다 새로운 아이디어를 얻으려면 유사한 아이디어보다는 상이한 아이디어들을 연계하여야 한다는 주장을 함으로써 간학문적 통합 학습이 특정 학문 내에서의 독립적 학습보다 독창적인 아이디어를 얻게 하는 데 도움이 될 것이라는 시사를 준다.

## 창의적 인지

창의적 인지란 창의적 사고에 필요한 지적 기능 또는 능력을 말하는데, 학자들이 제시하는 것들을 종합하면 기억력, 관찰력, 평가력, 수렴적 사고, 확산적 사고, 융통성, 유연성, 독창성, 정교성, 문제에 대한 민감성, 문제의 재정의, 종합력, 분석력, 연상력, 상상력, 비유력, 지각 변환력, 예상력, 논리력, 언어 표현력 등이다. 앞에서 언급한 [그림 1-2]의 창의적 문제해결 과정의 단계들이 상호 구별되는 큰 공정(工程)에 해당한다면, 이 창의적 인지 기능과 능력들은 각 공정에 투여되는 작은 조작(操作)들에 해당한다고 말할 수 있다.

이 창의적 인지와 관련하여 오래전부터 창의성 연구에서 언급되어 온 것이 창의적 의식(creativity consciousness)이다(Davis, 1998). 이 개념은 창의성에 흥미를 느끼고, 그 중요성과 관련 기능 및 전략을 인식하고 활용하며, 자신의 창의적 능력에 대한 자아 개념을 갖는 등 창의성 자체와 관련한 인식을 말한다. 좀 더 구체적으로 말하면, 창의성이 무엇인지, 왜 중요한지, 창의적인 인지 기능과 전략이 무엇이고 그것들을 언제 어떻게 사용하는지, 창의적 작품을 생산해 내려면 어떤 동기와 태도가 필요한지를 알고, 창의적 활동에 참여함으로써 기쁨을 느끼며 자신의 창의적 잠재력에 대하여 긍정적인 자아 개념을 갖도록 해 주는 능력이다. 이것은 정보처리 이론 연구가들이 제시하는 초인지(metacognition)와 비슷하다. 초인지 개념이 자신의 지적 자원을 인식하고 그것을 능동적으로 경영함으로써 정보처리를 수월하게 하는 것처럼 창의적 의식은 창의적 문제해결에 도움이 되도록 자신의 창의적 인지 능력을 경영한다는 점에서 서로 유사한 개념이라고 할 수 있다.

## 창의적 동기 및 태도

일반적으로 동기란 사람이 어떤 방향으로 움직이도록 영향을 주는 행동적 요소이다. 일찍이 길포드(Guilford, 1950, p. 444)는 "필요한 인지 능력을 가지고 있는 사람이 실제로 창의적 산물을 생산하느냐 못 하느냐는 그가 가지고 있는 동기와 기질적 특징에 달려 있다."라고 주장하며 정의적 요소를 강조했는데, 요즘 학자들도 이 요소의 중요성을 인정하는 데는 이견이 없다.

열거되고 있는 주요 창의적 동기 및 태도로는 성취 욕망 또는 성공 기대감, 일에 대한 열정, 일반적 원리 추구성, 질서 추구 욕망, 발견 및 발명 욕망, 독립심 또는 자율성, 자아 충족, 모호한 상황을 견디는 인내심, 취미의 다양성, 자신감, 판단 보류성, 경험과 비평에의 개방성, 집중력, 자아 통제력, 인내심, 순응 압력에의 저항성, 호기심, 유머성, 의미와 이해 추구성 또는 심미성, 색다르거나 복잡한 것을 좋아함, 주장성 또는 설득성, 감정에의 민감성, 활동성 또는 정열성, 이상 추구, 합리성, 책임감, 직관성 또는 즉흥성, 정직성 또는 공정성, 박애심 또는 이타심, 주도성 또는 지도력, 인간적 성숙 또는 정서적 안정감, 근면 또는 성실, 모험적 용기 등이다.

창의성 관련 정의적 요소들의 지도는 각 교과를 지도할 때 연계하거나 별도의 프로그램을 만들어 각 요소들이 창의적 산물을 생산해 내는 데 왜 필요한지를 알도록 인지적 접근을 할 수도 있다. 아울러, 창의적 문제해결 과정에 실제로 임하도록 함으로써 정의적 요소들을 행동으로 옮기면서 학습할 기회를 제공하는 것이 필요하다. 또한 간접적으로 또래 아동들과 교사의 모델링을 이용하여 지도할 수도 있다(Bandura, 1976). 즉, 창의적인 태도와 동기를 가지고 창의적 활동에 임하고 있는 또래 아동들을 강화하거나, 교사 자신이 생활 속에서 그것들을 예로 보임으로써 학생들이 모델링할 수 있도록 하는 것이다.

### 창의적 환경

환경은 물리적 환경과 심리적 환경으로 나눌 수 있다. 물리적 환경은 시설, 학습재료 및 시간과 관련한 환경이고 심리적 환경은 인간 상호작용과 관련한 환경이다. 창의성 연구가들은 물리적 환경보다 심리적 환경이 더 중요함을 강조하고 있다(Rogers, 1954; Osborn, 1963; Torrance, 1962). 그 이유는 창의적 인물들은 물리적 환경이 자신의 창의성 발휘에 적절치 않은 경우 오히려 물리적 환경을 자신에게 이롭도록 바꾸는 조형 활동도 할 수 있지만, 인간의 상호 관계적 측면은 쉽게 조형이 안 되기 때문이다.

창의성 교육에서 중요한 심리적 환경은 실패에 따르는 결과나 타인의 조롱에 대해 두려움 없이 창의적 아이디어를 자유롭게 개진할 분위기를 조성해 주는 일이다(Maslow, 1968; Rogers, 1954). 로저스(Rogers)는 이를 심리적 안전(psychological safety)이 있는 환경이라고 부르고, 이를 조성해 주려면 학생 개인의 인격적 가치에

대한 무조건적 존경, 공감적 이해, 외적 평가 체제의 부재(不在)라는 세 가지 조건
이 필요하다고 보았다.

특히 로저스가 말하는 외적 평가 체제는 학급의 목표 구조(goal structure)와 관련
이 있다. 엘리엇과 드웩(Elliott & Dweck, 1988)은 학급의 목표 구조를 수행목표지향
구조(performance-goal orientation)와 학습목표지향 구조(learning-goal orientation)
로 나눈다. 전자는 자신의 능력을 타인과 비교하여 타당화하는 목표 상황으로서
적은 노력으로 타인보다 잘 수행하거나 비슷하게 수행할 때 목표가 성취되어, 타
인과의 수행 비교가 자신의 능력을 판단하는 기준이 된다. 후자에서는 새로운 기
능을 학습하거나 성취했을 때 목표가 성취되어 이전의 학습과 수행이 향상과 진전
을 판단하는 기준이 된다. 전자에서는 자신의 능력에 대한 다른 학생들의 긍정적
인 판단을 유지하기 위해 노력하며 자신의 능력에 불신을 가져올 수 있는 도전적
인 과제는 회피하는 경향을 보이지만, 후자에서는 학생들이 새로운 기능을 성취하
기 위해 노력하며 실패하더라도 자신의 능력에 대해 긍정적인 정서를 가지고 그런
과제에 도전한다. 학습목표 지향은 자신의 능력을 입증하는 것이 문제가 아니고
학습이 관건이 되기 때문이다. 따라서 전자에서는 학생들이 실패할 경우 무력감
의 희생자가 되기 쉬우나, 후자에서는 학생들이 전략을 재조정하고 문제해결을 위
해 계속적으로 노력한다. 트레핑거 등(Treffinger, Isaken, & Firestein, 1983)은 창의성
교육에서 중요한 것은 비록 창의적 노력이 성공으로 이어지지 못했더라도 그 노력
자체를 높이 평가하고 학습 기회로 삼도록 하는 분위기라고 보았는데, 이는 학습
목표지향 구조에서 보다 수월하게 만들어질 수 있다.

## 2. 인성 교육 개관

인성(character)이란 사람으로서 지녀야 할 됨됨이, 즉 인격(personhood)을 의미
하고, 그 인격은 보편적 도덕 가치, 이른바 덕(德)의 습득으로 성취된다고 보기 때
문에 인성 교육은 덕 교육(virtues education)이라고도 불린다(Devitis & Yu, 2011). 인
성 교육은 학교가 중요한 역할을 하지만 학교의 힘만으로는 되지 않으며 국가, 지

역사회, 가정이 나름대로의 역할을 하면서 협력적으로 이루어져야 한다. 이 네 가지 요인 간의 관계를 나타내면 [그림 1-3]과 같다.

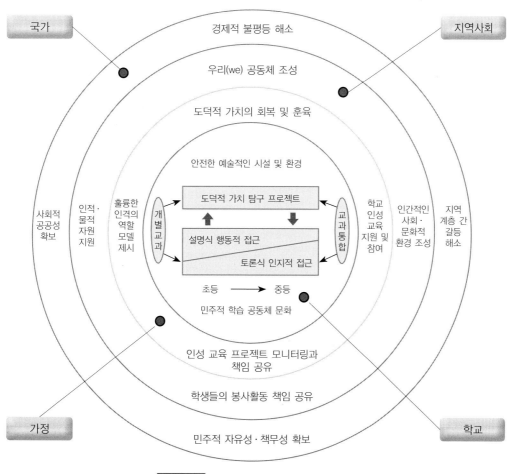

**그림 1-3**  초 · 중등학교 인성 교육 모델

출처: 강충열(2013).

## 1) 국가

국가는 학교 인성 교육에 영향을 미치는 거대 사회로서 그 정치적 통치 체제와 제도는 직 · 간접적으로 교육적 기능을 띠게 된다. 국가는 민주적 체제와 제도를 가지고, 물질적 부의 창출에만 관심을 두는 것이 아니라 경제 민주화, 사회의 공공적 유용성, 아동과 노년의 안전, 고상한 가정, 공평한 교육 기회 제공에도 관심을

둘 때 인성 교육에 순기능적인 역할을 하게 된다(Dewey, 1944, 1957)

## 2) 지역사회

지역사회는 학생들이 직접 몸을 담고 살아가는 공간으로서 지역사회의 인적·물적 자원 및 사회·문화적 환경은 학생들의 인성 교육에 영향을 미치며 교육적 기능을 띤다. 이런 이유로 듀이(Dewey, 1944)는 지역사회와 학교의 인성 교육은 직물의 날실 및 씨실과 같다고 주장한다. 듀이의 이런 주장은 현대 학교들이 지역사회를 학교 안으로 끌어들여 학생 법원, 약물 법원, 정의 공동체, 정의 학교, 학교신문사, 학교 은행, 매점 등과 같이 학생들이 주도하는 학교 내 자치 조직 운영과 지역사회에 대한 봉사 활동을 인성 교육의 방법으로 펼치고 있는 것에 반영되고 있다(Agostino, 1998).

## 3) 가정

가정은 인성 교육에 일차적 책임을 지고 있는 곳으로, 이는 역사, 법, 상식에 의해 인정되고 있다(Ryan & Bohlin, 1999). 가정의 부모들은 자녀들을 지도하는 데 '하나의 주도적 요인(a dominant factor)'이 아니라 '바로 그 주도적 요인(the dominant factor)'이고(Dewey, in Simpson, 2011, p.209, 재인용), 가정은 인성 교육이 이루어지는 제1수준의 장소다(Agostino, 1998). 그러나 현대의 가정은 자녀의 인성 교육을 안내해 주는 힘을 잃고 있으며, 점점 그 역할을 다른 사회적 기관에 의존하고 있다(Schwartz, 1999). 1998년 NBC의 설문조사에 따르면 미국 국민의 53%는 학교가 인성 교육에 어려움을 갖고 있는 주요 원인으로 가정에서의 도덕적 가치들의 부재와 부모의 자녀 훈육 실패를 지적했다(Ryan & Bohlin, 1999). 국가, 지역사회, 학교는 부모들이 인성 교육의 원리와 의사소통 기능을 습득하고, 부모 자신이 개인적으로 성장하여 가정에서 스스로 훌륭한 인격 모델이 되도록 교육하고, 학부모가 학교 인성 교육에 참여하도록 캠페인을 벌여 나가야 한다.

## 4) 학교

학생들의 인성 발달은 학교 밖의 여러 사회적 요인에 의해 영향을 받고 있어 학교는 그 일차적 책임에서는 벗어나 있으나, 학교의 핵심 강점인 교육 과정과 교수의 여러 가지 측면도 학생들의 인성발달에 영향을 끼치고 있어 학교의 책임도 막중하다. 학자들이 인성 교육과 관련하여 학교 내부의 문제로 지적하는 것은 국가 교육 과정의 내용 체제 자체보다는 타당한 인성 교육 방법론이 부족하다는 점이다(Ryan & Bohlin, 1999; Lickona, 2011). 학생들의 인성 발달을 위해 학교는 네 가지 도덕 교육 과정에 관심을 두어야 한다(Simpson, 2011). 여기서 도덕이란 도덕 교과를 의미하는 것이 아니라 각 교육 과정이 인성발달에 미치는 도덕적 차원을 의미한다.

### (1) 인류학적 도덕 교육 과정

인류학적 도덕 교육 과정(anthropological moral curriculum)은 학생들이 다른 사람들로부터(교사, 급우, 교장, 기타 학교 직원들) 의식적 또는 무의식적으로 학습하는 교육 과정으로 인성발달에 영향을 미치는 문화적 측면을 말한다. 인성의 발달은 학생 개개인의 노력보다는 사회 · 문화적 환경의 영향을 더 많이 받기 때문에 학교 내에 학생들의 지적 · 정서적 · 윤리적 발달을 위해 긍정적인 학교 문화를 형성하는 일이 매우 중요하다(Ryan & Bohlin, 1999; Lickona, Schaps, & Lewis, 2011, Jarolimek & Foster, 1995; Watson & Benson, 2008). 교과를 통한 직접적인 도덕 교수는 상시적인 도덕화의 방법론이 아니기 때문에 한계가 있어, 학교 문화를 통해서 간접적이지만 상시적이고 역동적인 도덕화를 도모할 수 있기 때문이다. 따라서 학교 문화는 인성발달을 위해 공식적인 교육 체제의 내재적인 부분이 되도록 해야 한다.

듀이(1944)는 학교 문화의 핵심으로 민주적 학습 공동체 개념을 제시하는데, 다음 두 가지가 상호 보완적으로 작용하여 형성되는 개념으로 본다. 첫째, 탐구자로서의 인식론적 공동체 개념이다. 학생들이 함께 탐구하는 학습자들로 구성되는 공동체를 말하는데, 개인주의적 학습 과정과 결과를 강조하는 현재의 우리 학교 문화에서 소외되고 있는 개념이다. 둘째, 시민으로서의 도덕 공동체 개념이다. 학생들이 함께 탐구하는 학습자들이 되는 동시에 민주적 시민으로서 도덕적인 삶을 사는 공동체를 말하는데, 이 역시 학생들을 어린아이로만 간주하고 통제를 강조하는 우리의 학교 문화에서 소외되고 있는 개념이다.

### (2) 생태학적 도덕 교육 과정

생태학적 도덕 교육 과정(ecological moral curriculum)은 학교의 물리적 · 공학적 · 자연적 환경과의 관계 및 상호작용이 인성발달에 영향을 미치는 환경적 측면을 말한다. 레빈(Lewin)의 B = f(p · e)의 원리가 제시하듯, 인간의 행동(B)은 개인의 내적 특징(P)과 환경적 특징(E) 간의 상호작용의 결과다. 레빈이 말하는 환경은 심리 · 사회적 환경까지 포괄하는 광의의 개념이지만, 학생들의 인성발달을 위해 학교가 깨끗하고 안전하고 미적인 물리적 환경을 갖추는 것도 학생들에게 정서적으로 긍정적인 영향을 미치기 때문에 중요하다.

### (3) 인식론적 도덕 교육 과정

인식론적 도덕 교육 과정(epistemological moral curriculum)은 국어, 수학, 사회, 과학, 미술, 음악, 체육 등과 같이 교과 교육 과정으로서 탐구 및 창의성과 관련하여 바람직하거나 또는 바람직하지 못한 것으로 간주되는 것을 학습하는 교육 과정을 말한다. 교과 교육 과정이 학생들의 인성발달에 미칠 수 있는 높은 잠재력에 비해 그 기여도가 약한 이유는 두 가지다. 첫째, 과도하게 지식 중심적이기 때문이다(Ryan & Bohlin, 1999). 교과는 내용 지식과 기능 전달 및 습득에 초점을 맞추고 있어 추론 능력과 합리적 판단 능력을 길러 주는 강점은 있으나, 그 가능성에 비해 학생들의 인성발달에 기여하는 정도가 약하다. 둘째, 과도하게 분과적으로 운영되기 때문이다(Ingram, 1979; Wolfinger & Stockard, 1997). 교과에는 교과 전문주의(subject specialism)가 존재하여 타 교과와 연계하거나 통합하면 교과의 전문성이 상실된다고 보아 독립적으로 이루어지는 특징이 있다. 그러나 각 교과가 통합적으로 지도되면 지식, 정서, 행동의 통합을 이루어 인성 교육에 큰 효과를 가져올 수 있다.

## (4) 교수적 도덕 교육 과정

교수적 도덕 교육 과정(pedagogical moral curriculum)은 방법론적 교육 과정으로 교사가 교수하고 학생이 학습하도록 하는 방법이 인성발달에 영향을 미치는 측면을 말한다. 교수적 도덕 교육 과정과 관련하여 초·중등학교 인성 교육의 교수 방법은 역사적으로 설명식 행동적 접근과 토론식 인지적 접근이 대립적 관계를 형성해 왔음에 주목할 필요가 있다.

설명식 행동적 접근은 도덕적 가치에 대한 절대적 관점에 기초하여 거의 전적으로 교사 중심의 설명적이고 교리 문답적이고 직접적인 교수의 성격을 띠었다. 아울러 교수를 통해 학습한 도덕적 가치들은 행동으로 옮겨져야 한다고 보고, 도덕적 훈육 코드, 도덕적 신조, 맹세, 훈령 등을 사용하여 따르도록 하고, 그 결과에 따라 강화 또는 처벌을 가하는 방법을 취했다. 이런 식의 인성 교육은 1880년대에서 1930년대 사이에 미국의 공립학교에서 붐을 일으켰는데, 윌슨(Wilson, 1973)은 이 운동이 19세기 동안에 미국 사회에서 학생들의 질서를 비교적 높은 수준으로 끌어올리는 데 기여했다고 보고하고 있다. 그러나 도덕적 덕목에 대한 훈계식 강요와 규율에 따른 행위의 순종을 강조하는 전통적인 도덕 교육은 교화(indoctrination)라는 비판과 함께 가치의 개인적 상대성을 인정하고 학생 개개인이 자유롭게 가치를 선택하도록 도와주어야 한다는 새로운 주장이 1960~1970년대에 들어와 제기되도록 촉발했다. 토론식 인지적 접근으로 학생들에게 가치를 주입하지 말고 학생들의 도덕적 판단 능력을 길러 주어 어떤 가치가 다른 어떤 가치보다 나은지 판단하도록 도와주라는 주장이었다. 현대의 인성 교육은 이 두 접근의 강점을 살리는 절충적 접근을 펴고 있다.

# 3. 정리

인성 교육이란 보편적 도덕 가치, 이른바 덕(德)을 갖추도록 하는 교육으로서 학교 혼자만의 힘으로는 성공적으로 수행하기 어려우며 국가, 지역사회, 가정이 각각의 역할을 제대로 하면서 협력적 관계를 구축하여 이루어져야 한다. 학교는 인성 교육에 영향을 미치는 일차적 변인은 아니나 학교가 강점으로 가지고 있는 교육 과정의 네 가지 측면, 인류학적 교육 과정, 생태적 교육 과정, 인식론적 교육 과정, 교수적 교육 과정을 도덕적으로 펼쳐 나갈 때 학생들의 인성 교육 발달에 기여할 수 있다.

제**2**장

창의성의 개념과 구성 요소

◇◇◇◇◇◇◇◇◇◇◇◇◇◇◇◇◇◇◇◇◇◇◇◇◇◇◇◇◇◇◇◇◇◇◇◇◇◇◇◇◇◇◇◇◇◇◇◇◇◇◇◇◇◇◇◇◇◇◇◇◇

수업에 들어가기 전에

〈 창의성 성향 검사지 〉*

♧ 소속을 기입하고 본인의 성별에 표시해 주세요.

대학: _____ 학과: _____ 학번: _____ 이름: _____

성별 : 남자(      )     여자(       )

| | 문 항 내 용 | 그렇지<br>않다 | 보통<br>이다 | 그렇다 | 조금<br>그렇다 | 매우<br>그렇다 |
|---|---|---|---|---|---|---|
| 1 | 나는 누가 시키지 않아도 스스로 집 안에 있는 쓰레기를 적절한 장소로 치워 놓는다. | 1 | 2 | 3 | 4 | 5 |
| 2 | 나는 혼자서 무슨 일이든 할 수 있는 사람이다. | 1 | 2 | 3 | 4 | 5 |
| 3 | 나는 혼자서 잘 모르는 곳을 찾아가다 길을 잃어버렸을 때, 낯선 사람들에게 길을 물어보거나 전화로 도움을 요청할 수 있다. | 1 | 2 | 3 | 4 | 5 |
| 4 | 나는 아침에 버스를 타거나 텔레비전 프로그램을 보기 위해 남이 알려 주는 것보다는 시계를 이용해서 정확한 시간에 맞춘다. | 1 | 2 | 3 | 4 | 5 |
| 5 | 나는 내 생활의 대부분을 부모님께 맡기고 살아가는 편이다. | 1 | 2 | 3 | 4 | 5 |
| 6 | 나는 혼자 힘으로 내 앞에 닥친 어려움을 헤쳐 나가기가 두렵다. | 1 | 2 | 3 | 4 | 5 |
| 7 | 나는 혼자서 밥을 먹게 되었을 때, 자신이 먹은 것은 스스로 설거지하고 반찬을 정리할 수 있다. | 1 | 2 | 3 | 4 | 5 |
| 8 | 나는 다른 사람의 도움을 받지 않고 나 혼자서 과제를 할 수 있다. | 1 | 2 | 3 | 4 | 5 |
| 9 | 나는 내 생각에 따라 행동하는 경우가 적은 편이다. | 1 | 2 | 3 | 4 | 5 |

---

＊출처: 이종연 외(2006). Creative Thinker 프로그램 효과성 분석 연구. 한국교육학술정보원, 연구보고 KR 2006-20. 원 척도는 3점 척도이나 5점 척도로 수정함.

| 10 | 나는 내가 하고 있는 일이 옳다면 사람들이 욕을 해도 상관없다. | 1 | 2 | 3 | 4 | 5 |
|---|---|---|---|---|---|---|
| 11 | 나는 무인도에서 한 달간 나 혼자서 생활하고 싶다. | 1 | 2 | 3 | 4 | 5 |
| 12 | 나는 나의 인생이 편안하기보다는 어려움이 닥치면 어려움을 이겨 내 가며 살아가고 싶다. | 1 | 2 | 3 | 4 | 5 |
| 13 | 나는 평소에 모험을 좋아하는 편이다. | 1 | 2 | 3 | 4 | 5 |
| 14 | 나는 혼자서 여태껏 가 보지 못한 곳을 가는 것이 무섭다. | 1 | 2 | 3 | 4 | 5 |
| 15 | 나는 어떤 어려운 일이 닥치면 직접 맞부딪치기보다는 피하는 편이다. | 1 | 2 | 3 | 4 | 5 |
| 16 | 나는 모험이란 위험한 것이므로 차라리 안 하는 것이 좋다고 생각한다. | 1 | 2 | 3 | 4 | 5 |
| 17 | 나는 내가 맡은 일이 나에게 힘들고 벅차다면 그 일을 하지 않으려고 한다. | 1 | 2 | 3 | 4 | 5 |
| 18 | 나는 밀림 등을 모험하며 살아가기보다는 안정된 직업인 의사가 되어서 살아가고 싶다. | 1 | 2 | 3 | 4 | 5 |
| 19 | 친구 집을 갔을 때 아주 크고 무섭게 생긴 개가 문 앞에 있어도 나는 무서워하지 않고 들어갈 수 있다. | 1 | 2 | 3 | 4 | 5 |
| 20 | 나는 만약 나 혼자서 낯선 곳에 돈 한 푼 없이 있게 되더라도 잘 대처해 나갈 수 있다. | 1 | 2 | 3 | 4 | 5 |
| 21 | 나는 시험공부를 할 때 조금씩 하고 휴식하기보다는 꾸준히 앉아서 공부하는 편이다. | 1 | 2 | 3 | 4 | 5 |
| 22 | 나는 모르는 문제가 생기면 그것을 이해할 때까지 파고든다. | 1 | 2 | 3 | 4 | 5 |
| 23 | 나는 수업 시간에 교수님께서 하는 질문의 답을 알아도 손을 들고 열심히 발표하는 것이 귀찮다. | 1 | 2 | 3 | 4 | 5 |
| 24 | 나는 학과에서 맡은 일은 열중해서 열심히 한다. | 1 | 2 | 3 | 4 | 5 |
| 25 | 내가 맡은 일을 하다가 어려움이 생기면 그냥 포기한다. | 1 | 2 | 3 | 4 | 5 |
| 26 | 나는 다른 친구들보다 공부를 더 열심히 하고 오랫동안 공부하는 편이다. | 1 | 2 | 3 | 4 | 5 |
| 27 | 나는 내가 맡은 일은 무슨 일이든지 몰두하며, 어려워도 쉽게 포기하지 않는 사람이다. | 1 | 2 | 3 | 4 | 5 |
| 28 | 나는 해결해야 할 문제를 끊임없이 찾아내고자 노력한다. | 1 | 2 | 3 | 4 | 5 |

| 29 | 나는 어떤 문제에 한두 시간씩 쉽게 빠져들어 매달릴 수 있다. | 1 | 2 | 3 | 4 | 5 |
|---|---|---|---|---|---|---|
| 30 | 나는 내가 하고자 마음먹은 것은 꼭 끝까지 마무리를 지어야 속이 후련하다. | 1 | 2 | 3 | 4 | 5 |
| 31 | 나는 변화보다는 안정을 추구하는 편이다. | 1 | 2 | 3 | 4 | 5 |
| 32 | 나는 새로운 접근을 시도할 수 있거나 그것이 가능한 일을 좋아한다. | 1 | 2 | 3 | 4 | 5 |
| 33 | 나는 다른 사람들과 의견 충돌이 있으면 계속 고집하는 편이다. | 1 | 2 | 3 | 4 | 5 |
| 34 | 나는 여러 다양한 일을 경험해 보는 것은 무모한 짓이라고 생각한다. | 1 | 2 | 3 | 4 | 5 |
| 35 | 나는 여러 가지 일에 관심이 많다. | 1 | 2 | 3 | 4 | 5 |
| 36 | 나는 오랜 전통이라 하더라도 합리적이지 못한 것은 과감하게 버려야 한다고 생각한다. | 1 | 2 | 3 | 4 | 5 |
| 37 | 나는 어디서든지 나 혼자 남겨지는 것은 두렵다. | 1 | 2 | 3 | 4 | 5 |
| 38 | 나는 불투명한 미래에 대해서 걱정을 많이 하는 편이다. | 1 | 2 | 3 | 4 | 5 |
| 39 | 나는 내가 잘 모르는 정보를 받아들이고 이해하여 내 것으로 만드는 편이다. | 1 | 2 | 3 | 4 | 5 |
| 40 | 나는 내가 이해하지 못하는 정보는 무시하기 때문에 새로운 정보를 대할 기회가 적다. | 1 | 2 | 3 | 4 | 5 |

– 수고했습니다. –

〈영역 안내 및 채점 시 유의사항〉

| 영역* | 문항번호 | 역채점 문항** | 문항 수 |
|---|---|---|---|
| 독립심 | 1~10 | 5, 6, 9 | 10 |
| 모험심 | 11~20 | 14, 15, 16, 17, 18 | 10 |
| 집착성 | 21~30 | 23, 25 | 10 |
| 개방성 | 31~40 | 31, 33, 34, 37, 38, 40 | 10 |
| 계 | | | 40 |

* 영역별로 점수가 높으면 해당 성향이 높은 것으로 해석할 수 있습니다.
** 역채점 문항은 반대로 채점하는 문항을 의미합니다. 예를 들어, '그렇지 않다'의 경우 5점, '매우 그렇다'의 경우 1점으로 계산합니다.

21세기에 들어서서 우리는 이미 창의성이 모든 문화를 지배하는 삶을 살고 있다. 다만 아직도 학교 현장이나 가정에서 유독 창의성에 대한 인식이 늦어지고 있는데 그 이유는 아마 선생님과 부모님의 역할에 대한 전통적인 개념들이 강하게 남아 있기 때문일 것이다. 어느 날 갑자기 전통적인 역할을 탈피하고 창의적인 교사가 되길 바라는 것은 무리가 있다. 따라서 앞으로 나오는 내용을 통해 교사 스스로 창의성의 개념과 필요성에 대해 이해하고, 학생들이 창의성을 키울 수 있도록 지도하는 방법에 대해 알아보려 한다.

## 1. 창의성은 번뜩이는 것? 보편적인 것?

**그림 2-1** 창의성은 반짝이는 아이디어?

창의성을 연구하는 초창기에는 창의성 자체를 영적인 현상으로 간주하였다. 따라서 창의성을 체계적으로 분석하고 연구하는 일은 합리적인 일로 여겨지지 않았다. 프랑스의 수학자인 푸앵카레(Poincaré)*의 경우 자신의 창의적인 수학적 발견이 어느 정도는 꿈속에서 떠오른 것이라고 말했다. 그 결과, 창의성은 힘들게 노력하지 않아도 되고, 의도적으로 장려하거나 촉진할 수 없는 능력으로 인식하는 경향이 있었다. 그러나 이렇게 갑자기 번뜩이는 영감에 의해 창의성이 발현되었다고 말하는 사람들의 삶을 살펴보면, 위대한 업적을 이루어 내기 전에 우리가 간과해서는 안 될 나름의 노력과 힘든 과정이 있었음을 알 수 있다. 아마도 그들은 높은 전문성을 토대로 하여 작업을 하기는 했으나 단지 창의적인 문제해결이 무의식적인 단계에서 이루어졌음을 스스로 인식하지 못한 결과일 수도 있다. 하지만 1950년 길포드

---

*프랑스의 수학자, 물리학자, 천문학자.

(Guilford, 1950)는 창의성이란 모든 사람이 가지고 있는 사고의 한 형태이며 단지 개인에 따라 정도의 차이가 있을 뿐이라고 설명하며(이효선, 2014, 재인용) 창의성 교육의 필요성을 역설하였다.

앞으로 언급할 창의성에 대한 개념을 교사 스스로 인식하고 있다면, 뮤즈(Muse)를 기다리고 있는 학생이 헛된 희망을 버리고 창의적이 되도록 가르칠 수 있는 기반이 생길 것이다.


## 2. 창의성의 다양한 개념

많은 개념처럼 창의성 개념도 보편적이고 단일한 정의는 없다. 학자에 따라서도 다르고 창의성을 보는 관점에 따라서도 다르게 이해된다. 가장 일반적인 창의성 분류 방법은 창의성을 능력으로 볼 것인지, 아니면 창의적인 성격으로 볼 것인지, 아니면 창의적인 과정으로 볼 것인지, 혹은 어떤 과정을 거친 창의적인 결과로 볼 것인지, 그리고 이 모두가 통합된 요인으로 볼 것인지에 따라 분류하는 것이다.


### 1) 인지 능력으로서의 창의성

인지 능력으로서의 창의성은 창의성을 지적 능력의 한 특성으로 간주하는 입장이다. 아이디어를 재구성하거나 여러 개의 아이디어를 조화시켜서 새롭고 더 나은 아이디어를 만드는 데 중점을 두고 창의성 연구를 통해 지적 능력을 기르는 방법을 알아가야 할 것임을 시사하고 있다. 넓은 의미로 보면 인지 능력 전반적인 것이 창의성에 관여한다고 볼 수 있으나 좁은 의미에서 보면 창의성의 인지 능력은 확산적인 사고 능력과 문제해결 능력이라고 볼 수 있다.

창의성에서 중요한 인지적 특성은 창의적으로 생각하는 능력, 즉 창의적 사고력이다. 창의적 사고력이란 문제에 당면했을 때 유창성, 융통성, 독창성, 정교성, 민감성 등의 인간의 고등 정신 기능으로 새로운 아이디어 산출을 위해 기존의 개념이나 질서를 재조직하고 새로운 법칙을 찾아 문제를 해결하는 능력이다(강충열

외, 2015).

## 2) 성향으로서의 창의성

창의성의 정의적 요인은 인지적 요인인 창의적 능력과 상호작용하면서 창의성의 발현을 돕는다(강충열 외, 2015). 성향으로서의 창의성은 창의성을 욕구나 동기, 성격의 일부 혹은 태도로 설명하려는 입장이다. 이는 인본주의 심리학자, 정신분석학자 또는 정의적인 인간의 특성을 연구한 학자들이 주류를 이룬다(조성수, 1997).

성격 이론에서는 창의적인 사람은 자율성, 문제에 대한 민감성, 광범위한 관심, 독립성, 개방성, 호기심, 모험심과 같은 성격 특성이 창의적이지 않은 사람들에 비해 조금 더 많이 나타난다고 한다. 또한 동기 이론에서는 상금과 같은 외적 보상이나 칭찬과 같은 타인의 인정보다는 일에 대한 스스로의 내적 동기가 창의성과 관련이 있다고 본다.

## 3) 과정으로서의 창의성

'과정으로서의 창의성'은 창의성을 어떤 문제에 직면한 상태에서 시작하여 이를 해결해 나가는 과정으로 본다. 즉, 창의성을 문제해결 과정이나 혹은 정신적 과정으로 보는 것이다.

창의성을 문제해결 과정으로 보는 입장은 어떤 결과에 이르게 되는 창의적인 해결 과정에 초점을 맞추면서 방법론적 측면을 강조하는 입장이다. 월러스(Wallas, 1926)는 창의적 문제해결 과정을 준비, 부화, 영감, 검증이라는 4단계로 나누었는데, 이처럼 창의적 사고의 과정을 몇 단계로 나누고 각각의 단계에서 구체적으로 어떤 일이 일어나는가를 분석하여 창의성을 이해하고자 노력한다.

## 4) 결과로서의 창의성

대다수의 창의성의 개념 정의가 산출물, 즉 결과의 새로움과 참신함, 적절함에 초점을 맞추어 왔다. 따라서 결과로서의 창의성은 창의성의 본질로 인식되는 경향이 강하다(Sternberg & Lubart, 1995). 그러나 어떤 이론가들은 한 인간의 창의적 결과란 그가 창의성을 지니고 있다는 신념의 증거일 뿐이며, 창의적인 사람은 창의적인 결과 없이도 창의적일 수 있다고 주장한다. 결국 창의적 결과는 한 개인이 창의성을 가지고 있다는 하나의 신념으로써, 그러한 증거가 개인에게 긍정적 영향을 미친다는 점에서 가치를 지닌다.

## 5) 통합적인 개념으로서의 창의성

통합적 접근에서는 창의성을 다양한 요소로 이루어진 복합적, 다면적 개념으로 정의하고, 창의성이 발현되기 위해서는 창의성을 구성하는 인지적, 정의적, 환경적 요소들이 함께 수렴되어야 한다고 주장한다(임선하, 1993, 재인용).

# 3. 창, 의, 조, 성

창의성 연구 초기에는 주로 독창성이나 상상력에만 관심을 두었고, 창의성이라는 용어는 유행어처럼 사용되어 발명, 혁신, 통찰력, 창의적 사고, 직관, 새로움 등의 용어로 표현되기도 했지만 그 의미는 유사한 것이어서 단어들이 혼용되어 왔다(전경원, 1997).

그러나 오늘날과 같이 전문성이 요구되는 시대에는 이러한 용어를 구분해서 사용해야 할 필요가 있다. 우리가 혼용하고 있는 용어는 비슷한 것 같지만 나름대로 차이점이 있다. 많은 문헌에서 이러한 용어의 차이점을 구분하지 않았지만, 전경원(2000)은 용어 구분의 필요성을 느끼고 창의, 창의성, 창조, 창조성으로 구분하여 정리하였다. 그리고 창의(創意), 창의성(創意性), 창조(創造), 창조성(創造性)의

문자적 의미를 명확하게 이해하기 위해서 한자 어원을 분석하였다. 한자는 뜻글자이기 때문에 각각의 문자는 독립된 의미를 지니고 있다. 그러므로 이 용어들은 독립된 단어가 결합하여 복합된 새로운 의미를 갖춘 단어로 이루어졌음을 짐작할 수 있다. 따라서 창, 의, 조, 성의 개념을 살펴보고, 창의, 창의성, 창조, 창조성에 대해 알아보려 한다.

## 1) 창

창(創)은 '비로소' '시작함'의 뜻이 있고, 창(倉)과 도(刀)가 결합하여 이루어진 글자다. 즉, 倉은 곳간(곡식을 저장하는 창고)인데 이를 새로 지으려면 재목을 칼로 다듬어야 하기 때문에 이 두 가지 의미가 합해져서 '처음으로 시작하다'의 의미를 갖게 되었다. 따라서 '創' 자가 의미하는 것은 새롭게 무엇인가를 시작하는 의미와 변화와 발전의 의미를 수반한다고 할 수 있다.

## 2) 의

의(意)는 음(音)과 심(心)이 합해져서 이루어진 글자로, '말(音)로 표현하고자 하는 마음(心)속의 생각'이라는 의미를 지니고 있다.

## 3) 조

조(造)는 '만들다' '짓다' '시작하다'라는 뜻으로 사용되고 있다. 이를 보면 조의 의미는 인간의 인위적인 활동으로 기존의 재료를 재구성하여 새로운 산출물을 만들어 낸다는 의미를 함축하고 있다. 즉, 어떤 것을 새롭게 만들기 위하여 맨처음으로 시작한다는 의미로 창(創) 자와 의미가 비슷하다고도 볼 수 있다.

## 4) 성

성(性)은 심(心)과 생(生)이 결합되어 이루어진 글자인데 '사람이 날 때(生)부터 가지고 있는 마음(心)'이라는 의미를 지닌다.

## 5) 창의와 창조

따라서 창의성(創意性)은 이와 같은 독립적인 세 글자가 합쳐져 '새로운 생각을 해 낼 수 있는 본래적인 성질'이라는 의미의 단어임을 알 수 있다. 창조성(創造性)은 창의성에서 좀 더 발전하여 '어려움을 극복하여 새로운 것을 만들어 내는 성질'이라고 할 수 있다.

'창의'와 '창조'를 구분하자면 '창의'나 '창안'이라는 용어는 어떤 물건을 만들어 내는 것을 의미하는 것이 아니라 새로운 것을 생각하는 수준에 머무르는 것으로 볼 수 있다. 처음 생각하여 무엇인가를 만드는 것은 '창조' 또는 '창제'라고 하였다. 이런 것을 보면 우리나라나 중국에서는 '창의'와 '창조'의 쓰임이 어느 정도 구분이 돼 있었다고 보인다.

## 6) 발산적 사고 · 생산적 사고 · 창의적 사고

'발산적 사고(divergent thinking)'는 길포드가 1950년 '창의성'에 대한 관심을 불러일으킨 미국심리학회 연설에서 사용한 용어다. 길포드는 "발산적 사고란 인간의 지적 능력 중에서 창의성의 지침이 될 수 있는 사고의 유형"이라고 했으며, 이것을 측정함으로써 창의성을 측정할 수 있다고 했다. 즉, 그는 발산적 사고가 곧 창의성이라고 하지는 않았으나, 발산적 사고가 '창의'의 지침이 된다고 하여 발산적 사고가 창의의 한 부분은 차지한다고 생각하였다.

생산적 사고(productive thinking)는 베르트하이머(Wertheimer)가 게슈탈트 학파의 이론에 근거를 두고 제시한 개념이다. 그는 고전적 연상주의로는 인간의 창의적인 사고 과정을 설명하기 어렵다고 보았다. 그는 창의적 사고와 생산적 사고를 동일시하였는데, 생산적 사고는 문제 상황을 동시에, 전체적으로 조사하는 과정을 요구하기 때문이었다.

갤러거(Gallagher, 1975)는 창의적 사고(creative thinking)란 "문제가 있거나 아이디어를 필요로 하는 곳에서 다양한 생각을 구상해 내는 능력이며, 다양한 아이디어를 창출해 내거나 독창적인 아이디어를 생각해 낼 수 있고, 그 아이디어를 발달시키거나 정교하게 할 수 있는 것"이라고 정의했다(양윤옥, 2003, 재인용). 또한 토랜스(Torrance)도 창의적 사고란 "문제를 인식하고 정보의 틈을 찾아내고 빠진 것이나 잘못된 것을 찾아낸 후, 이러한 결함에 대해 추측하고 가설을 세우고, 이를 평가하고 검증하며 이것을 재수정하고 재검증하여 마지막으로 그 결과를 전달하는 과정"이라고 정의하였다.

창의에 대한 연구가 활발하게 진행되면서 학자마다 발산적 사고, 생산적 사고, 창의적 사고 등의 다양한 용어로 지칭하며 설명하였으나, 결국은 모두 창의의 하위 개념 같은 것으로 취급할 수 있다. 전경원(2000)은 이러한 분류보다는 창의의 4P라 할 수 있는 과정, 산출물, 특성, 환경 등을 구분하여 살피는 것이 더 바람직하다고 한다.

전경원은 스스로 창의에 대한 정의를 수정하기도 하였는데, 1995년에는 창의란 "사회와 문화에서 가치를 부여할 수 있는 물건이나 아이디어를 만들어 내는 것뿐만 아니라 문제를 해결하기 위해 새로운 의견을 생각해 내는 능력 또는 그것을 기초화하는 인격적 특성"이라고 정의했다. 2000년에는 창의란 "자신과 타인의 행복을 위하여 사회와 문화에서 가치를 부여할 수 있는 물건이나 아이디어를 만들어 내는 것뿐만 아니라, 문제를 해결하기 위해 새로운 의견을 생각해 내는 능력 또는 그것을 기초화하는 인격적 특성으로 창의력과 창의성을 포함한다."라고 수정하였다. 이 정의에서 창의력과 창의성은 다음과 같은 것을 의미한다(전경원, 2000, 재인용).

- 창의력(Creative Ability)은 발산적 사고 능력, 창의적 사고 능력, 생산적 사고 능력과 같은 창의적인 능력으로 민감성, 상상력, 유창성, 융통성, 정교성과 독창성 같은 하위 요인을 의미한다. 일체의 창의적 과정과 산출물에 관한 것을 일컬으며, 주로 '인지적 접근'을 하고 있다.

- 창의성(Creative Personality)은 개방성과 같은 창의적인 성격을 의미하며, 창의적인 과정과 산출물로 유도하는 창의자의 성격과 환경에 관한 것을 일컫는다. 주로 '사회 · 심리적 접근'을 다루고 있다.

## 4. 창의성의 구성 요소

칙센트미하이(Csikszentmihalyi, 1996)는 창의성은 세 가지 요소로 구성된다고 하였다. 그 세 가지 요소란 상징적인 규칙을 포함하는 분야, 상징 영역에 새로움을 가져오는 사람, 그리고 그러한 새로움을 인정하고 확인하는 전문가들로 이루어진 현장이다. 창의적인 아이디어와 발견이 나오기 위해서는 이 세 가지가 모두 필요하다.

보티첼리*의 〈비너스의 탄생〉은 당시 화단의 주류를 이루던 평가자들에게서 좋은 평가를 받지 못했다. 이 작품은 이후 재평가되기까지 500여 년을 기다려야 했다. 이 사례를 보면 보티첼리는 상징적인 영역에 새로움을 가져오는 사람으로 볼 수 있지만 그가 생존하는 동안에는 창의적인 화가로 인정을 받지 못했다. 당시의 문화는 라파엘 양식이 주류를 이루었고, 새로움을 인정하고 확인하는 전문가들로 이루어진 현장 역시 라파엘 양식에 심취한 사람들이었기 때문이다.

500여 년이 지나 문화가 바뀐 후 라파엘 양식에 반기를 든 문예비평가 러스킨(Ruskin) 같은 사람들에 의해 보티첼리와 그의 작품은 재평가되었고, 〈비너스의 탄생〉은 비로소 창의적인 작품이라고 인정받을 수 있었다. 따라서 창의성이란 창의적인 인물만으로 평가할 수 있는 것이 아니라 다양한 요소가 상호작용하면서 발현된다고 볼 수 있다.

창의성의 발현과 관련된 요소들을 잘 요약하여 설명해 주는 것이 하버드 대학교 교수인 애머빌(Amabile, 1983)이 주장한 창의성의 3요소다. 3요소란 지식과 경험, 창의적 사고력 그리고 내적 동기를 의미한다.

---

*산드로 보티첼리(Sandro Botticelli, 1445~1510). 르네상스 시대의 이탈리아 화가. 피렌체의 메디치가의 후원을 받았다. 대표적인 작품으로는 〈동방박사의 경배〉〈찬가의 성모〉〈봄〉〈비너스의 탄생〉 등이 있다.

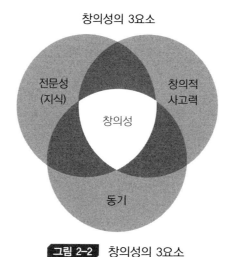

창의성의 3요소

전문성
(지식)

창의적
사고력

창의성

동기

**그림 2-2** 창의성의 3요소

출처: Amabile(1998).

첫째 요소인 지식과 경험은 창의성이 발현되기 위한 원재료라고 할 수 있다. 애머빌은 이 요소를 영역 관련 기술이라고 명명하고 지식, 기술, 재능 등이 포함된다고 하였다. 또한 정규 교육을 통해서 배우게 되는 이론이나 모델과 같은 지식뿐만 아니라, 특정 분야에서 자기 나름대로 오랜 경험을 통해서 터득하고 축적한 경험이나 노하우 같은 것도 해당한다. 하지만 지식과 경험은 양날을 가진 칼과 같다. 즉, 창의성이 발현되기 위해서 기본적으로 필요하지만 한편으로는 창의성을 저해할 수도 있다는 뜻이다.

이렇듯 지식과 경험이 창의성의 원재료로서 필요한 것이기는 하지만, 자칫 이것이 창의성을 저해할 수도 있다. 따라서 기존 지식과 경험의 제약을 벗어나기 위해서는 두 번째 요소인 창의적 사고력이 요구된다.

일반적으로 '창의적' 사고는 '확산적'(발산적) 사고라거나 '수평적' 사고 또는 '우뇌적' 사고 등과 유사한 의미로 표현된다. 수렴적으로가 아니라 확산적으로 사고하는 것, 수직적으로가 아니라 수평적으로 사고하는 것, 좌뇌가 아니라 우뇌를 사용하는 사고가 곧 창의적 사고다.

이러한 확산적 사고, 우뇌적 사고, 수평적 사고 등은 문제해결(problem solving) 과정에서 기존의 방식으로는 문제가 도저히 해결되지 않을 때 요구되는 것이다. 즉, 어떤 문제가 주어졌을 때 그것을 창의적으로 해결하기 위해서는 확산적으로,

수평적으로, 우뇌적으로 사고해야 한다.

창의성 발현의 3요소 중 마지막 요소는 내적 동기다. 내적 동기는 창의성 연구에서 상대적으로 주목을 덜 받아 왔다. 그러나 1980년대 이후 내적 동기에 대해 주목하기 시작했고, 이후 그와 관련한 연구가 진행되고 있다.

동기는 일반적으로 내적 동기와 외적 동기로 나눌 수 있다. 내적 동기와 외적 동기를 구분하는 기준은 인간이 어떤 활동을 할 때 왜 그것을 하는지, 즉 그 일을 하도록 하는 에너지가 어디에서 나오는지에 따라 결정된다. 내적 동기는 특정한 활동이나 행동을 하도록 하는 에너지가 활동 자체로부터 나온다고 볼 수 있고, 외적 동기는 에너지가 활동과 독립된 외부에서 나온다고 볼 수 있다. 예를 들어, 땀을 흘리는 것 자체에 흥미를 느껴 운동을 하면 내적 동기라 할 수 있고, 누군가를 이겨 상을 받기 위해 하는 것이라면 외적 동기라 할 수 있다.

물론 인간 활동의 원인이 이렇듯 정확히 2개로 구분될 수 있는 것은 아니나 두 동기 중 어느 것이 더 우세한지는 구분해 볼 수 있을 것이다.

대부분의 학자들은 내적 동기가 충만한 활동에서 창의적인 아이디어와 성과가 나올 가능성이 높다고 생각하는 반면 외적 동기에 의한 활동에서는 창의적 성과가 나오기 어렵다고 생각한다. 따라서 창의적인 아이디어를 얻기 위해서는 내적 즐거움이 있어야 하며, 높은 수준의 열정 또한 있어야 한다. 그러한 과정에서 새로운 발견과 작품을 만들어 낼 수 있다.

스턴버그와 루바트(Sternberg & Lubart, 1996)의 투자 이론에 따르면 창의성은 지적 자원(intellectual resources), 지식(knowledge), 인지 스타일(cognitive style), 성격(personality), 동기(motivation), 환경(supportive environment)의 여섯 가지 요소에 영향을 받는다고 한다. 이에 대해서는 이후 '체계 이론'에서 조금 더 자세히 다루기로 한다.

마지막으로 통합적인 개념으로서의 창의성은 '인지적' '정의적' '환경적' 측면을 갖고 있다. 다음은 세 가지 측면에 따른 구성 요소다.

## 1) 인지적 측면의 구성 요소

창의성의 인지적 측면은 지적 능력, 지식 및 인지 유형으로 나누어 볼 수 있다. 창의적 사고 과정에는 독창적인 아이디어를 만들어 내기도 하고 혹은 이미 만들어진 아이디어 중에서 가장 적절한 아이디어를 선택하는 과정도 동반되므로 확산적 사고와 수렴적 사고가 모두 필요하다. 창의적인 아이디어를 생각해 내기 위해서는 그 분야에 대한 전문 지식이 필요하다. 하지만 그 지식에 너무 의존하다 보면 새로운 접근을 방해할 수도 있다. 또한 각자가 가지고 있는 인지 유형 또한 창의성에 영향을 미친다.

## 2) 정의적 측면의 구성 요소

앞서 언급한 동기는 정의적 측면의 하위 요소다. 창의적 성취를 위해서는 외적 동기보다는 내적 동기 유발이 중요하지만 간혹 보상과 벌과 같은 외적 동기가 도움이 되기도 한다. 또한 다양한 분야에서 창의성을 발현시키기 위해서는 다양한 분야에 흥미를 갖고, 관심 있는 분야에 대한 에너지와 집착력이 있어야 하며, 판단을 할 때는 자신감, 모험심, 통찰력, 개방성, 인내심 등과 같은 성격 특성이 필요하다.

## 3) 환경적 측면의 구성 요소

환경적 측면에서 가정과 학교는 아동이 제시한 아이디어를 격려해 주며, 창의적인 아이디어를 자극하고, 적절히 보상함으로써 창의성에 긍정적인 영향을 미친다. 사회 또한 창의성을 정의하고 인정함으로써 창의성에 영향을 준다. 문화에 따라서는 창의성의 독창성 또는 적절성 측면이 강조되기도 한다. 창의적 산출물은 역사적, 시대적 특성을 반영하기도 한다. 결국 창의적인 수행을 위해서는 이러한 인지적·정의적·환경적 측면의 요소들이 모두 필요하며, 이 요소들이 함께 결합될 때 높은 수준의 창의성을 발휘할 수 있다.

# 5. 창의성 개념에 대한 시대적 변화

창의성이란 무엇인가? 고대부터 르네상스 시대까지 뛰어난 작품이나 이론 등은 신(神)에 의해 주어지는 영감이라 믿었다. 이후 창의성에 대한 르네상스 시대의 견해는 발생적인 유전의 문제라는 생각으로 바뀌었고, 21세기 들어 이것은 유전과 환경의 상호작용이라는 견해라고 바뀌었다. 최근에는 다양한 상호작용으로 발생한다는 생물사회심리학 이론을 받아들이고 있다(Dacey, Lennon, & Fiore, 1998). 그러나 이러한 창의성 개념의 변화는 복잡한 결과를 낳았다.

1950년대 말부터 학자들에 의해 창의성의 개념이 정의되어 왔으나, 아직 합의된 정의는 존재하지 않는다. 창의성은 지능, 인내심, 관습 타파, 특별한 방법으로 사고하기 등과 같이 인간이 가지고 있는 좋은 인지적 특성 중 하나이며, 동시에 인성적 성향이다(노영희, 장연주, 2011). 다양한 요인이 복잡하게 섞여 있는 창의성을 단하나로 정의를 내린다는 것은 어려운 일이다(Sternberg, 1989).

이에 시대적으로 변화하는 창의성의 개념에 대해 알아보고 그에 따른 학자들의 의견도 정리해 보고자 한다.

## 1) 그리스 시대

플라톤과 아리스토텔레스를 포함한 초기의 학자들 또한 창의적인 아이디어가 어디서 오고, 어떻게 발생하는지에 관해 생각해 왔다. 그리스 사람들은 번뜩이는 아이디어란 뮤즈(Muse)로부터 받는 것이라 생각했다. 뮤즈는 춤과 노래 · 음악 · 연극 · 문학에 능하고, 시인과 예술가들에게 영감과 재능을 불어넣는 예술의 여신이다. 또한 지나간 모든 것을 기억하는 학문의 여신이기도 하다. 고대인들은 뮤즈를 무사(Musa)라 불렀는데, 이는 '생각에 잠기다, 상상하다, 명상하다'라는 뜻의 고대 그리스어에서 비롯된 것이라고 한다(두산백과, 2014). 뮤즈는 기억을 상징하는 므네모시네(Mnemosyne)에게서 태어났으며, 이러한 생각에는 기억에서 모든 예술활동이 나온다는 고대인들의 철학이 담겼다고 볼 수 있다.

역사가 하다스(Hadas, 1965)는 대다수의 국가들이 문명을 억압한 시대에 그리스 인들은 자유로웠기 때문에 창의적일 수 있었다고 주장한다. 그들은 경제적으로 안정되었고, 노예 제도 덕분에 여유로운 생활을 할 수 있었다. 가장 큰 특징은 종교적인 신념이 없었다는 것이다. 앞서 언급했듯, 그들은 영감을 신들이 불어넣은 것이라고 믿었다. 또한 전지전능한 유일신이 아니라 분야마다 다양한 신이 있다고 믿었고, 그들과 공존했으며, 창의적인 생산물은 신들이 그들에게 주는 선물이라 여겼다. 신은 그들의 삶에 큰 영향을 미치지 않았으며, 그리스인들은 자신이 가치 있다고 여기는 것을 실행하는 데 자유로웠다. 따라서 기원전 500년~기원전 200년 사이의 시기는 그리스 역사에서 창의성의 황금기라 할 수 있다.

## 2) 르네상스 시대와 인본주의

르네상스(Renaissance)는 학문 또는 예술의 부활이라는 의미를 가지고 있다. 5세기 로마 제국의 몰락 때부터 르네상스에 이르기까지의 시기를 야만 시대, 인간성이 사라진 시대로 보고 고대의 부활을 통하여 이 시대의 야만성을 극복하려는 것이 특징이라 할 수 있다. 이에 문화 · 예술 분야뿐 아니라 정치 · 과학 등 사회 전반적으로 다양한 영역에서 새로운 시도와 실험이 이루어졌다. 인쇄술도 발달하여 많은 사람이 쉽게 책을 접할 수 있게 되었고, 지식 또한 확산되었다. 르네상스는 이탈리아에서 시작되어 독일, 프랑스, 영국을 포함한 유럽 전역의 정치 · 문화 형성에 큰 영향을 끼쳐 '서양 문화의 어머니'로 비유되기도 한다.

인본주의(Humanitarianism)는 인간의 가치를 주된 관심사로 삼는 사상으로, 흔히 다음과 같이 세 가지로 나누어 생각하는 경향이 있다. 첫째, 인간의 고통을 극소화하고 복지를 증진하려는 모든 도덕적 · 사회적 운동을 통칭하는 것이다. 둘째, 신이나 자연을 숭배의 대상으로 삼지 않으며 오직 인간성(humanity)만이 존귀하다고 믿는 실증주의적 인간성 숭배 사상을 일컫는 경우도 있다. 셋째, 예수 그리스도의 신성(神性)을 부인하고 그 인격성(人格性)만을 주장하는 신학 사상을 일컫는 말로도 사용된다(교육학용어사전, 1995).

1767년 창의성에 대한 중요한 연구가 발표되었다. 윌리엄 더프(William Duff)의 독창성 있는 천재의 특성에 대해 논문이었다. 그는 처음으로 창의성을 생물학적 · 심리학적 · 사회학적 측면에서 보는 현대적인 시도를 했다(Dacey, Lennon & Fiore, 1998).

## 3) 19세기의 뇌 생물학

200년 전만 해도 뇌의 부분적 작용에 대해 확실히 알지 못했다. 전두엽이 언어 능력을 담당한다는 것을 처음 제안한 사람은 19세기 초의 독일 해부학자 프란츠 갈(Franz Gall)이다. 이 시기에 대부분의 과학자들은 갈의 연구를 받아들이지 않았으나 갈이 주장한 것이 바로 뇌의 국지화(localization) 원리다.

우리의 뇌는 2개의 반구로 나뉘어 있다. [그림 2-3]에서 볼 때 좌뇌와 우뇌의 크기가 대칭인 것처럼 보이지만, 실제로는 뇌의 앞부분은 우뇌가 더 돌출되고 넓은 반면, 뒷부분은 좌뇌가 더 돌출되고 넓은 편이다. 유아기에 이미 뇌의 편측성이 나타난다. 편측성이란 뇌의 좌반구와 우반구가 각기 다른 기능을 맡아 하는 것을 말한다. 좌뇌는 논리적 사고, 수학 연산, 언어 능력, 분석적 사고, 순차적 정보 처리를 주로 담당하고, 우뇌는 얼굴 및 표정 인식, 리듬감, 이미지 작용, 직관, 정서, 병렬적 정보 처리 등을 주로 담당한다.

스페리(Sperry)의 연구에 따르면 우뇌만 있는 환자에게 왼쪽 시야에 볼트와 너트

**좌뇌  우뇌**

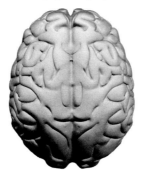

• 언어 뇌

-언어 구사 능력, 문자나 숫자 기호의 이해, 조리에 맞는 사고 등 분석적이고 논리적임을 담당
-합리적인 능력 향상

• 이미지 뇌

-그림이나 음악감상, 스포츠활동 등 상황을 전체적으로 파악함
-직관과 같은 감각적인 분야를 담당
-사회성에 관련된 기능을 담당
-아름다움을 느끼고 표현함

**그림 2-3**  뇌의 편측성

를 보여 주고 그것이 무엇에 사용하는 것이냐고 문자 환자는 대답하지 못했다. 그런데 환자는 아무 말 없이 양손으로 볼트와 너트를 끼우는 것을 흉내 내었다. 이처럼 좌뇌가 없기 때문에 우뇌가 영상으로 받은 이미지를 좌뇌로 보내지 못해 말로써 표현할 수는 없어도, 볼트와 너트가 어떻게 사용되는지는 알고 있다. 우뇌는 새로운 학습에 직접 접하는 반면, 좌뇌는 일단 학습을 통해 얻은 정보의 자동적이고 신속한 처리를 위한 정보의 창고 역할을 한다고 본다. 특히 좋은 아이디어는 좌뇌의 분석과 우뇌의 직관이 상호작용한 산물일 때가 많다(김상윤, 2006).

19세기 뇌 생물학의 발전으로 창의적인 생각에 두 반구가 어떻게 영향을 미치는지에 대한 논쟁이 일어났다. 최근에는 많은 책과 TV 프로그램에서 창의성이 마치 우뇌의 전유물인 것처럼 이야기한다. 하지만 이는 사실이 아니다. 그런데 왜 많은 사람이 창의성을 우뇌의 전유물인 것처럼 말하는 것일까? 여기에는 두 가지 이유가 있을 것으로 추측한다. 하나는 좌뇌 중심 교육이 주를 이루는 현실에서 창의성 개발을 위해 양쪽 뇌의 조화가 필요하다 보니 우뇌의 중요성을 강조하게 되었을 것이고, 이것이 와전되어 해석되면서 창의성이 마치 우뇌의 전유물인 것처럼 알려졌을 것이다.

또 다른 이유는 서번트 증후군(Savant syndrome)의 뇌 연구를 확대 해석한 결과로 추측한다. 서번트 증후군이란 아이큐가 심하게 낮거나 정신지체, 자폐증 같은 정신장애를 갖고 있으면서도 음악이나 미술, 계산 같은 특정 분야에서는 극도의 천재성을 보이는 것을 말한다. 영화 〈레인맨〉이나 드라마 〈굿닥터〉의 주인공을 예로 들 수 있다. 40여 년간 서번트 증후군을 연구해 온 미국 위스콘신 대학교의 트레페르트(Treffert) 박사는 서번트 증후군의 경우, 출생 전후의 좌뇌 손상을 우뇌가 보상하여 창의적이고 천재적인 기능을 발휘하는 것이라고 설명한다. 하지만 그 연구 결과를 그대로 적용해 보통 사람을 설명하려 하는 것은 한계가 있다(김유미, 2009).

## 4) 20세기

창의성의 연구와 교육은 창의성을 이론적·관념적으로 논하던 1940년대 이전의 '탐색기'와 길포드를 중심으로 과학적 연구가 시작된 1950년대 '정초기'를 거쳐,

드보노(deBono)와 토랜스(Torrance) 등의 연구에 입각해서 창의 교육의 기초가 잡히고 국가 및 사회의 지원이 시작된 1960, 1970년대의 '심화기' 그리고 국가 수준에서 체계적이고 적극적인 연구와 교육 제도가 강화되는 1980년대 이후의 '발전기'를 거쳤다(김춘일, 1999). 앞으로는 20세기의 창의성에 대한 주요 이론들의 입장을 살펴보려 한다.

### (1) 형태주의 심리학

1920년대 독일의 베르트하이머(Wertheimer)를 비롯한 게슈탈트(Gestalt) 학파인 형태주의자들은 뇌의 능동적인 기능을 강조하였다. 인간의 뇌는 외부에서 유입되는 정보를 나름의 법칙에 따라 의미 있게 조직한다는 것이다. 형태주의 심리학에서는 '전체는 부분의 합이 아니다.'라고 주장한다. 이는 인간을 환경의 수동적인 반응자로 본 행동주의 심리학에 대한 반대이기도 하다.

형태주의 심리학자들은 창의적 사고는 '문제의 재구성'을 할 수 있어야 가능하다고 본다. '문제의 재구성'이란 과거 경험에서 벗어난 문제해결 과정으로 문제를 바라보던 관점이 급전환되어 문제를 새롭게 바라보는 것을 말한다. 게슈탈트 학파는 재구성 과정의 원인을 문제를 해결하던 뇌의 활성화 부위가 자발적으로 다른 곳으로 전이된 것이라고 본다(김상윤, 2006).

### (2) 행동주의 이론

스키너(Skinner, 1971)는 창의성이란 실제로 존재하지 않는 것이라 했다. 스키너에 따르면 우리의 모든 행동은 상과 벌을 제공하는 부모나 교사, 또래나 법, 전통, 사회적 기대 등의 영향에서 벗어날 수 없으므로 진정한 의미의 자유는 없다. 무엇인가 새로운 것을 발명한다는 것은 창조성이 있어 보이지만 그것은 발명가가 살아온 경험을 토대로 시행착오를 거쳐 만들어 낸 것이다. 하지만 그들 스스로 발명의 과정을 인식하지 못하고 신이 선사한 반짝이는 아이디어로 여기기도 한다.

따라서 학습 이론에서 창의적 생각이란 이전의 것과 전혀 상관이 없는 새로운 요소들의 결합이라고 본다. 그리고 행동주의 이론에서는 문제 상황이 과거의 문제 상황과 유사하지 않다면 그 상황에 대한 문제해결은 우연한 결과에 지나지 않는다고 본다.

### (3) 성격 이론

프로이트(Freud)는 정신분석학 및 성격 이론의 토대를 만든 학자다. 그는 창의성을 현실에서 억압받고 억제된 욕구가 무의식에서 상상하는 해소 과정이라고 정의한다. 프로이트는 아이들이 놀이 상황에서 현실과 가상의 세계를 자유롭게 넘나들며 창의성이 발현된다고 보았다. 정신분석학에 기초하여 인본주의 이론을 주장한 매슬로(Maslow)에 따르면 창의성은 사람들의 삶의 한 부분이며, 창의성을 자신의 재능을 성장시키는 자아실현과 같은 심리적 성장이라고 보았다.

융(Jung)은 창의성을 무의식이라는 인류 공통의 내면에 잠재해 있는 여러 가지 원형의 무의식적 활성화를 통하여 일정한 목적을 달성할 때까지 이미지를 다듬어 가서 궁극적으로는 집단 무의식에 이르는 것으로 보았다(김상윤, 2006).

### (4) 인지 이론

길포드(1967)는 인간의 정신적 작용에 대해 다섯 가지 구조로 구성된 지능의 구조 모델을 주장하였다. 다섯 가지 구조는 인지, 기억, 확산적 사고, 수렴적 사고, 평가 등이다. 그는 창의성은 이 구조 모델에서 수렴적 사고보다 확산적 사고를 반영한다고 주장한다. 수렴적 사고란 지식이나 논리를 이용하여 하나의 답을 찾는 능력인 반면에 확산적 사고는 하나의 정답이 존재하지 않는 문제에 대해 예측되지 않은 또는 정해져 있지 않은 다양한 해결책이나 답을 생성하도록 요구한다. IQ 검사가 측정하는 것은 수렴적 사고라 할 수 있다. 확산적 사고에는 문제에 대한 민감성, 사고의 유창성, 융통성 및 독창성, 동일한 대상을 새로운 목적을 위해 사용하는 재정의성과 주어진 문제를 세분화하고 명료히 하는 정교성이 포함된다(김상윤, 2006).

가드너(1983)는 창의성의 유형 또는 분야를 구분하는 대안적인 방법을 제시했다. 그는 『마음의 틀(Frame of mind)』이라는 책에서 다중지능 이론을 소개하면서, 인간의 뇌는 언어와 논리-수리, 음악, 글쓰기, 운동 등 각 분야의 정보를 처리하는 독립된 정보처리 체계를 갖고 있다고 했다. 이러한 근거를 바탕으로 인간의 지적 활동을 서로 독립적인 7개의 영역으로 나누었고 이후 2개의 영역을 추가하였다. 9개의 창의적인 능력(지능)은 다음과 같다.

- 언어 지능(linguistic intelligence)
- 논리수학 지능(logical-mathematical intelligence)
- 음악 지능(musical intelligence)
- 공간 지능(spatial intelligence)
- 운동감각 지능(bodily-kinesthetic intelligence)
- 대인관계 지능(interpersonal intelligence)
- 내성 지능(intrapersonal intelligence)
- 자연관찰 지능(naturalist intelligence)
- 실존 지능(existentialist intelligence)

〈토랜스의 예화〉

1950년 토랜스는 박사학위를 획득한 후 얼마 되지 않아서 미 공군의 중요한 프로젝트를 수행하게 되었다. 당시는 6 · 25 전쟁 중이었다. 프로젝트의 목적은 전투기나 전폭기, 수송기 조종사가 작전 수행 중 비행기가 추락했을 때 생존하여 무사히 귀환할 수 있는 훈련 프로그램을 개발하는 것이었다.

토랜스는 여러 관련 문헌을 살펴보고, 제2차 세계대전 당시 실제로 추락 후 생존한 조종사들을 만나서 그들의 생환 과정에 대한 인터뷰를 하였다. 관련 자료와 인터뷰 내용을 분석한 결과 중요한 공통점을 찾아낼 수 있었다. 바로 창의력이었다. 조종사가 추락하게 되면 전혀 예측할 수 없는 장소와 상황에 처하게 되고, 이러한 불확실한 상황에서 살아 나오기 위해서는 자신의 지금까지의 경험을 기초로 해서 모든 가능한 방법을 동원하는 창의적인 문제해결 능력이 요구된다는 것이다.

그래서 토랜스는 미 공군의 프로젝트에서 창의력을 훈련하는 것을 결론으로 제시하였다. 조종사의 생환에 가장 필수적인 도구는 바로 창의력이라고 본 것이다. 토랜스는 이 프로젝트 수행 후 창의성에 대한 연구에 집중하여 세계적인 창의성 연구의 권위자가 되었다.

이 일화는 토랜스가 창의성에 관심을 두게 된 계기를 보여 준다. 토랜스는 이후 창의성 검사(TTCT)를 연구하고 개발하였다. 이 검사 도구는 길포드가 개발한 '확산적 사고력 검사'와 더불어 대표적인 창의성 표준화 검사라 할 수 있다. 또한 어린이들의 창의적 사고 및 행동 특성을 교육 현장에서 경험적으로 연구하여, 어린이의 창의적 잠재력을 교육하는 '창의성 교육'의 실제 기초를 제공하였다.

### (5) 체제 이론/체계 이론

칙센트미하이의 체계 이론(system theory)에 따르면 체계에는 사람(person), 현장(field), 분야(domain)라는 3요소가 있다. 창의성은 이 3요소 간의 상호작용과 시간의 흐름에 따른 변화를 통해 정의된다. 창의성에 대한 정의를 내리는 과정을 살펴보면, 창의적인 사람(person)이 특정 분야에서 새로운 아이디어를 내면 그것을 현장(field)에서 평가한다. 여기서 현장(field)은 해당 분야의 전문가를 말한다. 현장(field)의 평가는 새로운 아이디어를 수용할지 거부할지를 결정한다. 만일 아이디어를 수용하기로 하면 그 아이디어는 해당 영역의 분야(domain)에 포함되며, 분야(domain)란 미술, 과학, 음악 등 특정 영역에서의 패러다임 같은 것을 의미한다. 분야(domain)의 내용은 해당 영역의 초보자들에게 지식, 규칙, 접근법 등으로 전수된다. 시간이 흘러 또 다른 사람(person)이 새로운 아이디어를 내면 현장(field)이 이를 다시 평가하고, 분야(domain)에 포함될지 논의가 이루어진다. 이러한 과정은 계속 순환된다.

보티첼리의 〈비너스의 탄생〉의 예를 다시 생각해 보자. 보티첼리(person)는 새로운 화풍이나 아이디어로 미술 작품을 만들었다. 이는 '창의적인 아이디어의 생성'이라 할 수 있다. 이제 보티첼리의 새로운 미술 작품은 당시 미술계를 지배하던 비평가 집단(field)에 의해 평가받게 된다. 보티첼리가 생존한 당시의 현장(field)에서는 〈비너스의 탄생〉에 대해 그들이 늘 보아 오던 것과는 달리 너무나 생경해서 좋은 평가를 내리지 않는다. 따라서 보티첼리의 작품은 인정받지 못하게 된다. 500년이 지나고서야 새로운 현장(field)의 전문가들이 그의 작품을 창의적이라고 인정하였고 분야(domain)에 포함되어 새로운 화풍이 탄생할 수 있었다. 그리고 이제는 새롭게 미술계에 진입하려는 신참 미술학도들(미래의 person)은 이를 본받아야 할 작품으로 배우게 된다.

이처럼 새로운 아이디어는 창의성이 있다고 수용될 수도 있고 터무니없는 것으로 거절될 수도 있다. 또한 시간이 흐름에 따라 기존의 현장(field)이 바뀌면 창의적인 아이디어에 대한 재평가가 이루어질 수 있어 예전에는 수용되지 못한 창의적 아이디어가 새롭게 재조명될 수 있다. 이를 통해 창의적 아이디어의 판단 기준은 절대적이지 않다는 것을 알 수 있다. 예술뿐만 아니라 과학에서도 이러한 사례를 쉽게 찾을 수 있다. 코페르니쿠스의 지동설, 다윈의 진화론, 멘델의 멘델 법칙도 당시 현장(field)에서는 받아들여지지 않았지만 시간의 흐름에 따라 대단한 발견으로 뒤늦게 인정받은 경우다(장재윤, 박지영, 2007).

앞서 창의성의 구성 요소에서 언급한 애머빌(Amabile, 1983)의 창의성의 3요소 또한 체제 이론에 속하며, 어떤 과제를 수행할 때 먼저 전문적인 지식과 경험을 갖추고 내적 동기가 있는 상태에서는 창의적인 성과가 나올 가능성이 크다고 하였다.

스턴버그와 루바트(1996)의 투자 이론에 따르면 창의적인 사람들을 아이디어 면에서 '싸게 사서 비싸게 파는(buy low and sell high)' 좋은 투자가로 비유한다. 싸게 산다는 것은 새롭고 초기에는 저항에 부딪힐 수도 있는 아이디어나 프로젝트에 자신을 투자한다는 것을 의미한다. 이후 창의적인 사람들은 귀중하게 여겨지는 결과를 생성하여 비싸게 팔고 자신은 성장 잠재력이 있는 새로운 아이디어로 이동한다.

독창적인 프로젝트에 투자하여 창의적인 산물을 만들어 낼 수 있는지는 어떤 요인들이 결정하는가? 투자 이론에 따르면 창의성은 6개의 개별적이지만 서로 관계되어 있는 자원들의 종합에 달려 있다고 한다(Shaffer, 2002).

### 지적 자원

창의성에서 고려되어야 할 중요한 지적 능력은 해결해야 할 새로운 문제를 찾거나 옛날 문제를 새로운 방법으로 보는 통합적 능력이다. 또한 자신의 아이디어 중에서 뒤쫓을 가치가 있는 것과 그렇지 않은 것을 평가하는 분석적 능력, 새로운 아이디어의 가치를 다른 사람들이 받아들일 수 있게 이해시켜서 아이디어를 완전히 개발하는 데 필요한 지원을 얻을 수 있는 실용적–맥락적 능력이 있다. 세 가지 능력이 모두 중요하며, 자신이 생성한 새로운 아이디어를 평가하지 못하거나 그것의 가치에 대해 다른 사람들을 설득하지 못한다면 그들이 창의적인 업적을 꽃 피울 가능성은 거의 없다고 본다.

### 지식

창의적 사고를 위해 그에 관한 전문적 지식(Knowledge)이 전제되지 않은 상태에서 새로운 생각이 나타난다는 것은 불가능하다. 예를 들어, 아동·청소년이거나 혹은 성인이라도 자신이 선택한 분야에서 한발 앞서 나가거나 예술가, 음악가, 과학상 수상자가 그러했듯 그 분야에서 새로운 세계를 개척하고자 한다면 그 분야의 현재 수준을 잘 알고 있어야만 한다. 그래야 그 분야를 초월할 수 있기 때문이다.

### 인지적 스타일

인지 스타일(cognitive style) 중 입법적 인지 스타일(legislative cognitive)은 자신이 선택한 새롭고 확산적인 방법으로 사고하는 것을 선호하는 것이다. 즉, 창의적인 생각을 하기 위해서는 작은 부분과 함께 전체적으로도 생각할 수 있어야 한다. 예를 들면, 숲과 나무를 가려낸 다음, 문제의 중요성 여부를 인식할 수 있다는 것이다.

### 성격

창의적인 활동을 하기 위해서는 특정한 성격(personality)이 필요하다. 이러한 성격에는 위험을 기꺼이 감수하려는 모험심, 불확실성 혹은 모호함에 직면하여 견뎌내는 참을성, 대중에게 도전하고 자신의 아이디어를 추구하여 결국 인정을 받을 수 있다는 자신감, 불분명함을 관대하게 보려는 의지 및 자아효능감 등이 있다. 이는 '성격과 창의성' 부분에서 조금 더 자세하게 다루기로 한다.

### 동기

본질적이고 과제중심적인 동기(motivation) 역시 창의성의 필수 요건이다. 애머빌(1998)에 따르면 자신이 이루고자 하는 것에 대해 열정이 있고 잠재적인 보상보다는 일 자체에 초점을 맞출 때 한 영역에서 창의적인 결과물이 나온다고 한다. 하지만 아동을 너무 강하게 몰아붙이거나 보상을 너무 강조하면 그들이 추구하는 일에 대한 내적인 흥미를 잃게 되어 창의성이 손상될 수도 있다.

### 환경

개인의 창의적인 생각을 지지하는 외적 환경(supportive environment)을 의미한다. 창의적으로 생각하는 데 필요한 모든 내적 자원을 갖고 있다고 하더라도 외적 환경의 자원이 뒷받침되지 않는다면 창의성은 결코 발현되지 못한다는 것이다. 예를 들어, 체스, 음악 혹은 수학과 같은 영역에서 특별한 재능을 보이는 아동에 대한 연구들은 이 천재 아동들이 그들의 재능과 동기를 북돋아 주고 그들의 성취를 칭찬해 주는 축복받은 환경에서 자라났음을 보여 준다. 일반적으로 창의적인 아동들의 부모는 아동의 지적인 활동을 장려하고 독특함을 수용했다. 그들은 또한 비범한 재능을 재빨리 알아보고 전문가 코치나 개별 지도의 도움으로 재능이 성장하도록 도왔다. 더구나 어떤 사회는 다른 사회보다 창의성을 더 귀중하게 여기고 많은 재정적·인적 자원을 창의적인 잠재력을 키우는 데 투자하기도 한다.

한편, 투자 이론에서는 각 요소의 합은 합 이상의 것을 발휘할 수 있다고 가정한다. 즉, 창의성은 이 6개의 요인이 같이 발현되어야 하지만 각 요소를 단순히 합한 결과를 창의성으로 보지 않는다. 예를 들어, 특정 요소에서 거의 0에 가까운 수준에 있는 사람이라면, 다른 요소들이 적정 수준에 있다 하더라도 창의성이 발현될 가능성이 매우 낮다고 볼 수 있다. 반면에, 환경의 지원이 낮은 수준에 있다고 해도 동기나 성격이 월등히 높은 수준에 있다면 부분적인 보상이 일어날 수도 있어 창의성이 발휘될 가능성이 높다고도 볼 수 있다. 따라서 각 요소는 창의성을 발현시키기 위해 서로 상호작용을 해야 한다.

일반적으로 창의성이라는 개념은 연구자에 따라 다양한 관점으로 바라볼 수 있고 매우 다면적인 성격을 띠고 있기 때문에 하나의 정의를 도출하기는 어렵다. 그럼에도 창의성에 대한 개념 정의에서 공통적으로 등장하는 단어가 있다. 바로 새로움과 변화다. 따라서 다양한 측면의 개념을 종합해 보면, 창의성은 누구에게나 잠재해 있는 능력으로, 일상생활에서 직면하는 문제에 대해 기존의 경험, 지식 등을 바탕으로 창의적인 사고 과정을 거친다면 그 과정에서 가치 있는 아이디어나 다양한 문제해결 방법 등을 도출해 낼 수 있다고 생각한다.

제**3**장

창의성 교육과 이슈, 창의적 사고 과정

창의성이 발달한 사람은 일에 몰입하고 즐거움을 느끼며, 그 과정 중에 삶의 질을 향상시킬 수 있다. 최근에는 사회에서 창의적인 능력을 요구할 뿐만 아니라 그에 따라 창의성에 대한 교육적 요구가 높아지고 있다.

따라서 이 장에서는 창의성 교육의 필요성과 교사로서 가져야 할 마음가짐에 대해 알아보겠다. 이를 잘 숙지하고 한층 더 성숙한 예비 교사가 되길 바란다.

## 1. 창의성 교육은 왜 나타났는가

창의성 연구가나 교육자들이 제시하는 창의성 및 창의성 교육의 중요성이 부각되는 이유를 간추리면, 급격한 사회·교육적 변화에 대응하고 주도해야 한다는 것으로서, 이는 사회적 이유와 교육적 이유 두 가지로 볼 수 있다(김춘일, 1999).

먼저, 사회 변화와 관련된 이유다. 우리는 예전보다 광범위한 영역에 걸쳐 빠르게 변화하는 사회에 살고 있다. 앞으로 미래 사회는 지금보다 더욱더 변화 영역이 넓어지고 변화 속도 또한 빨라질 것이다. 이러한 흐름 속에서 우리에게 창의성이 요구되고 강조되는 것은 당연한 일일지도 모른다. 지식과 정보의 발달과 더불어 하루가 다르게 변화하는 삶의 현장에서 창의성은 생존을 위한 필수적인 조건이며 새로운 가치를 창조하는 원천이기 때문이다.

지식 기반 경제사회의 지속적인 발전을 위해서는 새로운 지식을 창출해 낼 수 있는 창의적 인재가 중요하다는 인식에 따라 세계 각국에서는 이러한 인재를 육성하기 위한 교육 시스템을 구축하고자 노력하고 있다.

세계화라는 흐름은 인재의 조건을 변화시켰다. 특정 분야에 제한된 지식이나 기술만을 소유하기보다는 다양하고 복합적인 상황에서 자신의 지식, 기술, 태도 그리고 가치를 활용하여 유연하게 대처할 능력이 있는 사람을 인재로 보는 것이다(김동일 외, 2009). 이러한 능력은 빠르게 변화하는 사회 환경에서 개인의 성공이나 사회 및 국가의 성장을 위해 필요한 역량으로 정의된다(소경희, 2007).

세계화 시대의 글로벌 인재가 갖추어야 할 핵심 역량의 대명사로 창의성은 여전히 큰 주목을 받고 있다(이미나, 이화선, 최인수, 2012). 21세기는 첨단 과학기술의 발달을 통해 정보화 사회로 변화함으로써 논리적으로 사고하고, 창의적으로 문제를 해결하며, 타인과 의사소통할 수 있는 능력을 요구한다. 또한 창조 경제의 핵심으로 창의적 인재를 두고 창의성 증진을 위한 다양한 프로그램을 도입하여 다양성과 개방성을 높이려 하고 있다. 여기에 창의성의 개발과 교육은 당연히 필수불가결한 대응책으로 부각되고 있다.

둘째는 교육 변화와 관련된 이유다. 즉, 사회 교육 및 학교 교육이 근본적으로 새롭게 변해야 하고, 그 핵심은 '창의성 교육'이 되어야 한다는 것이다. 교육의 목적이 궁극적으로 사회 변화에 적응하는 능력을 함양하는 것이라면, 사회의 변화에 따라 학교 및 교육의 제도, 목적, 내용, 방법, 평가 기준, 환경 또한 마땅히 바뀌어야 한다.

지금까지의 교육 환경은 학생의 창의성을 육성하는 것보다는 창의성을 튀는 행동으로 간주하고 부정적으로 보면서 오히려 학생의 행동을 획일화하기 위해 창의성을 무시하거나 통제하는 경향이 강했다. 대학 입시를 비롯한 각종 평가 제도, 이론, 실제 역시 다가올 세대의 색다르고 다양한 잠재력과 창의성을 키우기보다는 과거나 현재의 평가 기준에 초점을 맞추었다. 이러한 틀과 내용, 방법으로는 세계적인 경쟁 사회에서 살아남기 어렵고 미래 사회에 제대로 적응할 수 없기 때문에 교육의 크고 작은 패러다임을 고쳐서 좀 더 창의성을 개발 및 육성하는 방향으로 개선해 나가려 하는 것이다.

## 2. 우리나라 창의성 교육의 변화

전경원(2000)은 한국의 창의성 연구를 기간에 따라 3기로 나누어 설명한다. 제1기는 1960년대 중반부터 1980년대 초반까지로 창의성에 관심을 갖게 되고 석사학위 논문이나 학술지에 창의성 관련 연구물이 등장하기 시작하며 창의성 검사 도구가 국내에 소개되면서 창의성에 대한 연구가 늘어난 창의성 흡수 시기다. 제2기는

1980년대 중반 이후부터 1990년대 초반까지로 창의성을 개발할 수 있는 다양한 프로그램 개발이 미흡하고 일선 학교에 창의성 교육이 확대 보급되지 않아 제대로 개화하기도 전에 창의성 교육이 침체된 시기다. 제3기는 1990년대 중반부터 현재까지로 1995년 5·31교육개혁과 맞물려 국가의 재도약을 위한 방안으로 창의성 교육을 내세우고 지적재산권이나 기술 이전 등의 문제가 대두하여 창의성 없이는 생존할 수 없다는 인식하에 창의성 교육이 폭발한 시기다.

앞서 언급했듯이 교육개혁에 '창의성 신장'이 목표로 처음 등장한 것은 1995년 발표된 5·31교육개혁방안(1995. 5. 31.)부터이며, 당시 유럽연합 등 선진국들이 창의 인재 양성을 목표로 앞다투어 교육개혁을 발표하던 시기와 맥을 함께한다. 유네스코에서는 1996년 '모두를 위한 교육-학습: 그 안에 숨겨진 보물(Education for All-Learning: a Treasure Within)'이라는 주제로 열린 회의에서 개발도상국가의 초등 교육 수준에서의 창의성과 예술 교육의 강화를 통한 학교 교육의 개혁을 주장하였다. 또한 유네스코 세계교육위원회에서는 1997년 종합보고서를 통해 대부분의 국가에서 기술 발전과 현대화의 압력에 따라 경제적 목적을 위한 교육적 요구가 지난 60년 동안 증대되었음을 언급하였다.

교육과학기술부(2009)가 제시한 창의·인성 교육 기본 방안은 창의·인성 교육을 "새로운 가치를 창출하고 동시에 더불어 살 줄 아는 인재를 양성하는 미래 교육의 본질이자 궁극적인 목표"로 정의하고 있다. 또한 창의·인성의 가치로서 포괄성, 종합성, 미래지향성, 동시성을 제시하였다. 주요 내용을 요약하자면 재량 활동과 특별 활동의 형식적 운영 탈피 및 비교과 활동의 내실화와 이를 통한 학생의 전인적 성장 도모, 교육 내용과 방법·평가 체제의 선진화, 제도적 기반 조성을 위한 학교의 자율화·다양화 정책 실시, 창의·인성 교육 정착을 위한 입학 전형 개선을 들 수 있다. 이에 따른 주요 실행 정책으로 '대학입학사정관제'와 '창의적 체험 활동 교육 과정' '자율형 고교 설립' 등을 꼽을 수 있다.

한국과학창의재단(2014)에서는 학생들의 꿈과 끼를 키울 수 있는 학교 창의 교육을 실현할 완결 구조 구축을 위한 맞춤형 지원은 물론, 개인의 꿈과 끼를 키울 수 있는 학교 밖 창의 교육 총괄 지원 체계를 마련하려 하며, 교육 기부 활성화를 통해 사회 전체의 창의 인재 양성 체계를 구축하려 한다.

이러한 일련의 교육 과정과 개선 과제들의 구체화 방안들은 모두 한국 초·중등 교육 과정의 가장 큰 문제점으로 지적되던, 입시를 목표로 하는 교과 지식 중심의 암기식·주입식 교육을 극복하기 위함이다. 그 대안으로 제시된 것이 바로 창의성 교육이다.

## 3. 창의성 교육에 대한 비판

기존의 창의성 교육은 창의성을 정의하는 데에도 합의를 보지 못하고 있다. 또한 창의성 교육은 마치 창의적 사고 과정이 눈에 보이는 것처럼 일련의 프로그램을 만들어 놓고 설계된 과정에 의해 창의성이 개발될 수 있다고 본다. 프로그램과 기법들은 기존의 고정관념을 깨고 새롭거나 사회에 적절하게 쓰일 수 있는 생각을 만들게 한다. 그러나 우리는 창의적인 사람이 어떠한 생각의 과정을 거쳐 창의적인 업적과 성취를 이루어 냈는지 알 수 없다. 즉, 창의적인 과정에 쓰이는 방법은 신비하기 때문에 어떤 과정을 통해 창의적인 결과를 얻었는지 알 수 없는 것이다. 창의성은 창의적 사고 과정의 내적 과정 때문이 아니라 그 분야의 가치에 부합하는 업적을 만들어 낸 결과를 통해서만 존재하게 된다. 창의성은 어떤 사람의 공적인 업적을 드러내는 말이지, 개인의 사적인 정신 상태를 가리키는 것이 아니다.

또한 기존의 창의성 교육은 마치 창의성이 창의적 사고를 하게 하는 기법이나 프로그램의 반복적인 연습을 통해 길러진다고 본다. 이 과정 속에서 교과의 내용이나 지식이 없어도 프로그램이나 기법만 있으면 창의적 사고는 개발될 수 있는 것으로 여겨진다. 그러나 창의적인 생성물은 그 분야의 규칙 위에 세워진다. 그 분야에 대한 지식을 갖고 그 지식을 결과에 적용하려 할 때 창의적인 결과를 얻을 수 있다. 교육적 내용이 의미가 없는 자유롭기만 한 활동을 통해서 창의성을 얻는 것이 아니라 가치가 있는 결과를 만들어 내기 위한 각 분야의 기술과 지식이 필요하다. 이는 창의성을 얻기 위해서는 충분한 지식이 갖추어져 있어야 함을 의미한다. 즉, 창의성 교육에 앞서 교과 내용에 대한 충실한 학습을 통해 지식을 쌓아 마음을 형성하는 것이 중요하다.

# 4. 창의성은 영역일반적인가, 영역특수적인가

근래에 여러 분야에 걸쳐서 현저하게 나타나는 현상 중 하나는 기존에 영역일반적인 특성으로 간주해 오던 개념들이 점차로 영역특수적인 특성으로 인식된다는 것이다. 먼저 발달 분야를 살펴보면, 1980년대 초반까지 발달이론을 주도해 온 피아제(Piaget) 이론의 영향력이 점차 약화하면서 정보처리적 관점 또는 맥락주의적 관점에 입각한 신 피아제 학파의 이론들과 비고츠키(Vygotsky)의 사회문화적 이론의 영향력이 증가했다. 정보처리적 관점의 발달 이론들과 맥락주의적 관점의 발달 이론들은 문화보편적이고 영역일반적인 피아제의 인지발달 이론과는 대조적으로 발달의 문화특수적이고 영역특수적(혹은 과제특수적)인 입장을 취한다.

인지학습 분야에서도 영역일반적인 학습 이론과는 달리 최근에는 각기 다른 상황이나 장면에서 어떻게 학습이 이루어지는가에 초점을 맞추고 있다. 동기 분야에서도 과거에는 영역일반적으로 간주되던 자아효능감이나 내재적 동기(Amabile, 1996)의 개념이 점차 영역특수적 또는 과제특수적인 개념으로 간주되는 경향이 우세하다. 이렇듯 발달, 학습, 동기의 분야에서 주요 개념들이 과거 영역일반적인 특성에서 현재 영역특수적인 특성으로 전환되는 추세다(하대현, 2003).

영역일반성(domain-generality)과 영역특수성(domain-specificity)의 주제에 대해 가장 오랜 논쟁의 역사를 가지고 있는 것은 지능의 개인차 분야다. 거의 1세기 동안 진행되어 온 일반 요인 대 특수 요인 간의 논쟁은 바로 영역일반성 대 영역특수성의 논쟁과 일맥상통한 것이고, 가드너의 다중지능 이론이 전통적인 지능 이론의 대안으로 등장함에 따라 지능 개념의 영역성에 대한 논쟁은 다시 새로운 관심을 받고 있다.

영역일반성 이론에 따르면 주요 개념들은 언어, 수학, 과학, 미술, 음악 등 다방면에 걸쳐 일반적으로 적용이 가능하다고 본다. 반면에 영역특수성 이론에 따르면 주요 개념들은 해당 영역에서만 특수하게 활용된다고 본다. 지능의 개념을 놓고 보면, 영역일반성 이론에서는 한 영역의 지능이 우수하면 다른 영역에서도 우수할 것이라고 예측하지만 영역특수성 이론에서는 한 영역의 지능이 우수하다고 해서 다른 영역에서도 반드시 우수하지는 않으며 영역마다 다른 지능의 수준을 보일 것이라고 예측한다. 따라서 영역일반성 이론을 취하느냐, 영역특수성 이론을 취하느냐에 따라 지능의 진단, 영재 선발, 적성 등 교육 현장에서도 다른 입장을 보이게 될 것이다(하대현, 2003).

초기의 창의성 이론가들은 심리측정적 입장에서 창의성이라는 구인을 확산적 사고 중심의 보편적인 인지적 특성으로 간주하였고, 확산적 사고를 측정하는 창의적 사고 검사를 개발함으로써 창의성 연구를 주도해 왔다(Torrance, 1966). 그러나 최근의 연구에서 창의성의 영역일반성에 배치되는 많은 실제 사례가 나타나면서 일반적인 창의적 잠재력과 창의성의 영역일반성에 회의적인 입장이 대두하였다(김명숙, 최인수, 2005; 하대현, 현진섭, 2002; 한기순, 2000; Baer, 1991, 1994; Csikszentmihalyi, 1990; Gardner, 1983, 1993; Plucker, 1999; Runco, 1987, Sternberg, 1989).

## 1) 영역일반적 관점

창의성의 영역일반성을 지지하는 학자인 룬코(Runco, 2004)는 '개인적 창의성 이론(theory of personal creativity)'을 이용하여 창의성의 보편성을 설명하였다. 개인적 창의성이란 언제 유용하고 언제 유용하지 않은지를 결정할 능력을 갖고 있으며 객관적 세계를 독창적으로 해석하고 변화하고자 하는 의도나 동기 속에서 드러난다. 여기서 개인의 변형 능력(변환 능력, transformational capacity)은 객관적인 외부의 자료를 그대로 재현하는 것이 아니라 인지적으로 재구성하는 것으로, '해석(interpretation)'을 의미한다(Runco, 2004). 이때의 해석은 모든 사람이 경험하는 것으로 보편성을 의미한다. 그러나 해석의 능력은 단지 창의적 잠재력이 존재한다는 표시일 뿐이지 실재적인 창의적 수행에는 잠재력 이상의 의사결정이 요구된다. 따라서 창의적 수행은 여러 요인이 함께 작용하는 중다변인적 과정이며 상황(맥락)에 의존하기 때문에 창의성의 산물 중심의 접근 방법은 다양한 요인이 창의적 수행에 관여함으로써 창의적 잠재력과 창의적 수행 간의 격차를 벌리는 요인이 된다. 하지만 이러한 견해도 창의적 수행이 맥락 속에서 이루어진다고 보는 관점을 완전히 배제하지는 않는다(김명숙, 최인수, 2005).

## 2) 영역특수적 관점

최근의 창의성에 대한 다차원적인 접근은 하나의 견해가 모든 현상을 설명한다는 식의 접근이 적용되지 않는다는 것을 보여 준다. 여러 유형의 문제와 다른 종류의 과제들은 서로 다른 배경, 기술, 인지적 전략 그리고 동기를 요구하기 때문이다(Feist, 1999; Jay & Perkins, 1997; Mumford, 2003).

스턴버그와 루바트는 20년간의 연구물을 조사한 결과, 창의성에 관한 연구가 매우 미흡하며, 창의성의 단일 측면만을 다루고 있다는 것을 문제점으로 제시하였다(Feldman, 1999; Sternberg & Lubart, 1999). 즉, 복잡한 현상으로서의 창의성을 확산적 사고라는 단일한 접근을 통하여 설명하려고 과도하게 의존함으로써 창의성의 개념을 단순하고 제한적으로 인식하게 하여 창의성 연구의 범위를 제한하는 문제가 발생한다는 것이다(Mumford, 2003). 이러한 결과는 창의성 연구의 다양한 방법론적 접근을 이끌어 내는 계기가 되었다(김명숙, 2001; 김명숙, 최인수, 2005; 조석희, 1999).

이후 새로운 연구 방법이 적용되어 창의성의 개념 확장에 대한 다양한 접근을 가능하게 하였다. 역사적 접근, 사례 연구적 접근, 체계 이론, 신경과학적 연구, 인지적 접근과 컴퓨터 모델을 기반으로 한 접근, 통합적 접근 등이 이에 해당한다고 할 수 있다(Mumford, 2003).

이러한 다원적, 통합적 입장은 기존의 창의성 개념과 측정 방법에 대한 대안적인 설명 체제로서 주관적 측정에 의한 합의적 측정 기법(Consensual Assessment Technique: CAT)을 제안한다. 이는 창의적 사고 과정보다는 창의적 산물을 그 분야 전문가의 주관적인 기준에 의해 측정하는 것으로 창의성의 영역특수성과 창의적 수행을 중심으로 평가하는 방법이다.

어떤 사람이 창의적 잠재력은 갖고 있는데 창의적 성취를 보이지 못했다면 이 사람의 창의성은 인정되기 어려울 것이다. 창의성의 평가는 창의적 산물이라는 준거를 통해서 이루어지는 것이지 추상적인 능력(잠재력)에서 도출될 수 있는 것이 아니기 때문이다(최일호, 최인수, 2001). 따라서 창의성의 발현에는 해당 분야의 지식이 필수적으로 요청되며, 이런 점에서 창의성은 영역특수적이다.

## 3) 영역통합적 관점

　영역일반적 관점에서는 창의성에는 영역에 상관없이 공통적으로 필요한 일반적 요소나 특성들이 있다고 보는 반면, 영역특수적 관점에서는 창의성이 영역별로 다른 특수한 능력과 특성의 결합으로 구성되어 있다고 본다. 창의성에 대한 이러한 생각들을 거쳐 합의를 이루고 있는 창의성에 대한 정의는 "새롭고 독창적인 산출물을 생산하는 능력"이다(Barron, 1988; Lubart, 1994). 최근에는 창의성이 사고 과정, 개인적 성향, 동기 유발 등 여러 요소의 상호작용에 의해 발휘된다는 전체적이고 통합적인 접근 방법으로 창의성을 설명하는 입장(Urban & Jellen, 1995)이 우세하다.

　이러한 통합적 접근에서는 창의성에 영향을 미치는 요인들에 어떠한 것이 포함되는지에 관심을 가지고 있는데, 애머빌(1983)은 '내적 동기' '영역 관련 지식 및 기능' 그리고 '창의성 관련 기술'을 구성요소로 강조하였으며, 스턴버그와 루바트(1991)는 창의성의 투자 이론에서 '지적 능력' '지식' '사고 유형' '성격 특성' '동기' '환경'을 중요 요소로 제시하였다. 창의성에서 상호작용을 강조하는 어번(Urban, 1991)은 창의적 개인의 인지적, 성격적 요인들이 상호작용하는 절차적 구조를 제안하였다. 즉, 창의성은 창의적으로 해결해야 할 '문제(problem)'와 문제를 산출물로 만드는 '과정(process)', 창의성을 드러내는 '산출물(product)', 창조하는 '개인(person)' 그리고 창의성이 발휘되는 데 필요한 외적 조건으로서 '환경(environment)'이 상호작용하는 것으로 설명하였다. 또한 칙센트미하이(1988)는 창의적 산물이 '개인(individual)' '영역(domain)' '분야(field)'의 상호작용 결과로 이루어진다고 주장해 창의성을 전체적으로 이해하는 데 큰 도움을 주고 있다.

　결론적으로 창의성을 전체적이고 통합적으로 접근하는 입장에서는 창의성의 발휘가 이러한 구성 요소 가운데 어느 한두 가지에 의해 결정되기보다는 여러 구성 요소의 상호작용에 의해 나타난다고 보고 있다.

# 5. 창의적인 사람은 천재 아니면 미치광이?

사람들은 종종 창의성을 영재성 또는 천재와 동의어로 오해하며 어떤 분야에서 독특한 재능이나 높은 지능을 가지고 있는 것을 창의성이라고 생각한다. 아주 어릴 때 악기를 마스터한 어린이는 영재라고 볼 수 있는데 그런 어린이들은 IQ 검사에서 놀랄 정도의 높은 점수를 받기도 한다. "IQ 150이 넘으니까 창의성도 뛰어나겠군요!"라는 말은 창의성에 대한 그릇된 인식을 나타낸다. 멘사 회원들이 모두 창의성이 뛰어나지는 않다는 것이 한 예라고 할 수 있다.

물론 지능이 창의성과 전혀 관계가 없는 것은 아니다. IQ 120까지는 창의성 점수와 IQ 점수가 높은 상관을 나타내지만 IQ 120 이상에서는 상관이 낮거나 거의 없다. IQ가 낮으면 창의적인 작업을 하기 어려울 수 있지만, IQ 120 이상에서 IQ가 높은 만큼 더 창의적인 것은 아니라는 말이다. 토랜스의 연구에서는 창의성이 높은 사람의 70%는 지능이 그리 높지 않은 것으로 나타났다. 또한 지능은 20세쯤에 최고점에 이르렀다가 이후에 점차 하락하는 반면 창의성은 30세까지 서서히 발달하며 그 후 아주 조금씩 하향곡선을 그린다. 이후 70세가 되면 다시 높아지는 현상을 보이기도 한다(김종호, 1999).

그러나 창의성은 재능이나 지능과는 다르다. 1920년대에 캘리포니아에서 수천 명의 학생을 대상으로 검사한 결과 그중 몇백 명이 영재아로 판명되었다. 그러나 1970년대에 조사한 결과 영재아 중 단 한 명도 어떤 분야에서 창의적이라고 알려진 사람은 없었다. 그뿐만 아니라 창의성을 연구하는 사람들은 고도의 지능을 가진 어린이나 평균 지능을 가진 어린이들, 둘 다에게 창의성의 높고 낮은 수준이 있음을 밝혀 냈다(전경원, 2000). 다른 예로, 과학이나 수학 경시대회의 수상자가 뛰어난 지능을 갖고 있는 것은 맞지만 고도의 창의성을 갖고 있는 것은 아니다. 즉, 지능이 높다고 해서 창의성이 높은 것은 아니다.

또 다른 특징은 창의성이 엉뚱하고 유별난 것으로 오인되고 있다는 것이다. 사람들은 이상하게 행동하고, 사회에 반발하고, 끊임없이 주위 사람과 잘 어울리지 못하고 부적응 행동을 하고 심지어 정신적으로 이상해 보이는 사람들을 창의적이라고 부른다. 정신적으로 이상하거나 심지어 미쳤다고 여기는 사람 가운데 유명한 창의적인 사람들(아인슈타인, 모차르트, 자신의 귀를 자른 빈센트 반 고흐 등)을 쉽게 발견할 수 있기 때문에 이 오해에 대한 대답은 복잡하다.

지금까지 연구된 바로는 몇 가지 유형의 창의성과 정신 이상 간의 상관이 매우 낮은 것으로 나타났다. 예를 들어, 일반적인 사람과 비교했을 때 창의적인 사람이 더 높은 비율로 우울증을 보여 준다는 것은 사실이지만, 이상하고 괴짜이며 조화롭지 못한 행동이 창의성에 도움을 주거나 창의성에 필요하다는 것을 의미하지는 않는다.

그러나 창의적인 천재들의 정신병 빈도가 높아진다는 것을 어떻게 해석해야 할지는 분명치 않다. 설사 창의적인 사람 중에 정신병의 빈도가 높다 하더라도 그 관계에서 인과관계를 찾는다는 것은 어려운 일이다. 아마도 창의적 노력과 성취가 정신병 성향을 물려받은 사람 가운데서 본격적인 정신병의 발달을 불러일으킬지도 모른다는 최근의 연구가 뒷받침될 수도 있다. 하지만 천재와 미치광이의 인과관계를 조사한 많은 연구가 정신병이 창의적 사고 과정에 실제로 영향을 미친다는 가설을 직접 시험하려고 실제로 시도한 적은 없다. 따라서 앞으로 더 많은 연구와 데이터를 통해 인과관계를 밝히려는 노력이 필요하다(Weisberg, 2006).

## 6. 연령에 따른 문화와 창의성

데이시(Dacey, 1989)는 인간의 생애 중 창의적인 능력이 가장 효과적으로 습득되는 특정한 시기가 있다고 하였다. 표는 남성과 여성의 창의성의 절정기를 보여 준다.

**표 3-1** 남성과 여성의 창의성의 절정기

|  | 남성의 나이 | 여성의 나이 |
| --- | --- | --- |
| 1 | 0 ~ 5 | 0 ~ 5 |
| 2 | 11 ~ 14 | 10 ~ 13 |
| 3 | 18 ~ 20 | 18 ~ 20 |
| 4 | 29 ~ 31 | 29 ~ 31 |

| 5 | 40 ~ 45 | 37 ~ 45 |
|---|---------|---------|
| 6 | 60 ~ 65 | 60 ~ 65 |

이 이론은 창의성은 위기와 변화의 시기에 가장 크게 발현될 수 있다는 전제에서 나왔다. 〈표 3-1〉에 나타난 6개의 시기는 거의 모든 사람이 인생의 변환기에서 스트레스를 많이 받는 기간이다. 이 이론은 창의적인 활동은 거의 연계성이 없다고 말한다. 어릴 때 일어나는 창의적 활동은 후에 일어나는 것보다 훨씬 큰 영향력을 갖는다.

전경원(2000)은 유아종합창의성검사(K-CCTYC: Korea-Comprehensive Creativity Test for Young Children) 연구에 참여한 만 4세(296명), 만 5세(338명), 만 6세(186명), 총 820명을 대상으로 연구를 하였다. 연구 결과 유아의 창의성 총점은 유아의 연령이 증가함에 따라 지속적으로 발달하는 것으로 밝혀졌다. 유창성, 융통성, 독창성은 지속적으로 발달하나 상상력에서는 불연속적인 발달 경향을 보이는 것으로 밝혀졌다. 이를 통해 상상력은 다른 하위 요인에 비해 조금씩 발달하고, 초등학교 입학 전에는 다른 학습 활동으로 인해 상상력 발달이 저해된다고 해석하였다. 이는 아동이 나이가 듦에 따라 더 많은 경험을 하게 됨으로써 창의성이 증가한다고 본 비고츠키(1925)의 연구와도 일치했다.

토랜스(1963)는 횡단적·종단적 연구를 통해 유아의 창의성 발달 곡선을 연구했는데, 유아의 창의성은 일반적으로 증가하지만 초등학교에 들어가기 전 해인 만 5세에서 현저하게 감소하는 현상이 나타난다고 했다. 그는 이러한 감소가 초등학교에 들어갈 때 나타나는 사회적 적응과 타협 및 사회적 권위에 대한 수용을 요구하는 전형적인 요구 때문이라고 해석했다.

앨버트(Albert, 1996)는 창의적인 가능성을 보여 주던 아동들이 사춘기 이후 청소년기로 접어들면서는 실질적인 창의성이 발달하지 않았다고 말했다. 진정한 의미의 창의성은 인지적 발달이 어느 정도 진행된 열 살 정도에 시작되지만, 교육적인 영향이 아이의 사고방식에 영향을 주어 창의적인 노력을 무용지물로 만들 수 있는 죽음의 기간이 사춘기에 나타난다. 그는 청소년기에는 사회적으로 성숙되는 것이 필요하지만, 동시에 창의성에 영향을 덜 주게 하는 것이 중요하다고 하였다.

좋은 조언자의 조언은 초기 성인기의 학생들에게 영향력이 있다. 좋은 조언자들은 창의적인 성취를 격려해 줄 뿐만 아니라 전문적인 가치, 윤리, 습관 등 동기와 관련된 사항을 가르쳐 준다. 중기 성인기에서의 창의적 성취는 특히 여성의 경우 배우자의 역량과 의지에 큰 영향을 받는다. 비록 여성들은 역사적으로 예술이나 과학 분야에서 남성들보다 생산성이 낮았지만, 이것은 사회적인 의무와 양육의 의무 등 그들에게 주어진 일상적인 것들 때문이었다. 아이 양육에서 자유로운 여성은 소수에 불과했다. 아직도 여성은 힘든 사회적 요구를 받고 있고, 지금도 여전히 창의적 활동에 어려움을 겪고 있다.

후기 성인기의 창의성 변화에 대해서는 많은 연구가 진행 중이다. 연구자들은 창의성과 나이 드는 것의 관계에 대해 꽤 낙관적인 전망을 하고 있다. 과거에는 나이에 따른 창의성 쇠퇴가 생물학적인 퇴화로 생각되었으나, 1968년 초 뉴가튼(Neugarten)은 중년기의 창의성 쇠퇴는 나이 드는 것의 사회문화적인 고정관념에서 나온 것이지, 나이 그 자체에서 나온 것이 아니라고 하였다(Runco, 1996).

다른 연구에서는 사회적 영향이 중년층의 창의성에 영향을 미치는 것을 보여 주었다. 모크로스(Mockros)는 60세가 넘은 92명의 창의적인 남성과 여성을 상담하면서 대인관계가 창의성 발달에 어떠한 영향을 미쳤는지를 연구하였다. 그 결과는 사교적인 대인관계가 창의성을 발달시키는 데 아주 중요하다는 것이었다. 창의적인 성과를 내는 데 필요한 습관, 윤리, 철학 등은 다른 사람들과의 관계를 통해 만들어졌다. 반면에 코엔-살레브(Cohen-Shalev)는 나이 든 예술가들이 사회나 대중으로부터 과소평가를 받고 있어 창의적 활동을 하는 데 어려움을 겪고 있다고 하였다(Dacey, Lennon, & Fiore, 1998).

## 7. 성(性)과 창의성

포먼과 미크니(Forman & Micknney, 1978)는 초등학교 2학년을 대상으로 연구한 결과 여학생들은 개방적인 학급일 때 독창성 검사에서 높은 점수를 받은 반면에, 남학생들은 전통적인 학급에서 높은 독창성 점수를 받았다고 했다.

토머스와 버크(Thomas & Berk, 1981)는 학교에서의 세 가지 환경 유형의 변화가 도형적 창의력에 미치는 영향에 대해 초등학교 1, 2학년을 대상으로 연구했다. 그 결과 개방적 환경과 중간 형태의 환경, 전통적 환경의 형태에 관계없이 남아보다 여아가 높은 창의력을 나타낸다고 했다. 특히 여아는 중간 형태의 환경과 개방적 환경에서 남아보다 점수가 높았으며, 남아들은 전통적인 환경에서 정교성이 증진되었으나 개방적인 환경에서는 정교성이 낮아지는 것으로 나타났다.

토랜스(1995)는 과학에 대한 학생들의 흥미에 대해 연구하기 위하여 동료들과 1959년 초등학교 3학년부터 6학년까지의 남녀 학생들을 대상으로 과학적인 장난감들 한 상자를 가지고 일련의 실험을 하였다. 연구 결과를 보면, 남학생들이 여학생들보다 유의하게 더 많은 발견을 했고, 더 많은 가설을 제시했으며, 그러한 경험을 더 즐긴 것으로 나타났다. 또한 남학생들이 제시한 아이디어들이 여학생들이 제시한 아이디어들보다 더 가치 있는 것으로 나타났다.

1년 뒤인 1960년 같은 실험을 하였고, 이번에는 여학생들 또한 남학생들만큼 많은 발견과 가설을 제시했으며 그 경험을 많이 즐겼으나 여전히 남학생들이 제시한 아이디어들이 여학생들이 제시한 아이디어들보다 더 가치 있는 것으로 평가되었다.

13년 뒤인 1973년 다른 학교에서 똑같은 실험을 하였다. 이 실험에서는 산출한 아이디어와 가설의 수, 즐긴 정도 그리고 공헌도의 평가에서 남학생과 여학생 간에 차이가 없었다.

이러한 연구 결과의 변화는 1959년에 시작된 사회적인 변화를 반영하는 것이라 할 수 있다. 이 시기부터 여학생도 남학생 못지않게 과학 분야에서 우수한 성과를 올리고 과학적인 활동을 즐겼으며, 공헌도를 평가하는 데서 남녀에 대한 편견이 사라지기 시작했기 때문이다.

토랜스의 창의적 사고 검사(TTCT) 초기 연구에서는 성별에 따른 점수 차이가 어느 정도 일관되게 나타났다. 여학생들은 남학생들보다 언어로 된 창의적 사고 검사(verbal tests)의 모든 점수와 그림으로 된 창의적 사고 검사(figural tests)의 정교성 점수는 높았지만, 그림으로 된 창의적 사고 검사의 독창성 점수는 낮았다. 다시 말하면, 이러한 차이들은 시대별로 사회가 남녀에게 기대하는 변화와 일치하는 것으로 볼 수 있다. 그 시기에는 여자가 남자보다 언어적이라고 기대했으며, 남자는 여자보다 독창적이고 대담하고 주도적일 것이라 기대했다. 이러한 기대는 시간이 지남에 따라 변화하였고, 따라서 이러한 모든 차이는 사라졌다.

## 8. 성격과 창의성

토랜스(1979, 1995)는 창의적인 사람은 유창성, 융통성, 독창성, 정교성, 민감성과 같은 성격이 창의적이지 않은 사람에 비해 더 잘 나타난다고 하였다.

첫째, 창의성이 높은 사람은 유창성(fluency)이 높다. 여기서 유창성이란 생각의 속도를 말하며 인식한 문제에 대해 많은 양의 해결 방법을 산출해 내는 능력이다. 창의적 사고의 궁극적인 목적이 질적으로 우수한 해결 방법을 찾는 데 있지만 그 전에 아이디어를 가능한 한 많이 만들어야 한다. 처음 생각해 낸 아이디어가 최선의 아이디어일 경우는 드물며, 다양한 아이디어 중에서 보다 질 좋은 아이디어를 얻게 될 가능성은 커지기 때문이다. 이렇게 볼 때 유창성은 창의적 사고의 과정에서 비교적 초기 단계에 요구되는 기능이다. 유창성이란 생각의 속도가 빠르다는 뜻이며, 유창성이 빼어난 사람은 같은 시간에 다른 사람들보다 많은 생각을 해 낸다.

둘째, 창의성이 높은 사람은 융통성(flexibility)이 높다. 융통성은 유연성이라고도 하고 생각의 폭을 말한다. 기존의 사고방식에서 벗어나 새로운 방향에서 문제를 바라보고 해결책을 마련하는 능력이다. 융통성은 앞서 언급한 유창성에서 다음에 나오는 독창성으로 넘어가는 것을 도와주는 가교 역할을 한다고 볼 수 있다. 유창성 있게 생각한 후 융통성을 이용하여 다양한 해결법 중 엉뚱한 것끼리 관계를 지어 공통점을 찾아내기도 한다.

셋째, 창의성이 높은 사람은 독창성(originality)이 뛰어나다. 두말할 것도 없이 창의성은 독창성이 생명이다. 문제에 대해 매우 독특하고 참신한 아이디어를 산출하는 능력으로 다른 사람과 같지 않은 생각을 떠올리는 것을 말한다. 새로운 것을 생각하거나 만들어 내는 능력이야말로 창의성의 진수라고 할 수 있을 것이다.

넷째, 창의성이 높은 사람은 정교성(elaboration)이 높다. 치밀성 또는 정교성이란 생각의 깊이를 말한다. 기존의 아이디어를 세분화하거나 의미를 구체적으로 파악하는 능력이다. 이미 산출된 다듬어지지 않은 아이디어를 세밀하게 다듬는 과정이 필요하다.

다섯째, 창의성이 높은 사람은 민감성(sensitivity)이 뛰어나다. 익숙한 주변의 환경에서 문제점을 찾아내어 탐색 영역을 새롭게 넓히는 능력이라 할 수 있다. 주변의 환경에 대해 예리한 관심을 보이고 이를 통해 새로운 탐색 영역을 넓히려는 특성이다. 통상적이고 기존에 사용하던 방식과는 다른 방식으로 들여다보고 지각하는 것이다. 같은 사물을 보면서도 색다른 질문을 던지는 것이 민감성이다.

# 9. 창의적인 환경 검사

다음은 미국의 심리학자 애머빌(1989)이 고안한 검사로, 자녀의 내적 동기와 창의성을 위한 환경이 얼마나 잘 되어 있는지를 알아보는 것이다. 검사의 내용이 학교에 적용하여도 무방할 듯 보여 문항에 학생과 학교를 추가하였다. 항목을 보고 자신은 어떤 환경에서 자라 왔으며 미래의 자녀 또는 학생들에게 어떤 환경을 제시해 주어야 할지 생각해 보길 바란다.

학생이 문제에 옳고 그른 정답이 없다는 것을 이해한다면 직접 답하도록 하라. 그렇지 못한 경우에는 가정이나 학교의 환경을 생각하면서 학생이 어떻게 답할 것이라고 예상하며 신중하고 정확하게 답해 보라.

항목마다 맨 마지막에 '예' '아니요'가 쓰여 있다. 대답한 내용이 각 문항에 쓰여 있는 내용과 일치하는 수가 많을수록 창의성을 북돋워 주는 환경이라고 말할 수 있다. 그리고 제시된 것과 일치하는 수가 적을수록 환경이 개선되어야 함을 암시한다고 할 수 있다.

다음에 있는 각각의 내용은 집/학교를 어떻게 느끼는가에 대한 것입니다. 정답은 없으며, 그렇다고 느끼면 '예', 아니라고 느끼면 '아니요'를 왼쪽에 쓰세요.

_____ 1. 집/학교에서는 어떤 질문을 해도 바보 취급을 받을 염려가 없다.

_____ 2. 어떤 일을 수행하기 위해서 여러 가지를 선택할 수 있다.

_____ 3. 대부분의 경우 뭔가를 잘해 내면 어떤 이점이 있을지 알고 있다.

_____ 4. 우리 집/학교에서는 지켜야 할 것이 많다.

_____ 5. 부모님/선생님은 대부분의 상황에서 내 생각이 어떤지를 물어보신다.

_____ 6. 우리 집/학교에서는 변화가 별로 없다.

_____ 7. 무엇인가 새로운 것을 시작할 때는 부모님/선생님의 허락을 받아야 한다.

_____ 8. 부모님/선생님께서는 내가 어떤 말을 해야 하는가에 대해 신경을 많이 쓰신다.

_____ 9. 우리 집/학교에서 가장 중요하게 여기는 것은 최고가 되는 것이다.

_____ 10. 부모님/선생님께서는 내가 창의적인 사람이 되도록 격려해 주신다.

_____ 11. 부모님/선생님께서는 내가 어떻게 행동해야 할지를 말씀해 주신다.

_____ 12. 부모님/선생님께서는 보통 내가 무엇을 하는지, 어떻게 하는지에 주의를 기울이신다.

_____ 13. 부모님/선생님께서는 내가 스스로 이해하도록 격려해 주신다.

_____ 14. 집/학교에서는 경쟁할 것이 많다.

_____ 15. 내가 하려는 것에 대해 발언권을 많이 갖는다.

_____ 16. 대부분의 규칙을 왜 지켜야 하는지 그 이유를 알고 있다.

_____ 17. 내가 하는 일을 누구의 간섭을 받지 않고 혼자 할 수 있다.

_____ 18. 중요한 결정을 할 때 내 의견이 반영된다.

_____ 19. 부모님/선생님께서는 뭔가를 시키고 싶으실 때 내가 좋아하는 것을 주신다.

_____ 20. 부모님/선생님께서는 창의적으로 일하고자 하신다.

_____ 21. 실수를 하면 벌을 받는다.

_____ 22. 부모님/선생님께서는 뭐든지 아주 즐겁게 하신다.

_____ 23. 부모님/선생님께서는 나에 대해 조바심 내지 않는다.

_____ 24. 집/학교에서는 조용히 해야 한다.

_____ 25. 부모님/선생님께서는 새로운 방법을 생각해 내도록 격려해 주신다.

_____ 26. 집/학교에서 하는 활동이 재미있다.

_____ 27. 내가 하는 일들은 대부분 부모님/선생님을 기쁘게 해 드리기 위한 것이다.

_____ 28. 우리 집/학교에는 흥미로운 분들이 많이 오신다.

_____ 29. 부모님/선생님께서는 나를 부끄럽게 생각하신다.

_____ 30. 부모님/선생님께서는 내가 질문을 많이 하는 것을 좋아하신다.

_____ 31. 일/공부를 잘해야 한다는 부담감이 크다.

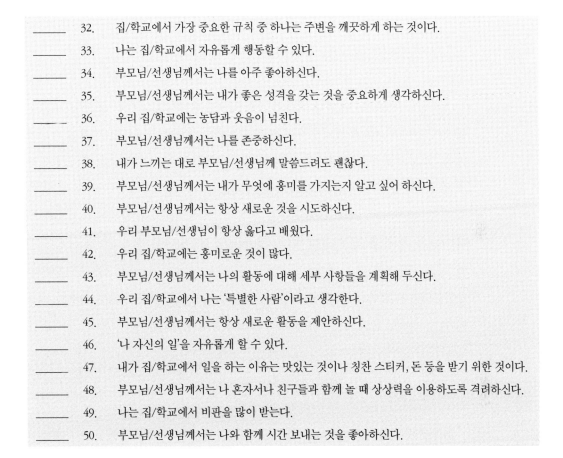

| | 32. | 집/학교에서 가장 중요한 규칙 중 하나는 주변을 깨끗하게 하는 것이다. |
|---|---|---|
| | 33. | 나는 집/학교에서 자유롭게 행동할 수 있다. |
| | 34. | 부모님/선생님께서는 나를 아주 좋아하신다. |
| | 35. | 부모님/선생님께서는 내가 좋은 성격을 갖는 것을 중요하게 생각하신다. |
| | 36. | 우리 집/학교에는 농담과 웃음이 넘친다. |
| | 37. | 부모님/선생님께서는 나를 존중하신다. |
| | 38. | 내가 느끼는 대로 부모님/선생님께 말씀드려도 괜찮다. |
| | 39. | 부모님/선생님께서는 내가 무엇에 흥미를 가지는지 알고 싶어 하신다. |
| | 40. | 부모님/선생님께서는 항상 새로운 것을 시도하신다. |
| | 41. | 우리 부모님/선생님이 항상 옳다고 배웠다. |
| | 42. | 우리 집/학교에는 흥미로운 것이 많다. |
| | 43. | 부모님/선생님께서는 나의 활동에 대해 세부 사항들을 계획해 두신다. |
| | 44. | 우리 집/학교에서 나는 '특별한 사람'이라고 생각한다. |
| | 45. | 부모님/선생님께서는 항상 새로운 활동을 제안하신다. |
| | 46. | '나 자신의 일'을 자유롭게 할 수 있다. |
| | 47. | 내가 집/학교에서 일을 하는 이유는 맛있는 것이나 칭찬 스티커, 돈 등을 받기 위한 것이다. |
| | 48. | 부모님/선생님께서는 나 혼자서나 친구들과 함께 놀 때 상상력을 이용하도록 격려하신다. |
| | 49. | 나는 집/학교에서 비판을 많이 받는다. |
| | 50. | 부모님/선생님께서는 나와 함께 시간 보내는 것을 좋아하신다. |

**창의적인 환경을 가리키는 내용**

| 1. | 예 | 2. | 예 | 3. | 아니요 | 4. | 아니요 | 5. | 예 |
|---|---|---|---|---|---|---|---|---|---|
| 6. | 아니요 | 7. | 아니요 | 8. | 예 | 9. | 아니요 | 10. | 예 |
| 11. | 아니요 | 12. | 아니요 | 13. | 예 | 14. | 아니요 | 15. | 예 |
| 16. | 예 | 17. | 예 | 18. | 예 | 19. | 아니요 | 20. | 예 |
| 21. | 아니요 | 22. | 예 | 23. | 예 | 24. | 아니요 | 25. | 예 |
| 26. | 예 | 27. | 아니요 | 28. | 예 | 29. | 아니요 | 30. | 예 |
| 31. | 아니요 | 32. | 아니요 | 33. | 예 | 34. | 예 | 35. | 아니요 |
| 36. | 예 | 37. | 예 | 38. | 예 | 39. | 예 | 40. | 예 |
| 41. | 아니요 | 42. | 예 | 43. | 아니요 | 44. | 예 | 45. | 예 |
| 46. | 예 | 47. | 아니요 | 48. | 예 | 49. | 아니요 | 50. | 예 |

# 10. 창의성 교육을 위한 교사의 역할

창의성을 발달시키기 위한 교사의 조건으로는 창의적인 교사일 것, 따뜻하고 수용적이며 이해하는 분위기를 마련하려고 노력할 것, 교사 자신이 지적 호기심이 많을 것, 동기를 부여하고 결과를 평가하는 데 숙달될 것, 자발적으로 학습하게 하고 탐구 기능을 신장시켜 줄 것, 다양한 반응을 할 수 있는 환경을 준비할 것, 실패를 두려워하지 않는 과제를 부과하는 방식에 익숙해 있을 것, 학생에게 적절한 자아 개념을 갖게 할 것, 개인의 독자성을 인정할 것, 집단을 창의적으로 이끌어 갈 것, 여러 전문가와 협력 체제를 이루어 나갈 것 등이 제시되고 있다(윤길근, 강진영, 2004). 다음은 토랜스(1963)가 제안하는 창의적 사고를 개발하기 위한 20가지 전략이다. 잘 살펴보고 교사로서 어떻게 행동해야 할지 생각해 보길 바란다.

## 1) 창의적인 사고를 가치 있게 평가하라

유치원에서 대학원에 이르기까지 모든 교육자는 어린이와 젊은이가 제안하는 새로운 아이디어를 알아차리고 그들이 창의적 재능을 계속 개발해 나가도록 격려해야 한다. 이것이 지식을 가르치는 것만큼 또는 그 이상으로 중요하다는 것을 알아야 한다. 토랜스가 "창의적인 사고의 가치를 중시하라."라고 말하는 이유는 어린이들은 그들이 살고 있는 사회에서 가치 있게 평가되는 것을 성취하려 할 것이기 때문이다.

하지만 진부하고 고지식한 교사가 자유분방하고 교사의 예상을 벗어나는 행동을 하는 학생이 이룬 창의적인 산출물을 인식하고 인정해 준다는 것은 어려운 일이다. 일반적으로 교사들은 창의성이 높은 집단보다 IQ가 높은 집단을 더 선호하는 것으로 밝혀졌다.

## 2) 환경의 자극에 더욱 민감하도록 하라

창의성이 높은 다양한 분야의 사람에 관한 연구는 거의 모두 환경 자극에 민감하고 개방적인 것의 중요성을 강조하고 있다. 예를 들면, 어떤 사람이 인간의 감정, 정서, 욕구 등과 같은 것에 민감하여 대인관계에 대하여 창의적일 수 있는데, 그 사람이 화학적 현상에 민감하지 않다는 것은 중요하지 않을 수도 있다. 반대로, 창의적인 화학자들은 화학적 현상에 아주 민감할 필요가 있지만, 창의성을 화학 연구에 한정하다 보면 대인관계 현상에 민감하지 않다는 것은 중요하지 않을 수도 있다.

그렇지만 학생들에게는 광범위한 환경 자극에 더욱 민감하도록 할 필요성이 있다. 학생들이 그러한 자극을 더욱 분명하고 생생하게 감지하도록 어른들이 도움을 줄 수 있고, 그렇게 함으로써 그들의 창의적 산출물의 질에 영향을 미친다는 것을 우리는 잘 알고 있다.

## 3) 사물과 아이디어를 조작해 보도록 격려하라

학생들은 사물을 이리저리 조작하고 탐구해 보려는 억제할 수 없는 성향을 가지고 있으며, 이러한 성향은 호기심과 발명을 많이 하는 재주의 기초로 보인다. 창의적 재능을 개발하기 위해서는 학생들에게 사물과 아이디어를 조작하고 이리저리 짜 맞추어 보도록 허용할 뿐만 아니라 또 그렇게 하도록 권장하는 것이 중요하다.

## 4) 각 아이디어를 체계적으로 검증하는 방법을 가르쳐라

가장 광범위하게 받아들인 교육목표 중 하나는 젊은이들에게 현실을 검증하도록 가르치고 그들에게 그들이 살고 있는 세상의 현실적인 모습을 보여 주는 것이다. 그러나 우리는 훌륭하고 상상력이 풍부한 아이디어들을 검증하지도 않은 채 모든 교육 현장이나 어른들의 삶의 영역에서 거부하는 사례들을 쉽게 목격할 수 있다. 초등학교 초기부터 교사들은 학생들에게 문제를 어떻게 정의하고 그 문제에 대한 제안을 어떻게 체계적으로 검증할 것인지를 가르쳐야 할 것이다. 예를 들면, 교사나 학급 전체가 어떤 실제적 문제를 해결할 수 있는 여러 가지 방안을 찾아내고 학생들에게 다양한 가능성을 실행해 보도록 권장할 수 있다. 가능성들을 실행해 본 후에는 학생들에게 어느 것이 가장 좋은지 스스로 결정해 보도록 허용할 수 있다.

## 5) 새로운 아이디어에 대한 포용력을 키워라

오늘날 교육 제도의 한 가지 중요한 결함은 독창적인 과업을 산출하는 것보다는 행위 규범들을 확립하는 것을 더 강조하는 데 있다. 어떤 학생이 기대한 것과는 다른 독창적인 답안을 제출할 때 교사들은 난처할 수도 있는데, 그러한 답안은 성적을 주기 위한 채점 기준에 적합한 것이 아니어서 어려움이 따르기 때문이다. 그들은 독창적인 답안을 어떻게 처리해야 할 것인지에 대하여 고심해야 한다. 많은 경우 결정을 내리지 못하고 마음이 불편해질 수 있다. 만약 이러한 아이디어를 현실에 비추어 검증하도록 하는 습관이 형성되어 있다면, 포용력을 발휘할 수 있는 기초를 마련한 것이다. 실제로 교사나 지도자의 중요한 역할은 문제들에 대한 소수 집단의 여러 아이디어와 해결 방안을 경청하고 보호하는 것이다.

## 6) 정해진 방식을 가용하지 않도록 하라

과학적 방법이 있는 것과 마찬가지로 창의적 방법도 있을 것이다. 어떤 꽃을 묘사하거나, 어떤 집을 설계하거나, 어떤 단편적인 글을 쓰거나, 어떤 과학적인 가설을 검증하는 방법은 매우 다양하다. 하지만 창의적 방법은 공식화하기 어렵다. 따라서 지침을 최소한으로 줄여 자유를 주고 허용적인 태도를 보여 주는 것은 많은 창의적 업적에 필수불가결한 중요한 요소다.

## 7) 창의적인 학급 분위기를 조성하라

창의적인 학급 분위기는 교실에서 발견되는 미화물에도 반영될 수 있다. 또한 허용, 안정감, 두려움이 없는 상태, 유연성 있게 협력하는 모습 등의 분위기에서도 알 수 있다.

학급이라는 집단의 영향을 받아 어떤 특정 형태들의 창의적 사고가 자극될 수 도 있다. 학생들은 일찍부터 집단이 창의적인 아이디어들을 공유하고 향유한다는 것을 배워야 한다. 초등학교 1학년 학생들도 '집단 브레인스토밍'을 할 능력을 갖 고 있다. 그들은 매우 효과적으로 남의 아이디어에 편승하여 새로운 아이디어를 내놓는다. 이러한 1학년 집단에서 참여도가 낮은 학생들은 특히 중요한 역할을 하 는 경향이 있다. 아이디어에 대하여 정교화가 충분히 이루어진 후, 참여도가 낮은 학생이 어떤 새로운 아이디어를 가지고 끼어들면서 말을 한마디 거들어 그 집단 을 전혀 다른 형태의 사고로 이끌어 나간다. 창의성은 높지만 종종 침묵을 지키는 학생들이 할 수 있는 그와 같은 중요한 역할을 유지해 주는 것이 교육이 해야 할 일이다.

## 8) 자신의 창의적 사고를 가치 있게 여기도록 가르쳐라

일찍부터 자신의 아이디어에 가치를 부여하고 현실에 대한 자신의 지각을 신뢰 하도록 가르치는 것은 매우 중요하다. 이를 위한 한 가지 접근 방법은 학생들로 하 여금 그들이 생각하는 것들을 기록하는 습관을 가지도록 하는 것이다. 이런 습관 은 학생들에게 자신의 상상력의 가치를 인정하게 하고 동시에 지나친 공상을 억제 하도록 하는 데 도움을 준다. 학생들이 구체적인 형태로 표현한 자신의 아이디어 를 보게 되면, 그들은 노력을 계속해 보고자 하는 마음이 생길 것이다. 나이가 더 많은 학생에게는 노트나 '아이디어 수첩'을 가지고 다니며 기록하는 습관을 가지도 록 하는 것이 좋다. 우리는 훌륭한 아이디어들을 기억해 두지 못하거나 또는 기록 해 두지 않아서 놓쳐 버리는 경우가 종종 있다. 그 아이디어가 당시에는 어설픈 듯 하고 그것이 정말로 중요한 것인지 결정하기 어렵다 할지라도, 일단 기록해 두는 것이 현명하다. 그 아이디어를 나중에 비판하고 수정하고 또는 버릴 수도 있으며, 아니면 그것이 다른 중요한 아이디어를 이끌어 내도록 자극할지도 모르는 일이다. 이러한 습관을 가지게 되면 훗날 충분한 보상을 받게 된다고 성공한 많은 사람이 이야기한다.

## 9) 친구들이 가하는 제재를 피하는 기술을 가르쳐라

창의성이 높은 사람들이 그들보다 운동을 더 잘하고 사회성이 뛰어난 친구들의 그늘에 가려 가련한 성격이상자로 살지 않도록 그들의 가치를 인정해 주는 것이 중요하다. 그러나 창의성이 높은 사람들은 대부분의 경우 동료들과 사이가 좋지 않았다. 이 문제에 대해서 흥미 있는 제안이 있다.

창의성이 높은 학생들이 적대적이고 공격적이지 않으면서 자기주장을 견지하도록 도와라. 그들은 선배들과 동료들 그리고 후배들도 인간이라는 것을 깨달아야 한다. 그들이 혼자서 일하거나 연구하는 것은 좋으나 고립되거나 위축되거나 의사소통이 단절되면 안 된다. 그들의 의견을 관철하고자 할 때, 치밀한 것은 좋지만 교활한 수단이나 속임수를 써서는 안 된다. 이러한 제안은 지나치게 무리한 제안이지만, 적어도 창의성이 높은 학생들이 추구할 필요가 있는 모델이다.

## 10) 창의적인 과정에 대한 정보를 제공하라

역사적으로 창의적인 과정은 대부분 우연에 의한 것으로 여겨 왔다. 모든 수준의 교육 현장을 조사하고 있는 심리학자들은 습득, 각인, 흡수, 학습과 관련한 기술들이 일어나는 과정이 생산, 표현, 산출, 창조와 관련한 기술들이 일어나는 과정을 지배하는 경향이 있다는 것을 차츰 확신하게 되었다.

창의적인 과정이 일어나는 단계들은 매우 잘 확립되어 있으며, 창의적 과정 자체는 어떤 활동에서든 본질적으로는 동일한 것으로 보인다. 그 과정에 대한 설명은 브랜드웨인(Brandwein, 1955), 패트릭(Patrick, 1955), 로스만(Rossman, 1931), 러셀(Russell, 1956) 등이 제시하였다(Torrance, 1963 재인용). 그 과정을 보면, 처음에는 필요성이나 결핍을 감지하고, 여러 가지를 탐색하고 문제를 명료화하거나 또는 '명확히 정의하는' 과정이 일어난다. 다음 단계는 준비 기간으로서 독서, 토론, 탐구활동, 가능한 해결 방안 도출, 각 해결 방안의 장단점에 대한 비판적 분석을 한다. 이 모든 활동을 통하여 섬광과 같은 통찰이나 계시와도 같은 새로운 아이디어가 탄생한다. 마지막으로 가장 유망한 해결 방안을 평가하기 위해 실험해 보고 아이디어를 선정한 다음 마무리를 짓는다.

## 11) 걸작품에 대한 경외감을 한꺼번에 없애라

홀륭한 창의적 걸작품을 감상하도록 할 때, 교육자들은 종종 학생들에게 그것들의 완전함에 경외감을 불러일으키도록 하는 과오를 범해 왔다. 이러한 경외감은 창의적 재능을 발달시키는 데 방해가 된다. 따라서 교사들이 시간을 내서 그 예술가나 저자가 사용한 방법들을 학생들에게 자세히 설명해 준다면, 이러한 경외감은 대부분 사라질 수 있다.

이와 관련하여 윌슨(Wilson, 1960)은 교사들이 다음과 같은 것들을 학생들이 볼 수 있는 곳에 두어 상기시킬 것을 제안한다.

- 모든 사람이 창의적 능력을 가지고 있지만, 모두 똑같은 분야에서 창의적 능력을 가지고 있는 것은 아니다.
- 비록 어떤 사람이 그것을 이미 했다고 하더라도, 여러분에게는 그것이 여전히 창의적인 것이다.
- 우리가 어떤 문제를 해결하다가 벽에 부딪힐 때는 새로운 기법들을 배울 필요가 있다.
- 어떤 문제에 대한 해결 방안이 그 주제에 대하여 장기간 연구한 후에만 떠오르는 것은 아니다. 그것은 휴식 후에 섬광처럼 떠오를 수도 있고 완전히 다른 일에 열중해 있는 동안에 떠오를 수도 있다.
- 무엇보다도 중요한 것은, 아무리 생소한 것처럼 보이는 것일지라도 머릿속에 떠오르는 모든 생각을 두려워하지 말고 표현하도록 해야 한다는 것이다.

## 12) 자발적인 학습을 권장하고 평가하라

학생들의 창의적 사고의 첫 징후는 그들이 다른 활동을 하는 중에 자연스럽게 수반하여 나타난다. 창의성이 높은 사람들의 한 가지 특징은 그들이 비범한 자발적 실행 능력을 가지고 있다는 것이다. 학생들이 갖고 있는 강한 호기심과 탐색적 성향은 거의 모든 학생이 이러한 자발적 실행 능력을 지니고 있다는 것을 나타낸다. 부모와 교사가 해야 할 일은 그러한 능력을 발휘하도록 꾸준히 돕는 것이다.

## 13) '고심거리'를 창출하라

학교생활 초기에 있는 학생들이 질문한 것에 대한 해답을 학생 스스로 찾아보도록 도와준다면 학생들은 본래 지니고 있는 고심하는 성향을 발달시키고 끊임없이 유지할 수 있을 것이다. 무엇보다도 중요한 것은 교사가 그 질문들에 대답할 수 없기 때문에 학생들이 질문하는 것을 억제하고 비웃어서는 안 된다는 것이다. 나이가 더 있는 학생들의 경우에는 이러한 성향을 억제하는 것이 보통이기 때문에, 교사는 논쟁이 될 만한 질문이나 해답이 없는 질문 등을 함으로써 고심거리를 창출해 줄 수 있어야 한다.

## 14) 창의적 사고가 필요한 상황을 조성하라

"필요는 발명의 어머니다."라는 격언이 있고, 생명을 위협하는 비상사태와 극한 상황에 처할 때 많은 발명이 이루어져 왔다고 사람들은 종종 말한다. 어떤 면에서는 필요가 창의적 과정이나 발명의 과정에 촉진 요인이라는 점에서 이 격언은 맞다. 물론 개인이 그 필요에 적절히 강한 동기를 가지고 반응해야 한다. 교사들에게는 학생들이 창의적 사고를 해야만 하는 상황을 조성할 기회가 많다. 모든 교육 수준에서 대상 학생들의 능력에 비추어 그들이 충분히 어려움을 느낄 만한 문제들을 제공하여 창의적 사고가 필요하도록 조성할 수 있다. 분명한 것은 높은 수준의 어려움을 지속적으로 유지할 수는 없지만, 모든 사람으로 하여금 그들의 상상력과 독창성을 최대한 발휘하도록 하는 문제들에 가끔 직면하도록 해야 한다는 것이다.

## 15) 활동적인 시간뿐만 아니라 조용한 시간도 마련하라

새로운 아이디어를 산출하기 위해서는 적극적으로 활동할 시간뿐만 아니라 조용히 혼자서 활동하거나 생각하거나 또는 휴식하는 시간도 제공하는 것이 중요하다. 일부 사람에게는 여러 활동에 열중하는 동안 중요한 아이디어가 갑자기 떠오른다. 그러나 발명과 발견의 역사를 살펴보면, 조용하게 긴장을 풀고 쉬는 시간도 창의적 사고에 도움이 된다는 것을 알 수 있다.

30~35명의 학생들이 북적대는 교실 안에서 학생들이 그들의 공상과 희망 그리고 꿈의 나래를 활짝 펴고, 상상력이 풍부한 아이디어들을 생각해 낼 수 있을 가능성은 거의 없다. 그러나 교사가 하루 중에 긴장을 풀고 조용하게 쉴 수 있는 시간을 계획하여 그 학생들을 도와줄 수 있다. 또한 학생들이 홀로 뭔가를 할 수 있는 기회를 가져야 하고, 온종일 어떤 집단 활동에만 참가하도록 해서는 안 될 것이다. 그들에게 쓰고 그리고 심지어는 쉴 수 있는 시간도 주어야 한다. 조용하고 한가한 시간이 창의적 사고를 하는 데 도움을 줄 것이다. 또한 연극, 음악 등과 같은 학교 활동 또한 창의성을 자극하는 데 중요한 역할을 할 수 있다.

## 16) 아이디어를 실행하는 데 필요한 자원을 지원하라

학생들이 어떤 아이디어를 실행하려고 할 때 필요한 자원을 이용할 수 있다는 것은 매우 중요하다. 그렇지 않으면 좌절감과 무의미함을 느낄 가능성이 크다. 교사들과 학부모들이 창의적 사고를 자극하고 아이디어를 실행해 보도록 하는 데 지역사회의 자원을 활용하는 것 또한 중요하다. 공공 도서관, 박물관, 농장, 공장, 여가 시설, 봉사 기관 등 모두가 중요한 역할을 할 수 있다.

아이디어를 실행하기 위하여 어린이들이 원하는 모든 자원을 학교와 심지어는 지역사회조차 제공할 수 없는 경우가 분명히 있다. 그런 경우에는 학생들에게 자원이 부족하다는 것을 창의적으로 받아들이고 임시변통하는 것을 배우도록 가르칠 필요가 있다. 제약을 냉소적으로 받아들이는 것과 창의적으로 받아들이는 것 사이에는 중요한 차이가 있다.

## 17) 아이디어가 시사하는 바를 충분히 실행해 보는 습관을 갖도록 권장하라

독창적인 생각을 가진 사람들이 그들의 잠재력을 충분히 성취하지 못하는 이유는 종종 그들의 아이디어를 끝까지 추진하지 못하고 그 아이디어가 시사하는 것들을 충분히 실행하지 못하기 때문이다. 그 결과 그들이 하는 일은 결함을 분명히 드러낼 수 있는데, 이러한 결함은 쉽게 제거할 수도 있다. 또한 그들은 단지 그들이 충분하게 생각해 보지 못했거나 어떤 아이디어를 논리에 맞는 결론으로 유도하지 못했기 때문에 중요한 발견에 이르지 못할 수 있다. 학생들은 일찍부터 아이디어를 끝까지 추진하고 그것을 실행하는 데 따르는 힘겨운 작업을 감수할 의지를 몸에 익히는 훈련을 시작해야 한다. 그런 후에 그들의 아이디어들에 대한 과학, 예술, 문학 등의 표준화한 검증을 기꺼이 받아들이는 태도를 길러 주어야 할 것이다. 학생들은 이것을 달성하기 위해서 며칠, 몇 주, 몇 달이 걸릴지도 모른다는 것과 그들이 따라야 할 과정이 어느 시점에서도 전혀 분명하지 않을 수 있다는 것을 배워야 한다.

## 18) 피상적인 비판이 아닌 건설적인 비판을 하도록 하라

발명가들의 심리에 대한 한 연구(Torrance, 1963 재인용)에서 발명가들과 발명가가 아닌 사람들의 중요한 차이를 밝혔다. 후자는 그들의 주위에 있는 결점들을 '비방'만 하는 경향이 있는 반면, 전자는 '그건 이런 식으로 하면 됩니다.'라고 말하는 경향이 있다는 것이다. 전자의 경우를 건설적인 비판이라 할 수 있는데, 이러한 비판을 하는 습관과 기술들을 얼마나 가르칠 수 있는지는 아직 증명되지 않았으나, 이러한 경험을 일찍이 시도하거나 경험을 반복한다면 중요한 변화가 일어날 가능성이 높을 것이다.

## 19) 다양한 분야의 지식을 습득하도록 격려하라

학교생활을 시작한 지 얼마 되지 않은 학생들은 매우 다양한 흥미를 가지고 있으며 그들의 관심사는 이 영역에서 저 영역으로 쉽게 바뀐다고 생각할 수 있다. 이런 학생들을 검사하고 실험해 온 토랜스의 경험에 비추어 생각해 보면 많은 학생이 적어도 2학년과 3학년 무렵에 이미 한 분야에 관심을 갖는 전문가로 발전해 나가기 시작한다. 비록 그러한 외골수들이 훌륭한 업적을 이루는 경우가 있기는 하지만, 발견과 발명의 역사를 보면 창의성을 훌륭하게 발휘한 사람들은 주로 학자였고, 독창성은 지식으로 말미암아 퇴색하지 않는다는 것을 보여 주고 있다. 자신의 전문 분야를 넘어선 외부 지식은 독창적인 아이디어를 촉진하는 데 도움이 된다. 사실, 지식의 미개척 분야를 개척해 나간 대부분의 경우를 보면, 어느 한 분야의 전문가가 다른 전문 분야의 어떤 아이디어나 기법을 자신의 분야에 도입하여 적용한 결과로 이루어졌음을 알 수 있다. 이렇게 다양한 분야에 흥미를 갖는 것과 새롭지만 아무도 관심이 없는 아이디어를 탐색할 권리를 갖는 것이 학문의 자유라는 문제의 근간이 된다.

## 20) 모험심이 있는 교사를 양성하라

이것은 학교행정가나 정책가들을 위한 내용으로, 창의적인 학생을 길러 내기 위해서는 모험심이 있는 교사가 필요하다는 뜻이다.

교사가 모험심이 있고 엉뚱한 아이디어도 기꺼이 경청하려 하고 이러한 아이디어를 검증하고 개발하도록 도움을 주며 창의적인 재능의 발달을 학생과 함께 즐거워하지 않으면, 창의성이 높은 학생들은 학교에서 소외되고 억압된 느낌을 가질 가능성이 높다. 모험심을 가진 교사들은 그들의 모험심을 학생들에게 전수할 것이고, 그래서 상상력이 가장 적은 학생조차 아마 더욱 창의적이게 될 것이다. 자신의 주변 세계에서 신비스러운 것을 탐구하는 데 열심인 교사들은 학생들에게도 새로운 것을 발견하고 미지의 것을 탐구하려는 똑같은 욕구를 심어 줄 것으로 기대하는 것은 당연하다. 만약 교사가 어떤 것들의 원인을 찾아내고자 끊임없이 노력한다면, 학생들도 마찬가지로 그렇게 하도록 자극받을 것이다.

### 〈토의 내용〉 나의 창의성

1. 자신이 가장 창의적이던 시기가 언제였다고 생각하나요? 예를 들어 보세요.

2. 당신이 유, 초, 중등 교사라면 학생들이 어느 시기에 창의성이 가장 높고, 어느 시기에 가장 낮아진다고 생각하나요? 왜 그렇게 된다고 생각하나요?

3. 창의성의 영역일반성과 특수성 문제가 교육에 주는 시사점은 무엇인가요?

# 제4장

# 창의적 문제해결력 신장을 위한 사고기법

# 1. 창의적 문제해결의 과정

푸앵카레(Poincaré)는 내적 성찰을 기초로 자신의 창의적 과정에서 무의식적 과정들이 결정적이었다는 결론을 내렸다. 월러스(Wallas, 1926)는 푸앵카레의 아이디어를 준비, 부화, 영감, 검증이라는 창의적 문제해결 과정의 4단계로 설명하고 있다(홍순정, 1999).

## 1) 방향 잡기와 준비기

사고란 어떤 방향을 결정한 후에야 시작되기 때문에 준비하기 이전 단계에 방향 잡기라는 과정을 둔다.

그다음의 준비기(Preparation)에는 문제에 관한 최초의 의식적 작업이 중심이 된다. 이 단계에서 사고자는 문제에 깊이 몰입함으로써 그 문제에 친숙해지고, 이를 통해서 해결을 시도한다. 이 과정은 필요한 지식과 경험을 쌓는 일에서부터 직접적으로 필요한 자료를 수집하는 일, 또 그것들을 정리하고 통합하는 과정까지 장시간에 걸친 많은 에너지를 필요로 한다. 끊임없는 노력과 주도면밀한 준비야말로 창의적 문제해결의 가능성을 높여 준다. 또한 전혀 존재하지 않던 것에서 새로운 것을 창조하는 것이 아니기 때문에 이러한 방향 잡기나 준비기가 필요하다.

## 2) 부화기

만일 준비기에서 막다른 골목에 다다른다면, 그 사람은 문제에 관해 고민하는 작업을 중단한다. 그러나 무의식에서는 작업이 계속된다. 이 단계가 바로 새가 날개 아래 알을 품는 시기인 부화기(Incubation)다. 이 단계는 문제의 해결이 잘 안 되어서 잠시 멈추어 선 상태다. 감정은 고양되어 있고, 문제해결에 대한 노력을 일시적으로는 포기하는 듯한 시기다. 그래서 다른 일을 할까 혹은 아예 푹 쉬어 버릴까

망설이는 상태와도 같다. 그런데 무의식은 창조하는 일에 관련이 있어서, 생각지도 않던 때에 번뜩임이 일어나며 자기 경험을 해결하기도 한다. 사고가 진행됨에 따라 과제해결에 대한 동기부여가 과도하게 고양되어 그 동기부여가 이미 형성되기 시작한 올바른 반응을 억제하고 있지만, 휴식을 거치며 그 억제가 사라져 바른 반응이 의식 위로 떠오르며 해결 방법이나 해답을 알아차리게 되는 것이다. 이렇듯 인지에 혼란이 생겼을 경우에, 시간이 경과하면서 정리되고, 통합되고, 균형이 잡힌 방향에서 안정성을 되살리게 된다.

### 3) 영감기(조명기)

무의식 속에서 새롭고 잠재적으로 유용한 조합을 발견하면, 조명이라는 의식적 경험의 단계로 넘어간다. 창의적인 문제해결은 어느 순간 갑자기, 번뜩이며 찾아오는 것으로 알려져 있다. 하지만 방향 잡기와 준비기, 부화기의 축적 없이 저절로 생겨나는 것이 아님을 알아야 할 것이다. 알을 깨고 부화한 시기가 조명기(Illumination)인데, 알을 깨기 위해서는 끊임없는 보살핌이 필요한 것처럼 영감을 얻은 사람들은 대부분 그 분야에 대해 끊임없이 고민하고 고민한 결과 영감을 얻었다.

### 4) 검증기

마지막으로 검증기(Verification)에서는 조명을 일으킨 아이디어의 적절성을 검증한다. 영감에 의해서 얻어진 해답을 음미하는 단계로 아이디어를 현실의 문제에 적용하고 실현 가능한 형태로 정리해서 가능한 한 사회적으로 가치 있는 것으로 만들어 가는 과정이다. 주의해야 할 점은 모든 과정이 이와 같은 순서에 따라 진행되는 것은 아니다. 개인차, 상황, 전문 분야의 차이 등에 따라 다르게 나타나기도 한다.

## 2. 문제의식을 일깨우는 세 가지 요인

창의적인 발견은 때로는 아무런 준비 단계 없이 일어나기도 한다. 뢴트겐(Rontgen)은 사진기 감광판이 고장 난 이유를 알아보다 방사능을 발견했다. 그러나 보통 깨달음은 준비된 사람에게만 가능하다. 즉, 어떤 문제에 대해 오랫동안 고민을 해 온 사람이 창의적인 발견을 하는 것이다.

문제의식은 흔히 개인적인 경험, 영역의 요구, 사회적인 압력으로부터 나온다. 이 세 가지의 근원은 보통 동시 발생적이며 서로 연결되어 있다.

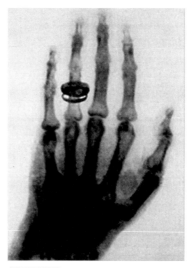

**그림 4-1**　뢴트겐이 X선을 이용해 찍은 손뼈

### 1) 개인적 경험

심리학자인 도널드 캠벨(Donald Campbell)은 새로운 발견을 하는 학자와 그렇지 못한 학자의 차이가 호기심의 차이라는 점을 강조한다(Csikszentmihalyi, 1996).

동료 교수 중에 상당수는 연구를 계속해야 한다는 것을 알고 있으면서도 흥미로운 문제점을 발견하지 못합니다. 반면에 나에게는 연구해 보고 싶고, 해결점에 도달할 수 있다고 생각되는 문제들이 산재해 있습니다. 재능이 있지만 어떤 문제에 대해 연구해 볼 만한 가치를 느끼지 못하는 사람이 많습니다. 나를 흥분시킬 수 있는 사소한 문제들이 얼마든지 있다는 것은 축복인 셈입니다.

삶의 경험에서 비롯된 문제의식은 누구나 가질 수 있다. 다양한 개인적인 경험을 통해 문제를 발견하고 해결하려 노력한다면 창의적인 발견이 충분히 이루어질 수 있다. 하지만 의미 있는 경험이 있어도 호기심이나 흥미가 없다면 새로운 발견이 어려울지도 모른다.

## 2) 영역의 요구

1960년대 젊은 화가는 당시에 유행하던 추상적 표현주의 양식으로 그릴 것인지, 아니면 그것과는 다른 양식으로 생존할 방법을 찾을 것인지의 갈림길에서 선택을 해야 했다. 20세기 초, 자연과학자들은 물리학에서 양자 이론의 발전과 마주치게 되었다. 그러자 물리학뿐 아니라 화학, 생물학, 천문학에서도 양자 이론을 새롭게 적용할 가능성에 흥미를 갖게 되었다.

즉, 한 가지 분야를, 영역을 변화시키기 위해서는 다른 사람에게 배워야 하지만 배운 것을 그대로 답습한다면 그것으로는 문제의식을 일깨울 수 없다. 그것에 만족하지 않고 자신만의 것을 찾아야 한다는 말이다.

## 3) 사회적인 압력

사람들은 평생 주변 환경의 영향이나 사회에서 일어나는 사건들에 의해 새로운 방향으로 사고를 전환하게 될 수도 있다. 예를 들어, 경제가 침체하거나 정치적인 중요도가 변화하면서 새로운 연구 노선에 대해 자극받고 다른 것은 망각 속에 묻어 버리기도 한다.

조지 스티글러(George Stigler)는 대공황으로 많은 동료 학생과 함께 대학원에서 경제학을 공부하게 되었다. 제2차 세계대전을 지원하기 위해 건설된 핵 원자로는 많은 학생이 물리학을 전공하게 된 계기가 되었다.

창조 과정은 문제 인식과 함께 시작한다. 문제 인식은 개인적인 경험에 의해, 영역의 요구에 의해, 사회적인 압력에 의해 시작될 수도 있다. 어떤 상황에 대해 아무런 의문도 갖지 않고 어떤 문제가 있는지조차 알아차리지 못한다면 창조 과정은 시작할 수 없다. 따라서 긴장감을 갖고 스스로 문제를 발견해야 할 것이다.

# 3. 창의적 문제해결 모형

토랜스와 마이어스(Torrance & Myers)는 '창의적인 학습과 교수 방법(Creative Learning and Teaching)'에서 오늘날 가장 대표적으로 널리 사용되는 창의적 문제해결(Creative Problem Solving: CPS) 모델을 제시했다. 최근에는 트레핑거(Treffinger)가 '창의적 문제해결' 모형을 3과정, 6개의 단계로 다음과 같이 정리하고 있다.

창의적 문제해결의 6단계의 구체적 목표
(Treffinger, 1996)

① 문제에 민감해야 한다.(상황 탐색)
  - '혼란'이 있을 때 학생은 어떤 문제들이 있는지 알아야 한다.
  - 어떤 상황에서 여러 가지 요소를 지각해야 한다.
  - 체크리스트를 이용하여 문제를 꼼꼼히 분석해 본다.

② 문제를 정의할 수 있어야 한다.(자료 탐색)
  - 핵심이 되는 문제 부분을 찾아 관계되는 정보를 찾는다.
  - 문제를 넓게 보고, '왜'라는 질문을 하면서 문제를 규정한다.
  - 동사를 바꾸어서 생각함으로써 문제를 재정의하고 명료화한다.
  - 여러 개의 하위 질문을 만들고 관계 상황이나 자료를 수집한다.

③ 습관적인 사고에서 탈피해야 한다.(문제 탐색)
  - 습관적인 반응으로 묘사한다.
  - 그러한 반응의 효율성을 평가한다.
  - 대안적인 반응을 생각한다.
  - 가능성 있는 대안적인 방법을 모색한다.
  - 새로운 방법을 실행에 옮길 수 있는 계획을 모색한다.

④ 평가를 유보한다.(아이디어 탐색)
  - 여러 가지 반응을 생각해 본다.
  - 평가를 배제한 채 여러 가지로 검토한다.
  - 다른 사람의 의견에도 평가를 하지 않는다.

⑤ 새로운 관계를 볼 수 있다.(해결책 탐색)

의문이 나는 상황이나 자극에 접했을 때

−상황 간의 유사점을 발견한다.

−상황 간의 차이점을 발견한다.

−상황들을 연결하거나 비교할 수 있는 아이디어를 내 본다.

⑥ 행동의 결과를 예상한다.(가능성 탐색)

−평가를 하기 위하여 여러 가지 기준을 만들어 본다.

−어느 문제에서나 여러 가지 기준을 세운다.

−기준을 만들 때 평가를 유보한다.

(김춘일, 2000에서 재인용)

## 창의적 문제해결 과정의 기본 모형 (Treffinger, 1994)

1과정: 문제의 파악

① 애로의 발견(확: 문제해결 기회의 탐색/ 비: 문제해결을 위한 넓고 일반적인 목표의 설정)

② 자료의 발견(확: 애로에 대해 여러 관점에서 자세한 관찰과 검토/ 비: 문제해결 지침을 위한 가장 중요한 데이터의 결정)

③ 문제의 발견(확: 여러 가능한 문제 진술의 고려/ 비: 특정한 문제 진술의 구성 및 선택)

2과정: 아이디어의 산출

④ 아이디어의 발견(확: 다양하고 많은 비범한 아이디어의 생산/ 비: 유망한 대안의 확인)

3과정: 실천 방법의 계획

⑤ 해결책의 발견(확: 유망한 대안의 분석 및 보안을 위한 기준의 개발/ 비: 해결책의 선택·보완을 위한 기준의 선택 및 적용)

⑥ 수용성의 발견(확: 득실의 검토 및 적용의 실제에 대한 고려/ 비: 구체적 실천 계획의 작성)

*확: 확산적 사고 / 비: 비판적 사고

(김춘일, 2000에서 재인용)

창의적인 문제해결을 위한 구체적인 '학습목표'는 트레핑거와 후버(Treffinger & Huber)에 의해 제시되었는데 이를 요약·정리하면 유아기나 아동 초기부터 창의적으로 문제를 해결하려는 열린 태도를 지도해야 한다는 점이 중요하다(김춘일, 2000).

트레핑거의 창의적 학습 향상 모형은 기본적인 요소로 시작해 점점 복잡한 창의적 사고 기능으로 발전하는 3단계로 구성된다.

**표 4-1**  트레핑거의 창의적 학습 향상 3단계

| | |
|---|---|
| 1단계 – 기본적인 도구 | 현존하는 과정 내용에 사고하는 기능을 접목하는 방법 찾기 |
| 2단계 – 과정에서의 연습 | 학생들에게 문제해결 방법을 연습할 기회를 제공 |
| 3단계 – 실제 문제에서의 활동 | 실제 문제에 대해 연구할 기회들 |

첫 번째 단계에서는 학생이 최근에 갖고 있는 실생활에서의 문제에 관한 기능 형성 활동이 이루어진다. 기본적인 도구는 수렴적 사고 기능을 포함한다. 두 번째 단계는 연습 단계다. 1단계에서 배운 기능을 실제 상황에서 적용할 기회를 제공한다. 세 번째 단계는 실전 단계로 앞의 두 단계에서 배운 능력을 가지고 실생활 속에서 의미 있는 방식으로 그들의 능력을 사용한다. 이러한 과정을 통해 학생들은 창의적인 사고와 관련된 기능을 배울 뿐 아니라 정보를 실생활에 어떻게 적용하는지를 배우게 된다.


# 4. 확산적 사고기법과 수렴적 사고기법

확산적 사고를 위한 다양한 사고기법은 문제를 발견하거나 해결 방법을 산출하는 단계에서 사용하는 것이 효과적인데, 그중 브레인스토밍과 브레인라이팅은 주제나 문제해결에 필요한 다양한 아이디어를 찾아내기 위한 방법으로서 아이디어의 '유창성'을 강조한다고 볼 수 있다. 특히 브레인라이팅은 개인적으로 아이디어를 기록하도록 함으로써 아이디어가 방해를 받거나 평가를 받지 않는다는 장점이 있다. 체크리스트법, 속성열거법, 강제열거법, 육색 사고 모자는 문제를 다양하게

볼 수 있는 사고의 '융통성'에 초점을 두는 기법이다. 시네틱스는 비논리적인 유추를 통해 친숙한 것을 낯선 것으로 전환하도록 함으로써 '독창성'을 기르는 데 적합하며, 마인드맵은 핵심 주제를 중심으로 하여 주제를 나누고 이들의 상호관련성을 선으로 연결함으로써 아이디어를 가지처럼 뻗어 나가게 하여 '유창성' '융통성' '독창성'을 기르도록 하는 방법이다.

수렴적 사고기법은 확산적 사고기법을 통해 만들어진 아이디어를 수정하거나 해결책을 결정하거나 평가하는 단계에서 사용한다. 기법들로는 나열된 아이디어 중에서 중요한 것들을 찾아내고 그것들을 분류함으로써 새로운 아이디어를 찾아내게 하는 하이라이팅, 브레인스토밍을 통해 만들어진 아이디어들을 비판해 보게 하는 역브레인스토밍, 준거에 따라 체계적으로 아이디어들을 평가하는 평가행렬법, 그리고 이러한 아이디어들을 서로 비교해 우선순위를 정하게 하는 쌍비교분석법 등이 있다.

## 1) 확산적 사고기법

### (1) 브레인스토밍

브레인스토밍(Brainstorming)이란 어떤 특정 문제나 토픽 혹은 주제에 관한 아이디어를 창출하기 위해 사용되는 창의성 기법이다. 브레인스토밍은 상상력, 융통성, 토론 기술을 강화시키는 기법으로 거의 모든 주제 범위와 상황에서 편리하게 이용할 수 있기에 문제해결을 위한 좋은 방법이 될 수 있다.

브레인스토밍을 할 때는 일단 모든 아이디어를 기록해야 한다. 기록자에게 아이디어를 기록하게 한다면 한 명보다는 두 명이 나을 것이다. 아이디어란 때로는 순간적으로 강렬하고 매우 빨리 떠오르기 때문이다. 이때 녹음기를 사용한다면 어떤 아이디어도 빠트리지 않을 수 있다. 또는 모든 아이디어를 칠판에 적어 놓는 것도 좋은 방법이다. 그렇게 함으로써 모든 학생이 아이디어들을 볼 수 있고, 학생들은 다른 사람들의 의견을 토대로 새로운 아이디어를 생각해 낼 수도 있다.

브레인스토밍을 실시할 때는 가능한 한 모든 참가자가 원형으로 앉는 것이 좋지만 일반적인 교실의 좌석 배치도 무방하다. 4~6명의 소그룹에서 브레인스토밍을 경험하도록 하는 것이 좋으며, 브레인스토밍을 실시하기 전에 주제를 미리 알려 주도록 한다. 수업이 시작되면 그 주제를 다시 알려 주고 학생들에게 브레인스토밍의 기본 규칙을 알려 준다. 다음은 브레인스토밍을 실시할 때 기억해 두어야 하는 기본 규칙들이다(전경원, 2000).

- 창출된 어떤 아이디어도 비판하거나 평가해서는 안 된다. 아이디어들은 자유롭게 발표되어야 하며, 이 단계에서는 방해받지 않아야 한다.
- 우스꽝스러운 아이디어도 수용되어야 한다. 언뜻 보기엔 엉뚱한 상상의 아이디어들도 다른 관점에서 문제 상황에 잘 적용되면 현실적이 될 수도 있기 때문이다. 이상하거나 색다른 아이디어의 출현은 또 다른 아이디어를 이끌어 낼 수가 있다.
- 아이디어의 양의 중요하다. 이 시점에서 아이디어의 질은 고려하지 않는다. 아이디어가 많으면 많을수록 시행 가능한 아이디어를 판단하고 선택할 수 있는 토대가 커지는 것이다.
- 아이디어를 결합할 때 다른 사람들과 함께 하도록 한다. 어떤 사람의 아이디어도 그 사람만의 소유일 수는 없다. 이 시점에서 모든 아이디어는 서로 공유되어야 한다. 이미 제안된 아이디어에서 얼마든지 다른 아이디어를 이끌어 낼 수 있다.
- 브레인스토밍 활동 후에는 반드시 평가 시간이 뒤따라야 한다. 평가를 통해 최상의 또는 가장 유용한 아이디어들을 명확하게 하고, 개인이나 소집단 단위로 아이디어를 발달시키고, 상세하게 이행할 수 있도록 계획을 세우도록 한다.

## (2) 브레인라이팅

브레인라이팅(Brainwriting)은 독일의 홀리제르(Holliger)가 구안한 방법으로 집단이 침묵한 상태로 진행하는 집단 발상 기법이다. 처음에는 6명이 참여하여 3개씩 아이디어를 생각한 후 5분 이내에 아이디어를 기입한다는 조건이 있어서 '6, 3, 5 기법'이라고도 불린다.

브레인스토밍은 한 명의 기록자가 집단의 아이디어를 기록하는 반면, 브레인라이팅은 각자가 본인의 아이디어를 차례대로 돌아가면서 기록한다.

### (3) 체크리스트법

체크리스트(Checklist)란 사고하는 사람의 상상력을 자극하는 적절한 질문들을 미리 정해 놓은 것으로 아이디어 발상이나 집단 회의를 할 때 준비된 질문들을 던짐으로써 상상력을 동원할 수 있도록 해 주는 기법이다. 오스본(Osborn)이 브레인스토밍을 보완하기 위해 창안하였으며, 이후 에벌(Eberle)이 오스본의 체크리스트를 재조직하여 발표하였는데 이것이 바로 스캠퍼(SCAMPER)다(전경원, 2000). 스캠퍼는 대체(Substitute), 결합(Combine), 응용(Adapt), 변형(Modify, Magnify or Minify), 다른 용도(Put to other use), 제거(Eliminate or Elaborate), 재배열(Reverse, Rearrange or Reverse)의 영어 단어 첫 철자를 딴 것이다.

브레인스토밍이 다양한 해결 방법을 마음껏 표현하도록 하는 데 비해, 스캠퍼 기법은 일종의 브레인스토밍 기법이라 할 수 있으나 사고의 영역을 한정함으로써 다소 구체적인 해결 방법이 나오도록 유도하는 아이디어 창출법이다. 스캠퍼 기법은 아이디어와 상상력을 자극하는 대표적인 체크리스트 중 하나로, 아이디어 창출에 많은 도움을 주기 때문에 아이디어 발상 관련 교육에 널리 사용되고 있다. 모자를 예(조연순, 성진숙, 이혜주, 2008)로 들면 다음과 같다.

**표 4-2** '새로운 모자 만들기'를 위한 스캠퍼의 예

| S: 대체(Substitute)하면? | 모자 대신 신문지나 종이봉투를 접어서 쓴다. |
|---|---|
| C: 결합(Combine)하면? | 모자에 음악을 들을 수 있는 라디오 장치를 단다. |
| A: 응용(Adapt)하면? | 실내에서는 벗은 모자를 손에 들고 다니는 것이 짐이 되므로 모자를 접어서 브로치처럼 옷에 달 수 있게 한다. |
| M: 변형(Modify), 확대(Magnify), 또는 축소(Minify)하면? | 야구 관람 등을 할 때, 여러 사람이 같이 쓸 수 있도록 모자를 확대한다. |
| P: 다른 용도(Put to other use)로 하면? | 헌 모자를 이용해서 정리함을 만들어 사용한다. |

| | |
|---|---|
| E: 제거(Eliminate)하면? | 땀이 차지 않게 모자의 윗부분을 제거하거나 망사처럼 만든다. |
| R: 뒤집기(Reverse),<br>　재배열(Rearrange)하면? | 모자를 뒤집으면 가방으로도 쓸 수 있게 한다. |

## 대체

'A 대신 B를 쓰면 어떨까?'에서 출발하여 대체할 것을 찾는 질문이다. 기존과는 다른 관점으로 바라보도록 하기 위해 기존의 것을 다른 것으로 대체하면 어떻게 될지에 대한 질문을 던지는 것으로, '다른 누가', '다른 성분이라면' 등과 같이 질문할 수 있다.

대체(Sudstitution)의 예는 우리 주변에서도 쉽게 찾아볼 수 있다. 도자기 접시는 플라스틱 접시로, 종이책은 e-book으로, 칠판은 화이트보드로, 종이화폐는 전자화폐로 대체되어 새롭게 만들어졌다. 그 밖의 재미있고 기발한 아이디어는 직접 찾아보자.

## 결합

"A와 B를 합치면 어떨까?"라는 질문을 던져 새로운 조합을 만들어 낼 수 있도록 한다. 이 질문에서 주의할 점은 무조건 합친다고 해서 좋은 아이디어가 나오는 것은 아니라는 것이다. 두 가지 개념을 더한 합 이상의 것이 나와야 하고, 부작용은 적어야 한다. 부작용의 예로는 휴대 전화의 기능이 많아질수록 크기가 커지고 배터리 소모가 많아진다는 것을 들 수 있다.

하지만 결합(Combine)의 가장 대표적인 예 또한 휴대 전화다. 초기의 휴대용 무선 전화기로서 음성 통화 기능이 가장 중요하던 휴대 전화는 이제 손안의 컴퓨터라 할 정도로 다양한 기능이 결합되고 있다. 그 밖에 지도와 GPS가 결합한 내비게이션, 프린터, 복사기와 스캐너가 결합한 복합기, 휴대 전화와 TV의 기능이 결합된 DMB 휴대 전화, 시계와 타이머를 결합한 시계 라디오 등이 있다. 그 밖의 재미있고 기발한 아이디어는 직접 찾아보자.

### 응용

응용(Adapt)는 'A를 B에만 쓰는 것이 아니라 C에도 사용하면 어떨까?'라는 질문에서 출발하며 활용처의 변경을 원할 때 사용한다. 어떤 것을 다른 분야에 맞게 활용할 수 있도록 생각을 유발하는 질문으로 '이것과 비슷한 것은' '이것과 다른 것이 어떻게 적용될 수 있나' '과거의 것과 비슷한 것은' 등과 같은 것이 있다.

적용의 예는 계란판을 이용한 방음벽, 조명 램프를 적용한 살균 램프, 전구를 이용한 곤충 잡는 기계, 잠금 장치에 지문 인식 장치를 적용한 것들이 있다.

### 변형, 확대, 축소

'A 안의 a를 변화시키면 어떨까?'에서 출발하며 크기나 형태의 변화를 통해 문제를 해결하기 위한 질문이다. 보통 예술 분야, 기술 분야에서 많이 활용된다.

변형(Modify)의 예는 바르기 편하게 변형한 꼬부라진 물파스, 치약의 매운 맛 때문에 양치하기 싫어하는 어린아이들을 위해 딸기 맛으로 바꾼 치약이 있다. 확대와 축소(Magnify and Minify)의 예를 들면, 자동차에서 보는 3cm TV, 바람개비를 확대하여 풍차를 만든 것, 유전자 변형으로 생산한 슈퍼 옥수수 등 기존의 농작물보다 크게 만드는 것이 있다.

### 다른 용도

'A를 다른 용도에도 사용하면 어떨까?'라는 질문을 던져 물건의 또 다른 용도를 찾는 등 새로운 용도(Put to other use)를 발견하고자 할 때 사용한다. 일거양득이라는 말이 이에 적합하다고 할 수 있다.

유모차를 노인들이 지팡이와 바구니 대용으로 사용하는 것, 버려진 기차와 비행기를 카페로 개조하여 사용하는 것, 폐타이어를 방호벽으로, 숯가마를 찜질방으로, 항아리를 우산꽂이로 사용하는 것 등이 있다.

### 제거

'A를 구성하는 a1, a2, a3 중 무엇인가를 빼면 어떨까?'라는 질문을 던져 불편함이나 문제를 제거(Eliminate or Elaborate)함으로써 문제를 해결하고자 할 때 사용한다. '필요 없는 부분은?' '수를 줄이면?' 등과 같은 것이다. 필름을 제거한 디지털 카메라, 칼날 없는 레이저칼, 설탕이나 지방을 제거한 무설탕 음료, 무지방 우유, 무선 인터넷, 씨 없는 수박 등이 있다.

### 뒤집기, 재배열

'AB를 BA로 바꾸면 어떨까?'에서 출발하여 순서를 바꾸거나 뒤집는 색다른 아이디어로 문제해결의 실마리를 찾는 질문으로, '역할/순서를 바꾸면?' '원인과 결과를 바꾸면?' 등이 있다. 뒤집기, 재배열(Reverse, Rearrange or Reverse)의 예는 병뚜껑이 아래에 있는 화장품, 누드김밥, 거꾸로 읽는 세계사, 80세 노인으로 태어나 아기로 생을 마감한다는 F. 스콧 피트제럴드(F. Scott Fitzgerald)의 소설을 원작으로 한 영화 〈벤자민 버튼의 시간은 거꾸로 간다〉 등이 있다.

---

**문제 발견
체크리스트**

*직장이나 가정 또는 일상생활에서 당면한 문제를 발견하는 데 다음과 같은 질문이 도움을 준다.

1. 무엇을 하고 싶고, 갖고 싶고, 완수하고 싶은가?

2. 무엇이 일어나기를 바라는가?

3. 무엇을 더 잘하고 싶은가?

4. 무엇을 위하여 더 많은 시간이나 돈이 필요한가?

5. 인생에서 무엇을 얻고자 하는가?

6. 충족하지 못한 목표는 무엇인가?

7. 요즘 당신을 괴롭히는 것은 무엇인가?

8. 무엇이 당신을 긴장하게 하고 불안하게 하는가?

9. 무엇에 불만이 있는가?

10. 잘못 이해하고 있는 것은 무엇인가?

11. 누구와 더 친하게 지내고 싶은가?

12. 다른 사람의 태도에서 어떠한 변화를 좋지 않다고 느끼는가?

13. 다른 사람이 하도록 하고 싶은 것은 무엇인가?

14. 어떤 변화를 원하는가?

15. 무엇을 하는 데 가장 많은 시간이 필요한가?

16. 낭비된 것은 무엇인가?

17. 복잡한 것은 무엇인가?

18. 애로 사항은 없는가?

19. 어떤 점이 무능한가?

20. 무엇을 더 잘 조직해 보고 싶은가?

### (4) 속성열거법

주어진 문제의 속성(모양, 크기, 색깔, 특성 등)을 하나씩 열거해 봄으로써 미처 발견하지 못한 개념이나 원리를 발견하고 이를 색다르게 결합하거나 수정해 새로운 아이디어를 산출해 내는 방법이다. 예를 들어, '자전거'가 주제라면, 안장, 체대, 핸들, 페달, 앞바퀴, 뒷바퀴, 짐받이, 헤드라이트 등 주요 부분 및 전체의 대표적인 요소나 성질(속성)을 기술·제시하고 그것을 하나하나 재검토·변형·개선하는 발상을 한다. 이 방법의 창안자 크로포드(R. Crawford)는 네 가지 절차를 제시한다.

① 발상의 소재, 대상을 선정한다.

② 전체 및 각 주요 부분의 성질을 가능한 한 많이 열거한다.

③ 그중 개선해야 할 어떤 부분에 대해 집중적으로 브레인스토밍한다.

④ 쓸 만한 아이디어를 선정하고, 그 구체화 방안을 검토, 평가한다.

### (5) 강제연결법/강제결합법

겉으로는 관련성이 전혀 없어 보이는 두 가지 이상의 사물이나 아이디어를 강제로 연결함으로써 새로운 아이디어를 생각해 보는 기법이다. 의외의 사고를 이끌어 내는 기법으로 활용되고 있다. 도표 작성하기, 카탈로그 기법, 집중적으로 관계를 맺어 보기, 강제로 관계를 맺어 보기가 있다.

### 도표 작성하기

먼저 학생들에게 문제를 제시한 후에 여러 가지 사물이 목록화된 표를 나눠 준다. 표는 교사가 준비한 것일 수도 있고 학생과 함께 만든 것일 수도 있으며, 표는 제시된 문제와는 아무런 관계가 없다. 학생들은 표에 제시된 사물을 차례로 문제와 같이 연결해 봐야 하며, 사물들끼리 연결 지을 필요는 없다. 자유 연상법을 사용하여 처음 떠오르는 생각에 의해 관계를 지으면 될 것이다. 이렇게 함으로써 관계 지어진 것에 대한 평가는 뒤로 미루어진다. 관계 지은 아이디어를 모두 기록한 다음에 학생들은 그것을 보고 수정이 가능한지 혹은 그 아이디어를 발전시킬 수 있는지, 실행에 옮길 수 있는지 평가한다. 이때 반응은 +, - 로 기록한다.

### 카탈로그 기법

이 방법은 도표 작성하기와 유사하다. 여기서도 문제의 진술이 먼저 이루어지고 나서, 문제 해결책과 연결하여 생각해 볼 사물을 카탈로그에서 무작위로 뽑아 관계를 구성해 나가는 방법이다. 카탈로그의 페이지를 무작위로 펼쳐 보고 어떤 사물이든 임의로 뽑아 쓸 수 있다. 또한 문제의 진술에 맞춰 사물과 관계를 지어 볼 수 있다. 이 기법 또한 도표 작성하기와 마찬가지로 평가, 발달, 실행의 단계를 거친다.

### 집중적으로 관계 맺기

이 기법 또한 앞의 두 기법과 비슷하나 진술된 문제와 사물의 관계가 전혀 없는 것이 아니다. 이번에는 진술한 문제와 관련지어질 사물을 미리 선택하고, 문제와 관련이 있어야 한다. 문제와 사물 간의 관계를 지을 때 한 사물을 한 번씩 문제와 자유로이 관련지어 보도록 한다. 이에 대한 평가는 모든 관계가 지어진 후에 이루어져야 한다. 이후 아이디어를 발달시키거나, 실행에 옮기도록 시도해 볼 수 있다.

### 강제로 관계 맺기

이 기법에서 문제의 진술은 필요하지 않다. 필요한 것은 무작위로 선택한 아이디어들이다. 이 중에서 무작위로 2개를 연결하여 함께 생각해 보는 것이다. 이렇게 만들어진 아이디어들은 이후에 발전시켜 볼 수 있다.

### (6) 육색 사고 모자 기법

이 기법은 조별 토론과 개인을 위해 드보노가 개발한 기법으로, 여섯 가지의 각기 다른 색 모자를 쓰고 모자 색깔이 의미하는 유형의 사고를 하는 것으로, 새로운 기획이나 아이디어 발상 등에 활용되는 사고기법이다. 굳이 모자가 아니어도 되며, 여섯 가지 색깔을 정해서 팀원들이 각각 역할에 맞는 의견을 말한다. 역할이 주어지면 그 역할에만 집중해서 사고하도록 하며, 자유롭게 토론하지만 불필요한 논쟁을 최대한 줄이기 위해 시간제한을 둔다.

육색 사고 모자(Six Thinking Hats) 기법의 장점은 부담 없이 의견을 말할 수 있고, 뻔한 이슈에 대해서도 다양한 관점이 나올 수 있다는 것이다. 또한 변화를 주고 싶은 이슈는 무엇이든 적용 가능하며 특정 생각에만 집중하게 하여 깊이 사고할 수 있게 한다. 게임 방식으로 진행할 수도 있기 때문에 일반적인 커뮤니케이션의 단점을 극복할 수 있다.

**표 4-3** 육색 사고 모자의 사고 형태와 역할

| 모자 색깔 | 사고형태 | 역할 |
|---|---|---|
| 흰 모자 | 정보에 대한 사고 | 정확한 정보에 기초하고 이미 검증된 중립적이고 객관적인 사실을 제시. 논쟁을 할 필요는 없음<br>"○○에 대한 사실은 무엇인가?"<br>"우리가 얻을 수 있는 정보는 무엇인가?" |
| 빨간 모자 | 직관적이고 감정적인 사고 | 흰색 사고와는 반대로 어떠한 설명이나 타당한 이유 없이 자신의 분노, 두려움, 직관과 같은 감정이나 사고를 제시. 논리적인 근거나 정당화하는 주장을 할 필요는 없음<br>"○○에 대해 느끼는 것은 무엇인가?" |
| 노란 모자 | 논리적이며 긍정적인 사고 | 긍정적이고 낙천적인 측면을 제시<br>"○○을 통한 이익은 무엇인가?" |
| 검은 모자 | 논리적이며 부정적인 사고 | 부정적이고 비판적인 측면을 제시하며 보수적이고 모든 의견에 대해 비판적으로 수용<br>"○○의 문제점은 무엇인가?" |
| 초록 모자 | 창의적인 노력과 사고 | 새로운 가능성과 가설만을 제시<br>인위적인 동기부여 방법으로 결과를 강요하지 않으나 시간을 갖고 새로운 생각을 요구<br>"○○에 대한 새로운 생각은 무엇인가?" |

| | | |
|---|---|---|
| 파란 모자 | 사고 과정의 통제 | 지휘자나 사회자처럼 정리, 요약, 결론적인 내용을 제시<br>계획 및 순서를 짜고, 다른 모자의 사용을 통제<br>"지금까지 한 생각은 무엇인가?"<br>"다음 단계는 무엇인가?" |

### (7) 시네틱스 기법

시네틱스(Synectics)는 고든(Gordon, 1960)이 개발한 창의적 발상법이다. 시네틱스의 어원은 '관련 없는 것들 간의 요소들을 결합하는 것'을 의미하며, 외관상 무관해 보이는 요소들을 통합해 공통된 연결 고리를 발견해 내는 과정으로 그리스어 'Synecticos'에서 온 것이다. 고든이 천재나 대발명가들을 대상으로 연구해 본 결과 이들은 유추 사고라는 것을 사용한다는 공통점이 있다는 것을 알게 되어 이러한 사고를 촉진하는 시네틱스 기법을 창안하게 되었다.

시네틱스는 창의적인 사고를 하는 방법 중 하나로, 문제를 분석할 때 유추를 통해 익숙한 것을 낯선 것으로 바꾸거나 낯선 것을 익숙하게 바꾸도록 하는 방법이며, 서로 다른 차원의 것들을 끊임없이 통합해 보거나 분리해 보는 창의적인 사고 과정이다. 이 사고 방법은 서로 다른 상황, 서로 다른 사물, 서로 다른 주제를 가지고 유추를 통해 유사점을 찾아내어 새로운 이해를 키우고 창의적인 문제해결력을 키우는 데 목적이 있다.

시네틱스 기법에 사용되는 유추는 다음과 같이 분류된다.

첫째, 직접적 유추(direct analogy)로 논리적으로 유사한 디자인, 유사한 기능, 유사한 현상을 보고 합리적인 상호 연관성을 찾아내는 것이다. 즉, 주어진 문제를 전혀 다른 사물이나 현상에 객관적으로 직접 비교하는 방법으로 창조·개발하려는 물건과 다른 한 대상을 선택하여 두 대상을 직접 비교해 검토하는 것을 말한다. 예를 들면, 우산을 통하여 낙하산의 원리를 알아낸 것, 사람의 '귀' 구조를 유추해 '전화기'를 만든 것이다. 이 밖에도 물고기의 지느러미를 유추해서 개발한 수영할 때 사용하는 물갈퀴, 새들의 집을 보고 구상한 초가 지붕, 낙지의 발을 유추해 개발한 흡입 기구, 박쥐의 감각기관을 유추해 개발한 레이더, 돌고래의 미끈한 형태의 특성을 유추하여 개발한 잠수함, 방울뱀의 감각기관을 유추해 개발한 적외선 감광

장치, 방울뱀의 독니를 유추해 개발한 피하 주사 바늘이 있다.

둘째, 간접적 유추로서 심리적 유사물, 즉 두 대상물 간의 관계를 기술하는 과정에서 감각적 유사, 감정이입적 유사, 상징적 · 은유적 유사, 또는 현실적인 유추를 통해서는 해결될 수 없을 때 활용하는 공상적 · 신화적 유사를 통해 대상물 간의 상호 연관성을 찾아내는 방법이다.

**〈토의 내용〉 시네틱스**

1. 책상 앞에 놓여 있는 전혀 다른 사물 두 가지를 선택한 후 이 두 사물 간의 디자인 유사성을 찾아 적어 보자.
2. 두 사물 간의 기능적 유사성을 찾아 적어 보자.
3. 두 사물 간의 현상적 유사성을 찾아 적어 보자.
4. 두 사물 간의 은유적 유사성을 찾아 적어 보자.
5. 두 사물 간의 상상적 유사성을 찾아 적어 보자.

### (8) 마인드맵(Mind map)

마음속의 아이디어를 써 보거나 그림으로 그려 보는 활동으로, 무언가가 생각날 때 메모하는 것에서 발전하고 확장된 개인적인 브레인스토밍이라고 할 수 있다. 머릿속에 떠오르는 것을 그림, 단어, 문장, 기호, 상징 등으로 마음껏 종이에 옮겨 보는 것이 중요하며, 핵심 단어나 주제를 색깔이나 그림으로 표현하여 마음속의 생각을 시각적으로 나타내는 확산적 사고기법이다.

### (9) PMI 기법

PMI(Plus, Minus, Interesting Point) 기법은 드보노가 개발한 인지 사고 프로그램 속의 한 사고기법이다. 이는 아이디어에 대한 좋은 점, 좋아하는 이유, 긍정적인 측면(Plus), 나쁜 점, 싫어하는 이유, 부정적인 측면(Minus), 아이디어에 관해 발견한 흥미로운 점(Interest)의 약자다. 다각적 측면에서 생각하고 문제를 분석, 평가함으로써 더 새로운 아이디어를 얻을 때 활용되며, 여기에서 주의할 점은 아이디어를 산출할 때 P(Pluse 좋은 점), M(Minus 나쁜 점), I(Interesting 흥미롭게 생각하는 점)를 철저히 분리해서 생각해야 한다는 것이다. 다음은 PMI 기법의 절차다.

① 문제(아이디어) 확인 단계는 주어진 문제나 아이디어를 정확히 이해한다.
② P(Plus, 긍정, 좋은 점) 찾기 단계는 문제나 아이디어의 긍정적인 점, 좋은 점을 찾아 열거한다.
③ M(Minus, 부정, 나쁜 점) 찾기 단계는 문제나 아이디어의 부정적인 점, 나쁜 점을 찾아 열거한다.
④ I(Interesting, 흥미로운 점) 찾기 단계는 문제나 아이디어의 흥미로운 점, 새로운 점, 재미있는 점을 찾아 열거한다.
⑤ 종합하여 아이디어 평가하기 단계는 P, M, I를 통해 열거된 생각들을 토대로 원래의 문제나 아이디어를 종합적으로 평가한다.

다음은 '010 외의 사용자는 모두 010으로 바꿔야 하는가?'라는 주제로 PMI 기법을 활용하여 훈련해 본 예다.

**표 4-4** PMI 기법을 활용한 '010 외의 사용자는 모두 010으로 바꿔야 하는가?'

| 아이디어 | 010 외의 사용자는 모두 010으로 바꿔야 하는가? |
|---|---|
| P(Plus) | • 휴대폰 번호 앞자리가 통일된다.<br>• 통신사에서 관리하기가 수월하다. |
| M(Minus) | • 010이 아닌 011, 016, 017 사용자의 개성을 무시하게 된다.<br>• 010으로 변경하면서 전화번호가 변경된다. |
| I(Interesting) | • 다수의 사용자와 통신사를 위한 경제적인 사고다. |

## (10) 4개 축 사고

시간, 공간, 인물, 주제라는 4개의 축으로 사고를 범주화하여 익숙한 사고방식에서 벗어나 새로운 사고를 경험할 수 있도록 하는 기법이다. 모든 활동에 활용 가능하고 특히 언어, 사회, 과학 활동에서 활용 가능성이 높다.

| 표 4-5 | 4개 축 사고의 내용 |
|---|---|
| 시간 축 | 문제해결의 관점을 과거, 현재, 미래로 시간을 옮기는 과정에서 학생들의 융통성, 상상력 향상 |
| 공간 축 | 문제해결의 관점을 장소를 달리하여 사고함으로써 사고의 융통성, 정교성 향상 |
| 주제 축 | 문제해결의 관점을 달리하여 생각해 봄으로써 사고의 융통성, 정교성 향상 |
| 인물 축 | 문제 속의 주요 인물이 되어 봄으로써 사고의 융통성, 상상력 향상 |

유의점은 다음과 같다.

- 제시된 축에 초점을 맞추어 생각할 수 있도록 하며 활동 후에는 다른 축에서 생각해 보도록 격려한다.
- 시간 축, 공간 축, 주제 축, 인물 축의 정해진 순서나 단계에 의해 진행되는 것이 아니므로 자유롭게 활용할 수 있도록 한다.
- 허용적인 분위기를 제공한다.

## 2) 수렴적 사고기법

### (1) 하이라이팅

여러 가지 대안을 기본적인 몇 개의 범주로 압축하여 분류하기 위한 수렴적 사고기법이다. 발산적 사고기법을 사용하여 생성된 아이디어 중에서 괜찮다고 느껴지는 아이디어들을 선택한다. 이 아이디어를 히트(Hit)라 한다. 이들을 공통적인 측면이나 요소에 따라 묶음(Cluster)을 만드는데, 이를 적중 영역(hot spots)이라 한다. 하이라이팅(High lighting)은 문제해결을 위해 핫 스팟을 수정하고 발전시켜서 더 나은 해결 방법으로 만들어 가는 기법이다. 이 방법은 먼저 직관에 의해 분류해 보는데, 같은 성격의 아이디어 간의 관계를 중심으로 공통 주제끼리 영역을 만들어 조직화한다. 조직화된 영역에서는 공통의 주제를 붙인다. 하이라이팅을 하기 위해 먼저 히트 대안에 번호를 부여한다. 진행 순서는 다음과 같다.

① 생성된 아이디어들을 나열하고 차례대로 번호를 매긴다.

② 아이디어를 차례로 음미해 보면서 그럴듯해 보이는 대안을 골라낸다. 아이디어의 실현 가능성은 고려하지 않는다.

③ 골라낸 대안 중 서로 관련되어 있는 것 같이 보이는 아이디어들을 결집시켜 적중 영역을 만들고, 골라낸 아이디어를 적중 영역별로 분류한다.

④ 각 적중 영역을 검토해 보고 그것이 의미하는 것이 무엇인지를 재진술한다.

⑤ 문제의 요구를 가장 잘 만족시키는 것으로 판단되는 적중 영역 하나를 선택한다. 2개 이상의 적중 영역을 조합하여 하나의 해결책을 만들어도 무방하다.

적용된 실제는 다음과 같다.

**표 4-6** 하이라이팅 기법을 활용한 문제해결

| 문제 | 환경오염을 줄이기 위해 우리가 할 수 있는 방법 모색 |
|---|---|
| 해결책 | 괜찮다고 느껴지는 아이디어 선택(57개의 대안 중 10개의 대안을 hit한 예) |
| 1. 샴푸를 쓰지 말자. | 7. 대중교통을 이용하자. |
| 9. 재활용품을 사용하자. | 10. 나무를 많이 심자. |
| 14. 누진세 적용을 강화하자. | 19. 아나바다 운동을 다시 전개하자. |
| 27. 분리배출을 하자. | 32. 무농약으로 농사를 짓자. |
| 33. 일회용품 사용을 자제하자. | 41. 남은 재료를 활용하는 퓨전 요리를 활성화하자. |

## (2) 역브레인스토밍(Reverse Brainstorming)

브레인스토밍과는 다르게 이미 만들어진 아이디어에 대해 많은 양의 '비판, 평가'를 하는 사고기법이다. 방법은 다음과 같다.

① 해결해야 하는 문제를 먼저 명확히 정의하고 종이에 쓴다.

② 지금까지는 "문제를 해결하려면 어떻게 해야 할까?"라는 질문을 던져 왔겠지만, 이젠 "어떻게 역효과를 낼까?" "프로젝트를 망치려면 어떻게 해야 할까?" "어떤 방법이 최악의 방법일까?"와 같은 질문을 던진다.

③ 역브레인스토밍도 결국 '브레인스토밍'이기 때문에 질보다는 양이다. '최악의 해결책'을 가능한 한 많이 제시한다.

④ '최악의 해결책'을 모두 기록해야 한다.

⑤ 지금까지 나온 아이디어들을 전부 반대로 바꿔서 원래 해결하려 한 문제에 적합하게 바꿔 본다. 생각하지도 못한 아이디어들이 발견될지도 모른다.

⑥ 해결책이 될 무언가가 있는지, 가능성이 있는지에 대해 아이디어들을 평가해 본다.

 

역브레인스토밍을 할 때 사회자는 팀원들이 문제를 다양한 시각으로 볼 수 있도록 유도하고, 독특한 아이디어를 장려한다. 또한 '질보다 양'이기 때문에 모든 아이디어와 과정은 반드시 기록한다. 마지막으로 아이디어를 평가할 때는 냉정하게, 현실적으로 평가해야 한다.

다음은 "저출산 문제를 해결하려면 어떻게 해야 할까?"라는 주제로 역브레인스토밍을 실시해 본 예다.

 

① '최악의 해결책'들을 나열한다.

   – 모든 일상에서 남녀를 분리시켜 서로 만날 수 없도록 한다.

   – 유년 시절부터 폭력적이고 선정적인 매체에 노출시켜 결혼 생활이나 가족에 대한 환상을 부순다.

   – 리얼한 연애 시뮬레이션 게임을 만들어 현실의 연애나 결혼에 대한 개념을 원천 봉쇄하고 사교성을 떨어트린다.

   – 설령 결혼을 하더라도 아이를 낳으면 모든 권리를 박탈한다.

② '최악의 해결책'들을 뒤집어 본다.

   – 남녀의 운명적인 만남 기회를 의도적으로 만든다. 소개팅이나 미팅을 적극 장려하고, 이런 수요를 적극 조장한다.

   – 청소년의 유해 매체 노출을 원천적으로 막을 수는 없지만, 오히려 '쿨하게' 여기도록 자주, 공개적으로 이야기한다.

   – 연인, 부부가 함께 가상 결혼이나 연애를 경험할 수 있도록 한다. 게임을 하며 분위기를 더욱 훈훈하고 애틋하게 만들도록 한다.

   – 아이를 출산하거나 입양하는 경우, 양육비를 적극적으로 지원하는 등 국가

차원에서 공식적인 보상 대책을 마련한다.

③ 아이디어들의 가능성을 평가한다.

### (3) 평가행렬법

이 기법은 다양한 대안을 평가할 때 활용된다. 또한 생성된 대안들을 준거에 따라 체계적으로 평가하고자 할 때 사용할 수 있다. 평가하려는 아이디어들을 세로축에 나열하고 평가 준거를 가로축에 적어 행렬표를 만든 후, 각 준거를 기초로 모든 아이디어를 평가한다. 다수의 해결 방안을 평가하고 선택할 때뿐만 아니라 문제해결의 중간 단계에서도 사용할 수 있다. 하지만 체계적인만큼 시간과 노력이 소요된다는 단점이 있다.

#### 평가행렬표 만들기

평가해야 할 대안들을 세로로 적고 가로의 상단에는 평가의 준거를 제시하며, 순서는 상관없다. 평가의 준거는 브레인스토밍 방법으로 양산한 후 하이라이팅 기법으로 만들 수 있다. 준거는 해결하고자 하는 문제의 성격에 따라 다르지만 대체로 경비, 적용의 난이도, 시간적인 측면, 공간적인 측면, 수준, 필요한 자료나 장비, 정보의 가용성 등으로 설정할 수 있다. 준거를 제시할 때는 '예산이 있을까?' '시간이 충분할까?' '실천할 수 있을까?' '자료는 충분할까?'와 같이 '~할까?'를 사용하면 효과적이다.

#### 평정 척도 제시하기

대안을 평가할 때 사용할 적절한 평정 척도를 제시한다. 예를 들어, 3점, 5점, 10점 척도 등 다양하게 제시할 수 있다.

#### 평가행렬표 완성하기

대안들을 하나의 준거에 따라 어느 것이 더 적절한지 점검하여 더 좋은 의견일수록 높은 점수를 기록한다. 이때, 하나의 대안을 제시된 준거에 따라 모두 평가하는 것은 시간이 많이 소요되니 이보다는 하나의 준거에 따라 모든 대안을 평가하는 것이 더 효과적이다.

### 결과 해석하기

총점이 높은 대안이 적용 준거 측면에서 보면 좋다는 뜻이지만 준거에 따라 숫자로 나타난 평정된 척도의 결과 합계를 활용하지 않는 것이 바람직하다. 결과는 대안이 어디에서 강하고 어디에서 약한지를 확인하는 데만 사용한다. 따라서 점수가 낮다고 해서 나쁜 대안이 아니라 그 준거에 대해 약하다는 것을 의미한다. 점수가 낮은 대안에 대해서는 어떻게 하면 그 대안을 보완할 수 있을지 생각해 보는 것이 좋다. 마지막으로 평정 체계에서 숫자 사용이 부적절하다고 생각되면 부정적 또는 긍정적이라는 서술적 척도를 사용할 수도 있다.

다음은 '학교 공부를 보다 능률적으로 할 수 있는 방법에 대해 알아보자.'라는 주제로 평가행렬법을 활용한 예다.

표 4-7    평가행렬법을 활용한 문제해결

| 아이디어 | 평가 준거 | | | | |
|---|---|---|---|---|---|
| | 학습 | 건강 | 인성 | 환경 | 총계 |
| 점심식사 후에 수면할 수 있도록 강의 배정을 하지 않는다. | 8 | 10 | 9 | 6 | 33 |
| 남학생과 여학생, 또는 친한 친구들과 공부 모임을 구성하여 공부한다. | 7 | 8 | 10 | 9 | 34 |
| 학습 지도교사를 배정하여 도움을 준다. | 10 | 7 | 7 | 7 | 31 |
| 잘하는 학생과 못하는 학생을 짝지어 가르쳐 주도록 한다. | 9 | 6 | 6 | 8 | 29 |
| 수업 시간을 단축하여 집중하게 한다. | 6 | 9 | 8 | 5 | 28 |
| 강의실 환경을 쾌적하게 만든다. | 5 | 5 | 5 | 10 | 25 |

### (4) 쌍비교분석법

아이디어를 비교해 우선순위가 되는 아이디어를 선정하기 위해 사용되는 기법이다. 모든 대안을 한 번에 한 쌍씩 비교해 보고 상대적인 중요성을 결정한다. 집단에서 합의를 도출하기 위해 사용된다. 그런데 이 기법은 비교적 적은 수의 아이디어들(10개 이내)을 비교할 때 사용하기 쉽다. 아이디어가 많으면 비교해야 할 쌍의 수가 크게 증가하여 시간도 오래 걸리고 혼란을 일으키기도 쉽다.

제**5**장

창의성 평가

# 1. 측정, 사정, 평가

측정(measurement), 사정(assessment), 평가(evaluation)는 흔히 명확히 구분되지 않고, 혼용하여 사용되고 있다. 측정이란 장치를 사용하여 일정한 규칙에 따라 사물의 특성(길이·질량·온도·압력 등)에 수치들을 할당하는 것을 의미한다(두산백과, 2015).

사정은 일반적으로 교육적 의사결정에 필요한 자료를 수집하고 이를 분석·조직·종합하는 일련의 체계화된 절차들을 의미한다. 사정을 위하여 수집되는 자료는 양적 자료 또는 질적 자료일 수 있다. 양적 또는 수량적 자료를 수집하는 과정을 측정이라 하므로 사정이 측정보다 포괄적인 용어다. 이러한 의미에서 창의성 사정이란 개인 또는 집단의 창의적인 특성이나 능력 또는 잠재적인 창의성의 수준을 밝히려는 모든 시도를 포괄적으로 의미하는 것이다.

사정을 통해 특성을 파악한 후 가치 판단을 통하여 미래 방향을 설정하는 것을 평가라고 한다. 사정에서 어떤 자료가 수집되어야 하는지는 평가에서 내리고자 하는 의사결정의 유형에 따라 달라질 수 있다. 사정 방법은 검사, 관찰, 면접, 교육 과정 중심 사정, 수행 사정, 포트폴리오 사정 등을 포함한다.

평가란 사정 과정을 통해 수집한 정보를 종합하고 이를 근거로 교육목표가 달성되었는지 판단하고 이에 따라 의사결정을 내리는 것이다. 평가는 본래 객관적인 측정에 기초해야 하지만 관계자 간의 의사소통과 협상에 의한 가치 판단과 의사결정을 포함하기도 한다. 즉, 평가란 가치 판단과 의사결정이 내재해 있는 것이다(전경원, 2010).

# 2. 창의성 평가의 다양한 방법

창의성은 기본 가정이 개발자의 창의성의 정의, 창의적인 사고의 정의, 창의적인 사람의 특성과 같이 다르기 때문에 창의성 평가는 아직 절차와 방법이 합의되어 있지 않다. 호스버와 배첼러(Hocevar & Bachelor, 1989)는 창의성을 측정하는 100여 개이상 되는 다양한 검사도구를 내용이 비슷한 것끼리 여덟 가지로 범주화하였다(전경원, 2000).

- 발산적 사고 검사
- 태도 및 흥미 검사
- 인성 검사
- 전기적 검사
- 교사, 동료 및 관리자에 의한 평정 척도
- 산출물 평가
- 저명인사
- 자기보고 형식의 창의적 활동 및 성취

전경원(2000)은 다음과 같이 범주화하였다.

**표 5-1** 전경원 창의성 측정 검사도구 분류

| | | |
|---|---|---|
| 창의적인 능력 측정 도구 | 발산적 사고 | 국외: 길포드(Guilford), 토랜스(Torrance), 어번(Urban), 메드닉(Mednick) 등<br>국내: 전경원, 정원식과 이영덕 등 |
| | 산출물 평가 | 애머빌(Amabile)<br>스턴버그(Sternberg)<br>베세머(Besemer) |
| 창의적인 성격 측정 도구 | 흥미 발견 검사<br>재능 발견 검사<br>렌줄리와 하트만(Renzulli & Hartman)의 검사 | |

출처: 전경원(2000).

조연순과 성진숙, 이혜주(2008)는 다음과 같이 세 가지로 범주화하였다.

| 표 5-2 | 조연순, 성진숙, 이혜주 창의성 측정 검사도구 분류 |
|---|---|
| 인지적 특성 검사 | -길포드의 지능 구조 모형에 기초하여 개발된 '남가주대학 검사'<br>-언어 검사와 도형 검사로 이루어진 '토랜스의 창의적 사고력 검사'<br>-다른 용도와 유사성, 모호한 도형 자극 등의 언어와 도형으로 구성된 '월러치와 코건(Wallach & Kogan)의 창의성 검사' |
| 정의적·환경적 특성 검사 | -렌줄리와 그의 동료들(Renzulli, Smith, White, Callahan, & Hartman)의 학생 창의성에 대한 '교사 평정 척도'<br>-데이비스와 림(Davis & Rimm)에 의한 '창의적 성격 특성'을 측정하는 체크리스트<br>-애머빌(Amabile)이 개발한 '내적/외적 동기 검사'와 '가정환경 검사' |
| 산출물 검사 | -애머빌(Amabile)의 '합의사정기법'<br>-베세머와 트레핑거(Besemer & Treffinger)의 '창의적 산출물 평가 방법' |

출처: 조연순, 성진숙, 이혜주(2008).

김상윤(2006)은 창의성 검사를 다음과 같이 분류하였다.

| 표 5-3 | 김상윤 창의성 측정 검사 도구 분류 |
|---|---|
| 자기 보고식 검사 | -데이비스와 림(Davis & Rimm)이 만든 GIFT(Group Inventory for Finding Creative Talent) 검사<br>-좌·우뇌 검사 |
| 그림이나 도구를 이용한 창의성 검사 | -토랜스의 창의성 검사<br>-전경원의 유아용 창의성 검사<br>-칠교판 창의성 검사 |

출처: 김상윤(2006).

신화식과 우남희, 김명희(2006)는 다음과 같이 분류하였다.

| 표 5-4 | 신화식, 우남희, 김명희 창의성 측정 검사 도구 분류 | | |
|---|---|---|---|
| 국내 창의성 평가 | | -유아 창의성 검사: 유아용(Creative Tests for Children: CTC)<br>-유아 창의성 검사: 저학년용(Creative Tests for Children-Lower Grade: CTC-LG)<br>-칠교판 검사(Tangram)<br>-전경원의 종합 창의성 검사(K-CCTYC) | |
| 국외 창의성 평가 | 인지·지각 검사 | -길포드의 확산적 사고 검사(SOI 검사)<br>-토랜스의 창의적 사고 검사(TTCT)<br>-옐렌과 우르반(Jellen & Urban)의 그림 창의성 검사(Test for Creative Thinking-Drawing Production: TCT-DP) | |

| | 성향 검사 | −데이비스와 림(Davis & Rimm)이 만든 GIFT(Group Inventory for Finding Creative Talent) 검사<br>−부모나 교사를 대상으로 고프(Gough)가 개발한 CPS(Creative Personality Scale for Adjective Check List) |
|---|---|---|
| | 산물 검사 | −콜라주를 통한 예술적인 창의성을 평가하기 위해 애머빌(Amabile)이 개발한 CAT(Consensual Assessment Technique)<br>−베세머(Besemer)가 창의적 산물을 평가하기 위해 만든 CPSS (Creative Product Semantic Scale) |

출처: 신화식, 우남희, 김명희(2006).

신문승(2010)은 창의성 검사를 인지 능력을 측정하는 검사와 정의적 성향을 측정하는 검사로 나누어 다음과 같이 분류하였다.

**표 5-5** 신문승 창의성 측정 검사 도구 분류

| | | |
|---|---|---|
| 인지적<br>능력<br>검사 | 국외 | −길포드(1967)의 확산적 사고 검사(Guilford Divergent Production Tests)<br>−회프너와 헤멘웨이(Hoepner & Hemenway, 1973)의 2학년부터 12학년에 이르기까지 사용할 수 있도록 제작된 창의적 잠재력 검사(Test of Creative Potential)<br>−엘렌과 우르반(Jellen & Urban, 1984)의 그림창의성검사 TCT-DP(Test for Creative Thinking-Drawing Production)<br>−메드닉과 메드닉(Mednick & Mednick, 1967)의 고등학생과 대학생용으로 제작된 원격 연합 검사(Remote Associates Test: RAT)<br>−미커와 미커(Meeker & Meeker, 1975)의 26개의 하위 검사를 포함하는 지능 구조 학습 능력 검사(Structure of Intellect Learning Abilities Test: SOILAT)<br>−토랜스(1966, 1972, 1974, 1984, 1999)의 창의적 사고 검사 TTCT(Torrance Test of Creative Thinking)<br>−월러치와 코건(1965)의 확산적 사고 검사 |
| | 국내 | −김춘일과 문태형(1998)의 아동용 창의성 검사 도구<br>−김종안(1998)의 창의적 인지 능력 검사<br>−이영덕과 정원식(1970)의 초등학교용(4~6학년)과 중·고등학교용 창의성 검사와 표준화 간편 창의성 검사 |
| 정의적<br>성향<br>검사 | 국외 | −바사더, 태거와 프링글(Basadur, Taggar, & Pringle, 1999)의 CAS(Creative Attitude Scale)<br>−카로셀리(Caroselli, 1992)의 CSA(Creativity Self-Assessment)<br>−데이비스(1975, 1991a)의 HDYT(How Do You Think?)<br>−데이비스와 림(1979, 1983)의 초등학생용 GIFT(Group Inventory for Finding Creative Talent) 검사 |

| | | |
|---|---|---|
| | | −데이비스와 림(1980, 1982)의 GIFFI II(Group Inventory for Finding Interests II) |
| | | −펠드휴즌, 데니와 컨던(Feldhusen, Denny & Condon, 1983)의 CSRS(Creativity Self-Report Scale) |
| | | −고프(Gough, 1979, 1983)의 ACL(Creative Personality for the Adjective Check List) |
| | | −렌줄리와 하트만(Renzulli & Hartman, 1971, 1975, 2001)의 영재아의 행동 특성 평가를 위한 척도 SRBCSS(Scales for Rating the Behavioral Characteristics of Superior Students) |
| | | −림과 데이비스(Rimm & Davis, 1976)의 GIFFI(Group Inventory for Finding Interests) |
| | | −림(Rimm, 1983)의 취학 전 아동을 대상으로 한 유치원 흥미 색인 PRIDE (PReschool and PRimary Interest DEscriptor) |
| | | −윌리엄스(Williams, 1980)의 TDF(Test of Divergent Feeling) |
| | 국내 | −강충열(2001)의 창의적 인지 능력과 창의적 성향을 검사하는 창의성 검사 |
| | | −신문승(2010)의 초등학생용 창의적 성향 검사(Creative Personality Inventory for Children) |
| | | −이인순(1987)의 창의적 성격 검사 |
| | | −임현수(2000)의 창의성 정의적 성향 검사 |
| | | −전경원(1999)의 만 4세부터 6세의 학령 전 아동을 대상으로 한 유아용 종합 창의성 검사(K-CCTYC) |
| | | −최인수와 이종구(2004)의 창의성 검사 |
| | | −하주현(2000)의 창의적 인성 검사(CPS) |

출처: 신문승(2010).

## 1) 인지적 특성 검사

### (1) 길포드의 확산적 사고 검사(SI 검사)

길포드(Guilford, 1967)의 SI 검사 또는 SOI 검사란 'the Structure of Intellect'를 나타내는 말로 지적 능력의 구조를 뜻한다. 그는 지금까지 발전되어 온 여러 지능론이 일차적인 입장에서 생각했기 때문에 지능의 본질을 보다 정확하게 설명하는 데 실패했다고 지적하고 그의 독특한 지적 구조의 모형을 제시하였다. 길포드의 지능 구조설은 [그림 5-1]에서와 같이 기억력과 사고력으로 구분하고, 사고력을 다시 인지적 사고력과 평가적 사고력, 생산적 사고력으로 분류하고, 생산적 사고력을 수렴적 사고력과 확산적 사고력으로 분류하였다. 인지적 사고력은 인지하여 지식

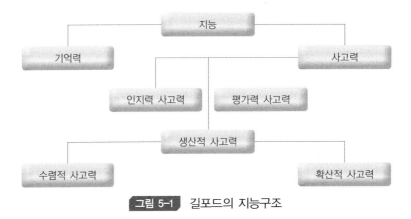

그림 5-1 길포드의 지능구조

을 발견하거나 획득하는 능력이고, 생산적 사고력은 지식을 언제 어떻게 사용하는 가를 판단하는 능력과 새로운 지식을 만들어 내는 능력을 말한다. 평가적 사고력은 인지되고 생산되어 얻은 지식이 적합하고 정확하게 쓰여졌는지를 결정할 필요가 있을 때 적용되는 능력이다. 평가적 사고력은 인지되고 생산되어 얻은 지식이 적합하고 정확하게 쓰여졌는지를 결정할 필요가 있을 때 작용되는 능력이다. 그리고 생산적 사고력에서 분류되어 나오는 수렴적 사고력은 관습적인 제한 내에서 새로운 것을 만들어 내는 사고력을 말하며 이에 반하여 확산적 사고력은 지금까지 없던 것을 새롭게 생각해 내는 창의적인 능력을 말한다.

이에 길포드는 지적 능력이 조작(Operation)하는 측면을 수립하고 내용(Contents), 산출(Product)의 측면을 도입하여 조작(5개)×내용(4개)×산출(6개)의 차원이 서로 상호작용해 120개의 인자로 이루어져 있다는 삼차원 지적 능력의 구조 모형을 수립하였다. 조작의 차원은 지적 기능의 양상을 분류한 것으로 평가, 수렴적 사고, 확산적 사고, 기억, 인지의 5종으로, 내용 차원은 지능 측정을 위한 검사 내용을 구분한 것으로 도형, 기호, 언어, 행동 등의 4종으로, 산출 차원은 지적 작용의 산출을 분류한 것으로 단위, 유목, 관계, 체계화, 전환, 함의의 6종으로 구분하고 있다. 이 중 80여 개의 영역을 측정하는 검사는 이미 개발되었고, 그 밖의 영역에 대해서는 연구 개발이 진행되고 있다. 이후 1982년 150개로 수정 후 1988년 조작의 차원에서 기억을 기억 파지와 기억 저장으로 분류하여 총 6개로 확장하고 내용의 차원에서는 시각, 청각, 상징, 의미, 행동 총 5개로 수정하고, 산출의 차원에서는 단위, 유목, 관계, 체계, 변환, 함축 총 6개로 수정하여 각 차원이 상호작용하는 180개의

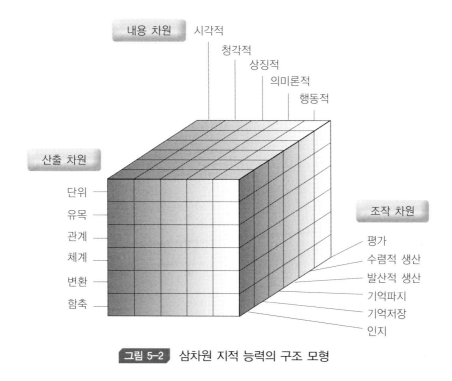

**그림 5-2** 삼차원 지적 능력의 구조 모형

인자로 확장하였다.

　지능 구조 모형 이론의 의미는 종래 지능 검사에 의해서만 측정되던 지능의 협소한 개념을 연구자나 교사들이 확장할 수 있도록 하였다는 점이고, 한계점은 모델의 복잡성으로 교실에서의 공식적인 적용이 어렵다는 것이다. 길포드의 3차원 모형을 통해 180개의 능력 중 100개 이상의 능력을 진단하는 검사들이 개발되었으며, 확산적 사고는 창의력과 관계가 있다.

### (2) 토랜스의 창의적 사고 검사(Torrance Tests of Creative Thinking: TTCT)

　토랜스(Torrance, 1966)는 동료들과 함께 십여 년에 걸쳐서 모든 문화와 유치원생부터 대학원생에 이르기까지 다양한 연령층에 사용할 수 있는 검사 과제들로 구성한 종합검사 몇 가지를 개발했다. 이러한 검사들은 길포드와 동료들(Guilford, Merrifield, & Cox, 1961; Merrifield, Guilford, & Gershon, 1963)이 개발한 요인 형태별 검사들과 현저한 차이가 있으며, 또한 본질적으로 비슷한 창의적 경향을 나타내는 검사 과제들을 포함한 월러치와 코건(Wallach & Kogan, 1965)이 개발한 종합검사와도 다르다. 그러나 검사의 지시 사항들과 형태에서는 윌러치와 코건이 장려하는 어린이처럼 마음대로 장난하거나 또는 퇴행하도록 하는 권유들의 일부를 포함하려 노력했다(전경원, 1995 재인용).

우리나라의 창의성 관련 연구물에서는 주로 TTCT의 언어 검사(Thinking Creatively with Words)와 도형 검사(Thinking Creatively with Pictures)가 사용되었고, 신체 검사(Thinking Creatively in Action and Movement: TCAM)와 음향 검사(Thinking Creatively with Sounds and Words: TCSW)는 거의 사용되지 않았다. 이처럼 토랜스의 언어 검사와 도형 검사는 대표적인 창의성 검사로, 이 검사를 실시하기 위해서는 특별히 훈련을 받을 필요는 없으며 단지 채점 방법을 읽고 지시에 따라 채점하면 된다(전경원, 2000).

## TTCT 언어 검사

이 검사는 유창성(fluency)과 정교성(elaboration), 독창성(originality), 융통성(flexibility)을 측정하는 검사다. 언어 검사에서 유창성은 제시된 하위 검사의 요구에 따라 단어를 가지고 많은 아이디어를 산출해 내는 능력을 평가하는 것이고, 정교성은 제시된 하위 검사의 요구에 따라 중심이 되는 아이디어를 정교화하거나 부가적으로 세부사항을 첨가하는 능력을 측정하는 것으로, 한 번씩 나타날 때마다 1점을 주지만 반복된 반응에 대해서는 점수를 주지 않는다. 독창성은 제시된 하위 검사의 요구에 따라 평범하지 않거나 기존의 것과는 다른 아이디어를 산출하는 능력에 대해 측정하는 것으로, 반응자의 5% 이상이 제시한 모든 반응은 0점으로, 반응자의 2~4.99%가 제시한 반응은 1점으로 채점되며, 제시된 반응이 매우 창의적인 경우에는 2점을 준다. 융통성은 제시된 하위 검사의 요구에 따라 다양한 아이디어를 산출해 내거나 하나의 접근 방법에서 또 다른 접근 방법으로 옮기거나 혹은 다양한 책략을 사용하는 능력을 측정하는 것으로, 각 반응의 사용된 범주에 대해 1점을 준다. 사용된 범주는 하위 검사에 따라 16~28개의 범주로 구성되어 있다.

이 검사는 총 5개의 하위 검사로 구성되어 있으나 첫 번째 검사는 다시 3개로 나뉘어 총 7개의 하위 검사로 나뉘어 있다. 검사도구지는 A형과 B형으로 되어 있으며, A형 검사의 일부는 다음과 같다.

| 표 5-6 | TTCT 언어 검사의 내용 |
|---|---|
| 활동 1 | 질문하기(Asking) 제한 시간 5분 |
| | 검사도구지에 제시된 그림에 나타나 있는 현상이나 질문하고 싶은 것을 모두 생각해 보게 하는 검사 |
| 활동 2 | 원인 추측하기(Guessing Causes) 제한 시간 5분 |
| | 그림에서 일어나고 있는 일이 어떻게 일어났으며, 그 원인이 무엇인지를 생각해 보게 하는 검사 |
| 활동 3 | 결과 추측하기(Guessing Consequences) 제한 시간 5분 |
| | 그림에 나타난 사건의 결과가 어떤지에 대해 생각해 보게 하는 검사 |
| 활동 4 | 결과 향상시키기(Product Improvement) 제한 시간 10분 |
| | 보조 자료로 헝겊으로 만든 코끼리 인형을 사용하여 여러 가지 특이한 방법으로 코끼리의 형태를 변화시키도록 하는 검사 |
| 활동 5 | 특이한 사용법-두꺼운 종이 상자와 캔[Unusual Uses-Tin Cans(A), Cardboard Boxes(B)] 제한 시간 10분 |
| | 두꺼운 종이 상자를 활용하여 재미있고 독특하게 상상할 수 있는 방법을 생각해 보도록 하는 검사 |
| | * B형 검사는 두꺼운 종이 대신에 깡통을 사용한다. |
| 활동 6 | 특이한 질문(Unusual Questions) 제한 시간 5분 |
| | 두꺼운 종이 상자에 대해 다른 사람이 호기심과 흥미를 가질 수 있게 하면서 답이 여러 가지로 나올 수 있는 질문을 생각해 보게 하는 검사 |
| 활동 7 | 가정해 보기(Just Suppose. What would happen if?) 제한 시간 5분 |
| | '구름에 줄이 붙어 있어서 땅까지 늘어져 있다면 어떤 일이 일어날까요?'라는 가정을 해 본다. |
| | * B형 검사는 '거대한 안개가 지구를 덮친다면 어떤 일이 일어날까요?'라는 그림을 제시한다. |

## TTCT 도형 검사

이 검사는 유창성(fluency)과 정교성(elaboration), 독창성(originality), 제목의 추상성(abstractness of titles), 개방성(resistance to premature closure)을 측정하는 검사이다. 도형 검사에서 유창성은 제시된 특정 자극에 대해 완전한 도형을 얼마나 많이 산출해 내는가에 대한 능력을 측정하며, 정교성은 제시된 자극 도형에 대해 아이디어를 발달시키고 아름답게 꾸미고, 정교하게 능력을 측정한다. 자극 도형에 대해 최소한의 그리고 기본적인 반응은 단일한 반응이다. 상세하게 상상하고 표현한 것은 정교성으로 적정하게 분류될 수 있는 창의적 능력이다. 독창성은 제시된 자극 도형에 대해 창의성에 강한 것을 요하는 독특한 반응이나 비일상적인 반응을 산출하는 능력을 측정한다. 0점인 목록을 참고하여 목록에 없는 반응에 대해서만 1점을 준다. 제목의 추상성은 제시된 자극 도형에 대해 그 제목의 아이디어가 얼마나 추상적인가를 측정하고, 개방성은 제시된 자극 도형에 대해 그림을 빨리 완성하지 않고 다른 아이디어를 더 나타내려고 하는 능력을 측정한다.

도형 검사는 활동 1. 그림 구성, 활동 2. 그림 완성, 활동 3. 원(도형 검사 B형) 또는 2개의 직선(도형 검사 A형)으로 구성되어 있다. 도형 검사 A형의 예는 다음과 같다.

**표 5-7** TTCT 도형 검사의 내용

| | |
|---|---|
| **활동 1 예** | 그림 구성하기(Picture Construction) 제한 시간 10분<br><br>검은색의 계란 모양의 도형을 제시하고 이것을 사용하여 어떤 물건이나 그림을 상상해 보게 한다. |
| **활동 2 예** | 그림 완성하기(Picture Complction) 제한 시간 10분<br><br>불완전한 그림 10개를 제시하고 이 그림에 선을 추가로 그려 넣어 다른 사람이 생각해 내지 못한 독특한 그림을 완성하게 한다. 그림 완성 후 번호 옆에 그림의 명칭을 쓰도록 한다. |
| **활동 3 예** | 2개의 직선(Lines) 또는 원(Circles) 제한 시간 10분<br><br>2개씩 짝지어 놓은 직선을 가지고 될 수 있는 한 여러 가지 물건이나 그림을 생각하여 그려 보게 한다. |

어느 한 사람이 창의적이 될 수 있는 방식은 여러 가지가 있을 것이다. 토랜스는 종합검사에서는 이러한 서로 다른 방식들을 측정할 수 있도록 검사 과제를 추출해야 한다고 보았다. 그러기 위해 그 검사들을 많은 사람에게 실시하였고, 각 점수에 대하여 요인 분석을 하였으며, 그 정보들을 바탕으로 어떤 과제들을 보유할 것인지 결정하였다. 언어로 된 과제와 그림으로 된 과제들은 그 요인들이 서로 다른 것으로 나타났기 때문에, 언어적(verbal) 검사와 그림(figural) 검사라고 명명하였다.

토랜스는 다양한 인종, 연령, 교육 수준을 가진 사람을 대상으로 창의성을 연구하여 모든 문화권에서 사용할 수 있는 창의성 검사를 만들려고 노력하였다. 이에 토랜스는 TTCT에서 나타난 인종적, 사회·경제적 지위에 따른 차이를 연구했는데, 몇몇 연구에서는 언어적 검사 또는 그림 검사 어느 것에서도 인종적 또는 경제적 차이가 나타나지 않았다. 몇몇 다른 연구의 경우, 어떤 과제에서는 흑인 어린이가 백인 어린이보다 잘하고, 어떤 과제에서는 백인 어린이가 흑인 어린이보다 잘한 것으로 나타났다. 사회·경제적 지위에 따른 차이에 대한 연구에서도 같은 결과가 나왔다. 전체적으로 보면 인종적 또는 사회·경제적 차이는 나타나지 않았으며, 이런 결과가 나타난 주된 이유는 창의성 검사 과제들은 자유응답식이고 어린이들은 자신의 인생 경험이 무엇이든 그 경험을 바탕으로 과제에 응답할 수 있기 때문일 것이다(Torrance, 1995).

그러나 인도의 수디르와 캉트(Sudhir & Khangte, 1991)에 의하면 TTCT가 세계적으로 사용되고 있지만 언어적이든 비언어적인 도형 검사이든 간에 이러한 검사는 문화 공평 검사(culture-free test)가 아니라고 주장하고 있다(전경원, 2000 재인용). 그래서 다양하고 특수한 문화권에 TTCT를 사용하는 것은 한계가 있으므로, 각 문화권에서는 이에 적절한 검사를 제작해야 한다고 지적하고 있다. 이러한 문화적 차이를 고려하여 한국에서도 TTCT를 그대로 번안하여 사용하는 것보다는 우리 실정에 적합한 형태로 제작하여 사용하는 것이 바람직하다. 이러한 이유로 전경원은 한국의 만 4~6세 유아를 대상으로 전통 문양과 전래동화 및 전래놀이 등을 중심으로 창의적인 능력을 측정하는 검사를 제작하여 한국 유아들에게 적용하고 있으며, TTCT와 비슷한 특성을 가진 종합 창의성 검사(K-CCTYC)를 개발하였다(전경원, 2000).

## 2) 성향 검사

### (1) 렌줄리와 동료들의 학생 창의성에 대한 '교사 평정 척도'

창의적 사고를 측정하는 검사 도구의 제한점을 해결하기 위해 성향을 측정하는 검사 도구들이 개발되었다. 이런 검사 도구들은 주로 검사 대상자의 창의적 행동을 정기적으로 관찰할 수 있는 교사나 부모 등이 체크리스트를 통해 점수화할 수 있다. 렌줄리와 동료들(Renzulli, Smith, White, Callahan, & Hartman, 1976)이 개발한 '교사 평정 척도'는 10개 문항으로 구성되어 1점에서 4점으로 평정하게 되어 있고, 문항의 예는 다음과 같다.

- 많은 것에 대해 호기심을 보이고 끊임없이 질문한다.
- 어떤 문제나 질문에 대해 다양한 반응을 하고, 때로는 독창적인 반응도 한다.
- 모험적이고 위험을 감수한다.
- 지적인 유희를 즐기고 상상력이 뛰어나다.
- 아름답고 미학적인 사물의 특징에 민감하다.
- 유머감각이 있다.

### (2) 데이비스와 림이 만든 GIFT 검사와 GIFFI I, II

데이비스와 림(Davis & Rimm)에 의해 개발된 것으로, '특성적 접근'을 이용한 다양한 연령을 대상으로 하는 검사로서 창의성이 높은 사람들의 특징을 바탕으로 심리적, 인성적, 동기적, 전기적 특성들을 평가하는 것이다. 자신감, 독자성, 고도의지, 모험심, 호기심, 유머, 예술에 대한 관심, 아이디어에 대한 관심, 복잡성과 신비에 대한 호감, 창의적인 취미와 활동을 창의적 인성과 전기적 특성으로 평가하고 있다. 이 검사는 단독으로 사용되기보다는 다른 검사를 보완해 주는 것으로서 주로 활용된다(신화식, 우남희, 김명희, 2006).

### GIFT

이 검사(Group Inventory For Finding Creative Talent: GIFT)는 초등학교 1~2학년

용(32문항), 3~4학년용(34문항), 5~6학년용(33문항)으로 나뉘며, 대상의 연령에 따라 문항 수와 내용에 다소 차이를 두고 있다. 이들 검사에서 측정하고자 하는 내용은 독립성, 융통성, 호기심, 인내, 다양한 관심, 창의적 활동 경험에 관한 것이다. '예' 또는 '아니요'로 응답하게 되어 있고, 실시가 비교적 간편하고 높은 신뢰도를 갖고 있다(Rimm & Davis, 1980).

검사 문항의 몇 가지 예는 다음과 같다.

- 나는 어떤 물건이든 분해해서 각각의 기능을 알아보는 것을 좋아한다.
- 나는 가끔 게임의 규칙을 바꾸는 것이 좋다.
- 나는 어려운 일을 좋아한다.
- 나는 그림 그리기를 좋아한다.

### GIFFI I, II

GIFFI(Group Inventory For Finding Interests) I은 중학생을 대상으로, GIFFI II는 그 이상의 연령을 대상으로 만들어졌으며 5점 척도로 되어 있다. 독립성, 자기신뢰, 위험 감수, 에너지, 모험심, 호기심, 숙고성, 유머감각, 예술적인 관심 및 창의적인 경험과 취미를 자기 평정하도록 되어 있다. 실시가 간편하고 비교적 높은 신뢰도와 타당도를 갖고 있다(Davis & Rimm, 1982).

검사 문항의 몇 가지 예는 다음과 같다.

- 나는 유머감각이 많다.
- 나는 단순한 일에도 쉽게 빠져 든다.
- 나는 취미가 다양하다.
- 나는 모험을 좋아한다.

### (3) 애머빌이 개발한 '내적/외적 동기 검사'

애머빌은 표와 같이 내적/외적 동기 검사를 개발했는데, 이 검사는 내적 16개, 외적 16개씩 동기 유발에 관한 문항을 통해 내적 동기화 문항에 더 많은 '예'를 체크했다면 내적 동기화가 크다는 것을, 외적 동기화 문항에 더 많은 '예'를 체크했다면 외적 동기화가 크다는 것으로 평가한다. 그리고 애머빌은 앞서 언급한 '창의적인 환경 검사'를 통해 창의성을 위한 환경이 얼마나 잘 조성되어 있는지를 알아보았다.

창의성 동기화 양식 검사

| | 예 | 아니요 | |
|---|---|---|---|
| 1. | ____ | ____ | : 나는 내가 할 일에 대해 부모님께 허락해 달라고 말하는 경우가 많다. |
| 2. | ____ | ____ | : 나는 내가 하는 일에 대해 부모님이나 선생님이 좋게 말해 주기를 기대한다. |
| 3. | ____ | ____ | : 나는 어떤 일을 할 때, 내가 정말 알고 싶은 것을 공부하고 있다고 생각한다. |
| 4. | ____ | ____ | : 나는 여러 가지 일에 대해 나 스스로 선택권을 행사하는 때가 많다. |
| 5. | ____ | ____ | : 나는 내가 일을 얼마나 잘했는지, 부모나 선생님이 알아주기를 바란다. |
| 6. | ____ | ____ | : 나는 호기심이 생기는 일을 즐겨 한다. |
| 7. | ____ | ____ | : 나는 어떤 일을 할 때 뭔가 물질적 보상이 있기를 기대한다. |
| 8. | ____ | ____ | : 나는 어떤 일을 할 때 누군가가 지켜봐 주기를 기대한다. |
| 9. | ____ | ____ | : 나는 도전적인 일일수록 내게 더 큰 즐거움을 준다. |
| 10. | ____ | ____ | : 나는 어떤 일을 할 때 부모나 선생님이 내게 그 일에 대한 재능이 있다고 해서 하는 때가 많다. |
| 11. | ____ | ____ | : 나는 내가 한 일의 성과를 따져 보는 것이 매우 즐겁다. |
| 12. | ____ | ____ | : 나는 부모나 선생님이 내가 어떤 일을 하기를 원하기 때문에 하는 때가 많다. |
| 13. | ____ | ____ | : 나는 나 자신에 대해 스스로 평가하는 것을 좋아한다. |
| 14. | ____ | ____ | : 나는 내가 하는 일에 대해 다른 사람들이 어떻게 말할지에 신경을 쓰는 편이다. |
| 15. | ____ | ____ | : 나는 어떤 일을 할 때 거기에 대해 상당한 즐거움을 가진다. |
| 16. | ____ | ____ | : 나는 어떤 일을 할 때 흔히 모든 것을 잊고 몰두한다. |
| 17. | ____ | ____ | : 만일 내가 한 일을 아무도 몰라준다면, 나는 결국 그 일은 중요하지 않다고 생각한다. |
| 18. | ____ | ____ | : 나는 내가 잘하는 일에 대해서만 비로소 만족을 느낀다. |
| 19. | ____ | ____ | : 나는 어떤 일에 대해 대체로 별다른 애착 없이 할 때가 없다. |
| 20. | ____ | ____ | : 나는 어떤 일에 대해 나 스스로 결정해야 만족스럽다. |
| 21. | ____ | ____ | : 나는 나의 일에 대해 누군가가 도움을 주기를 기대하는 편이다. |

| 22. | ____ · ____ | : 내가 어떤 특별한 일을 더 이상 할 수 없게 된다면 나는 정말 크게 절망할 것이다. |
| 23. | ____ · ____ | : 나는 어떤 일을 할 때 사람들이 잘한다고 칭찬해 주기 때문에 그 일을 계속하는 때가 많다. |
| 24. | ____ · ____ | : 나는 일을 할 때, 재미를 느껴서 하는 때가 많다. |
| 25. | ____ · ____ | : 나는 쉬운 일일수록 좋아한다. |
| 26. | ____ · ____ | : 나는 스스로 시간이 가는 줄 모르고 일할 때가 많다. |
| 27. | ____ · ____ | : 나는 비교적 다른 친구들보다 매사에 훨씬 잘하기를 바란다. |
| 28. | ____ · ____ | : 내가 전에 해 본 적이 없는 일을 잘 하지 않는다. |
| 29. | ____ · ____ | : 나는 내가 한 일이 알려져서 유명해지기를 적잖이 바란다. |
| 30. | ____ · ____ | : 나는 어떤 일을 해 나가면서 나 자신에 대해 새로운 모습을 발견해 나간다. |
| 31. | ____ · ____ | : 나는 가능하면 내가 한 일에 대해 보상이 주어지기를 바라는 편이다. |
| 32. | ____ · ____ | : 나는 대체로 내가 하고 있는 일은 중요한 일이라고 생각한다. |

\* I(내적 동기화: 1, 3, 4, 6, 9, 11, 13, 15, 16, 18, 20, 22, 24, 26, 30, 32)

E(외적 동기화: 2, 5, 7, 8, 10, 12, 14, 17, 19, 21, 23, 25, 27, 28, 29, 31)

출처: 김춘일(2000)에서 재인용.

## 3) 산출물 검사

### (1) 스턴버그와 루바트의 합의적인 평가

스턴버그와 루바트(Sternberg & Lubart, 1995)는 창의성에 대한 투자 이론을 검증하는 몇 가지 연구에서 창의적인 산물을 평가하는 방법을 사용하였다. 애머빌의 합의 평가와 유사한 것으로, 검사자가 제시한 자료를 가지고 학생들에게 글쓰기, 그림 그리기, 광고 제작하기, 과학 연구 등과 같은 영역에서 나름대로의 작품을 만들어 보게 하고 전문가가 이 작품의 창의성 정도를 평가하게 한다. 다음과 같이 제시된 제목의 목록에서 각각 2개씩 골라서 글을 쓰게 하거나, 그림을 그리게 하거나, 광고를 만들어 보거나, 과학 문제를 해결해 보게 하였다. 문제의 예는 다음과 같다(전경원, 2000).

| 표 5-8 | 합의적인 평가의 문제 내용 |
| --- | --- |
| 글쓰기 | 짧은 글짓기를 할 수 있는 '모퉁이를 넘어서' '다섯 번째의 기회' '구원' '책상 밑' '선 사이'와 같은 제목 |
| 그림 그리기 | 그림의 소재가 되기 어려운 '꿈' '희망' '분노' '긴장' 등과 같은 제목 |
| 광고 제작하기 | 재미없는 제품을 TV에 광고할 수 있는 '이중 창문' '걸레' '쇠' '손잡이' 등과 같은 제목 |
| 과학 문제 | 다루어 보지 않았을 것 같은 '우리 가운데 외계인이 살고 있다면 이들을 어떻게 찾을 수 있을까?' '누가 달에 다녀왔는지 어떻게 알아낼 수 있을까?' 등과 같은 문제 |

애머빌(1982)은 확산적 사고 요인(유창성, 융통성, 독창성 등)으로만 창의성을 측정함으로써 마치 창의성은 확산적 사고라는 오류에 빠지게 하는 기존의 제한적인 측정 방법에서 벗어날 방법을 궁리하였다. 이에 창의적 산물을 통해 개인의 창의성을 판단해야 한다고 생각하였다. 이러한 생각을 반영한 것이 합의에 의한 평정 기법(Consensual Assessment Technique: CAT)이다. 이 기법은 연구 대상에게 창의적 산물을 만들게 하고 전문가들이 그 작품의 창의성 정도를 평가하는 것이다. 스턴 버그와 루바트(1995)는 글쓰기, 그림, 광고, 과학 영역에서 영역마다 제목 리스트를 주고 그중에서 2개 제목을 골라 작품을 완성하도록 하고, 그 분야의 전문가들이 작품의 창의성 정도를 평가하게 하였다. 이와 유사한 방법으로 애머빌(1982)은 언어적 창의성, 공간 수학적 창의성, 예술적 창의성 등을 측정하였다. 이러한 방법은 창의성을 측정하는 데서 한 가지 측면에 치우치지 않고 개인의 창의성을 측정하려 했다는 점에서 의의를 찾을 수 있다.

## (2) 베세머와 트레핑거의 학생 발명 척도와 베세머의 CPSS

학생의 산출물 중에서 가장 중요한 것은 '발명품'이다. 그래서 베세머와 트레핑거(Besemer & Treffinger, 1981)는 '학생 발명 평정 척도'를 통해 발명품의 창의성 정도를 알아보고자 했다. 이 평정 척도는 창의적인 발명품이 가지는 14가지 준거 기준을 각기 1점(낮다)에서 5점(높다) 척도로 평가하도록 되어 있다. 창의적 작품 준거로 사용한 14개 기준의 예는 발전 가능성, 독창성, 변형 가능성, 적합성, 적절성, 논리성, 유용성, 가치성, 매력, 복합성, 우아함, 표현력, 유기적 조직성, 완성도 등이다. 표에 '평가 준거'를 제시하였다.

발명품을 전체적으로 5단계에 따라 평정하고 나아가 '가장 좋은 점' '가장 취약한 점' '가장 흥미로운 잠재적 가능성' 등을 간단하게 기술하도록 되어 있다. 발명 총점과 함께 이러한 좋은 점과 취약한 점 등의 내용이 유용한 피드백으로 사용될 수 있다.

---

**표 5-9** 베세머와 트레핑거의 창의적 산출물 평가 준거

### 새로움(novelty)

1. 발전 가능성(germinal): 이 산출물은 앞으로 또 다른 창의적 산출물을 만들어 낼 수 있는 새로운 아이디어들을 많이 시사해 주고 있다.
2. 독창성(original): 이 산출물은 독특하고, 비슷한 경험과 훈련을 받은 다른 사람들의 작품에서는 흔히 발견할 수 없는 새로운 것이다.
3. 변형 가능성(transformational): 이 산출물은 매우 헌신적이어서 이 분야를 전혀 다른 방식으로 보거나 생각하게 만든다.

### 해결성(resolution)

4. 적합성(adequate): 이 산출물은 문제 상황이 요구하는 바에 대해 충분히 답하고 있다.
5. 적절성(appropriate): 이 해결책은 문제 상황에 맞거나 적용될 수 있다.
6. 논리성(logical): 이 산출물은 이 분야에서 인정하고 이해하고 있는 규칙에 맞게 만들어진 것이다.
7. 유용성(useful): 이 산출물은 실제에 적용해 사용할 수 있다.
8. 가치성(valuable): 이 산출물은 장래의 사용자들이 가치 있고 중요한 것이라고 생각할 것이다.

### 정교성과 종합성(elaboration & synthesis)

9. 매력도(attractive): 이 산출물은 사람들의 주목을 받을 것이며, 사용자에게 매력적일 것이다.
10. 복합성(complex): 이 산출물은 몇 가지의 상이한 요소, 부분 또는 사용 수준들을 포함하고 있다.
11. 우아함(elegant): 이 해결책은 세련되고 정련된 방식으로 표현되어 있다.
12. 표현력(expressive): 이 산출물은 사람들이 쉽게 이해할 수 있으며, 목적과 강점을 효과적으로 전달하고 있다.
13. 유기적 조직성(organic): 이 산출물은 총체성, 즉 완전하다는 느낌을 준다.
14. 완성도(well-crafted): 이 산출물에는 정성, 열성적인 노력, 세련된 솜씨 같은 것들이 드러나 보인다. 높은 수준의 성취라 말할 수 있다.

출처: 조연순, 성진숙, 이혜주(2008)에서 재인용.

---

CPSS(Creative Product Semantic Scale)는 베세머(1998)가 창의적 산물을 평가하기 위해 만 3세에서 만 5세의 유아를 대상으로 만든 것이다. 각 구성 요소는 새로움, 실용성, 정교성 등 세 가지 차원으로 구성되어 있고, 하위 요소들은 6~9개의 양극

형용사로 구성된 체크리스트로 전체 80개 문항으로 되어 있다. CPSS는 잘 훈련받은 평가자라도 시간이 많이 걸린다는 단점이 있기 때문에 간이형 CPSS가 개발되어 있다(신화식, 우남희, 김명희, 2006).

## 3. 앞으로의 창의성 평가

창의성 연구에서 영역일반성과 영역특수성 관점과 더불어 근래에는 이분법적 사고보다는 통합적 관점이 제기되고 있다. 지금까지의 연구를 종합해 보면, 창의성을 영역일반성이나 영역특수성이라고 구분 지어 말하기 어렵고, 오히려 두 가지 특성을 모두 갖고 있다고 보는 관점이 설득력이 있다.

따라서 미래의 창의성 연구는 정형화되지 않은 형태의 창의성 정의, 개념, 사람, 과정, 산출물, 환경, 측정에 대한 다양한 연구가 진행될 것이다. 점점 산출물의 가짓수가 많아지고, 그에 따라 어느 한 가지 잣대로 산출물을 평가하기란 너무 어려워질 것이다. 그렇게 되면 개인적인 창의성은 측정하기 어려울 것이고, 좀 더 정확한 평가는 산출물을 옆에서 사용하고 즐기는 사용자, 소비자의 측면에서 독창성, 새로움, 대중성, 흥미성(오락성), 문화적인 파급성 등 다양한 기준에 의해 평가될 것이다. 또한 최근 예술이나 과학 분야에서는 기존의 틀을 과감하게 깨고 어떤 영역이라고 말하기 어려운 창의적인 작품과 이론이 나오기 때문에 어떤 잣대로 창의성을 잴 것인가에 대한 문제는 더욱더 어려워진다. 더 나아가 어려워진다기보다는 어떤 객관적인 준거로 측정할 수 없어지기 때문에 측정 자체를 할 수 없어질 수도 있다.

**〈토의 내용〉 창의성 평가**

1. 창의성 평가를 위한 여러 가지 방법을 비교해 보세요. 그중에서 학교 현장에서 활용 가능성이 가장 높다고 생각하는 방법은 무엇이며, 그 이유는 무엇인가요?
2. 지금까지 각자 받아 온 교육을 고려해 봤을 때, 자신의 창의성이 적절하게 측정되고 평가되었다고 생각하나요?

제**6**장

인성 교육의 개념과 지도 원리

# 1. 인성 교육의 개념

인성(character)이라는 말의 사전적 의미는 개성(individuality) 또는 인격 (personhood)을 지칭하는데, 인성 교육에서 말하는 인성이란 후자를 의미한다 (Schuller, 2005, p. 65). 즉, 인성 교육은 각 사람이 가지고 있는 고유한 특성(personality 또는 personal traits) 또는 개성(individuality)을 증진하거나 바꾸는 것이 아니라, 사람 으로서 지녀야 할 됨됨이, 즉 인격(personhood)을 발달시키는 것을 목적으로 한다.

인성은 어원적으로 후천적 개발 가능성을 암시한다. 인성의 영어 표현인 character 는 희랍어 charassein에서 왔는데, 새기다(engrave)의 의미를 가지고 있다. 즉, 밀 랍판, 보석의 원석, 금속 표면 같은 것에 무엇인가 뚜렷한 흔적이나 표시를 남기는 의미에서 출발하여 "개인의 행동 패턴, 즉 도덕적 체질(moral constitution)"을 의미 하는 어휘로 발전해 왔다(Ryan & Bohlin, 1999, p. 5). 이런 인성의 어원적 의미는 인 성은 선천적 영향보다 후천적으로 꾸준한 노력에 의해 개발된다는 것을 의미하고, 새겨진 흔적이나 표시가 오래 지속되듯이 인성 또한 새겨진 도덕적 체질로 삶에서 의 사건들과 도전에 반응하는 사람들의 행동을 일관성 있게 예측할 수 있어 다른 사람들로부터 신뢰 또는 불신을 얻는 중요한 요인이 된다. 아울러 인성은 학교 교 육을 통해 개발될 수 있음이 경험적으로도 증명되고 있다(Rusnak, 1998a; Benninga, Berkowitz, Juehn, & Smith, 2011). 한국에서도 여러 인성 교육 시범학교의 결과가 이 를 증명하고 있다.

많은 학자는 인격으로서의 인성은 보편적인 도덕적 가치에 대한 지식과 수행 으로 구성된다고 보고 인성 교육은 그런 가치에 대한 지식과 수행 능력의 습득 을 도모하는 명시적이고 의도적이고 종합적인 노력으로 이해한다. 예를 들어, 허 드(Hudd, 2011, p. 78)는 인성 교육을 "핵심적인 도덕적 가치의 교수와 좋은 행동 의 함양을 위해 이루어지는 노력"으로, 리코나, 샵스와 루이스(Lickona, Schaps, & Lewis, 2011, p. 30)는 인성 교육을 "모든 문화에서 널리 수용되는 핵심적인 윤리적 가치와 수행적 가치를 개발시키기 위한 의도적인 노력"으로, 록우드(Lockwood,

1997, p. 179)는 인성 교육을 "학교가 지역사회와 협력하여 절대적 가치를 명시적으로 제공함으로써 학생들의 행동을 직접적으로 그리고 체계적으로 조형하려는 프로그램"으로, 라이언과 쿠퍼(Ryan & Cooper, 2000, p. 451)는 인성 교육을 "학교가 학생들에게 도덕적으로 옳고 그름에 대한 감각과 좋은 삶을 영위해 나가는 데 필요한 습관을 형성시키기 위한 의도적인 노력"으로, 윈턴(Winton, 2011, p. 102)은 "학생들에게 도덕적 가치를 가르치기 위한 학교의 명시적인 학교의 노력"으로, 미국 노스캐롤라이나 주의 Character Education Office(2002, p. 2)는 인성 교육을 "우리가 공유하고 있는 보편적 가치들을 강조하고 좋은 인성을 모델링하고 지도함으로써 도덕적이고, 책임감 있고, 배려적인 학생들을 육성하는 학교를 창조하고자 하는 하나의 국가적 운동"으로 정의한다.

이렇게 인성 교육은 도덕적 가치를 다루기 때문에 인성 교육은 도덕 교육과 같은 것으로 간주되기도 하고 또 어떤 경우에는 도덕 교육에 대한 특별한 접근으로 간주되기도 하지만, 현대 인성 교육은 다루는 내용을 보편적인 도덕적 가치에 초점을 맞추고 있다. 그리고 그 보편적인 도덕적 가치는 덕(virtues)이라고도 불리기 때문에 인성 교육은 덕(德)교육(virtues education)이라고도 불린다(Devitis & Yu, 2011; Lickona, 1991; McClellan, 1999; Noddings, 2002).

덕이란 옳은 것을, 옳은 방식으로, 옳은 시간에, 옳은 이유로 행할 정착된 성향이다(Aristotle, 1985). 예를 들면, 지혜, 정직, 겸손, 친절, 자제(self-discipline), 용기, 정의, 성실, 책임과 같이 객관적으로 좋은 인간적 성질이다. 따라서 사람들이 덕을 많이 소유할수록 인성도 더 좋아지고 강해지기 때문에 "덕은 좋은 인성을 정의하는 하나의 표준이다."(Lickona, 2011, p. 23). 덕은 "한 문화의 규범에 의해 정의되고 구성원들의 양심적 배경에 반영되어 있다."(Covaleskie, 2011, p. 170). 따라서 덕은 지역과 문화마다 본질적으로 약간씩 다를 수 있다. 예를 들어, 어른들에 대한 공경이라는 덕은 서양에서는 좀 더 평등적 차원에서, 동양에서는 어른 중심의 차원에서 강조되는 점이 약간 다르다(Lickona, 2011). 그러나 덕은 내재적으로 선하기 때문에 변하지 않으며 범문화적이고 범시대적으로 일종의 황금률(Golden Rule)의 형태로 상당한 공통성이 존재하고, 현대 인성 교육은 이런 보편적 덕에 초점을 맞춘다(Ryan & Bohlin, 1999). 그리고 이런 보편적 덕은 국가, 인종, 신념, 사회 · 경제적 지위 등에 관계없이 합리적이고, 객관적으로 타당화된 것으로 간주된다(Black, 1998).

덕은 사람들이 인생을 살아가는 데 중요한 몇 가지 기능을 지니고 있다 (Lickona, 2011; Pincoffs, 1986; Ryan & Bohlin, 1999). 첫째, 덕은 선과 악, 옳고 그름을 구별하는 기준이 된다. 덕은 객관적인 도덕적 진리로서 도덕적 판단의 준거로 기능한다. 객관적 진리는 그것이 과학적인 것이든, 역사적인 것이든, 또는 도덕적인 것이든 간에 그것을 이해하는 사람과 독립적으로 존재하며 어떤 방식으로의 행위가 다른 방식으로서의 행위보다 좋다고 판단하게 해 준다. 둘째, 덕은 선한 것이기 때문에 덕을 행하는 개인에게 선하고 풍요로운 삶을 살게 해 준다. 셋째, 덕은 공적인 성격을 지닌 보편적 가치이기 때문에 사회의 안녕과 조화를 이루는 사회적 접착제로서 사람들이 상생적으로 살아가는 선한 사회를 만들게 해 준다. 넷째, 덕이란 다른 사람들이 자신을 좋게 생각하도록 할 이유를 제공한다. 사람들은 자신에게 너무 익숙하여 스스로의 인성적 측면을 잘 파악하지 못하나 비교적 장시간 주변에 있는 사람들은 이에 대해 잘 알고 있다. 따라서 어떤 사람의 인성을 쉽게 파악하는 방법은 당사자와의 형식적 대화보다는 그와 친분을 맺고 있는 사람들과의 짧은 대화만으로도 더 많은 것을 알 수 있다. 역사적으로 훌륭한 인물들은 덕이 있었고 많은 사람이 그들을 추종한 사례는 다수 존재하고 있다. 현대사회에서도 선도적인 사회 계층에 있는 사람들의 경우, 본인이나 자식들의 비행이 외부에 드러나면 그것을 '부덕의 소치'로 돌리며 사과하는 모습을 자주 목도하게 되는데, 덕은 타인들이 자신의 리더십을 판단하도록 해 주는 개인적 속성이기 때문이다.

덕은 개인적 차원에서의 덕과 관계적 차원에서의 덕으로 나뉜다(Benninga, Berkowitz, Juehn, & Smith, 2011). 전자는 개인적 차원에서 기능하고 그 결과가 가져오는 영향도 주로 개인적 차원으로 국한되는 덕으로서 용기, 자제, 노력, 인내 등이다. 후자는 사회적 차원에서 기능하고 그 결과도 사회적으로 영향을 미치게 되는 덕으로서 존경, 공평성, 시민성, 관용 등이다. 인성 교육에서는 덕을 덕목으로도 부르는데, 학생들의 연령에 따라 지도의 초점을 두는 덕목이 약간씩 달라진다.

예를 들어, 발달심리학자 아이작(Issacs, 1976)은 인격의 성장은 발달적 특징을 지니고 있어 학생들의 학년 수준에 맞게 인성 교육을 펼쳐야 한다고 주장했다. 7세 이

하의 아동에게는 스스로 판단을 내리는 데 필요한 지식이나 경험이 부족하기 때문에, 그를 돌보아 주는 성인을 신뢰하고 따르도록 해야 하므로 순종(obedience)이 근본적인 덕목이 된다고 본다. 그리고 질서(order)가 이 시기 아동이 성취해야 할 덕목이다. 따라서 장난감, 의복을 소중히 다루고, 사용한 후에는 제자리에 갖다 놓고, 가정이나 학급을 전반적으로 돌보는 능력을 갖추어야 한다. 아울러 아량(generosity)이라는 덕목도 명시적으로 지도되어야 한다고 본다. 이 시기 아동은 장난감들을 기꺼이 공유하려는 모습을 보이기도 하여 아량을 터득한 것처럼 보이지만, 사실 이들은 그저 소유의 가치를 아직 제대로 인식하지 못하기 때문에 자신의 것과 남의 것을 자유롭게 주거나 취하는 행동을 할 뿐이다. 8~12세 사이의 아동에게는 근면(diligence)과 인내(fortitude)라는 덕목을 습득하여 자신의 에너지와 욕구를 충동적으로 사용하기보다는 바른 방향으로 이끌도록 해야 한다. 그리고 12세 이후의 청소년에게는 이해, 실천적 지혜, 좋은 판단력을 집중적으로 지도해야 한다고 주장한다. 라이언과 볼린(Ryan & Bohlin, 1999)도 발달적 관점에서 인성 교육의 머리(head), 가슴(hear), 손(head)의 측면이 다 관여되도록 지도해야 하지만 연령대에 따라 강조하는 비중은 달라져야 한다고 본다. 어릴 적에는 강조점이 손에 주어져서 습관 형성이라는 행동적 측면이, 그 후에는 머리와 가슴의 지적·정의적 측면이 비중있게 다루어야 한다고 주장한다.

아이작(1976)은 이런 발달적 관점에서 〈표 6-1〉과 같이 연령별로 지도의 초점을 둘 덕목을 제시한다. 7세 유치원 교육까지 복종, 성실, 질서라는 덕목에, 8~12세까지 초등학교 시기에는 용기, 인내, 근면, 끈기, 책무성, 정의, 관용이라는 덕목에, 13~15세 중학교 시기에는 겸손(modesty), 절제, 순수, 사회성이라는 덕목에, 16~18세 고등학교 시기에는 신중, 융통성, 이해, 충성, 대담성, 겸손(humility), 자기 지식, 낙관이라는 덕목에 초점을 맞추어 교육할 것을 제시하고 있다. 우리나라 교육부도 [그림 6-1]와 같이 학교 급별로 초점을 둘 덕목을 제시한다. 초등학교에서는 '나'라는 개념을 중심으로 정직과 책임이라는 덕목에, 중학교에서 '우리'라는 개념을 중심으로 존중, 배려, 공감이라는 덕목에, 고등학교에서는 '사회'라는 개념을 중심으로 소통과 협동이라는 덕목에 초점을 맞추어 지도할 것을 제시하고 있다.

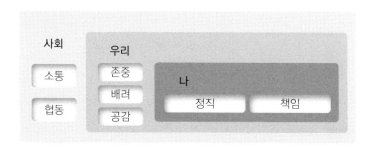

그림 6-1  교육부 인성 교육 7개 덕목

표 6-1  연령별 인성 교육 덕목 표준 예

| 연령대 | 인성 교육 표준 덕목 요소 |
|---|---|
| 7세까지<br>(유치원) | 복종, 성실, 질서 |
| 8세~12세<br>(초등학교) | 용기, 인내, 근면, 끈기, 책무성, 정의, 관용 |
| 13세~15세<br>(중학교) | 겸손, 절제, 순수, 사회성 |
| 16세~18세<br>(고등학교) | 신중, 융통성, 이해, 충성, 대담성, 겸손, 자기 지식, 낙관 |

출처: Issacs(1976).

## 2. 인성 교육의 3요소와 통합적 지도 원리

인성 교육은 앞에서 말한 덕목들은 선한 것이라고 보고, 세 가지 측면에서 균형 잡힌 발달을 도모한다. 그것은 선한 것을 아는(knowing the good) 인지적 요소, 선한 것을 사랑하는(loving the good) 정의적 요소, 선한 것을 행하는(doing the good) 행동적 요소다(Ryan & Bohlin, 1999; Jarolimek & Foster, 1995; Lickona, 1993, 2011). 라이언과 볼린(1999, pp. 5-6)은 이를 다음과 같이 설명한다.

## 1) 인성 교육의 3요소

### (1) 선한 것을 알기

선한 것을 아는 인지적 측면은 선한 것과 악한 것을 이해하는 것을 말한다. 이런 이해를 가지려면 한 상황을 요약하고, 해야 할 옳은 것을 숙고하고 선택하는 능력이 필요하다. 아리스토텔레스는 이를 실천적 지혜(practical wisdom)라고 불렀는데, 한 상황이 요구하는 것이 무엇인지를 아는 것을 의미한다. 예를 들어, 운전사가 술에 취해 자동차를 운전하려고 할 때 동승하지 말아야 한다던가, 또는 학생이 주말에 여행을 가기 위해서는 그 전에 숙제나 집안일 등 자신이 해야 할 것을 다 마쳐야 한다는 것을 아는 것이다. 실천적 지혜는 삶의 모든 영역에서 우선순위를 바르게 설정하고 선택하는 것에 관한 것으로 어떤 것에 현명하게 헌신하고 유지하고자 하는 능력과 같다.

### (2) 선한 것을 사랑하기

선한 것을 사랑하는 것은 선한 것과 악한 것에 대한 도덕적 감정과 정서를 충분히 개발시켰을 때 나타난다. 예를 들어, 선한 것을 사랑하고 악한 것을 멸시하기, 다른 사람들과 공감하기 등이다. 선한 것을 사랑하면 죄는 미워하면서도 죄인은 사랑하는 것을 가능하게 해 준다. 즉, 어떤 사람의 행위가 잘못되었음을 알고 그것이 잘못되었음을 지적하면서도 그가 사람이기에 사랑할 수 있도록 해 준다.

### (3) 선한 것을 행하기

선한 것을 행하는 것은 선한 것을 알고 사랑하게 되었을 때 나타난다. 선한 것을 행하는 것은 인간 행동의 최고 수준에 해당하며 달성하기 쉽지 않은 경지다. 이것은 이 세상의 많은 사람이 선한 것을 알기는 하지만 실천하지 못하고 있는 현상을 통해 증명된다. 그러나 학생들이 선한 것을 행하지 못하면 인성 교육이 성공적으로 이루어졌다고 말하기 어렵다.

## 2) 인성 교육의 목표

라이언과 볼린(1999, pp. 171-172)은 앞에서 언급한 인성 교육 3요소의 통합을 '3H(Head, Heart, Hand)'의 통합이라고 불렀는데, 학생들이 이런 인성 교육의 세 가지 요소를 통합하게 되면 단순히 도덕적 가치를 알고 행하는 수준을 넘어 도덕적 양심인이 된다. 양심(conscience)이란 "자신의 행위와 사고에 대해 판단을 내리는 내면의 소리로서, 옳고 그름에 대한 좁은 의미의 감각 이상의 것이며, 나타난 결과와 그것을 수행한 기능을 평가하기도 한다."(Covaleskie, 2011, p. 167). 학생들은 이런 도덕적 양심인이 되면 좋은 사람(good person)이 되고, 그런 좋은 학생이 모여 좋은 학교(good school)를 만들게 되고, 더 나아가 좋은 사회(good society)를 만들 수 있게 되는데, 이것이 인성 교육이 추구하는 목표가 된다(Ryan & Bohlin, 1999; Lickona, 2011, Noddings, 2002).

그림 6-2  학교 인성 교육

## 3) 인성 교육 3요소의 통합적 지도 원리

러스낙(Rusnak, 1998a)은 전통적인 지식 중심의 인성 교육에 대비하여 인지, 정서, 행동이라는 인성 교육의 3요소를 통합하는 교육을 통합적 인성 교육(integrated character education)이라고 불렀다. 이 개념은 통합, 인성, 교육이라는 세 가지 용어로 구성되어 있다. 통합은 행하여야 하거나 학습해야 할 것을 생각하기(thinking), 학습한 것을 살피고 감상하고 느끼기(appreciating & feeling), 행위를 통해 경험하는 행동(action)의 통합을 강조하는 개념이고, 인성이란 학생들이 옳고 그름을 구별하는 것을 언급하는 개념이고, 교육이란 인성을 지도할 수 있다는 개념을 강조하는 용어다.

러스낙(1998a)은 이 세 용어를 합한 통합적 인성 교육은 학생들이 사회 구성원으로서 성장하는 데 필요한 사회적 기능과 학업적 성장을 도모하는 데 초점을 맞추고 있다고 주장하며 여섯 가지 지도의 기본 원리를 제시한다.

첫째, 통합적 인성 교육은 하나의 교과가 아니고 모든 교과의 부분으로 지도한다. 즉, 인성 교육은 모든 학생의 학업적·사회적 삶의 부분으로서 하나의 코스 또는 교과가 아니며 모든 교과가 관여해야 한다는 것이다. 이를 위해 교사는 내용 지식과 기능을 지도하는 교과 교육 과정에 초점을 두는 경향이 있는데, 교과의 내용에는 항상 책임, 존경, 협동, 희망, 결정이라는 좋은 인성의 근본들이 내재해 있음을 인식해야 한다.

러스낙의 이런 주장은 국어, 수학, 사회, 과학, 미술, 음악, 체육 등과 같은 전통적 교과 교육 과정이 인성 교육에 미칠 수 있는 잠재력을 인정하는 기반에서 나온 것이다. 특별히 도덕 교과는 핵심적인 도덕적 가치들이 무엇인지 이해하도록 도움을 제공한다. 전통적인 교과들은 탐구 및 창의성과 관련하여 바람직하거나 또는 바람직하지 못한 것으로 간주되는 것을 학습하는 데 강점이 있어 인성 교육에 기여할 수 있다.

그러나 전통적 교과 교육 과정은 학생들의 인성 발달에 미칠 수 있는 잠재력에 비해 기여도가 약하다. 그 이유는 두 가지다.

하나는 과도하게 지식 중심적이기 때문이다(Ryan & Bohlin, 1999). 즉, 과도하게 내용 지식과 기능 전달 및 습득에 초점을 맞추고 있어 추론 능력과 합리적 판단 능력을 길러 주는 강점은 있으나, 그 가능성에 비해 학생들의 인성발달에 기여하는 정도가 약하다. 주된 이유는 교과는 논리적 긍정주의 철학(logical positivism)에 기초하여 사실과 가치를 극단적으로 구분하기 때문이다(Lickona, 1993). 즉, 사실이란 과학적으로 증명될 수 있는 것이고, 가치란 객관적인 진리가 아니라 그저 단순한 감정의 표현일 뿐이라고 보는 것이다. 그 결과 '차가운 지성(cold intelligence)'을 강조하고 도덕성은 상대적이고, 개인적이고, 주관적인 가치 판단의 성격을 띠는 개념으로서 공공적인 토론과 학교 교육을 통해 계승될 주제가 아니라고 보는 것이다. 이렇게 가치 및 정서와 분리된 객관적 지식체의 이성적 습득만을 합리성으로 보는 개념은 매우 협소한 해석으로 인성 교육에 부정적인 영향을 끼친다(Dewey, 1957).

인간의 학습에서는 인지적 학습과 정의적 학습이 동시에 일어나기 때문에, 교과 교육에서 지식을 학생들의 정의적 측면과 구분해서 접근하는 것은 자연적인 것을 인위적으로, 불가능한 것을 가능한 것으로 취급하는 것처럼 잘못된 접근이다. 예를 들어, 학생이 수학 교과 학습 시 수학에 대한 호불호를 학습하지 않고 수학의 지식만 학습하는 것은 불가능한 일이다(Jarolimek & Foster, 1995). 교과에서 인성 교육에 기여하려면 가치 중립적인 내용만 다룰 것이 아니라 오히려 가치 내재적인 내용을 통합시켜 인간의 이야기, 즉 인간의 위대한 순간과 암울한 순간을 다루어야 한다. 예를 들어, 수학 교사의 경우 인간의 존재와 관련한 주제와 질문들을 탐구하기 위해 신의 존재, 무한성에 대한 성찰을 담은 수많은 수학자의 전기를 읽히면서 인성 교육을 시킬 수 있는데, 데카르트의 신의 존재에 대한 증명, 파스칼의 유명한 내기의 조건, 플라톤의 형태의 세계, 뉴턴의 성경 연대기 증명 시도, 라이프니츠의 신정론(theodicy) 등을 사용할 수 있고, 과학 교사는 과학 교과의 지식을 과학 분야 저명인사들의 삶과 연계 짓고, 역사 교사는 역사적 사건을 위대한 인물들의 인간성과 그들이 지닌 도덕적 소명 의식과 연계 짓고, 체육 교사는 건강한 신체를 유지하기 위해 자기 훈육이 필요함을 알도록 하는 것이다(Ryan & Bohlin, 1999; Noddings, 2011; Rusnak, 1998a).

또 하나는 과도하게 분과적으로 운영되기 때문이다(Ingram, 1979). 교과에는 교과 전문주의(subject specialism)가 존재하여 타 교과와 연계하거나 통합하면 교과의 전문성이 상실된다고 보고, 독립적으로 이루어지는 특징이 있다. 인성 교육은 앞의 예처럼 교과별로 교과의 내용 지식에 인간적 의미, 개인적·사회적·문화적 시사점을 담을 수 있지만, 각 교과가 서로 연계하여 통합적으로 이루어지면 보다 효과적이다. 특별히 어느 한 교과에만 해당되는 인성 교육 주제가 아닌 경우에 그러하다. 예를 들어, 돌봄(caring)이라는 인성 교육 주제는 "그 대상이 자기 자신에서부터 이웃, 외부인들과 지구촌의 타인들, 자연 세계와 인간이 아닌 창조물, 인간이 만든 세상, 아이디어로 광범위하고…… 단순히 친절하고 호의적인 감정만을 갖는 것이 아니라 자신을 포함하여 인간의 재능에 대한 존경과 지속적인 탐색을 의미한다"(Noddings, 2011, p. 334). 따라서 돌봄이라는 주제는 교과들이 연계된 간학문적 통합 단원 개발과 지도를 통해 보다 효과적으로 학습될 수 있다. 즉, 게슈탈트 학자들이 말하는 변환합(transum), 다시 말해 이른바 '전체는 부분의 합 이상이 되는' 효과를 가져 온다(Gredler, 2005). 즉, 각 교과를 별도로 지도할 때의 경험의 합을 초월하는 보다 심화된 수준의 이해를 갖도록 해 줄 수 있기 때문이다. 비유적으로 설명하면, 비빔밥의 재료들을 함께 비벼 먹으면 재료 각각을 하나씩 먹을 때보다 훨씬 나은 맛을 내는 것과 같은 이치다.

아울러 통합을 한다고 교과의 전문성이 상실되는 것이 아니라 오히려 증진된다는 인식을 가질 필요가 있다. 예를 들어, 전쟁의 참상과 인간 본성의 악함을 학습시키기 위해 사회 시간에 6 · 25전쟁에 대한 역사 및 사회적 상황을 다루고, 수학 시간에 당시 북한과 남한의 경제 발전 상황 및 군사력을 통계를 통해 비교하고, 과학 시간에 6 · 25전쟁을 통해 파괴된 생태계를 조사하고, 미술 시간에 피카소가 1957년에 그린 6 · 25전쟁에서의 학살 장면을 함께 감상하고, 연극을 하거나 관련 드라마를 보고, 국어 시간에 토론과 글짓기 활동을 하고, 창의적 체험활동 시간에 평화 캠페인을 벌이도록 하면, 전쟁의 참상과 인간 본성의 악함을 지식, 정서, 행동의 통합을 통해 보다 완전하게 학습하도록 할 수 있고, 이 과정에서 각 교과의 정체성은 보다 부각된다.

둘째, 통합적 인성 교육은 정서의 고취를 통해 종국적으로 행동으로 이어지도록 한다. 단순히 토론이나 시뮬레이션을 넘어 행동에의 정서적 몰입과 헌신으로 이어져야 한다는 것이다. 좋은 인성의 궁극적 척도는 생각이 아니라 도덕적 행동이기 때문이다. 이 행동 중심의 통합적 인성 교육의 핵심적인 이론적 원리는 아리스토텔레스(Aristoteles)의 "덕은 단순히 생각이 아니고 덕행을 수행함으로써 발달시키는 습관이다."라는 원리에 기초하고 있다(Lickona, 2011, p. 24 재인용). 이런 원리에 기초하여 교사들은 학생들이 덕을 쉽게 행하고, 그 반대로 비행을 저지르는 것은 어렵게 느끼도록 도덕적 행동의 수행에 힘써야 한다.

행동 중심의 인성 교육은 선한 것을 아는 인지적 접근만으로는 부족하다고 본다. 모든 교육적 행위는 인지적 앎에서 나오기 때문에 인성 교육에서 인지적 접근은 틀린 것은 아니나 완전하지는 않다. 이런 맥락에서 코발레스키(Covaleskie, 2011)는 다음과 같이 주장한다.

"해야 할 옳은 것을 아는 것은 대부분의 경우 상대적으로 쉽다. 행동의 규칙을 지도하는 것 또한 상대적으로 쉽다. 그러나 양심을 개발시키는 것은 매우 다른 것이다. …… 이것이 인성 교육에서 가장 핵심적인 문제다. 즉, 우리가 '선하다'라고 의미하는 것이 무엇이든지 간에 어떻게 그런 사람이 되느냐가 중요하다는 것이다."(p. 171)

학생들이 덕 있는 사람이 되도록 하려면 덕 있는 행동을 하도록 해야 하는데, 교사나 학생에게 그 과정은 많은 노력을 필요로 한다. 학생이 도덕적 가치들을 사회적 삶과 연계하여 그 관계를 지적으로 재구성하고 행동으로 옮기는 과정이 쉽지 않기 때문이다. 학생들이 이 과정에 임하도록 도와주기 위해서는 봉사활동에 참여시키는 일이 필요하다. 특히 학교라는 환경 속에서 비교적 손쉽게 학생들을 봉사활동으로 이끌 수 있는 것이 식물 가꾸기, 학교 재활용 프로그램 운영하기, 하급생 튜터링 등과 같은 교육 봉사활동이다. 라이언과 볼린(1999)은 유타 주 오그던(Ogden)시의 마운드 포트(Mound Fort) 중학교의 사례를 들고 있다. 이 학교는 학생들의 학업 성취도는 매우 낮고 학교폭력 비율은 높은 학교였다. 학교에서는 이에 대한 대책으로 읽기 교육 전문가를 고용하여 학생들에게 낭독하는 훈련을 시킨 후, 매주 이웃 초등학교 학생들과 양로원에서 노인들에게 책을 읽어 주는 봉사활동을 하게 했다. 그리고 책 읽어 주기 봉사활동이 학교 공동체와 불행한 사람들에 대한 책임을 행사하는 일의 하나로서 왜 중요한지 알고 반성하도록 하였다. 그 결과, 학생들의 읽기 성적은 급격히 상승하였고 학교폭력은 급격히 줄어들었다. 한 학부모는 자녀가 이전에는 TV 중독이었으나 이제는 TV를 보는 대신 동생에게 책을 읽어 주는 모습을 발견하고 놀라기도 하였다는 보고도 제시되었다.

셋째, 통합적 인성 교육은 긍정적인 학교 환경의 조성을 통해 인격 형성을 돕도록 한다. 학교의 물리적 환경과 심리·사회적 환경이 긍정적이고 지원적일 때 학생들의 통합적 인성 발달에 기능적인 학교 기풍과 문화가 형성되고, 이런 학교 기풍과 문화는 간접적이지만 상시적인 인성 교육의 중요한 방법론이 된다(Simpson, 2011).

물리적 환경과 관련하여 자롤리맥과 포스터(Jarolimek & Foster, 1995)는 인성 교육을 위해 학교의 시설과 공간은 세 가지 조건을 갖추어야 한다고 주장한다.

- 신체적 위험이 없는 안전한 시설과 공간이어야 한다. 신체적 위험은 정서적 불안을 가져와 인성발달에 부정적 영향을 미치기 때문이다.
- 기능적인 시설과 공간이어야 한다. 학생들이 주로 활동하는 학급의 좌석, 게시판이나 전시 공간, 도서관, 상담실 그리고 교과 교실들의 자료 및 시설 배치가 학업 및 인성 발달에 기능적이어야 한다. 특히 학급의 학생 규모가 과밀하지 않도록 하여 공간 이동 및 인간적 상호작용이 활발하도록 해야 한다.
- 시설과 공간은 예술적이어야 한다. 요즘 새롭게 지어지는 학교 건물과 공간들은 상당 부분 미적인 형태를 띠는데, 예술적 시설과 공간 구성, 학생들의 지적 발달 수준에 맞는 예술 작품 설치는 학생들의 미적인 측면에 대한 감수성을 증진하여 인성 발달에 도움을 준다.

심리 · 사회적 환경의 핵심으로 듀이(1944)는 민주적 학습 공동체 개념을 제시한다. 이 개념은 탐구자로서의 인식론적 공동체와 시민으로서의 도덕 공동체라는 두 가지 상호 보완적인 개념을 포함한다. 즉, 학생들이 함께 탐구하는 학습자들이 되는 동시에 민주적 시민으로서 도덕적 사회를 구성하는 공동체가 되도록 하는 것이다. 듀이는 사람들은 나이와 관계없이 국가와 학교 공동체의 구성원들로 권리와 의무를 가지고 있으며, 그것을 인정하는 공동체 속에서 학생들이 성장하면 성인이 되기 전에 민주주의에서의 권리와 의무에 친숙해진다고 본다. 듀이의 이런 민주적 학습 공동체 개념은 후에 콜버그(1984)의 정의 공동체(just community) 개념, 가드너(1991), 노딩스(Noddings, 1992), 세르지오바니(Sergiovanni, 1994)와 같은 학자들의 돌봄(caring) 개념으로, Developmental Studies Center(1997), 버코위츠와 비어(Berkowitz & Bier, 2005), Elliott(1998), 솔로몬, 배티스티치, 왓슨, 샵스와 루이스(Solomon, Battistich, Watson, Schaps, & Lewis, 2000) 등에 의해 학습 공동체 형성 프로그램으로 개발되어 친사회적 행동의 증가와 공격적이고 반사회적인 행동의 감소, 학업 성취의 증가라는 긍정적인 효과를 가져오는 것으로 밝혀졌다(한상우, 2009).

Developmental Studies Center는 연구를 통해 학교가 돌봄과 민주적인 학습 공동체 문화를 형성하기 위해서는 상호 연결된 심리적 요소 세 가지가 기본적으로 필요하다는 것을 발견하였다(Solomon, Battistich, Watson, Schaps, & Delucchi, 1996).

그것은 자율성(autonomy), 소속감(belonging), 역량감(competence)으로 ABC라고 불렀다. 자율성이란 자신의 행위에 대해 자유적 의지를 발휘하는 것을 말한다. 자율이라고 하여 다른 사람들로부터 도움을 받지 않거나 다른 사람을 고려하지 않고 행동하는 것을 의미하지는 않는다. 따라서 어떤 학생이 수학 문제를 해결하는 방법을 이해하기 위하여 교사와 또래에게 도움을 받고 성공하는 행위는 자율성을 발휘하지 않은 것을 의미하지 않는다. 또 어떤 학생이 교실의 규칙에 대한 배경을 묻고 이해한 후 규칙을 따르는 것 또한 마찬가지다. 다시 말해, 학생이 지시나 규칙에 따르더라도 자신의 내적 신념에 따라 행동하면 자율감을 경험하게 된다. 자율성은 학생들이 학습활동이나 교실의 규칙이나 절차를 만드는 기회에 대해 어떤 선택을 할 수 있을 때 증진되고, 학업 활동과 인성 발달을 위해 강력한 동기를 제공한다. 즉, 학생들이 선택을 할 기회와 자신에게 흥미롭고 의미 있는 활동에 참여할 기회를 가질 때, 이른바 '목소리와 선택권'을 가질 때 스스로 동기 유발되고 보다 친사회적인 행동을 하게 된다(Schaps, Watson, & Lewis, 1996).

소속감이란 학생들이 교사가 진정으로 학생들을 아끼고 자신을 안전하게 지켜 줄 만큼 신뢰할 수 있고, 필요로 하는 것에 도움을 제공해 주며, 또래들도 자신을 좋아하고 함께 활동하기를 원한다고 믿는 것이다. 학생들은 교사와 친구들을 돌봄 제공자라고 신뢰하게 되면 그들과 함께 자신의 학업적, 인성적 발달에 협력하게 된다.

역량감은 학생들이 학습 과제에서 성공함으로써 자신이 능력 있는 사람이라고 자긍심을 느끼는 것이다. 교사들은 종종 학생들의 능력에 대한 요구를 자긍심에 대한 요구와 동일시하고 수행 수준이 낮은 학생들에게 매우 쉬운 문제를 내 주고 성공하면 과도하게 칭찬함으로써 자긍심을 보존하도록 행동하는데, 이런 칭찬은 비효과적이고 어떤 경우에는 교사에 대한 신뢰를 떨어뜨린다. 학생들은 교사의 그런 칭찬은 진정성이 없는 거짓이라는 것을 알기 때문이다. 역량감 형성의 요구가 있는 학생들을 적절히 지원하려면, 교사는 중요한 학습 과제에서 학생이 실제로 성공할 수 있도록 과제의 난이도를 개별화하고, 그 과제가 학생의 흥미와 삶에 중요하고도 적절하다는 것을 알도록 해야 한다.

이 세 가지 심리적 요구는 상호 연계되어 있다. 예를 들어, 학생이 소속감을 가지면 학습 과제에 참여할 때 발생할 수 있는 위험도 감수할 만큼 교사를 신뢰하고, 과제에 도전하여 성공하면 역량감을 형성하게 되고, 역량감이 형성되면 자율성도 높아진다.

넷째, 통합적 인성 교육은 학교의 행정적 정책과 실천을 통해 인성 발달을 격려한다. 라이언과 볼린(1999)은 인성 교육에 지원적 역할을 하는 학교 문화는 저절로 형성되는 것이 아니고 학교에서 나름대로 필요한 조치를 취해야 한다고 주장한다. 학교의 정체성과 목적에 부응하는 핵심 덕목들을 찾아내어 적절한 비전 선언문을 작성·공표하고, 가정과의 협력 네트워크를 구축하고, 교사들을 비롯하여 식당 종사원, 운전기사, 행정실 직원들의 총체적 팀워크를 구성하여 일관적으로 지원하고, 정규적으로 학교의 도덕적 기풍과 학생들의 핵심 덕목 내면화 정도를 평가하는 등의 노력이 필요하다.

특별히 학교가 학생들의 성적을 평가하는 방식이 인성 교육에 영향을 끼친다. 규준 지향 평가(norm-referenced test), 이른바 상대평가는 학생들 간의 경쟁을 야기해 인성발달에 부정적인 영향을 끼칠 수 있다. 특히 상대적 서열에 기초한 보상 등과 같은 동기 부여는 성적 지상주의를 불러 인성 교육에 부정적인 영향을 미친다. 학생들의 인성발달을 위해서 준거 지향 평가(criterion-referenced test), 이른바 절대평가 정책을 펼쳐 학생들이 친구들과의 경쟁이 아니라 수업의 목표와 경쟁하도록 해야 한다.

준거 지향 평가 정책과 아울러 인성발달에 긍정적인 영향을 미치는 평가 체제는 포트폴리오 평가 체제다. K-12 학년을 통해 학생들이 성장해 온 과정과 결과를 누가 기록하여 학생 교육에 수시로 피드백하고 상급학교 진학에 사용하도록 해야 한다. 포트폴리오 평가는 교사보다는 학생 중심적이고, 집단보다는 개인 중심적이고, 결과보다는 과정 지향적이고, 선발보다는 교육적 성격을 띤 평가 체제로서 인성 발달에 긍정적인 영향을 미친다(강충열, 한상우, 권동택, 손민호, 이진웅, 정진영, 2013).

앞의 준거 지향 평가와 포트폴리오 평가 체제는 우리나라 대학 입시가 지식 중심의 상대평가 체제에 크게 의존하고 있는 현 상황에서는 도입되기 어려운 측면이 있다. 대학은 앞으로 초·중등 학교의 인성 교육 활성화를 위해 대학 중심의 편의주의적 선발이 아니라 초 · 중등 교육을 생각하는 차원에서 대학 입시 개선 방안을 만들어야 하고, 초 · 중등 학교 교사들은 이에 대한 요구를 지속적으로 펼쳐야 한다.

다섯째, 통합적 인성 교육은 교사의 인성 교육에 대한 전문적 능력과 태도를 발달시켜 학생들의 인성 발달을 증진한다. 학생들은 성인들의 말과 설명 및 안내된 실천을 통해, 그리고 성인들의 예를 무의식적으로 모방함으로써 도덕적 가치를 내면화하게 되는데, 이 과정에서 교사는 인성 교육 관련 전문적 능력과 태도로 지도에 임해야 한다.

라이언과 볼린(1999, pp. 173-180)은 그것을 여섯 가지로 제시하고 있다.

첫째, 관심(attentiveness)이다. 관심에는 경청, 관찰, 질문의 명료화라는 세 가지 요소가 포함된다. 경청이란 학생들이 가진 질문, 불확실성, 불안감 등에 귀를 기울이는 것이다. 교사가 학생들의 말과 생각에 귀를 기울이고 깊은 관심을 표현하는 것은 학생들로 하여금 자신이 다른 사람의 관심을 받고 있다고 생각하도록 하고 자신에 대해서 스스로 관심을 갖도록 한다. 관찰은 학생들이 어떤 일을 겪고 있는지 관찰하는 것이다. 질문의 명료화란 학생들이 하는 질문에 대한 답을 명료화함으로써 학생이 현재 생각하고 있는 것을 확인해 내어 처방을 내리는 것이다.

둘째, 격려(inspiration)다. 흔히 학생들은 성인들을 비난하지만 그들은 이념에 대해 목말라하고 있고 그들을 안내하고 격려할 모델을 원한다. 학생들이 훌륭한 인물로 성장하도록 격려하기 위한 방법으로는 학생들의 실제 관심사와 포부 알아내기, 학생들의 현재 실패와 관계없이 기대하는 인물이 될 수 있을 것이라는 믿음을 전달하기, 자신의 행동에 책임감을 갖도록 하여 자기존중감을 형성하도록 하기가 포함된다.

셋째, 사랑(love)이다. 학생들에게 자신이 진정으로 사랑받고 있다는 인식은 매우 만족스러운 것이며, 그 만족은 자신의 행동에 책임을 지도록 하는 마음으로 이어진다. 좋아함(liking)과 사랑(loving)은 다른 것으로서 어떤 사람을 좋아한다는 것은 그 사람에게 끌리고 그로 인해 기쁨을 느끼고 그와 함께 있고자 하는 마음이지만, 어떤 사람을 사랑한다는 것은 그 사람을 위해 선의(善意, goodwill)의 강한 감정을 느끼고 그 사람을 위해 최선의 것을 해 주고자 하는 것이다. 어떤 점에서 좋아하는 것은 마음의 비의지적 작용이지만, 사랑은 매우 의지적인 작용으로 선택의 행위다. 교사의 학생에 대한 사랑은 특히 학생이 결함과 문제 행동을 보일 때 필요하다.

넷째, 구조(structure)다. 학생들의 인성이 저절로 개발되는 것이 아니기 때문에 학교에서 학생들이 경험하는 공식적, 잠재적 교육 과정에 구조를 마련해야 한다. 학교 졸업생 중 유명한 인물의 그림이나 전기물을 학교 '명예의 전당' 코너에 전시하고, 학생들은 그것을 보고 자신이 이런 유명한 전통의 한 부분이라는 인식을 갖게 하고, 자신도 훌륭한 인물이 되어 타인을 위해 공헌하는 사람이 되어야겠다는 마음을 가지는 구조를 마련하는 것이 좋은 전략이 된다.

다섯째, 우정(friendship)이다. 학생들이 친구들과 우정을 쌓으며 인격을 형성해 나가는 일은 매우 중요하며, 부모들은 교사들보다 친구의 중요성을 더 잘 알고 있다. 학교는 우정의 분위기를 창조하는 것이 중요하며 이를 위해 남을 '끌어내리는' 요소를 존경과 예의로 바꾸는 기풍 조성이 중요하다.

여섯째, 학교와 가정 및 지역사회는 학생들의 인성 발달을 위해 중요한 파트너의 역할을 하도록 제휴를 형성한다. 인성 교육은 학교만 하는 것이 아니다. 여러 기관과의 제휴가 필요하다. 가정, 연예 미디어(entertainment media), 신문, 종교 기관, 정치 기관, 노동조합, 기업, 시민 단체, 군대, 북 클럽 등 인성 교육에 영향을 주는 기관은 많이 있다. 퍼트넘(Putnam, 1995)은 이들을 매개적 제도(mediating institutions)라고 불렀고, 마틴(Martin, 2002)은 '복합적 교육 기관(multiple educational agencies)'으로 기능한다고 명명했다. 그러나 이 기관들과 연계하고 제휴하는 제도의 부재가 이들의 인성 교육 참여를 어렵게 하고 있다. 특히 학교의 경우에는 학생들이 주로 생활하는 가정과 지역사회와의 연계가 매우 중요하다.

자녀의 인성 교육에 대한 일차적 책임은 가정의 부모에게 있다(Ryan & Bohlin, 1999). 그러나 현대 가정은 그 일차적 책임을 다하지 못하고 있다. 학교는 가정의 인성 교육력을 회복시키고 학교와 협력하도록 연계 체제를 구축하는 노력을 해야 한다. 그런 노력의 예로, 미국 Benjamin Franklin Classical Charter School은 한 달에 한 번 핵심 덕목을 갱신하며, 가정-학교 뉴스레터를 발간하여 학부모들에게 학교에서 이루어지고 있는 인성 교육의 모습을 공지했다. 그리고 학교에서의 교육 봉사 및 지역사회 봉사 단편 후기들을 실었고, 가정에서 할 수 있는 봉사활동 및 독서 및 토론 교재용 문학 작품들을 추천하였다.

아울러 학교는 학부모 대상으로 세미나나 회의를 열어 자녀의 인성 교육 원리를 알려 주고 토론하는 기회를 제공해야 한다. 라이언과 볼린(1999, pp. 122-130)은 가정에서의 자녀 인성 교육의 원리를 다섯 가지로 제시하고 있다.

첫째, 부모는 자녀 교육을 부모가 해야 할 최우선 과제라는 인식을 갖는다. 현대사회에서는 부모가 모두 일터로 나가 경제 활동에 임하는 가정이 많아 부모의 자녀와의 직접적 상호작용과 접촉이 줄어들게 되었다. 그 결과 자녀들은 부모의 공백에 따른 요구를 부모가 아닌 다른 곳에서, 예를 들어 TV, 오락 매체, 또래와 무리 짓기 등에서 찾음에 따라 자녀의 인격 형성에 부정적 영향을 끼치고 있다.

둘째, 부모는 자녀 교육에 대한 부모의 권위를 설정한다. 부모는 좋건 싫건 자녀의 삶에 대한 권위를 행사해야 한다. 자녀가 바른 인성을 지닌 사람으로 성장하기 위해서는 양육과 지시가 필요한데, 이것을 부모가 권위를 가지고 제공해 주어야 하기 때문이다. 그런데 많은 부모는 '안 돼(No)'라는 말을 하면서 권위를 행사하면 자녀에게 정서적 상처를 입힐 수 있다는 것이 두려워 그런 말을 하는 데 주저하는 경향이 있다. 그러나 부모가 그런 말을 자신이나 다른 사람들에게 할 능력을 갖추지 못하면 자기통제력을 잃게 되고, 자녀가 미래의 삶을 인격적으로 꾸려 나가는 데 필요한 자기 훈육을 발달시켜 줄 수 없게 된다. 많은 부모와 신임 교사는 자녀 및 학생과 '성인 친구'가 되려고 하는데, 이것은 자녀에게 인정을 받으려는 인간의 정상적인 경향성이지만 양육과 지시를 필요로 하는 자녀의 교육에서는 적절치 않은 자세다.

셋째, 부모는 인성적으로 모범적인 예들을 창조한다. 자녀들이 훌륭한 인성을 지니도록 하려면 부모가 먼저 그 길을 걸어야 한다. 부모는 아동의 삶 속에 좋은 인성의 예들을 부모 자신 또는 친척 또는 이웃을 통해 경험하도록 해야 한다.

넷째, 부모는 의식적으로 전통을 중시하는 좋은 가족이 되도록 이끈다. 이런 가족을 만들기 위해 일련의 정해진 규칙은 없지만 강력한 가족들의 공통분모는 전통이다. 가족의 전통으로서 규칙과 가족의 관례들을 실행하여 자녀의 삶에 구조를 제공하는 노력이 필요하다. 이런 일을 실시하는 예로, 정기적으로 가족 식사일이나 가족의 생일, 종교적 휴일을 축하하는 행사, 또는 주말 영화 관람이나 피크닉에 참여하도록 하는 것이다. 이런 행사에의 참여는 자녀에게 다음과 같은 여러 가지 이점을 제공한다.

- 자녀들에게 친근하고 화기애애한 분위기 속에서 가족의 역사를 이야기하며 자녀가 어디서 와서 현재 누구인가를 알도록 한다.
- 부모는 자식에 대한 기대를 전달하고 확인시킨다.
- 옳고 그름에 대해 뿌리 있는 인식을 얻도록 함으로써 스스로의 도덕적 비전을 갖도록 한다.
- 예측 가능성과 규칙성에 대한 자녀의 요구를 만족시켜 주어 자녀들이 정신적, 신체적, 정서적 변화의 삶을 경험할 때 가족의 한 구성원으로서 안정감을 갖고 이에 대처하도록 한다.

다섯째, 부모는 자녀의 학교생활에 관여한다. 부모가 학교생활에 참여하는 일은 가정 형편에 따라 상당히 다르나 모든 부모는 자녀가 학교생활에서 얻는 경험에 관심이 많고 또 민감하기도 하다. 다음과 같은 활동이 필요하다.

- 가족이 함께하는 저녁 식사를 통해 자녀에게 학교생활에 대하여 질문하고 담화를 나눔으로써 자녀의 학교생활은 부모에게도 매우 중요한 관심사가 된다는 것을 인식시킨다.
- 교사와 면대면 대화 또는 전화를 통한 대화를 유지하거나 자녀의 학교생활에 대한 정보를 얻는다.
- 학교의 각종 행사에 참여하여 평상시에는 가능하지 않던 자녀의 학교생활에 대한 정보를 얻는다.

지역사회 또한 학생들의 인성 교육에 미칠 수 있는 영향력이 크다. 전통적으로 학교는 지역사회의 공동 기반(common ground)으로서 지역사회의 성인 교육과 상호 교류의 장으로서 역할을 해 왔고, 학교는 지역사회에서 사랑받고, 교사들은 지역사회에서 존경받는 핵심 인물들이었다. 아고스티노(Agostino, 1998)는 듀이의 "인성 교육과 지역사회는 직물의 날실과 씨실과 같다."라는 말을 인용하며 학교가 학생들의 인성 교육에 지역사회의 참여를 이끌 것을 주장했다. 이런 맥락에서 Carnegie Council on Adolescent Development's Task Force on Education of

Young Adolescents(Milanovich, 1998 재인용)는 학교 교육이 21세기 사회 변화에 맞추어 변화하도록 두 가지 권고를 하였는데, 하나는 가정이 학생들을 지도하는 학교 교육에 참여하고 학교 행정, 학교 프로그램과 학생의 진보, 가정과 학교에서의 학습 과정을 지원함으로써 가정의 역할을 의미 있게 증진하라는 것이었다. 또 하나는 학교가 지역사회와 연계하는 것이었다. 학교는 학생들의 학업 및 인성 교육의 성공을 위해 지역사회와 책임을 공유하고 지역사회에서의 봉사, 지역사회의 건강과 사회 증진을 위한 기관들, 학교의 교육 프로그램 심화와 건설적인 방과 후 프로그램을 운영할 때 지역사회와 연계 · 협력하도록 하는 것이었다.

밀라노비치(Milanovich, 1998)는 학교가 지역사회와 연계하여 인성 교육을 실행해 성공을 거둔 사례들을 보고 했다. 그중 두 가지만 예로 들면, 미국 피츠버그의 볼드윈 화이트 홀 교육청(Baldwin-White Hall School District)의 J. E. 해리슨(J. E. Harrison) 중학교는 지역사회의 여러 단체와 인사들의 도움을 얻어 학생들에게 리더십 프로그램을 시행했는데, 그 내용은 또래 튜터링, 도서관과 교무실에서 도우미 역할하기, 장애 학생 도우미 역할하기, 재활용 프로젝트 실행하기(4주간 파지를 모아 재활용 회사에 넘기기), 음식을 모아 필요한 가정에 전달하기(3000개의 음식 캔을 모음), Race for the Cure 프로그램에 참여하기(기금을 모아 유방암 환자 돕기), 장애인 올림픽의 자원 봉사자로 나서기, 돌봄을 필요로 하는 가정을 방문하여 돕기, 여성을 위한 쉼터에 옷가지 제공하기 등으로 다양했다.

미국 펜실베이니아, 베델 파크 시의 인디펜던스 중학교(Independence Middle School)는 금요일 저녁에 지역사회에서 마련한 청소년 센터 프로그램에 참여하도록 하였다. 이 청소년 센터는 학생들이 약물로부터 벗어나 안전하고 자유로운 분위기 속에서 사회적 기능을 익히게 하기 위해 설립되었다. 센터는 지역사회의 기업들과 다양한 기관 및 집단으로부터 지원을 받았고, 교육청은 센터 부지를 마련하였고, 약물 중독 방지 협회와 레크리에이션 관련 기관들은 후원과 센터 운영에 필요한 보험 등을 지원하였고, 지역 경찰청은 경찰들을 파견하여 안전을 도모하도록 하였고, 지역의 청소년 관련 기업들은 음식, 장비, 상품, 서비스를 지원했다. 금요일 저녁에 500명이 넘는 학생들이 청소년 센터에 모여 농구, 탁구, 카드 게임, 무용, 영화 감상을 하고, 보호자 동반 댄스, 식사, 지역사회 병원들의 건강검진 봉사 등을 통해 자신의 정체성을 발견하고, 타인에 대한 이해를 도모하고, 자신의 신체를 아끼는 마음을 갖도록 하였다.

## 4) 인성 교육의 효과

인성 교육은 사회적 비행을 줄이고 학업 성취를 높인다(Rusnak, 1998b). 초 · 중등 학교 현장과 학부모들은 인성 교육을 통해 학생과 자녀들이 도덕적 가치를 습득하도록 노력하는 일의 정당성에 대해서는 큰 이견이 없는 것으로 보인다. 그럼에도 학교 차원에서 인성 교육 프로그램을 운영하는 일은 드문데, 이는 인성 교육 프로그램이 실제로 학생들의 사회적 비행 문제를 줄일 수 있는지에 대한 의구심과 프로그램을 위해 학교의 교과 학습에 대한 시간을 줄일 수밖에 없음에 따라 학업 성적을 떨어뜨릴 수 있다는 막연한 생각이 있기 때문이다.

그러나 맥도널(McDonnell, Ryan & Bohlin, 1999, p. 11-12 재인용)은 "인성 교육의 여러 이점 중 하나는 학업 수행이 좋은 행동과 함께 상승한다는 것이다. …… 학교와 학급이 도덕적이고 돌보는 공동체가 되면 교사들은 교수할 수 있고 학생들은 자신에 대해 좀 더 좋게 느끼고 열심히 학업에 임할 수 있게 된다. …… 인성 교육은 공식적인 교육 체제의 내재적 부분이 되어야 한다."라고 주장하며, 이 생각들은 오해이고 인성 교육 프로그램은 학생들의 사회적 문제를 줄이는 동시에 학업 성취는 향상시킨다는 것을 밝히고 있다.

실제 여러 경험적 연구도 이런 관계를 지지한다. 베닝가, 버코위츠, 전과 스미스(Benninga, Berkowitz, Juehn, & Smith, 2011)는 초등학교 전 학년을 거쳐 인성 교육과 학업 성취는 관계가 있는지를 알아보기 위해, 2000년에 캘리포니아 주 교육부의 California School Recognition Program에 학업 우수 학교로 인정받기 위해 신청한 초등학교 중에서 무작위로 120개 초등학교를 선정하고, 이들 학교가 수행한 인성 교육과 학업 성취 지수들의 상관을 구하였다. 그 결과, 학업 성취와 유의한 상관을 보인 것은 학부모들과 지역사회 인사들의 학교 인성 교육에의 참여, 학생들에게 학교와 지역사회에 도덕적 행위를 실천하도록 한 기회, 돌봄 공동체(caring community) 구성과 학생들과의 긍정적인 사회적 관계의 증진, 학교의 깨끗하고 안전한 물리적 환경이라는 네 가지 인성 교육 요소로 나타났고, 이 긍정적 상관은 단지 당해연도뿐만 아니라 그 후 1999년에서 2000년까지 2년에 걸쳐 긍정적인 상황을 보였다. 그리고 이들은 패키지화된 인성 교육 프로그램이 학업 성취에 미치는 영향을 연구한 문헌들을 조사한 결과로, Northeast Foundation for Children의 친사회적 기술 개발 프로그램은 학업 성취에 긍정적인 영향을 보였다는 것, Peaceful Schools Project라는 인성 교육 프로그램은 프로그램을 이수한 학생들의 경우 프로그램을 이수하지 않은 비교 학교의 학생들보다 표준화 학업 성취 검사에서의 성적 향상도(gain scores)가 더 우수하게 나타났다는 것, Child Development Project의 인성 교육 프로그램을 초등학교 학생들에게 투입하고 중학교 8학년까지 추적한 결과 비교 학교의 학생들보다 학교 교과 성적과 표준화 학업 성취도 성적이 더 우수하게 나타났다는 것, Seattle Social Development Intervention 프로그램을 초등학교 학생들에게 투입하고 중학교와 고등학교 시기까지 종단적으로 추적한 결과 학업 성취에서 더 우수한 결과를 보였다는 것, Washington Character Education Partnership이라는 프로젝트를 통해 인성 교육 프로그램은 초등학교, 중학교, 고등학교 학생들의 학업 성취를 높인다는 것 등을 제시하고 있다.

러스낙(1998a, 1998b)은 미국 여러 주 교육청에서 실시하는 인성 교육 프로그램의 효과에 대한 연구물을 검토한 결과를 다음과 같이 보고하고 있다. 피츠버그 시의 웨스트 힐스 아카데미(West Hills Academy)는 인성 교육 프로그램을 시범적으로 운영했는데, 학교 내에서 날로 증가하던 폭력과 비행을 억제할 수 있었고, 위스콘신 주, 밀워키 시의 PAVE(Partners Advancing Values in Education) 프로그램은 낮은 사회·경제적 가정의 학생들을 대상으로 실시되었는데 이 학생들은 표준화 검사에서 이 프로젝트에 참여하지 않은 비슷한 사회·경제적 수준의 학생들보다 우수하게 나타났다. 미주리 주, 캔자스 시의 Project Essential 프로그램은 교사들에게 인성 교육과 관련하여 교육 과정 개발 및 교수법, 학급 경영에 대해 체계적인 연수를 시키고 인성 교육을 운영하도록 한 결과, 자긍심, 타인에 대한 공감, 자기 훈육, 책임감 증대, 타인의 권리 존중 등 효과가 있는 것으로 나타났다. 미주리 주 세인트 루이스 시의 Project PREP(Personal Responsibility Education Process) 프로그램은 학부모, 지역사회 단체, 기업 등과 협력하여 정직, 존경, 책임, 인간미, 협동, 자긍심,

인내, 목표 설정, 봉사 등과 같은 가치를 종합적으로 다루는 교육 활동을 실시했는데, 학생들의 문제 행동은 크게 줄이고 학업 성취를 증진함으로써 학교 혁신의 모델로 평가되었다. 캘리포니아 주 산 마르코스 교육청(San Marcos School District)의 California Child Development Project 프로그램은 사회·경제적 배경과 인종 측면에서 비슷한 6개 초등학교를 선정하여 실험학교와 통제학교로 삼아 5년간의 프로젝트 효과를 검증했는데, 학업 성취를 희생하지 않고도 학급에서의 긍정적 행동, 쉬는 시간과 같은 자유 시간에서의 긍정적 행동, 사회적 문제해결 기능, 민주적 가치에 대한 헌신에서 프로젝트가 효과가 있는 것으로 나타났다. 피츠버그 대학의 부설 실험 학교인 Falk Laboratory School에서는 '정의 공동체(just community)'를 운영하고, 소집단 토론 활동, 교사−학생 간의 상호작용, 정직, 협동, 신뢰, 결심 등 도덕적 가치가 내재된 교과 수업을 진행하였는데, 1년 뒤 학생들은 자신과 타인들에 대한 태도가 긍정적으로 변했고, 표준화 학업 성취 검사인 Iowa Tests of Basic Skills에서 프로젝트에 참여한 학생은 참여하지 않은 학생보다 더 우수한 성취를 보였다. 오하이오 주 데이턴 시의 앨런 학교(Allen school)는 학생들의 냉담함, 폭력, 무단결석, 학교 중퇴, 가장 낮은 학업 성취 학교로 소문이 난 학교였다. 1989년 루디 베르나르도(Rudy Bernardo)라는 신임 교장이 부임하면서 교사들과 함께 인성 교육 프로그램을 개발하고, 책임, 존경, 협동, 신뢰, 자긍심 등과 같은 가치를 하나씩 '주별 가치(value of week)'로 선포하고 그 가치를 수업에 반영하였으며, 교장은 교사들이 가치 체제를 창조하도록 재무장시키고, 가치 기반적 리더십, 태도와 문화의 중요성에 대한 체계적인 인식, 학교 루틴의 구조 변화를 도모하였다. 그 결과, 속도는 느렸으나 지속적인 변화가 있어났고, 학생들의 훈육 문제와 무단결석이 크게 줄어들고, 표준화 검사에서도 학업 성취가 향상되었다. 그에 따라 이 학교는 1998년에 데이턴 교육청의 최고 초등학교로 평가되었고 도시 지역의 모델 학교로 지정되었다. 메인 주 배스 시의 하이드 학교(Hyde School)는 용기, 성실, 리더십, 호기심, 타인에 대한 배려 등과 같은 인성적 요소에 기반한 학교의 학습 환경을 창조한 결과, 학생들의 사회적 문제의 감소 및 학업 성취의 증진을 꾀할 수 있었다.

이런 발견들은 학교가 인성 교육에 시간을 할애하는 것은 학생들을 인격적인 인물로 성장시키는 데 필요하고 장기적으로 학생들의 각종 사회적 비행을 줄이는 예방 대책이 될 뿐만 아니라 학업 성취를 올리는 수단이 된다는 것을 시사한다. 즉, "인성은 지식, 가치, 행위를 묶어 주는 끈(bond) 역할을 한다는 증거가 된다."라는 것을 시사한다(Rsunak, 1998a, p. 3).

제**7**장

인성 교육을 위한 교수법

도덕적 가치를 습득시켜 인성의 발달을 도모하는 교수법은 역사적으로 세 가지
의 흐름을 타고 발달하여 왔다.


# 1. 인성 교육을 위한 교수법의 변천 과정

## 1) 설명식 행동적 접근

가장 오랜 역사를 가진 도덕적 가치에 대한 전통적 교수법은 직접 교수법(direct
instruction)이다. 직접 교수는 학생들에게 전통적인 도덕적 가치를 전달하는 것을
강조했고 미국에서 1880년대와 1930년대 사이에 공립학교에서 유행했다(Wynne,
2011). 직접 교수는 거의 전적으로 교사 중심의 설명적(expository) 교리 문답식
(catechetical)의 성격을 띤다(Jarolimek & Foster, 1995). 도덕적 메시지를 담은 이
야기를 읽히고, 설명하고, 교리 문답으로 이해를 확인하고, 도덕적 코드 · 신조
(creeds) · 맹세(oaths) · 훈령(injunctions) 등을 사용하여 도덕적 행위를 하도록 하
였다. 예를 들어, 엄격한 학생 훈육 규정을 집단적으로 암송하고, 매일 국기에 대
해 경례하고, 집회를 자주 갖고 훈화를 하는 것 등이었다. 그리고 도덕적 코드를 범
하는 사람은 처벌하는 방식을 취했다. 이런 직접 교수의 기본 가정은 옳은 행동을
의미하고 언어적 행동은 행위의 여러 요소와 상관이 높다는 것이었다.

월슨(Wilson, 1973)은 직접 교수에 기초한 인성 교육 운동은 19세기 동안에 미국
사회에서 학생들의 질서를 비교적 높은 수준으로 끌어올리는 데 기여했다고 보고
하고 있다. 그러나 하트숀과 메이(Hartshorne & May, 1928)의 연구는 이런 직접 교
수는 정직, 봉사, 이타주의, 자기통제를 객관적으로 측정하는 평가에서 유의미한
결과를 도출해 내지 못하여 인성의 변화에 거의 효과가 없었다고 보고했다.

그러나 1960-1970년대에 들어와 전통적인 직접 교수는 교화(indoctrination)의
방식이라는 비판이 제기되었다(Cooley, 2011). 교화란 "어떤 주의(doctrine) 또는 체

계적인 신념체를 마음속에 채워 주기 위한 목적으로 진행되는 학습 방법으로 다른 주의들과의 비판적이고 면밀하고 철저한 비교를 동반하지 않는 접근이다.” (Brameld, 1950, p. 66). 직접 교수의 교화적 성격은 인성 교육에 대한 엄격한 아버지 모델로서 인간의 본성에 대한 부정적 관점을 갖게 하고, 공포에 기초한 것으로 복종적인 인간을 길러 낸다는 비판을 받았다(DeVitis & Yu, 2011). 그리고 덕목을 설명하고 실천에 옮기도록 보상과 처벌을 사용하는 직접 교수는 전달 모델(transmission model)로서 이성적인 인간의 본성에 어울리는 교수법이 아니라는 비판이 제기되었다(Kohn, 2011).

## 2) 토론식 인지적 접근

이와 같은 도덕적 덕목에 대한 훈계식 강요와 규율에 따른 행위의 순종을 강조하는 전통적인 도덕 교육은 교화(indoctrination)라는 비판과 함께, 외부 권위자가 인간 행위의 옳고 그름을 판단해서 부과하던 접근에서 학생들이 스스로 자신의 판단을 발달시켜야 한다는 접근이 등장했다. 이런 접근의 기초와 연구를 제공한 사람들은 매슬로(Maslow), 피아제(Piaget), 커센바움(Kirschenbaum), 사이먼(Simon), 콜버그(Kohlberg), 도일(Doyle), 데이먼(Damon), 파워(Power) 등이 있다. 특히 사이먼의 가치명료화(value clarification) 접근과 콜버그의 도덕적 딜레마에 대한 토론을 통해 도덕적 추론 능력 습득을 강조하는 인지적 접근이 학교 현장에서 힘을 얻기 시작했다(Lickona, 1993).

사이먼의 가치명료화 접근에서는 교사는 학생들에게 타인의 생각을 주입하려 하지 말고 자유롭게 자신의 가치를 선택하도록 도와주어야 한다고 주장하고, 콜버그의 도덕적 딜레마 토론 접근에서는 학생들의 도덕적 판단 능력을 길러 주어 어느 가치가 다른 어느 가치보다 더 나은지 판단하도록 도와주라고 주장하였다.

이런 인지적 접근도 비판에서 자유롭지 않았다(Wynne, 2011; Bennett & Delattre, 2011; Ryan & Bohlin, 1999; Kohn, 2011; Lickona, 2011).

첫째, 도덕적 판단력을 기르는 데 초점을 맞추다 보니 바른 행위를 하는 측면을 소홀히 하였다. 둘째, 딜레마를 사용하였는데, 이 중 어떤 것은 매우 추상적이고 실제 삶에서는 나타나지 않을 법한 너무 인위적인 상황이었다. 셋째, 학생들의 가치 선택과 그에 따른 잠재적 행위가 자신 또는 다른 사람들에게 해가 될 때 무엇을 해야 하는지에 대해 지도하지 않았다. 넷째, 인지적 접근도 자신이 원하는 가치에 대한 권리를 주장하는 식의 특정한 방법으로 도덕성을 기르도록 한다는 점에서 또 다른 형태의 교화일 뿐이고 실제로 도덕성 교육이라고 할 수 없다는 것이었다.

## 3) 통합적 접근

현대에 들어와서 인성 교육의 설명식 행동적 접근과 토론식 인지적 접근은 상호 간에 장단점이 있어서 어느 하나를 선택하기보다는 통합할 때 보다 효과적이라는 관점이 자리 잡게 되었다(Cooley, 2011; Jarolimek & Foster, 1995; Lickona, 2011; Barbour, 1998; Rusnak, 1998a).

그 현대적 인성 교육의 교수적 접근의 특징을 정리하면 다음과 같다.

첫째, 가치중립적 교육 과정의 아이디어를 거부하고 일련의 명시적인 일반적 가치들의 개발과 헌신에 초점을 맞춘다. 가치의 상대적 측면인 '누구의 가치인가?'에서 가치의 절대적 측면인 '어떤 가치인가?'로 질문의 초점이 바뀌었다. 어떤 가치란 문명화된 사회적 삶에서 보편적이고 근본적이라고 간주되는 공통적인 핵심 가치(common core values)로서 정직, 돌봄, 신뢰, 관용, 책임, 자기훈육, 친절, 존경, 정의 등이다.

둘째, 학교가 인성 교육에 대한 책임을 전적으로 질 수 없다는 관점을 가지고 지역사회와 가정과의 연계를 도모한다.

셋째, 상상적으로 만들어진 인위적인 도덕적 딜레마의 토론에 그치지 않고 실제적인 도덕적 이슈들과 그것들을 다루는 특정한 행위들로 확장한다.

넷째, 인성 교육은 학교 전체 프로그램의 통합적 노력이 필요하다는 것을 강조한다.

다섯째, 설명식 행동적 접근과 토론식 인지적 접근의 비중은 학생들의 인지적 발달 수준에 맞게 적절히 조정한다.

여섯째, 인성 교육 프로그램은 개별화되고 각 학생이 도덕적 학습에 의미 있는 방식으로 참여하도록 하는 데 중점을 둔다. 특별히 도덕적 가치 탐구 프로젝트의 수행을 중요시한다. 즉, 학생들이 개인별 또는 소집단별로 학교와 지역사회에 의미 있는 방식으로 도덕적 탐구 활동을 할 기회를 제공하는 것이다. 학생들의 인성 교육은 단순히 도덕적 가치들을 암송하고 규칙을 기계적으로 따르는 것으로는 부족하다고 보고, 학교 및 지역사회의 삶 속에서 도덕적 가치들을 진정으로 이해하고 실제가 되도록 하는 것이다. 이를 위해 직접적 경험과 반성을 중시하고 이 과정을 교사가 안내한다(Watson & Benson, 2008). 듀이(1971)는 학생들의 학습 본능(욕구) 네 가지(조사 본능, 사회적 본능, 구성적 본능, 표현적 본능)가 충족되는 수업은 학생들의 성장과 발달에 도움을 준다고 주장했는데, 협동 학습을 통한 도덕적 가치 탐구 프로젝트 학습은 이런 학습 본능을 충족하는 좋은 교수법이다.

이런 특징을 종합하여 현대 인성 교육의 핵심적인 교수적 접근을 제시하면 [그림 7-1]과 같다.

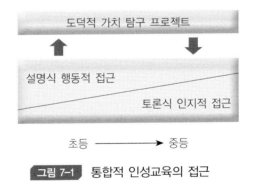

그림 7-1  통합적 인성교육의 접근

## 2. 인성 교육을 위한 세 가지 핵심적인 교수적 접근의 실제

### 1) 설명식 행동적 접근

인성 교육의 전통적인 교수적 접근인 설명식 행동적 접근에서는 덕을 공적 성격을 지닌 보편적 도덕적 가치로서 개인의 발전을 위한 토대요, 사회의 안녕과 조화를 이루는 사회적 접착제로 본다. 교사는 덕목들을 학생들에게 설명해 준 후 교리

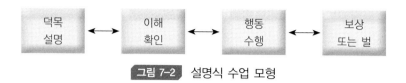

그림 7-2   설명식 수업 모형

문답식으로 이해 여부를 묻고 교정하는 동시에 이해한 덕목을 행동으로 옮길 수 있도록 행동 규범과 규칙을 제정하고 그 실행에 대해 보상하거나 벌을 주는 방법을 사용한다. 이 과정을 그림으로 나타내면 [그림 7-2]와 같다.

설명식 행동적 접근은 비판을 받는 교화 개념에 대해서도 『웹스터 사전』에서의 "교화란 교의(doctrines), 이론, 신념 또는 원리를 교수하는 것"이라는 정의를 채택하여 대응한다. 즉, 모든 교육은 근본적으로 교화이기 때문에 그런 교수법에 잘못된 점은 없다고 주장한다. 콜버그의 토론식 인지적 접근도 "학교의 도덕 교육에 인지적 분석과 토론으로 국한된 특정한 접근을 제공하고자 하는 것으로 교화다. 전반적으로 학교는 본질적으로 교화적이고 또 교화적이어야만 한다. 중요한 것은 교화가 공공연한 것인지 아니면 은밀한 것인지 그리고 무엇이 교화될 것인지다" (Wynne, 2011, p. 22). 그리고 인간의 악함에 대한 치료는 인간의 선함을 육성하는 일밖에 없다고 보고 그런 일은 공적인 성격을 지닌다고 본다(Ryan & Bohlin, 1999).

설명식 행동적 접근은 교사의 설명, 질의와 응답, 학급 행동 표준 및 규칙을 제정하고 보상과 벌을 통해 그것들을 실행에 옮기도록 하는 세 가지 핵심 활동으로 구성된다. 이 과정에서 교사가 유의할 점은 다음과 같다.

첫째, 교사의 설명식 강의는 학생들의 주의 집중을 도모하는 설계가 필요하다. 교사의 설명식 강의는 교사가 미리 정한 사고 패턴을 따라오도록 하는 것으로서 초등학교 학생들에게는 5분 이상 지속될 경우 학생들이 주의를 지속적으로 집중하기 어려울 수 있다. 중등학교 학생들의 경우에는 좀 더 장시간 교사의 설명식 교수가 진행될 수 있지만, 이 또한 쉽지 않은 일이다.

캔겔로시(Cangelosi, 2000, pp. 257-259)는 교사의 효과적인 강의 설계에 필요한 제안들을 제시하고 있다.

• 사전에 교사의 설명과 강의를 듣는 데 필요한 사항들을(예: 경청하기, 질문하기,

노트하기 등) 분명하게 지도한다.

- 학생들이 강의에 능동적으로 참여하여 따라오도록 선행 조직자를 사용하고 강의 내용이나 문제에 대한 개요를 작성하여 제시한다.

- 약속된 여러 가지 행동적 신호를 사용하여 교사의 강의를 들을 때와 다른 활동을 할 때를 구분하도록 한다(예를 들어, 손가락 하나는 교사에게 주목하기, 손가락 두 개는 서로 토론하기 등). 이런 주의 집중 관리는 오버헤드 프로젝터를 사용하면 더 효율적이다. 프로젝터를 켜면 강의에 집중하고, 투명지(transparency)의 내용을 보도록 하고, 끄면 다른 활동을 하도록 하는 등 주의 집중 관리에 도움을 준다.

- 강의 내용의 중요성과 학생들의 수준을 고려하여 목소리의 크기, 억양, 음조, 리듬, 속도를 조정한다. 강의 내용 그 자체가 중요하고 흥미로우면 단조로운 말도 지루하지 않을 수 있다. 핵심 내용은 목소리의 변화를 통해 말에 힘을 주거나 잠시 멈추어 생각토록 한다. 강의 이해 수준을 점검하기 위해 질문을 한 후에는 시간 여유를 주어 답할 시간을 주고, 말을 하는 속도를 조절하여 수업이 활발하게 진행되도록 하되 학생들이 교사의 메시지를 흡수하고 노트에 필기할 수 있도록 한다. 대개 분당 110~130개의 단어를 사용하여 말하는 것이 적절하다.

- 의사소통을 수월하게 해 주는 멀티미디어 테크놀로지를 사용하여 전문가적 프레젠테이션이 되도록 강의한다.

- 수업 전에 자신의 강의를 비디오로 촬영하고 학생들에게 강의 시간에 보여 준다. 이 방법을 사용하면 강의 도중 학생들의 질문이나 발언에 의해 생각의 흐름을 방해받지 않고, 강의를 듣는 학생들을 좀 더 주의 깊게 모니터할 수 있으며, 참여하지 않는 학생들의 행동을 교정할 시간을 얻을 수 있다. 아울러 비디오를 시작하고, 멈추고, 재작동하고, 끄고, 반복할 수 있어 강의의 효과를 높일 수 있다.

- 강의의 목표를 달성하는 데 방해가 되지 않는 범위에서 학생들의 주의 집중을 위한 유머나 기타 주의 집중 도구를 간간이 사용하여 강의가 단조롭지 않고 재미있게 이루어질 수 있도록 한다.

- 강의 도중에 학생들과 자주 눈 맞춤을 하여 방심하지 않도록 한다.
- 학급 내 공간을 이동하며 강의함으로써 학생들이 공상으로 주의가 흐트러지지 않도록 경각심을 준다.
- 강의에 주의를 집중하지 않는 학생의 이름을 불러 교사가 방금 한 말이 무엇이었는지 물음으로써 주의를 환기시킨다.
- 학생들이 능동적으로 듣고 교사의 사고 패턴을 따라올 수 있도록 강의 중간중간에 짧은 질문을 하여 점검하는 활동을 사전에 계획하여 시행한다.
- 교사가 친숙하지 않거나 어려운 용어를 사용할 때 교사의 강의를 학생들이 잘 따라오지 못할 수 있으므로 사전에 학생들의 어휘 수준에 친숙해지도록 한다.

둘째, 도덕적 가치에 대한 교사의 설명이 끝나면, 교사가 그 내용에 대해 질문하고 응답하도록 하여 강의 내용을 이해했는지 확인한다. 먼저, 강의 내용을 암송하면서 기억을 증진할 수 있는 질문을 한다. 예를 들어, 정직이란 무엇인가? 성실이란 무엇인가? 책임감이란 무엇인가? 등의 질문을 하여 학생들이 교사가 내린 정의를 정확히 이해했는지 점검한다. 그리고 암송 응답을 넘어 좀 더 생각하는 힘을 고취하는 고등 수준의 질문을 할 수 있다. 예를 들어, "사람은 사회적 동물이라고 하는데, 그 말은 무슨 말이고 우리가 친구들과 어떻게 지내야 하는가?"라는 질문을 하여 깊이 생각해 보도록 한다.

셋째, 도덕적 가치들에 대한 교사의 설명과 질의-응답을 통한 이해 점검 활동이 끝난 후에는 도덕적 가치들을 행동으로 옮길 학급 행동 표준이나 규칙을 만드는 활동에 임한다. 학급 행동 표준(classroom standards for conduct)은 "학생들에게 요구되는 행동, 금지되는 행동 유형에 대한 일반적인 가이드라인을 제공하는 형식화된 진술문"이고(Cangelosi, 2000, p. 155), 규칙이란 좀 더 구체적이고 특정한 상황에서 행하는 루틴 절차(routine procedure)를 말한다.

학급 행동 표준의 예는 '자신이나 다른 사람들에게 해를 입히거나 불쾌감을 주는 행위를 하지 않는다.' '다른 사람들의 소유물을 넘보지 않는다.' '서로 도우며 학습한다.' 등인데, 일반적으로 10개 이내로 소수로 정하는 것이 적절하다. 적은 수의 표준이 많은 수의 표준보다 더 잘 기억되고 이해되며, 그 중요성이 부각되고, 자신의 행동에 대해 좀 더 사려 깊게 반성하도록 해 주기 때문이다. 아울러 학급 행동 표준을 학급 내의 눈에 잘 띄는 곳에 게시하여 계속 상기하도록 해야 한다.

규칙은 순조로운 학급 운영을 위한 루틴 절차이고 참여를 통해 습득되기 때문에 게시할 필요는 없다. 학급에서 규칙이 필요한 활동 유형은 학급의 공간 사용, 학습 자료의 사용, 대집단 학습 활동, 소집단 학습 활동, 개별 학습 활동, 학습 활동 간의 이동, 위기와 긴급 상황 대응, 행정 업무(예: 출석 점검하기, 우유 값 내기 등) 등에 관한 것이다.

학급 행동 규칙 표준과 루틴 절차의 설정은 학기 초와 학기 내내 이루어질 수 있는데, 양자를 종합하면 보다 효과적이다. 학기 초에 이루어지면 효과적인 이유는 다음과 같다. 첫째, 교사에게는 이때가 학생들에게 기대하는 바를 공식적으로 이야기할 기회로, 이를 통해 비행 행동 중 어떤 것은 출현할 기회를 얻지 못하게 한다. 둘째, 학생들에게는 이때가 아직 신학기에 익숙하지 않은 상황이라 표준과 루틴 절차를 수용하는 데 좀 더 수월하다. 셋째, 학생들이 표준과 루틴 절차를 빨리 알수록 그것들을 실행에 옮길 연습 기회를 더 많이 갖게 된다.

학기 내내 이루어지면 효과적인 이유는 다음과 같다. 첫째, 학기 초에만 표준과 루틴 절차가 만들어지면 수시로 등장하는 표준 파괴적 행동을 규정하기 어렵다. 둘째, 새로운 요구가 등장할 때마다 그 요구에 맞추어 표준과 루틴 절차를 설정하는 활동을 하면 학생들은 그것에 대한 이해를 보다 증진할 수 있다. 셋째, 학기 중에 별개로 설정하는 표준과 루틴에 대한 중요성 인식은 학기 초에 여러 개의 표준을 한꺼번에 설정할 때보다 깊다.

## 2) 토론식 인지적 접근

설명식 행동적 접근은 집단적 학습을 중시한다. 그러나 민주 사회에서는 학생들의 개성과 지성의 자유도 보호되어야 한다. 토론식 인지적 접근은 도덕적 가치는 주입되어서는 안 되며, 학생 개개인이 상호 토론을 통해 가치를 검토하고 비위협적인 상황에서 가치를 선택할 기회를 가져야 한다고 주장한다. 이를 가치화 과정[valuing process, 또는 가치명료화(value clarification)]라고 하는데, "문제나 이슈에 내재하는 가치적 요소를 확인하고 분석하고, 가치 선택의 결과를 이해하고, 가치 선호에 일치되는 행동을 하도록 하는 것이다."(Jarolimek & Foster, 1995, pp. 327-328).

듀이(1966, p. 11)는 "신념들은 망치로 두들겨 주입하듯 할 수 없고, 태도들은 석고를 처리하듯이 만들어질 수 없다."라고 주장했는데, 토론식 인지적 접근을 지지하는 학자들은 이런 맥락에서 학생들의 도덕적 자율성을 존중해야 하고, 가치화 과정이 있어야만 학생들이 또래나 성인의 강요적 아이디어의 희생자가 되지 않으며 깊이 생각하고 신중하게 선택하는 도덕적 자주인이 될 수 있다고 주장한다.

도덕적 가치 토론 학습은 도덕적 이슈나 딜레마 상황을 토론 주제로 삼아 의견을 제시하면서 다른 사람의 생각을 듣고, 질문하거나 반응하면서 자신의 도덕적 관점을 형성하는 학습이다. 토론 학습은 소집단 또는 학급 전체 집단을 통하여 수행될 수 있다.

토론 학습을 위한 교수 모델은 다양하나 대개 주제 선정 단계, 안내 단계, 토론 전개 단계, 정리 단계로 나타낼 수 있으며 [그림 7-3]과 같다.

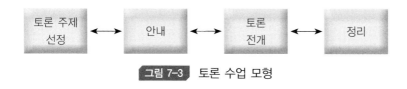

**그림 7-3** 토론 수업 모형

## (1) 토론 주제 선정

토론의 의의를 파악하고 토론 목적을 확인하며 토론 주제를 결정한다. 토론 주제는 학생들의 관심과 요구 및 능력 등을 감안하여 교사가 설정하거나 협의하여 결정한다.

## (2) 안내

본격적인 토론 학습 전의 준비 단계로 토론 학습의 방법과 절차, 규칙에 대해 안내하는 단계다. 본격적인 토론 단계에 들어가기 전에 토론 방식을 결정하고 토론 집단을 구성하며 각 학생의 역할을 결정한다. 토론에 필요한 준비물을 확인하고 토론의 구체적 절차를 설명한다. 또한 토론의 유형을 결정하고 토론 집단 편성 방식에 따라 좌석을 정리한다.

이 단계에서는 실제 토론에 들어가기에 앞서 중요한 용어와 개념을 정의하는 것이 좋다. 그래야만 토론의 논점에 대해 정확하게 이해하고 깊이 인식할 수 있어 활발한 토론이 이루어질 수 있다.

### (3) 토론 전개

대화를 바탕으로 한 토론이 실제로 이루어지는 단계다. 집단별로 구체적인 토론 주제와 내용 및 절차 등을 협의하거나 결정하며 확인한다. 토론 주제에 관하여 생각할 시간을 갖게 하고 각자의 사고를 요약하고 메모하며 토론에 들어간다.

### (4) 정리

집단별로 토론 내용을 정리하여 발표한다. 발표 후 다시 토론 과정을 거쳐 종합적으로 정리한다. 토론을 마친 후에는 학급 토론 과정 전반에 관하여 반성하고 평가한다.

토론 학습을 위해서는 교사가 상당한 수준의 계획을 해야 하며, 캔겔로시(2000, pp. 266-267)는 토론 학습 지도에서 유의해야 할 사항들을 다음과 같이 제시하고 있다.

첫째, 토론의 절차와 규칙에 대해 학생들이 분명히 인식하고 있도록 한다. 교사는 토론 학습을 전개할 때 같은 절차와 규칙을 일관적으로 적용하여 학생들이 토론의 절차와 규칙에 익숙하도록 한다. 그렇게 하면 주어진 시간 안에 토론이 효과적으로 이루어질 수 있다.

둘째, 토론의 주제와 목적을 명확히 한다. 이것이 불분명하면 학생들의 토론은 방향을 잃고 초점이 흩어진다.

셋째, 토론 수업의 사전 활동과 사후 활동을 계획하여 예고하고 실행한다. 토론 학습이 있기 전에 토론의 주제와 관련한 책을 읽게 하거나 관련 경험을 글로 써 보게 한다. 토론 학습이 끝난 후에는 토론을 통해 결정된 내용이 학급 규칙으로 설정되어 실행에 옮겨지도록 하거나 관련 추후 활동으로 이어지도록 한다. 이런 사전, 사후 활동은 토론의 목적을 분명히 하여 학생들의 참여도를 증진하고 초점을 지속적으로 유지해 준다.

넷째, 학생들이 서로 바라보고 이야기하도록 주의한다. 학생들은 토론 시 교사를 바라보고 이야기를 하려는 경향이 높다. 토론 시에는 학생들이 서로 면 대 면으로 이야기하도록 좌석 배치에 유의한다.

다섯째, 교사는 학생들의 토론 방해를 최소화하고, 비언어적 신호를 사용하여 말하는 사람을 보면서 듣거나 듣는 사람을 보고 말하도록 한다.

여섯째, 교사는 가끔 학생들이 말하는 내용에 대해 코멘트를 해 줌으로써 교사가 스스로 능동적인 듣기의 모델이 되어 학생들의 참여를 높인다.

## 3) 도덕적 가치 탐구 프로젝트 접근

학생들의 인성 교육은 단순히 도덕적 가치들을 암송하고 규칙을 기계적으로 따르도록 하거나 토론을 통해 가치를 명료화하고 자신의 도덕적 관점을 세우는 일로는 부족하다. 학생들은 자신의 삶 속에 도덕적 가치들을 진정으로 이해하고 실천하도록 해야 한다(Dewey, 1944). 즉, 삶에서 도덕적 가치를 직접 경험하고 반성하며, 그것을 통해 얻은 경험을 설명식 학습과 토론식 학습에서 얻은 경험에 피드백하며 상호 간에 상승 효과를 보도록 해야 한다.

도덕적 가치 탐구 프로젝트 접근은 학생들이 실제 삶 속에서 도덕적 행위를 하며 그 과정에서 가치를 탐구하고 의미 있게 경험하도록 하는 교수 방법이다. 프로젝트는 상급생의 하급생 튜터링, 물자 재순환, 자선 기부금 모으기, 지역사회 청소하기, 기아로 고통받는 집단에 양식 보내기, 양로원 위문하기 등 학교와 지역사회에서 개인별, 소집단별, 학급별, 학교별로 다양하게 이루어질 수 있다.

도덕적 가치 탐구 프로젝트 학습은 여러 단계 모델이 있으나 [그림 7-4]와 같이 간추릴 수 있다.

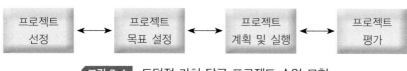

**그림 7-4** 도덕적 가치 탐구 프로젝트 수업 모형

### (1) 프로젝트 선정

도덕적 가치를 내포한 프로젝트의 주제를 선정한다. 주제 선정은 인성 교육 관련 국가 수준 교육 과정상의 요구, 학생들의 흥미, 학부모들의 요구, 학교의 요구, 지역 교육청의 요구, 사회의 요구, 인적·물적 자원의 가용성 등을 고려하여 결정한다. 주제 선정 시 학생들이 참여하도록 격려한다. 그리고 학생들의 합의를 거쳐 주제를 선정하는 것이 가장 이상적이다. 교사가 주제를 선정할 수도 있으나 학생들의 동의를 얻는 과정은 필요하다.

### (2) 프로젝트 목표 설정

프로젝트를 수행한 후에 학생들이 보여야 할 학습 결과를 진술한다. 인성 교육 관련 내용 지식, 기능, 태도 및 가치에 대한 진술을 골고루 포함시킨다. 내용 지식과 관련한 목표 진술은 사실적 내용의 이면에 깔려 있는 개념과 원리에 대한 이해 증진을, 기능에서는 기본 학습 기능, 고등 정신 기능, 정보처리 전략, 표현 기능, 움직임 기능들의 발달을 주요 목표로 삼는다. 태도 및 가치에서는 사회규범 습득, 도덕적 사태 판단, 긍정적 동기 유발 및 상호작용, 심미적 감상, 감정 표현 및 개인 내·외적 통제 능력의 발달을 주요 목표로 삼는다. 교사는 주도적으로 목표를 설정하되 학생들의 참여를 유도하여 학생들이 목표를 인식하고, 학습에 대한 흥미와 관심을 높이고, 설정한 목표는 평가의 준거로 활용된다는 것을 인식하게 한다.

### (3) 프로젝트 계획 및 실행

프로젝트를 수행하기 위해 필요한 시간, 인적·물적 자원, 학습 조직(개인별, 소집단별, 전체 학급 또는 학년별)을 계획한다.

시간 계획 시 중요한 점은 프로젝트를 수행하는 데 들어가는 전체 시간을 정하고, 세부 일정을 월별, 주별, 일별 계획으로 상세화하는 것이다.

인적 자원으로는 학생과 담임교사를 비롯하여, 동료 교사, 학부모, 지역사회 인사 등을 포함시키고, 물적 자원으로는 교과서, 교재, 학교의 기자재, 지역사회의 시설 등을 포함시킨다.

학습 조직의 계획은 프로젝트를 조사, 발견, 탐구, 창작, 조작, 프레젠테이션 활동 등 하위 과제들로 나누고 개인, 소집단, 전체 학급별로 역할을 분담한다. 과제의 성격을 고려하여 우수한 능력을 가진 학생들에게 개별 과제를 할당하고, 소집단별 그룹 활동이 필요한 경우에는 소집단별로 할당한다. 전체 학급이 필요한 경우에는 학생 모두가 필수적으로 참여하여야 할 과제를 할당한다.

프로젝트의 실행 과정과 결과는 뒷면 게시판에 부착하여 개인별, 소집단별 프로젝트의 마감 기일을 모두 알 수 있도록 하고, 진행 상황 및 결과를 계속적으로 누가 기록하도록 하여 학생 상호 간에 관련 정보를 자연스럽게 수시로 피드백받을 수 있도록 하면 과제 실행에 도움이 된다.

### (4) 프로젝트 평가

프로젝트 평가는 학생 개별 평가와 프로젝트의 총괄 평가로 구성한다. 학생 평가란 학생 개개인이 맡은 과제를 얼마나 달성했는지에 대한 평가와 소집단별 과제 수행을 얼마나 잘했는지에 대한 평가로 구성된다. 프로젝트를 수행하는 과정에서의 형성평가와 그 수행 결과를 포함한다. 개인별 포트폴리오나 소집단별 일기나 학습일지를 점검하여 평가하는 동시에 제안과 도움을 제공한다. 프로젝트의 총괄 평가에는 지필평가, 실기평가, 관찰평가 등이 사용될 수 있다. 또한 프로젝트 수행의 총괄 평가는 전시회나 프레젠테이션 등을 통해 평가 정보를 얻고, 교사의 프로젝트 수행 전 과정에 대한 효율성과 타당성, 실용성 등을 질문지, 인터뷰, 교사의 일기 등을 통해 평가하여 차기 프로젝트 계획에 반영한다.

# 제**8**장

## 결의론과 인성 교육

# 1. 우리 교육의 현재와 인성 교육의 필요성

한국의 경제 성장과 한국인이 누리는 물질적 풍요는 타의 추종을 불허한다. 1953년 일인당 국민소득이 겨우 53달러이던 한국은 현재 일인당 국민소득이 약 3만 달러에 근접하고, 무역 규모가 세계 10위 안에 들어간 지 이미 오래이며, 당당한 OECD 회원국이다. 하지만 모든 삶의 이치가 얻는 것이 있으면 잃는 것도 있기 마련이듯, 여전히 한국인은 세계에서 가장 노동을 많이 하고 있으며, 각종 '삶의 질' 지수는 물론 '죽음의 질'에서도 OECD 국가 중 최하위권이다. 한국인은 물질적 풍요를 얻는 대신 육체적 · 정신적으로는 매우 피폐한 삶을 살고 있는 것이다. 전통과의 단절, 전통적 교육관 · 가치관 · 인간관 · 자연관과의 심각한 단절, 그중에서도 생명과 인간 경시, 자연과 환경 경시 그리고 양적 가치보다 질적 가치를 우선시하는 가치관의 상실은 현대 한국인들로 하여금 심각한 자기정체성의 위기에 봉착하도록 하여 한국인의 우울증 환자 증가율과 자살률은 OECD 국가 중에서도 단연 최고다.

이러한 한국인의 문제점은 고스란히 한국의 학생들, 청소년들의 문제에서도 드러나고 있다. 한국의 청소년들은 경쟁의 사회 구조 속에서 심각한 병을 앓고 있다. 즉, 경쟁의 사회 구조가 학업을 공자가 말하듯 '배우고 때때로 익히기에 참 즐거운 것'이 아니라 '무슨 수단과 방법을 쓰든 무조건 성적을 올려야만 하는 끔찍한 것'으로 만들어 버렸다. 이런 사회적인 요인들이 심약한 청소년들에게 우울증 등 정서적 문제를 야기하고, 가족과의 대화 단절 등으로 충동을 흡수할 만한 기제가 갖춰지지 않기에 자살이라는 극단적인 방법을 택하게 하고 있는 것이다. 한국 청소년(학생)의 자살률 역시 한국인 전체의 자살률과 마찬가지로 수년째 OECD 국가 중 첫 번째이며, 그 증가세는 조금도 감소할 기미를 보이지 않고 있다. 여기에 더하여 한국의 청소년들은 왕따, 폭력, 중독, 성범죄 등의 심각한 사회 문제를 일으키고 있다. 사회 문제를 진단하는 많은 이는 그 원인을 '인성 교육'에서 찾는다(한상우, 2011, pp. 28-34 참조). 그리고 인성 교육과 윤리 교육을 중시한 전통 교육을 되살려야 한다고 소리 높이기도 한다.

하지만 우리는 이른바 전통 윤리에서의 인격 수양 교육으로 되돌아갈 수는 없다. 첫째, 전통 윤리는 수직 윤리이기 때문에 오늘날의 수평 윤리적 상황에 맞지 않는다. 둘째, 전통 윤리에서 제시된 덕목들 자체가 오늘날의 상황에 어울리지 않는 것이 많다. 셋째, 전통 윤리란 조선 시대의 유교 윤리만을 의미하지 않는다는 점이 간과되어 있기 때문이다(한상우, 1996, pp. 150-151 참조). 그렇다면 해방 이후 한국의 교육은 인격 수양에 기초를 둔 한국 전통 교육과도 단절되었고, 서구식 교육 제도 중심으로 진행되면서도 서구 교육의 중심에 있는 가치론은 배제한 채 지식 위주 교육만을 지나치게 강조함으로써 오늘날 교육 현장에서는 물론이고 사회 곳곳에서 지금까지 상상하지 못하던 큰 문제들이 되어 나타나고 있는 폐해를 어떻게 극복할 것인가? 어떤 방식으로든 등한시되었던 '인성 교육'을 다시 되살려야 한다는 것은 분명하다. 그래서 현재 '새로운' 그리고 '모든 교과에서의' 인성 교육 문제가 교육 현장의 화두가 되었다. 지금 우리에게 시급히 필요한 새로운 인성 교육은 자기동일성(self-identity)을 분명히 교육하고, 수평적 사고와 연대 의식 및 공동체 의식을 고양하고, 분담의 논리를 확산하며, 역사 의식과 문화 의식을 갖도록 하고, 미래 지향적이고 자유롭고 창조적이며 사고의 유연성을 기르며, 질적인 삶을 추구하도록 하는 것이어야 한다(한상우, 1996, pp. 156-162 참조).

우리는 인성 교육(人性敎育)이라는 개념을 아주 쉽게 사용하고 있다. 하지만 이 개념에 대한 설명을 요구받으면, 마치 공자(孔子)의 인(仁)이라는 개념을 쉽고 분명하게 설명하지 못하듯, 이 개념을 쉽게 설명할 수 없다는 것을 느끼게 된다. 그것은 사람마다 인성 교육의 의미를 서로 달리 생각하기 때문이다. 어떤 이들은 인성 교육을 덕(德) 교육(education of virtue) 또는 도덕성 교육(education of morality)으로 사용하고, 어떤 이들은 인간성 교육(education of humanity), 인격 교육(education of personality) 혹은 심성 교육(education of mentality) 등의 다양한 의미로 사용하고 있다. 이 밖에도 사람다운 사람을 만드는 교육, 올바른 사회 구성원으로 성장시키는 교육, 도덕·윤리 교육, 가치 교육 등 매우 다양하게, 또 매우 모호하게 사용하고 있다. 게다가 최근에는 자기정체성 혹은 자기동일성 교육(education of self-identity)이나 성격이나 개인적 특성 교육(education of character) 혹은 능력(개발) 교육(education of competency)의 의미로도 사용하고 있다.

비록 '인성 교육'이라는 개념이 모호하게 사용되고 있다고 하더라도, 새로운 인성 교육은 '다양한 교육 방법과 기재를 활용하여 전 교과에서' 이루어져야 하며, 지금까지의 교육 방법과 교육 기재의 활용을 넘어서는 것이어야 한다는 점은 분명하다. 이를 위해서는 기존의 도덕 · 윤리 교과에서의 교육 방법과 윤리 · 도덕 교사의 역할만 기대해서는 안 된다. 오늘날 도덕 교과에서 말하는 인성 교육은 여전히 '덕 교육을 통한 도덕적 자아정체성 확립과 주체적 도덕적 문제해결 능력의 신장'만을 의미하기 때문이다. 인성 교육이 덕 교육의 범위를 벗어나지 못하고 있다. 하지만 새로 논의되고 있는 인성 교육을 능력 또는 적성(competence) 교육으로 보는 것도 문제가 있다. 인성을 단순한 능력 또는 적성으로만 볼 수는 없기 때문이다.

여기에서 우리는 아리스토텔레스가 말하는 '덕' 개념과 '윤리' 개념을 되돌아볼 필요가 있다. 아리스토텔레스는 지식과 지혜를 참된 지혜(sophia), 진지(眞知, epiteme), 이성(또는 참된 지성, nous), 참된 기술(技術, techne) 그리고 실천적 지혜(phronesis)의 다섯 가지로 분류하였다. 그리고 이 중에서 '윤리'와 관련을 맺는 것은 실천적 지혜(phronesis)라고 보았으며, 이것은 자기 자신은 물론 다른 사람을 위해서 좋은 것, 즉 전체적으로 좋은 생활에 유익한 것이 무엇인지에 관해서 훌륭하게 살피고 생각할 수 있는 힘이라고 보았다. 그것은 인간을 위해 좋은 것과 나쁜 것에 관해서 참된 이치에 따라 행위할 수 있는 상태이기에, '실천적 지식' 또는 '실천적 지혜'라고 말할 수 있다는 것이다(Jonson & Tulmin, 2011). 그러므로 우리는 이제 아리스토텔레스가 말하는 윤리가 무엇인지 되돌아보아야 한다. 그리고 아리스토텔레스의 실천적 지혜에 기초한 도덕 문제 해결 방법을 제시한 결의론(決疑論, casuistry)*이라는 학문 방법론에 주목할 필요가 있다.

---

\* 결의론(casuistry)은 라틴어 동사 'cadere'에서 유래한 '사례(case)'라는 단어에 기초하며, 1988년 존슨(A. R. Jonsen)과 툴민(S. T. Toulmin)이 의료 윤리에서 결의론의 방법을 제시하는 책 『결의론의 남용(The Abuse of Casuistry: A History of Moral Reasoning, Berkeley: University of California Press, 1988)』을 출판한 뒤, 이 방법론은 의료 및 의사 교육, 생명윤리 교육을 비롯한 윤리 교육 전반에 큰 영향을 미치게 되었다. 이 결의론의 기원을 현대 결의론의 핵심 이론가들인 존슨(A. R. Jonsen)과 툴민(S. T. Toulmin)은 스토아 철학(Stoicism)과 키케로(Cicero)의 저술에서 찾고 있다.

## 2. 아리스토텔레스의 '실천적 지혜'

아리스토텔레스는 지식과 지혜를 참된 지식(epistme)과 참된 지성(nous)을 포괄하며 논증적 지식만이 아니라 논증적 지식을 가능하게 하는 가장 근본적인 전제들에 대한 본질 직관이 가능한, 가장 고귀한 것들에 대한 참된 지혜인 소피아(sophia), 필연적이고 영원한 것에 대한 참된 지식을 의미하며 연역과 귀납적인 방법에 의해 교수-학습이 가능한 이론적 지식인 에피스테메(episteme, 眞知), 이성 또는 참된 지성으로서의 누우스(nous), 참된 기술(技術)로서의 테크네(techne), 그리고 선악을 구분하며 훌륭한 삶을 사는 데 유익한 실천적 지혜인 프로네시스(phronesis)의 다섯 가지로 구분하였다.

- 에피스테메는 그리스 자연철학자들이 제시한 것으로, 필연적이고 영원한 것에 대한 참된 지식을 의미하며, 연역과 귀납적인 방법에 의해 교수-학습이 가능한 이론적 지식을 의미한다.
- 테크네는 참된 이치에 따라 '~을 (제작)할 수 있는 참된 기술'을 의미하며, 오늘날은 '~학'을 뜻하는 단어의 접미사(~(t)ik, ~(t)ics)로 주로 쓰인다.
- 누우스는 완전성의 '세계'를 파악하는 지성적인 덕, 참된 관념을 의미하며, 오늘날은 '근본적인 것에 관한 올바른 관념'을 갖는 '참된 지성 혹은 이성'이라는 의미로 쓰이고 있다.
- 소피아는 참된 지식(epistme)과 참된 지성(nous)을 포괄하는 개념으로 사용되었고, 논증적 지식만이 아니라 논증적 지식을 가능케 하는 가장 근본적인 전제들에 대한 (본질)직관이 가능한 지식이다. 가장 고귀한 것들에 대한 참된 지혜, 즉 궁극적 지혜라 부를 수 있다.
- 프로네시스는 자기 자신은 물론 다른 사람을 위해서 좋은 것, 즉 전체적으로 좋은 생활에 유익한 것이 무엇인지에 관해서 훌륭하게 살피고 생각할 수 있는 힘이다. 그것은 인간을 위해 좋은 것과 나쁜 것에 관해서 참된 이치에 따라 행위할 수 있는 상태다. '실천적 지식' 또는 '실천적 지혜'라고 말할 수 있다.

(Jonson & Tulmin, 2011, p. 29 참조)

아리스토텔레스는 이 중에서 특히 에피스테메와 프로네시스를 대립적으로 구분하였다. 그 구분의 이유들은 다음과 같은 것이다.

첫째는 보편성과 특수성의 차이다. 학문의 대상은 무시간적이고 보편적이며 필연적인 자연이다. 그러나 실천적 지혜는 특수하며 구체적이고 우연적인 것들이기도 하다. 그러므로 실천적인 분별(프로네시스)은 학문적 지식(에피스테메)과 같지 않다. 둘째는 확실성의 문제다. 에피스테메에서의 확실성은 이론적 원리에 기초해 있으나, 실제적 쟁점에서 확실성은 특정한 것들에 대한 지식으로부터 나온다. 셋째는 보편 원리의 지배를 받는 에피스테메는 연역추리에 기초하나, 프로네시스는 이와 정반대인 귀납추리나 더 나아가서는 유비추리에 기초한다는 차이다. 그러므로 프로네시스와 에피스테메는 상반된다. 그리하여 아리스토텔레스는 플라톤의 절대주의에 빠지지 않으면서 소피스트의 상대주의를 우회하고, 이들 사이의 균형을 회복시킨다. 다시 말해, 실제에 관계하는 윤리적 판단과 결정은 보편적이고, 불변하며, 공리적인 원리에 의존하는 엄격한 증명에는 적합하지 않으며, 보편적이고 단일하며 영원한 선의 형상에 대한 플라톤의 신뢰는 도덕적 실천에 관한 실제적이고 구체적 문제를 다룰 때는 도움이 되지 않는다는 것이다.

아리스토텔레스의 스승이었으며 철학적 절대주의를 펼친 플라톤은 독사(doxa)와 에피스테메(episteme)를 엄밀하게 구분하였다. 독사(doxa)는 '의견(opinion)' 혹은 '믿음(belief)'으로 번역되고, 그리스의 자연철학자들에게 진지(眞知)를 뜻하던 에피스테메(episteme)는 근대 철학 이후 오늘날에는 '인식'으로도 번역된다. 예를 들어, 나는 어떤 그림을 보고 아름답다고 한다. 그런데 그 그림은 어떤 면에서 보면 아름답지가 않다. 구도에서 보면 아름답지만 색채 면에서는 아름답지 않을 수 있고, 색깔도 모두 아름다운 색만 쓰인 것은 아니다. 또 그 그림은 시간이 지나면서 해어져 아름답지 않게 되기도 한다. 즉, 어떠한 아름다운 그림도 어떠한 면에서나 아름답지는 않으며 언제나 아름답지도 않다. 이 때문에 '이 그림이 아름답다.'라는 앎은 인식이 아니라 믿음이다. 그리고 '이 그림이 아름답다.'라는 것을 아는 사람은 '저 그림이 아름답다.'라는 것은 모를 수도 있다. 이런 것도 '이 그림이 아름답다.'라는 앎의 부족함을 나타내 주는 것이다. 그렇다면 어떠한 앎이 완전한 앎, 즉 인식일까? 그것은 아름다움 자체에 대한 앎이다. '아름다움 자체'는 어떠한 면에서 보아도 아름답다. 즉, 완전하다. 그리고 '아름다움 자체'는 불변하며 불멸한다. 따라서 아름다움 자체에 대한 앎은 완전하고 불변하는 것이다. 이것이 바로 플라톤이 생각한 인식(episteme)이며, 이런 점에서 인식이 의견보다 훨씬 확실하다고 볼 수 있다. 그리고 '아름다움 자체' '좋음 자체' 등이 바로 우리가 흔히 '본질'이라고 말하는 것이며, 이것이 바로 플라톤의 '이데아(idea)'다(박종현, 2005).

그리고 이 이데아 세계를 파악하는 힘이 바로 누우스(nous)다. 플라톤 이후의 고대 철학에서는 이 누우스를 전제에 관계하는 지성적 덕, 즉 참된 관념으로 이해하였다. 이를 근대 이후의 철학자들은 근본 명제를 파악하는 능력이라고 생각해 오고 있다. 소피아(sophia)는 누스와 에피스테메의 결합으로, 소피아의 대상은 가장 고귀한 것들, 즉 우주 속의 모든 존재자가 그것에 의존하는 가장 경외할 만한 가치가 있는 것들이다. 따라서 소피아는 가장 고귀한 것들에 관한 이성이 결부된 학적 인식이며 궁극적 지혜다. 이 소피아는 오늘날에는 근본 전제들로부터 도출된 결론에 대한 논증적 지식뿐만 아니라 근본 전제들 자체에 대한 직접적 파악까지도 포함하는 것으로 이해된다.

하지만 지식을 논증할 수 있는 능력을 갖춘 상태로 보는 아리스토텔레스에 의하면, 어떤 것이 '이론적'이기보다는 '실천적'인 지식의 분야에 속할 때는 원리와 사례 사이의 역전 관계는 필연적이다. 물론 아리스토텔레스의 입장에서도 에피스테메의 대상은 필연적이고 영원한 것, 가르침에 의해서 전달할 수 있는 것, 즉 가르칠 수도 있고 배울 수도 있는 것이다. 하지만 정당한 의미에서 새로운 어떤 것에 대한 가르침도 항상 이미 알려진 것에서 출발한다. 그것은 귀납추리나 연역추리 모두에서 그렇다.

그런데 아리스토텔레스에 의하면 실제 행위의 문제는 불변의 것을 가지고 있지 않다. 이는 일반적인 윤리에서도 진실이며, 특정한 사례에서 생겨나는 도덕적 쟁점에 대해서는 더욱 그러하다. 그러므로 아리스토텔레스에 따르면 윤리의 영역은 실제의 영역이지 이론의 영역에 속하는 것이 아니다. 이들은 플라톤적인 의미에서 학문적이거나 전문적인 것이 아니다. 오히려 의술이나 항해술에서처럼 그들은 인간으로 하여금 특정한 정황(tous prattontas)과 특정한 경우(pros ton kairon)에 적합한 것을 고려할 것을 요구하는 실제적 기술이며 실천적 지혜다.

그러므로 아리스토텔레스의 『니코마코스윤리학』에서 제시된 윤리 개념들은 '인간에게 실제적이고 활용 가능한 것'이며, 거기에서는 '본질'이 문제가 되는 것이 아니라, 시의적절한 선택과 행위와 연관된 시의성과 특정 사례와 관련된 상세한 실제 상황에 대한 모든 윤리적 판단의 '정황적 의존성'이 중요하다는 것이다. 그래서 아리스토텔레스는 플라톤과 달리 윤리적 상황은 어떤 고정불변하는 하나의 종(種)에 국한되지 않으며 무제한으로 다양한 교환과 조합의 형태로 일어난다는 소피스트들(sophists)의 주장을 인정하였다. 식물학이나 동물학과 같은 자연과학에서의 연구 대상은 그것들이 지닌 고유한 본질에 따라 유형이 분류되고 연구된다. 그러나 윤리적인 것을 비롯한 인간 경험의 영역에서는 그러한 고정된 유형이 없다. 윤리에서의 이해는 이론과 원칙에 의존하는 것이 아니라 실제로 그들이 일어나는 다양한 상황과 관계되는 것을 인식하는 데 의존한다.

물론 아리스토텔레스에게도 학문은 분류학(taxonomy)을 의미한다. 그리고 분류학은 무엇과 무엇이 같거나, 유사하거나, 다르거나, 정반대라는 것 등등을 연역과 귀납의 추론에 의해 논리적으로 따지는 것이다. 아리스토텔레스에게도 플라톤과 마찬가지로 학문은 연역적인 것, 신적이고 초월적인 것으로부터 내려온 연역적 진리가 가장 온전한 진리다. 그리고 그 전형이 기하학(geometry)이었다.

기하학의 엄밀성은 참으로 매력적이어서 많은 그리스 철학자에게 형식적 연역(formal deduction)은 모든 이성적인 논의의 이상이 되었다. 이 관점에서 의견(doxa)은 그것이 분명하고 명백한 최초의 원리에 추론적으로('필연적으로') 관련이 있을 때에만 '지식(epiteme, knowledge)'으로, 또는 주장은 진실로 확실한 것으로 받아들여질 수 있다. 그래서 기하학 전부는 의문의 여지가 없는 정의와 일반적 진술들의 집합으로부터 필연적으로 따라오는 것처럼 보였다. 그리고 이것들은 계속해서 유클리드 기하학의 '공리'라는 전형적인(canonical) 형태로 조직되었다. 당연히 다른 학문들도 예를 들어 동물, 식물 그리고 다른 세계의 영구한 특징의 본질을 설명할 때, 그것의 출발점으로 작용할 수 있는, 그것 자체의 의문의 여지가 없는 일반 원리들을 발견하려고 희망하였다(Jonson & Tulmin, 2011, pp. 27-28).

그런데 기하학 같은 이론적 분야에서는 진술이나 논의가 관념화(idealized)되어 있고, 항구적(atemporal)이며, 필연적(necessary)이다. 그러나 실제적인 진술과 주장은 구체적(concrete)이고, 일시적(temporal)이고, 추정적(presumptive)이다. 이 세 가지가 이론과 실제를 구별할 수 있는 고전적 설명이다. 다시 말해, 기하학과 같은 이론적 진술은 원이나 삼각형 같은 관념화된 실체를 언급하기 때문에 초시간적이고, 항구적이며 필연적이다.

그렇지만 실제적인 진술은 일시적이고, 그에 상응하는 논의는 추정적이다. 그것들이 실제 사태(actual events), 행위자(agent), 대상(object), 특정한 상황, 특정한 장소와 시간 등에 의존하기 때문이다. 그러므로 '초시간적'인 지적 반성과 이러한 지식 세계는 실천적 행위와 교정 가능한 견해의 '일시적인' 세계로부터 분리되었고, 지적 이론가의 무시간적인 통찰은 실제 장인(craftsman)의 일상의 경험 이상으로 존중받게 되었다. 이론의 항구성(atemporality)은 그것의 주된 문제가 불변이고, 그것의 진실이 영원하다는 것을 의미하며, 불변하는 천상의(celestial) 세계와 관련되었다고 해석되었다. 이와 반대로, 실제의 일시성은 무상성과 동일시되었고, 지상의(terrestrial) 것들의 가변성과 연결되었다. 이 분리에 의해 보편적인 이론적 원리의 불멸의 세계는 특정한 실제적 기술과 사례라는 틀림없이 소멸한다는 필멸의 세계로부터 분리되었다. 그러므로 아리스토텔레스가 그의 논리학의 내용을 담은 책 『기관(Organon)』에서 연역추리를 귀납추리보다 우선시한 것은 당연한 일이라고 할 것이다.

하지만 아리스토텔레스는 다양한 상황과 경험에 기초한 귀납추리도 비록 연역추리와 같이 자명한 원리로부터 유출되는 것은 아니지만 적어도 학문의 영역에 속하기는 한다고 본 점에서 플라톤과 달랐다. 아리스토텔레스는 귀납추리의 권리와 자격을 인정함으로써, 플라톤의 연역주의로부터 대륙의 합리론까지 이어지는 긴 전통과는 다른, 경험과 구체적 사실을 중요시하는 또 하나의 전통의 선두에 서게 되었다. 즉, 토마스 아퀴나스(Thomas Aquinas, 1224~1274)의 스승인 알베르투스 마그누스(Albertus Magnus, 1193~1280)에 의해 새롭게 번역되고 소개된 아리스토텔레스는 베이컨이 그의 『신 기관(Novum Organon)』에서 귀납추리를 연역추리보다 우선시함으로써 본인의 의도와는 상관없이 경험론자들의 대부가 되었다.

그렇지만 귀납추리를 인정한 아리스토텔레스에게도 유비추리는 매우 비논리적이며 불완전한 추리이기에 엄밀한 의미의 학문의 영역에 속하지 않는다. 그것은 엄밀함보다는 낮은 단계에 속하는 개연론(probabilism)의 세계에 속한다. 그리고 윤리적 문제들은 '정황적 의존성'으로 인하여 엄밀한 의미에서 학문의 영역에 속하는 것이 아니라 개연론의 영역, 즉 비학문적 영역에 속한다. 그러므로 아리스토텔레스는 윤리는 학문이 아니며, 학문이 될 수도 없다고 선언하였다. 윤리는 학문의 분야가 아니라 의미 있는 특징들(significant particulars)의 인식과 정통한 신중함이 요구되는 경험의 분야다. 아리스토텔레스에 의하면 윤리는 개연론의 영역에 속하는 것이며, 실천적 지식을 다루는 것이다. 그래서 그는 이를 에피스테메나 소피아와 반대의 위치에 있는 프로네시스(phronesis), 즉 '실천적 지혜'라고 불렀다.

아리스토텔레스의 실천적 지혜는 구체적인 사례에 대한 경험적 사실의 토대 위에서 작동하며, 또 일상생활의 관행과 사례는 그것이 실천되는 적절한 문맥하에서만 이해 가능하다. 윤리적 사태는 그 문제가 발생하는 구체적 맥락이나 상황, 역사, 이데올로기, 문화 등을 필연적으로 고려해야만 한다. 그래서 아리스토텔레스가 열등한 것으로 취급한 유비추리와 더불어 실천적 지혜는 스토아 학파에서부터 현대에 이르기까지 '윤리'의 영역 안에서 매우 중대한 역할을 담당하게 되었다. 구체적인 도덕적 사례와 이것이 일어나는 상황 또는 맥락을 중시하는 접근법은 사례 분석(case study or case analysis) 방법이라고 불리는데, 그 대표적인 것이 결의론(決疑論, Casuistry)이다. 그러므로 결의론은 특정한 도덕적 혼란 혹은 '관심 사례(cases of concern)'의 실용적인 해결을 위한 기술을 의미한다.

## 3. 결의론 발명자로서의 스토아 학자들과 키케로

스토아 철학의 창시자 제논(Zenon, B.C. 490?~B.C. 430?)과 크리시포스(Chrysippus, B.C. 279?~B.C. 206?)가 남긴 단편들로 볼 때, 초기 스토아학파의 도덕적 가르침은 단 하나, 즉 '자연에 따라 살라.'라는 원리다. 덕을 갖춘 삶은 인간 존재의 합리적 본성과 우주의 합리적 본성과의 일치 안에 있다. 이 일치는 단일한 덕인 아파테이아(apatheia), 즉 정념의 부재에 의해 달성된다. 지혜로운 행위자는 불합리한 충동이 아니라 오직 이성에 의해 선택하고 결정한다. 그러므로 아파테이아는 인간의 유일한 선이며 덕이다. 질병과 건강, 부와 빈곤, 칭송과 치욕, 미와 추, 강함과 약함 같은 것들은 합리적 본성에서 보면 단지 외재적인 것이며, 그래서 덕 그 자체와는 무관한 것이다. 그것들의 가치는 그 자신에게 있지 않고, 오로지 지혜로운 행위자가 그것을 어떻게 활용하느냐에 달려 있다. 그리고 지혜로운 사람이 해야만 하는 것은 세상을 바꾸는 것이 아니라 우주의 조화로운 일부가 되는 것이다.

그러므로 스토아 학파의 이상은 이성과 감성이 우주적 이성과 완전히 조화를 이룬 지혜로운 행위자가 되는 것이었다. 그의 지혜는 **카토르마타**(Kathormata, 바른 행위)라고 불린 도덕적으로 선한 행위의 원천이었다. 그리고 어리석고 우주의 이성과 일치하지 못하며 따라서 도덕적으로 결함을 지닌 사람들의 모든 행위는 비록 겉으로는 좋게 보인다고 하더라도 그것은 도덕적으로 사악한 **하마르테마**(hamartema, 죄)였다.

선과 악의 이 날카롭고 명료한 구별과 더불어 스토아 학파의 이러한 이상은 보통 인간이 달성 가능한 수준을 훨씬 뛰어넘는 것이었다. 그것은 필연적으로 일상 생활의 실제적 가치와 개인적·사회적 활동에 관한 의문을 불러일으켰다. 또한 그것은 지혜롭지 못한 사람의 행위의 가치와 의미에 관한 의문을 불러일으켰다. 그래서 스토아학파의 두 번째 세대의 스승인 파나에티우스(Panaetius, c. B.C. 180~B.C. 109)와 포시도니우스(Posidonius, c. B.C. 135~c. B.C. 51)와 같은 이들은 초기 스토아 학파의 이상적인 엄격주의가 지적으로 역설적인 데다가 실제로 적용 불가능함을 인식하고 있었기에 이전의 가르침의 일반적인 틀을 유지하면서 그 가르침을 더 합리적이고 실제적으로 만들겠다는 희망에서 구분을 세분화하였다.

즉, 현명한 사람의 완벽한 도덕성인 카토르마타(바른 행위) 외에도, 모든 사람에게 지워지는 불완전한 의무인 **카테콘타**(kathekonta)를 설정하였고, '무관함(oudetera)'이라 불리는 행위의 범주에 바람직한 것, 거부해야 할 것 그리고 중립적인 것을 구분하는 수준을 도입하였다. 이런 입장에서 보면 바람직한 것은 조화로운 삶에 기여하고 그에 대한 욕구를 고취한다. 거부해야 할 것은 조화로운 삶을 붕괴시키고 혐오감을 일으킨다. 중립적인 것은 조화로운 삶에 아무것도 더하지도 빼지도 않는다. 바람직한 것과 거부해야 할 것은 엄밀히 말해서 '선'도 '악'도 아니었다. 그런 명칭은 오로지 완전한 덕에만 속한다. 그리고 그것들은 유익하거나 무익하였다. 즉, 그것들은 일종의 유용성(utility)을 가졌다.

따라서 도덕적 숙고의 임무는 어떤 특정한 상황에서 무엇이 적절하거나 알맞은 행위인가를 확인하는 것이다. 이것은 '합리적인 정당화'에 의해 지지될 수 있는 행위로 확인되었다. 그래서 '선한' 것과 '유용한' 것 사이에 충돌이 가능하다는 중요한 문제가 제기되었고, 이 도덕 철학자들은 '개연적 논증(probable argument)'에 의한 결정을 정당화하는 쪽으로 방향을 돌렸다. 그리하여 중기 스토아 학파는 **결의론**을 발명하였다.

마르쿠스 툴리우스 키케로(Marcus Tullius Cicero, B.C. 106~B.C. 43)는 명료하게 형식화된 도덕 사례들의 모음을 역사에 최초로 남겼다. 그의 저서 『의무론(De Oficiis)』 III권에는 사람들이 도덕적 의무의 충돌로 당혹스럽게 되는 많은 사례가 기술되어 있다. 키케로는 이를 위해 스토아 학파와 그 비평가들의 저술로부터 많은 사례를 빌려 왔다. 그러므로 스토아 학파가 발명하였다는 결의론을 공공연하게 만든 것은 키케로였다고 말할 수 있다.

그런데 키케로는 파나에티우스의 개혁 스토아학파를 모범으로 삼아 『의무론』을 집필하였지만, 이 스승의 가르침을 중요한 몇 가지 면에서 개정하였다. 예컨대, 그는 스승의 교의를 아리스토텔레스의 덕에 대한 가르침과 함께 엮었고, 의무의 충돌 문제를 강조하였으며, 확실한 로마의 사례를 몇 가지 추가하였다. 그는 고결한 것, 사악한 것, 중간의 것(officia media) 이렇게 세 종류의 도덕적 행위가 존재한다는 점에서 스토아 학파에 동의하였다. 고결함은 가장 완전한 의미에서 이상적인 지혜를 부여받은, 이 세상에서는 드물게 보이거나 전혀 찾아볼 수 없는 가상의 사람에게서만 발견될 수 있다. 그러므로 그는 의도적으로 중간적인 의무에 관해 기술하였다. "그것의 준수는 모든 세상 사람에게 부과된 의무다. …… 그중 많은 사람은 타고난 품위와 교육에 의해 그것들을 실천할 수 있다." 그리고 이러한 중간적인 의무는 지혜, 용기, 절제, 정의의 네 가지 가장 중추적인 덕목(四樞德)에 뿌리를 두고 있으며, 이 덕목들은 개인과 공동체를 보존하려는 인간의 가장 근본적인 본성에 뿌리를 내리고 있다.

키케로는 『의무론』의 첫 권에서, 미덕에 대한 소요학파의 학설과 자연 법칙에 대한 스토아 학파의 학설을 결합하였다. 스토아 학파의 추상적이고 절대적인 자연법(natural law)에는 후마니타스(humanitas)라고 하는 로마식의 인간의 얼굴과 복장이 입혀졌다. 후마니타스는 인간 공동체를 함께 결속시키는 심원한 동료의식이었다. '자연을 따라 살라.'라는 고전 스토아 학파의 간결한 표어는 자연법의 장엄한 정의로 정교화되었다. "자연과 일치하는 올바른 이성은 모든 사람 안에 있고, 변하지 않고 영원하며 모든 사람에게 의무를 수행하고 악을 물리칠 것을 요청한다." 그러나 키케로의 관점에서는 이 고귀한 자연법은 그 자체로는 도덕적 결정과 행동의 충분한 지침이 아니었다. 그는 이렇게 말한다.

> 이 모든 의무를 수행함에 있어 우리는 각각의 개별적인 사례에서 무엇이 가장 필요한 것인가를 고려해야만 한다. 이렇게 하면, 우리는 사회적 관계(humanitas)의 근본적인 도덕적 주장이 모든 상황에서 동일하지 않음을 알게 될 것이다. …… 이러한 상이한 상황은 의무의 모든 경우에서 주의 깊게 검토되어야 하며, 그러면 우리는 의무의 숙련된 평가자가 될 수 있을 것이고, 계산에 의해서 의무의 비중이 어디에 놓여 있는지를 인식하게 될 것이다. 그러면 우리는 각 개인의 몫이 얼마나 되는지를 이해하게 될 것이다.

의무는 서로 모순될 수 있다. 그리고 의무는 명백히 이익과 모순될 수 있다. 처음에는 잘못으로 보이는 행위조차 깊이 생각해 보면 옳은 것으로 드러날 수 있다. "약속을 지키는 것이나 당신에게 맡겨진 물건을 돌려주는 것조차 잘못인 경우가 있다. 예를 들어, 그 약속을 한 사람에게 해가 될 수 있을 때, 혹은 그에게 좋은 것 이상으로 당신에게 더 많은 해를 끼칠 때 그렇다." 키케로는 일반적인 도덕적 의무는 "각각의 사례에서 무엇이 필요한가."를 고려하여 해석해야 한다고 서술하였다. 사회적 관계의 주장은 시간과 중요성에 따라 다양하다. 예를 들어, 우리는 더 나은 상황에 있는 형제나 친구보다는 수확이 위태로운 이웃을 도와야 한다. 그는 우리는 "그 상황에서 의무를 잘 계산하여 더하고 빼서 그 총합으로 우리의 의무가 어디에 놓여 있는지를 알아야 한다."라고 충고한다. 이 계산은 개연적인 이유(probable reason)에 의한 결정을 정당화하려는 노력이다. 어떤 경우에는 더하고 빼는 것이 결정적인 결과로 합쳐지지 않고, 어디에 의무가 있는지에 대한 진정한 의문이 남을지도 모른다. 그런 경우에는 "경험 많고 지혜로운 사람과 의논하라."라고 키케로는 충고한다.

『의무론』 II권에서 이익과 유용성의 본성에 대해 논의한 후, 키케로는 그가 도덕적 삶의 핵심이라고 생각하는 도덕적 선(honestas)과 이익(또는 유용함, utilitas) 사이의 명백한 충돌의 문제에 접근한다. 그리고 『의무론』 III권을 맹세(oaths)와 약속에 관한 광범위한 논의로 끝맺는다. 미친 사람에게 칼을 돌려주겠다는 약속을 깨는 고색창연한 복잡한 사례를 포함하여 몇 가지 사례를 논한 후에, 키케로는 그의 대표적 사례인 레굴루스의 이야기로 돌아온다. 그는 맹세를 지키는 의무는 누구에게도 그 어떤 명백한 이익에 의해 면제될 수 없는 절대적인 의무라고 주장한다. 결의론적인 정교함으로 이야기를 전개하면서 그는 레굴루스가 카르타고로 되돌아오는 것에 대한 일련의 반대 논의들을 검토하는데, 레굴루스는 귀환이 죽음을 의미하더라도 그를 사로잡은 이들에게 돌아오겠다고 맹세했기 때문이다. 첫 번째 반대는 신학적인 것이다. "맹세가 대체 무엇이란 말인가? 우리가 맹세한 신들은 분노를 경험하지도, 인간의 행위를 처벌하지도 않는데." 키케로는 이 반대는 사안과 무관하다고 대답한다. 맹세는 신의 처벌에 대한 두려움 때문에 중요한 것이 아니라 사회에 필요한 신뢰에 관련되기 때문에 중요하다. 둘째, 레굴루스는 두 가지 악 중 덜한 악, 즉 그의 죽음보다는 맹세를 깨는 편을 택했어야 한다는 반대가 있다. 키케로는 이렇게 묻는다. "부도덕함보다 큰 악이 있는가? 할 의도가 없는 것을 하겠다고 맹세하는 것은 거짓이고, 따라서 부도덕하다." 마지막으로, 포로 상태에서 억지로 한 맹세는 지킬 필요가 없다는 말이 있다. 키케로는 단언한다. "포로가 된 것이 레굴루스와 같은 용감한 사람에게 영향을 미친 적이 있던가?" 키케로는 이 사례를 "올바르지 않으면서 이익이 되는 것은 없다. 이익이 된다고 올바른 것은 없다. 오로지 도덕적으로 올바를 때 이익이 될 뿐이다."라고 단언하며 이 사례를 결론짓는다.

『의무론』 III권은 결의론의 요람이다. 이 책에서 키케로는 스토아 학파의 스승들이 도덕의 본성을 이론적 논의뿐 아니라 특정한 사례들을 통해 논의하는 것을 보여 준다. 키케로 자신이 이 방법을 채용하여, 전통적인 사례들과 신화와 역사에서 얻은 이야기를 활용하면서 진실한 도덕은 언제나 진실한 이익과 일치한다는 자신의 이론적 관점을 구성하였다. 이 책에 수록된 많은 사례는 이후의 도덕 철학과 신학의 공통된 유산으로 전수되었다. 후대의 사상가들은 이 문제들에 대한 고대의 해결책을 단순히 정교화하거나 거부하였을 뿐이다. 거의 모든 사례에서 키케로 자신의 해결책이나 제안은 만족과는 거리가 있어 보인다. 그의 논증은 빈번하게 개략적이고, 개인적이고 철학적인 편견으로 점철되어 있다. 그러나 키케로의 저술을 통하여 스토아 학파에서 탄생한 결의론이 양육되었고, 그리스-로마와 기독교 문화의 도덕적 전통 속으로 힘찬 출발이 가능해졌으며, 중세 결의론의 번성을 가져왔다.

## 4. 중세 말기에 발전한 고전결의론

13세기 말 신학자들은 자연법, 양심 그리고 상황에 관한 논문들을 정교하게 다듬었다. 교회 법학자들은 과거 사례에 대한 교령과 판결을 모으고 이를 유사한 사례에 적용하였다. 고해자가 들고 온 사례에 대해 성직자가 심판을 내리는 사적 고해는 관행이 되었다. 그래서 관련된 신학과 교회법 교의들을 이들 성직자에게 교육해야 할 필요성은 초기의 속죄 규정서들을 크게 발전시켰다. 진정한 의미의 결의론이 시작된 것이다. 그리하여 14세기 초반부터 시작하여 1556~1656년 사이에 결의론이 가장 성숙하였다. 이 시기를 결의론의 고전 시대 또는 '고등결의론(High Casuistry)의 시대'라 부른다. 이 시기의 결의론적 논의를 살펴보면 결의론적 방법이 전형과 유추에 대한 의존, 격률에 대한 호소, 상황 분석, 개연성의 정도, 축적된 논증의 사용, 그리고 마지막으로 해답의 제시라는 여섯 단계로 이루어져있음을 알 수 있다.

## 1) 제1단계: 전형과 유추

이 시대의 결의론자들은 사례들을 질서정연한 분류학으로 구성하였다. 16세기 중엽부터, 그들은 참회서와 대전의 알파벳순 배열을 버리고 십계명이나 칠죄종* 같은 더 넓은 분류를 채택하였다. 이렇게 하여 그들은 특정한 종류의 사례와 주어진 원리 간의 연결을 보여 주는 방식으로 사례를 정돈하였다. 예를 들어, 다섯 번째 계명 아래에서 살인을 다룰 때, 혹은 여덟 번째 계명 아래에서 거짓 증언을 다룰 때, 결의론자는 먼저 키케로, 성 아우구스티누스, 아퀴나스 같은 몇몇 유명한 저자로부터 끌어낸 '살인'이나 '거짓말' 같은 핵심 용어에 대한 정의를 제공하였다. 그다음에 그는 특정한 방식으로 기술된 어떤 행위가 그런 식으로 정의된 도덕적 위반에 속할 수 있는가 하는 질문이 제기될 수 있는 표본 사례를 제시하였다. 가장 명백한 일탈이 그러한 계열을 열어 나갈 수 있도록 사례들을 배치하였다. 그리고 이러한 표본 사례, 즉 '전형 사례'는 '내재적·외재적 확실성' 모두를 누린다. 또한 명백하고 단순한 사례로부터 더 복잡하고 모호한 것으로의 이동은 결의론자들에게 표준 절차가 되었다. 즉, 결의론적 사고 양식이 된 것이다. 그러므로 결의론적 방법의 첫 번째 특징은 원리 아래에 전형과 유추에 의해서 사례를 배열한다.

## 2) 제2단계: 격률

고전적 결의론의 두 번째 중요한 특징은 사례 내에서 도덕적 '격률'을 사용하는 것이다. 만약 사례들의 더 일반적인 분류가 십계명처럼 의심할 여지가 없는 도덕원리에 근거하였다면, 더 특정한 논의들은 전통적 논의로부터 끌어내어 격언 형태로 표현된 공식들(formulas)을 불러내었다. 그것들은 논증을 위한 토대와 보증으로

---

*6세기 그레고리오 교황이 정리한 '칠죄종'은 원래 교만, 인색, 식탐, 탐욕, 분노, 질투, 나태 등 그 자체가 죄이면서 동시에 모든 죄의 근원이기도 한 일곱 가지 죄를 말한다. 교황청 내사원이 밝힌 신 칠죄종은 환경파괴, 윤리적 논란 소지가 있는 과학 실험, DNA 조작과 배아줄기세포 연구, 마약 거래, 소수의 과도한 축재, 낙태, 소아성애 등 일곱 가지다. 원래의 칠죄종과 마찬가지로 신 칠죄종 역시 현실적인 범죄 목록이 아니라 인간을 나락과 파멸로 이끄는 원초적 악덕들이다. 다른 점이라면 기존의 칠죄종이 주로 개인적인 차원인 데 반해 신 칠죄종은 보다 사회적이고 공동체적인 관점에서 죄를 바라본다는 것이다. 그렇지만 모든 죄의 근원이 되는 원초적 죄악들이라는 점에서 다를 바 없다.

작용하였다. 예를 들어, 자기방어에 대한 논증은 종종 '폭력은 폭력으로 격퇴된다 (vim vi repellere)'와 '필요에 따라 조정된 방어(moderamine inculpatae tutelae)'라는 격률들에서 출발하였다. 로마법에서 기원한 이 특정한 격률들은 교회법이 인수했고, 아퀴나스는 자기방어에 대한 논증에서 인용하였다. 이 세 출처는 모두 자연법에서 격률을 이끌어 냈다고 하였다. 격률들은 중세와 르네상스의 도덕적 가르침의 필수품이었다. 그리고 그것들은 모든 전통 수사학에서 중요한 논증 도구로 생각되었다. 그것들은 또한 도덕 문제를 논의할 때 보통 사람들이 전형적으로 인용하는 것이었다. 물론 격률이 증명되는 일은 드물었다. 그리고 그것들의 관련성 또한 명백하게 제시되는 일도 드물었다. 그러나 그것들은 도덕 논증의 발전에 중요한 역할을 하였다.

### 3) 제3단계: 상황

셋째, 어려움이 중첩되는 사례들은 전형 사례에 복잡하게끔 만드는 상황을 첨가하여 만들어졌다. 결의론자는 "누가, 무엇을, 어디서, 언제, 왜, 어떻게, 그리고 어떤 수단으로"의 전통적인 목록에 의존하였다. 예를 들어, 위해한 자가 국가의 관원인지, 또는 도난당한 재물을 쉽게 찾을 수 있는지, 아니면 위험에서 벗어날 수 있는 대안이 가능한지 등등이 생명이나 재산의 방어를 위한 살인의 정당화에 대한 논증에서 어떤 차이를 만드는지를 물었다. 또한 '행위자의 상태'에 주목하였다. 즉, 그 사람의 생명, 명성, 재산에 대한 공포가 거짓말을 정당화하는가? 모욕에 대한 즉각적인 분노나 매서운 추적의 열정이 치명적 구타를 용납하는가? 그 사례들은 더 큰 혹은 더 작은 위해(危害), 더 심각하거나 혹은 덜 심각한 상처, 더 긴급한 혹은 덜 긴급한 위험, 더 큰 혹은 더 작은 결과에 대한 확신에 관한 여러 세부 조건으로 차 있다. 이것들은 아리스토텔레스, 키케로 그리고 고전적 수사학자들이 변론술에서 **토픽**(Topics)이라는 제목으로 가르친 것이었다. 결의론자들은 계속적으로 이 상황들에 대한 관심을 요청하였다. 그들은 "상황이 사례를 만든다."라고 주장하였고 그것에 관한 도덕적 판단을 필연적으로 변경하였다.

## 4) 제4단계: 개연성

넷째, 사례들은 그 결론들에 대한 '개연성'의 측면에서 구분되었다. 각 사례는 '확실'하거나 매우 개연적이거나 약간 개연적이거나 거의 개연적이지 않은 것 등으로 구분되었다. 그러한 구분 표시는 논증의 강도와 그 견해를 주장하는 권위자들의 비중을 감안한 결의론자의 판정이었다. 전형을 벗어난 특정 사례에 필수불가결하고 결론적인 견해가 주어지는 경우는 거의 없었다. 오히려 그것들은 내재적 논의와 외재적 권위에 근거하여 설득력이 더 있거나 혹은 덜 있다고 표현되었다. 조언이나 사죄를 청하는 사람은 그 스스로가 결정할 수 있도록 개연성의 평가에 기반을 둔 이러한 구분, 즉 도덕적으로 잘못될 수 있는 위험이 얼마나 되는가에 대해 알아야만 했다. 개연론에 대한 고전적 논쟁은 그런 선택을 위한 규칙들에 집중되었다. 하지만 결의론자들은 모두 도덕적 선택은 '논의의 여지가 있다.'는 것을 인정하였다. 논의가 가장 불필요한 것은 전형 사례였다. 그리고 전형에서 더 멀리 벗어날수록 찬반의 측면에서 그 사례는 더욱 논의의 여지가 생겼다. 그래서 결의론자들의 중요한 임무는 가능한 모든 상황에 대입하여 복잡한 사례를 정확히 분석하는 것이었다. 그러한 분석은 전형 사례에서 멀어질수록 확실성보다는 개연성에 더 가까워진다는 것을 알려 주었던 것이다.

## 5) 제5단계: 축적된 근거와 논증의 활용

도덕 쟁점에 대한 논의는 대개 발전된 입장을 지지하는 논증을 제시한다. 하지만 결의론적 입장에 서 있던 속죄규정서들은 특정한 죄와 그에 대한 보속을 열거하였다. 이 책들 속에서 보속의 심각성은 그 죄의 심각성을 의미하였다. 그러나 이 책들은 보속 결정을 정당화하기 위해서 성서나 교부들의 텍스트를 인용하는 이상으로, 즉 치밀한 논증으로는 거의 나가지 않았다. 스콜라 신학의 영향을 받은 고해서와 고해대전들은 정당화를 제시하는 데 좀 더 관심을 보였지만, 형식적 논증을 구성하기보다는 격률을 인용하는 매우 짧은 진술에 그쳤다. 물론 고등결의론의 시대에는 견해를 정당화하는 이유가 보다 광범위하게 설명되었다. 그러나 결의론자들은 여전히 결론을 지지하는 서로 다른 몇 가지 이유를 제시하면서 상대적으로 짧은 논증을 만들었을 뿐이다. 성서의 내용, 교회법으로부터의 인용, 자비나 정의의 미덕에 대한 호소 그리고 신중한 관점은 이들을 하나의 견고한 논증으로 통합시키려는 노력 없이도 서로서로를 지탱해 줄 수 있었다.

어떤 견해가 '더' 혹은 '덜' 개연적일 수 있다는 결론은 어떤 엄격한 논리에 의해서가 아니라 다수의 다양한 지지 근거의 축적에 의해 가능했다. 이것은 보편적 전제로 작용하는 도덕 원리로부터 특정한 결론을 '연역'하는 도덕적 추론과는 거의 닮은 점이 없었다. 오히려 결의론적 논증은 선호하는 입장을 좀 더 잘 보이게끔 여러 종류의 근거를 쌓아 올리는 수사학적이고 상식적인 토론과 더 닮았다. 결의론적 견해의 '비중'은 그 논증의 논리적 타당성이나 어떤 단일한 '증거'의 견실성보다는 축적된 이유들에서 유래한 것이다.

## 6) 제6단계: 해답

마지막으로, 결의론자들은 사례 분석을 통해 결론을 내렸는데, 이때 그들은 행위의 도덕적 정당성이나 허용 가능성에 관한 조언으로 사례를 마무리하였다. 이때, 후에 파스칼(Blaise Pascal, 1623~1662)이 비판하고 조롱한 '사변적으로는 개연적이지만 실제로는 허용될 수 없는 구별'이 가끔 등장하였다. 물론 결의론자들도 어떤 특정한 사례에서도 모든 상황을 제거함으로써 도덕적 쟁점에 대한 강력한 사변적 논증을 제시할 수 있음을 알고 있었다. 하지만 그들은 "도덕 학문의 목표는 실천이다. 실제적이지 않고 단순히 사변적이기만 한 모든 결론은 적절한 도덕적 결론이 아니다. 그것들은 결정이 아니다."라고 하며 행위자의 도덕적 결단과 실행에 가능한 한 더 가까이 다가가는 것을 목표로 하였다. 즉, 그들은 그 사례를 해결하려고 했고, 구체적으로 발생한 사례들은 특정한 결론을 향하는 논리적 연역에 의해서는 결코 해결될 수 없음을 알고 있었기에 거의 언제나 '다소간 개연적인'것으로 해답을 제시하였다. 예컨대 그들은 "이 상황에서, 이 조건이 주어지면, 당신은 이러저러한 방식으로 합리적인 확신을 갖고 행동할 수 있다. 그렇게 하면 경솔하거나 무분별하게 행동한 것이 아니라, 선한 양심에서 행동한 것이다."라고 말한 것이다.

요약하면, 중세부터 시작된 고등결의론의 방법은 전형과 유추에 의한 사례의 배열, 격률에의 호소와 상황 분석, 견해들의 질적 구분, 축적된 여러 논증과 근거를 활용하여 특정 도덕 문제에 대한 실제적 해답을 제시하려는 것이다. 그러므로 고등결의론자들에게 결의론이란 "전형과 유추에 근거한 추론의 절차를 사용하여 특정한 도덕적 의무의 존재와 그 엄중함에 관한 전문가적 견해의 형성으로 이끄는, 전형적인 행위 상황과 행위자의 상태 안에서만 확실하게 성립하기 때문에 일반적이기는 하나 보편적이거나 불변적이지는 않은 규칙과 격률에 의해 구성되는 도덕 쟁점의 분석"이었다고 말할 수 있다.

그러므로 중세 결의론자들에게 도덕적 지혜는 아리스토텔레스가 말하는 **실천적 지혜**와 같은 것이었다. 그것은 도덕성의 일반 규칙들, 격률들 그리고 원리들을 이해하는 것뿐만 아니라 그것들이 어떤 종류의 상황에서 어떤 유형의 사례에 적용되는지 혹은 안 되는지를 이해하는 것을 요구하며, 이것이 오히려 더 중요했다. 즉, 규칙뿐만 아니라 그 규칙들의 적용의 형평성, 즉 '상황으로부터 사례의 형평성을 파악하는 것'을 의미했다. 이와 반대로, 모든 도덕 원리를 보편적이고 불변하고 예외 없는 것으로 읽어야 한다고 고집하는 것은 두 방향 중 어느 한쪽으로 실제 도덕의 '형평'한 개념에서 멀어지는 것을 의미하였다. 두 방향 중 하나라는 것은 느슨하고 방종한 판단에서 '예외 인정'을 정당화하기 위해 사용될 수 있도록 모든 상황을 무시하는 것을 의미하며, 다른 하나는 더 '사변적인' 쟁점을 선호하여 모든 실제 요인을 제쳐 놓고 윤리 이론을 '공리와 추론'의 체계로 되돌리는 것을 의미한다.

15세기에서 16세기 사이에 큰 업적을 남긴 고전적 결의론자들은 '이론'과 '실제' 사이, 다시 말해 플라톤과 아리스토텔레스 사이에서 아리스토텔레스의 입장을 확실히 지지했다. 도덕 문제가 **실천적 지혜**(phronesis)의 영역 내에서 본질적으로 실제적이라고 간주한 그들은 분석의 분류학적 방식에서 의문의 여지가 없는 장점을 본것이다. 그들은 관련된 도덕적 '전형'과 '유추'의 범위를 탐구하면서 형평성의 문제에 직접 부딪쳤다. 그들은 윤리는 자명한 과학이 아니고 그렇게 될 수도 없다는 아리스토텔레스의 주장을 받아들였다. 그들은 보편적, 불변적 그리고 예외 없는 도덕 규칙을 가진 진지(眞知, episteme)를 찾고 도덕적 분석을 연역적 이론으로 전환

시키기를 바라며 보편적 원리만을 인정하고 예외적인 사례를 무시해 버리는 플라
톤적인 이상주의자들에게 분명한 반대 입장을 취했다. 즉, 중세와 르네상스의 전
문적 결의론자들은 윤리적 에피스테메에 대한 환상을 가지지 않았다. 그들의 도덕
적 탐구의 초점은 사례 분석, 즉 행위와 상황을 다른 종류들로 분류하고, '도덕 분
류학'을 인간 경험의 서로 다른 영역에서 전형적으로 일어나는 모든 진지한 문제를
다루기 충분할 만큼 풍부하고 정교하게 발전시키는 것에 머물렀다. 그들은 '궁극
적 지혜(sophia)'나 '진지(episteme)'에 대한 통찰을 주장하지 않았다. 오히려 그들은
보편적인 인간의 경험을 공유하지만, 경험으로부터 발생하는 문제에 대해 논증하
고, 그에 대해 사고하는 데 예외적으로 숙달된 사람들이었다. 무엇보다도 그들은
그러한 쟁점에 대한 실제적 해결을 형식화하는 데 경험이 풍부했다. 그들은 의사
가 전적으로 치료 불가능한 환자를 인정하지 않는 것만큼, 전적으로 해결 불가능
한 도덕 문제를 인정하지 않았다. 간단히 말하면, 고전 결의론자들은 '사례도덕'과
자연 이성(ratio naturalis)을 중요시하였으며, 맥락(context)에 초점을 맞춘 도덕 해
석을 확장시켰다. 그리고 그들의 이러한 방법은 15세기 후반부터 시작된 급변하던
당시 유럽의 사회적이고 역사적인 요구에 매우 유용한 것이었다.

그러나 17세기 결의론의 비판자들, 특히 파스칼은 예외적인 조건들이 요구하기
만 하면 결의론자들은 기꺼이 도덕 원리의 예외를 허용한다고 보았고, 이는 가장
엄격한 준수가 필요한 시기에 도덕성의 주장에 대하여 느슨함을 장려한다고 생각
했다. 이러한 관점에서 결의론자들의 **실천(practice)**은 파스칼에게는 불완전하기 짝
이 없었다. 동시에 결의론자들 자신이 고백한 일반 원리에 내포되어 있는 결론을
고수하는 데 실패한 데서 파스칼은 그것을 지적으로 수용할 수 없는 것으로 보았
다. 이 수학 천재에게는 논리적 일관성에 대한 이런 무관심은 확실히 그들 **이론의
중대한 결함**이었다. 다만, 개연론에 대한 이러한 비판은 너무 과장된 것이었다. 하
지만 이 비판은 널리 받아들여졌고 개연론은 열등한 학문, 아니 학문의 영역에서
가치 없는 것으로 여겨져 잊혔다.

하지만 **이론의 추상적 문제**(abstract matters of theory)보다는 **실제의 구체적 쟁점**
(concrete issues of practice)에 우선권을 준 중세 결의론의 전통은 오늘날 다시 부활
하였다. 그때 이루어진 결의론적 도덕 문제 해결 방식은 오늘날에도 긴급한 공공

문제의 실제적 해석을 위해 좋은 해결 방법을 제시하기 때문이다. 예를 들어, 핵무기가 초래한 현대의 도덕 문제를 진지하게 논의하는 사람도 전쟁의 도덕성에 관한 결의론자들의 분석을 활용할 수 있다. 그들은 이미 어떤 전쟁에서든지 '전투원'과 '비전투원' 간의, '필수적인' 무력과 '불필요한' 무력 간의, 정당한 국가 목적을 위한 '허용 가능한' 또는 '허용할 수 없는' 무력 사용 간의 구별을 해 놓았기 때문이다.


## 5. '실천적 지혜'의 중요성을 강조하는 결의론의 재등장

실천적 지혜(phronesis)는 아리스토텔레스의 분류학대로 하면 학문의 영역에 속하지 않는다. 그러므로 윤리학은 엄밀한 의미에서 학문이 아니다. 그렇지만 이러한 생각은 근대 철학, 특히 칸트 이후 서양윤리학의 입장에서 본다면 참으로 용납하기 어려운 것이다. 윤리학이 고전적인 의미에서의 학문의 영역에 속한다고 확신하며 도덕분류학(moral taxonomy)을 추구한 근대의 일단의 윤리학자들에게 이러한 생각은, 그것이 바로 학문을 정의한 아리스토텔레스 자신이 자신의 『니코마코스 윤리학』에서 진술한 것이라고 하더라도, 이해할 수 없고 받아들일 수 없는 것이었다. 그들은 보편타당한 도덕적 원리가 있다는 확신을 가지고 그것을 정립하고 그 세계를 구축하려는 각별한 노력을 경주하였기 때문이다.

그리고 이러한 입장에 서 있는 대다수의 사람은 '윤리적 원리'나 '도덕적 규칙'들이 윤리의 전부(exhaustive)라고 생각하는 경향이 있다. 즉, 도덕적 이해가 요구하는 것은 권위 있다고 받아들여질 수 있는 몇몇 규칙을 준수하는 것이 전부라고 생각한다. 이런 입장에서는 철학적 또는 윤리학의 중심 과제는 단순히 무엇이 특정한 종류의 규칙들을 스포츠나 게임의 규칙, 신중한 투자의 규칙 혹은 사회적 에티켓의 규칙 등과 대비되는 '도덕적' 규칙으로 만드는가 하는 것이다.

또한 이 입장에 선 이들은 특정한 규칙과 원리가 분명히 있으며, 이것은 단지 지금 여기에서뿐만이 아니라 영원하고도 불변적인 것이라고 본다. 그러므로 이러한 입장에 서 있는 이들에게는 일반적 규칙과 격률(maxim)은 논쟁의 대상이 되지 않는다. 그것은 의심할 여지가 없는 자명한 이치(truism)이기 때문이다. 그들은 그러한 규칙을 공유하지 않는 사람들을 '도덕적 장님'이자 전혀 존중받을 자격이 없는 사람들로 간주한다. 이런 독단성은 정직하고 양심에 입각한 도덕적 견해들 간의 차이에 대한 여지를 거의 남겨 주지 않는다. 그러므로 이것은 '도덕기하학(moral geometry)'의 일종이라고 말할 수 있다(Jonson & Tulmin, 2011, p. 20).

헨리 시지윅(Henri Sidgwick)의 『윤리학의 방법』(1874)은 도덕철학자들의 관심을 실제 삶의 특정한 쟁점들로부터 윤리 이론과 '메타윤리' 이론이라는 더 추상적이고 보편적인 쟁점으로 돌리는 데 일조하였다. 그래서 19세기 중엽부터 윤리학은 실제 적인 쟁점과 사람들이 그들의 실제 도덕적 삶에서 직면하는 특정한 상황에 대해서 는 거의 말하지 않고, 윤리 전체에 걸쳐 적용되고 특정한 종류의 도덕적 판단 사이 에서 중립적인 형식적 해석이나 정의, 그리고 다른 일반적인 것에 관심을 갖는 것 을 더 좋아하였다. 따라서 이들 사이에서 사례 도덕(case morality)의 악평이 더해만 간 것은 당연한 일이었다고 할 수 있다(Jonson & Tulmin, 2011, p. 37).

그렇지만 다른 쪽에 선 사람들이 있다. 모든 시대와 모든 문화에 걸쳐 사람들에 게 구속력을 가지는 영원한 윤리적 원리의 묶음을 정의하려는 모든 시도를 무용한 것으로 간주하여 거부하는 사람들이다. 현대의 결의론자들(mordern casuists)이라 불리는 이들은 원칙론자들이 내세우는 독단적인 입장에 대한 대안으로 각각의 국 가와 문화 그리고 시대가 지니고 있는 세계관이나 가치관의 울타리 안에서 자신의 규칙을 결정하고 그것에 의거한 삶을 허용해야 한다는 입장을 표명한다. 또한 이 러한 입장에는 대부분의 도덕사회학자가 함께 서 있다. 이들은 우리가 윤리의 핵 심으로서 규칙과 원리만을 수용하게 되면 절대주의와 상대주의 사이의 중간 지점 은 발견될 수 없다고 본다(Jonson & Tulmin, 2011, pp. 47-48).

오늘날 교육의 흐름은 몇 가지 중요한 요소를 내포하고 있다. 첫째, 지식이나 원 리의 단순한 습득과 적용이 아니라 구체적인 경험에서 나오는 실천적 지혜와 도덕 적 판단 능력을 기르는 데 중점을 둔다. 둘째, 이러한 지혜와 능력은 학습자에게 의 미 있고 중요한 경험을 제공하는 구체적인 상황과 맥락에서 창출되며, 반성적 사 고 과정을 통해 스스로 구성해 가는 것이라고 본다. 그리고 이러한 상황은 서로가 정보를 교환하면서 함께 지식을 만들어 가는 공동체와 같은 사회적 맥락에서 일어 난다는 것이다. 셋째, 이러한 구성 과정은 개인의 독자적인 인지 활동과 더불어 사회적 협동 속에서 이루어진다. 이미 듀이는 도덕 발달이 사회 갈등 상황과 맥락에서 사회적 상호작용으로부터 일어난다고 지적한 바 있다.

이러한 관점에서 보면 구체적 상황과 맥락에서 경험적 지식을 이끌어 내는 결의론은 기존의 인성 교육의 방법이 지닌 단점을 보완할 수 있다는 점에서 새로운 인성 교육 방법론이 될 수 있다.

사실 보편적인 원리를 제시하는 것만으로는 오늘날 우리 사회에서 발생하고 있는 복잡한 도덕적 문제해결에 실질적인 도움이 되지 못한다. 그러므로 연역주의에 기초한 원칙주의나 전통적 인성 교육 방법론의 문제점을 극복하려면 구체적이고 특수한 상황과 맥락을 주목하는 새로운 방법론이 필요한 것이다. 이것은 아리스토텔레스가 말한 바로 그 실천적 지혜(phronesis)를 의미한다고 말할 수 있다. 실천적 지혜는 구체적인 사례에 대한 경험적 사실의 토대 위에서 작동하며, 또 일상 생활의 관행과 사례는 그것이 실천되는 적절한 문맥하에서만 이해 가능하기 때문이다. 그러므로 인간 삶과 직접적인 관련을 맺고 있는 윤리적 사태들과 그 속에서 실현되는 올바른 인성 교육은 반드시 문제가 발생하는 구체적 맥락이나 상황, 역사, 이데올로기, 문화 등을 필연적으로 고려해야만 한다.

결의론이 현대에 다시 부활한 이유는 도덕적 논쟁을 해결하는 데 기존의 이론적 모델인 연역주의가 실패하였기 때문이라고 말할 수 있다. 기존의 도덕 이론과 원리를 사례에 연역적으로 적용하는 방법과 달리, 결의론은 개별 사례의 미묘한 차이를 해석하는 방식으로 실천적인 문제해결을 강조하는 방법이다. 즉, 연역적인 방법론에서는 원리가 사례에 이미 선험적으로 존재하는 것으로 간주되었으나, 결의론에서는 윤리 이론이란 사례 자체에서 '발견되는' 것으로 본다. 결의론자들은 도덕적 믿음과 지식은 보편적인 이론에 절대적으로 의지하는 것이 아니라 사례에 대한 숙고를 통해 점차 발전한다고 생각한다. 그래서 결의론은 특정 상황 속에는 이미 도덕 원리가 들어 있다는 '이론에서 이끌어 내는(theory driven)' 방법과는 대조적으로 우리의 도덕 지식은 구체적인 사례를 분석하여 증가하는 식으로 개발(case driven)되어야 한다는 것이다.

결의론은 도덕철학자나 정치적 설교자 같은 사람들이 보편적 규칙과 불변의 원리에 부과한 과도한 강조를 교정하는 방법론이라고 말할 수 있다. 결의론은 현대의 도덕철학자들이 전혀 인정하지 않으려는 도덕 이론의 확실한 특징, 실제 사례의 확실한 상황과 실제의 도덕적 딜레마에 직면할 때 사람들이 인용하는 특정한 격률을 진지하게 고려한다. 실제적인 수준에서 사례들의 특정한 **유형들** 사이의 유사점과 차이점을 고려하여 '양심 사례'로서의 '도덕적 딜레마'에서 헤어나지 못하는 이론 윤리에 대한 대안적 접근을 시도하는 것이다.

사실 우리의 윤리적 상황은 어떤 하나의 단순한 규칙에 의해 해결되지 **않으며**, 도덕적인 의문과 쟁점을 발생시킨다. 이를 해결하기 위한 방법은 원칙주의 입장에서는 결코 주어지지는 않는다. 경계선상에 있는 사례들에서 발생하는 모호성을 해결하는 데서 일반적인 규칙과 격률은 그 자체만으로는 절대로 규칙으로 사용될 수 없다.

'결의론'을 부활시키려는 것은 과거 그 단어가 지니고 있던 영광을 재현하자는 것이 아니다. **특정한 도덕적 혼란 혹은 관련 사례**(cases of concern)의 실용적인 해결을 위한 기술을 부활시키자는 것이다. 아리스토텔레스가 언급한 것처럼 윤리적 상황은 우리가 실천(practice)의 영역을 향하여 이론(theory)의 영역을 떠날 수밖에 없도록 만들기 때문이다.

실제의 영역에서는 확신이 더 이상 이론의 영역에서와 같이 정의, 일반 원리, 공리에 대한 사전 이해를 요구하지 않는다. 오히려 그것은 특정한 상황의 축적된 경험에 의존하고, 이 실제적 경험은 모든 이론적 과학의 이론적 인식, 즉 에피스테메(*episteme*)와는 다른 한 가지 지혜, 즉 **실천적 지혜**(phronesis)를 제공한다. 아리스토텔레스의 근거에 의하면 원리와 사례 사이의 이 역전적 관계는 본질적으로 '이론적'이기보다는 '실천적'인 지식의 분야에서 전형적이다(『결의론의 남용』, p. 32 참조).

그러므로 현대의 결의론자(casuist)들, 결의론적 공동체주의자들을 비롯한 도덕 사회학자들은 『니코마코스 윤리학(Nicomachean Ethics)』에서의 '덕'의 의미는 아리스토텔레스가 의미한 바의 본래의 것, 즉 '실천적 지혜(phronesis)'의 의미로 되돌아가 논의되어야 한다고 주장한다. 이러한 입장을 우리는 도덕 개연론(moral probablism)의 입장이라고 부를 수 있다. 이러한 입장에서는 연역추리나 귀납추리 외에 유비추리가 갖는 장점을 받아들인다. 그리고 도덕적 행위에 대한 아리스토텔레스의 해석과 그 이후 중세에서 근대 초까지 널리 사용되었으며, 유대교와 회교의 도덕 관행과 유사한 성격을 갖는 고해 신학과 사목 신학의 '사례 방법(case method)'을 다시 받아들이려고 한다.

우리는 결의론적 방법은 아리스토텔레스가 실천적 지혜에 부과한 권한과 마찬가지로 실천(Practice)의 영역을 향하여 이론(Theory)의 영역을 떠나는 것이라고 말할 수 있다. 이러한 결의론의 원리는 다음과 같이 정리해 볼 수 있다.

## 1) 사례 중심적 접근

중세 가톨릭 신부들이 이용한 결의론이 현대 생명의료윤리학에서 부활된 이유는 도덕적 논쟁을 해결하는 데 기존의 이론적 모델인 연역주의가 실패하였기 때문이며, 또 의료인들이 가지고 있는 사례 중심적(case-based)인 사유 경향 탓이라고 할 수 있다. 기존의 도덕 이론과 원리를 사례에 연역적으로 적용하는 방법과 달리 결의론은 개별 사례의 미묘한 차이를 해석하는 방식으로 실천적인 문제해결을 강조하는 방법이다. 즉, 연역적인 방법론에서는 원리가 사례에 이미 선험적으로 존재하는 것으로 간주되었으나, 결의론에서는 윤리 이론이란 사례 자체에서 '발견되는' 것으로 본다.

## 2) 패러다임 사례와 유비추론

결의론(casuistry)은 '사례(case)'를 분석의 단위로 하며, 도덕적 문제들을 해결하기 위해 패러다임 사례(凡例, paradigm cases)와 유비추론(類比推理, analogy)에 기초해서 접근하는 방법이며, 구체적이고 개별적인 도덕 문제에서 일반적인 도덕 원리로 나아가는 상향적 방법(bottom-up)이다. 패러다임 사례와 유비추론은 아리스토텔레스의 논리학에 기초한다.

결의론에서 패러다임 사례는 그 유형 안에서 가장 명백하고 논의의 여지가 없이 옳거나 혹은 그른 경우를 증명하는 사례다. 즉, 패러다임 사례는 상황이 아주 분명하고 관련된 규범이 모호하지 않고, 논증의 필요가 없으며, 반증이 거의 없는 사례를 말한다.

유비추리(類比推理, analogy)란 두 개의 대상이 일련의 속성이 동일하다는 사실에 근거해서 그것들의 기타 속성도 동일하리라는 결론을 끌어 내는 추리다. 즉, 하나의 유(類)에 속하는 종(種)이나 개체(個體)에 적용할 수 있는 명제(命題)는 같은 유에 속하는 다른 종이나 개체에도 적용할 수 있다는 것이다. 존슨(Jonsen)은 또한 결의론에서의 추론을 기계적이고 수학적인 추론과는 달리 본질적으로 신중한 추론(prudential reasoning)이며, 아리스토텔레스가 서술한 바 있는 실천적 지혜 (phronesis)라고 한다.

결의론적 방법의 적용은 전통 윤리 이론과 원칙에 근거한 방법론이 구체적으로 어떤 경우에 이론의 추상성과 원칙들의 잦은 충돌로 실질적인 문제해결을 보이지 못하는 것에 반해, 구체적 사례 분석을 통하여 상황과 맥락을 고려한 구체적이고 실질적인 의사결정에 이르게 할 수 있다. 또한 이를 교수-학습에 적용할 수 있는데, 그것은 결의론적 학습 모형을 만들어 생명의료 윤리 관련 강의에서 학생들이 실제 사례를 분석하고 의사결정을 하도록 한다. 결의론적 접근에 의한 사례 분석은 구체적 사례를 학생들에게 제시하고 유비추론을 통해 패러다임 사례와 비교하도록 함으로써 의사결정을 올바로 내리는지와 그 과정들을 살펴볼 수 있는 방법이다. 그러므로 결의론적 방법에 의한 도덕적 결정을 훈련하는 수업은 인성 교육의 구체적 방법으로 활용될 수 있다.

성공회 도덕학자이기도 한 케네스 커크 주교(Bishop Kenneth Escott Kirk, 1886~1954)는 그의 저서 『양심과 그 문제들(Conscience and Its Problems)』에서 결의론의 방법이 사례 추론에서의 분류의 방법이며 개개의 차이를 고려하여(mutatis mutandis)하는 것임을 다음과 같이 설명한다.

결의론은 오래된 사례를 새로운 문제에 적용하는, 새로운 것이 본질적인 측면에서 언제 옛 것에 부응하게 되는지를 발견하게 되는 과정이며, 그래서 동일한 원리가 둘 다에게 적용된다. 각각의 원칙의 타당한 실례를 우리가 더 많이 모을수록 통상적인 상황에서 그것의 적용 가능성에 관한 의심의 여지가 줄어들 것이고, 사건을 더 조사하는 것이 불필요할 만큼 매우 포괄적인 정의에 도달할 희망이 더 커질 것이다. 그러면 그 법은 행위의 영역에서 지금까지는 미리 알 수 없던 영역과의 관련하에 정의될 것이다. 지금까지 정의되지 않던 것의 그런 모든 정복은 사실 결의론의 성과다.

존슨에 의하면 이러한 결의론은 3개의 범주를 갖는다. 형태학(morphology), 분류학(taxonomy), 동력학(kinetics)의 세 가지가 그것이다(Cf. A. R. Jonsen, Casuistry as methodology in clinical ethics in *Theoretical Medicine*, 1991).

- 형태학(morphology)이란 하나의 도덕적 사례를 구성하는 바가 무엇인지를 해명하는 작업으로, 사례는 사실적 상황과 이와 관련된 도덕 규범의 구조를 이룬다. 결의론에서 첫 번째 과제는 이 구조를 식별하는 것이다. 따라서 결의론에서의 형태학은 주어진 도덕적 사례의 상황과 관련된 도덕 규칙을 밝히고 나서, 이에 따라 주장, 이유, 정당 근거, 이론적 배경, 한정적 조건 등으로 논증 구조를 밝혀 주는 역할을 수행한다.
- 분류학(taxonomy)은 사례들을 범주별로 분류하고, 하나의 범주에서 다시 일정한 순서로 배열하는 것으로, 도덕적 추론을 안내하는 패러다임 사례들의 집합을 이용한다. 즉, 주어진 사례를 어느 패러다임 사례에 위치시킬지를 결정하는 것이다. 사실 분류는 모든 학문의 기초다. 이미 아리스토텔레스는 분류가 논리학은 물론 모든 학문의 기초임을 밝혔다. 그러므로 '주어진 사례가 어느 패러다임 사례에서 위치하는가' 하는 것은 분류학의 가장 기본적인 문제인 셈이며, '어디에 위치시키는가'에 따라 도덕적 답이 달라진다.
- 동력학(kinetics)은 바로 이러한 패러다임 사례에서 주어진 사례로의 도덕적 움직임(moral movement)을 말한다. 즉, 패러다임 사례와 그와 유비적으로 대비되는 사례에서의 도덕적 판단의 변화를 의미한다. 마치 움직이는 당구공이 정지해 있는 다른 공에게 물리적 힘을 전달하듯이 하나의 사례가 다른 사례에 도덕적 움직임을 전하는 것이 동력학이다.

존슨에 의하면 결의론의 이 세 범주를 적절하게 잘 활용하면 지금 문제로 주어진 사례를 해결하는 구체적인 방법을 도출해 낼 수 있고, 아리스토텔레스가 말하는 '실천적 지혜'를 획득할 수 있다. 그런 의미에서 결의론은 새롭고 더 까다로운 사례를 다루는 데서 비교의 대상, 즉 전형으로 작용할 수 있는, 잘 분석된 '유형 사례'를 신뢰하는 분류학이다. 그리고 그 분류학이 작동하는 방식은 그러한 실제 분야에서 일하는 인간 행위자들이 사용할 수 있는 종류의 확실성에 대해 불가피한 한계가 있음을 존중한다. 특정한 사례에 관해 가장 확신이 가는 견해도 새로운 고려사항이 나타나면 의문시될 수 있다. 그러므로 가장 강력하게 지지되는 실제 견해도 필연적 추정이 아닌 개연적이고 잠정적인 추정의 결과로만 제시될 수 있다. 그 특정 사례에 대한 새로운 사실의 발견이 그것을 반증하거나 혹은 그에 대한 이전의 견해를 더 세분화(qualify)할 것을 강제하기 때문이다.

그러므로 결의론자들의 분석은 필연적 연관성을 볼 수 있는 눈을 가진 누구나 판단할 수 있는 형식적인 증거에 관심을 갖지 않는다. 그것은 관습법(common law)의 논증이나 의학 진단이 그런 것과 마찬가지다. 역사적으로 그들의 논증은 실천적 지혜(phronesis)에 대한 아리스토텔레스적 전통과의 계보학적 연결을 보여 준다. 그 논증들은 잘 구성된 모임에서 제시되었고, 경험이 풍부한 전문가 청중에게 설득력이 있을 것이 요구되었다. 이런 측면에서, 그것들은 그 설득력이 단순히 내재적 내용뿐만이 아니라, 그것이 제시되는 상황에도 의존했던 수사학적(修辭學的, rhetoric) 분석이었다. 그것은 '판단력이 풍부한 사람(phronimoi)'이 전개하는 것에, 그리고 '합리적이고 이해심이 많은 청중'을 발견하는 것에 달려 있었다.

결의론적 추론에 수사학적 특징이 있다는 것은 결의론자들의 논증이 속기 쉬운 대중을 기만하기 위해 꾸며졌다는 것을 의미하지 않는다. 만약 키케로나 아퀴나스와 같은 대철학자 혹은 아조르와 같이 결의론에 대해 깊이 연구하고 많은 중요한 문헌을 남겨 놓은 이들의 어떤 도덕적 주제에 대한 견해가 지명도가 낮고 평범한 권위자들보다 더 큰 비중을 가진다면, 그것은 현대의 의사들이 평균적인 평범한 의사의 견해보다는 경험과 판단을 신뢰할 수 있는 동료의 임상적 소견에 더 주목한다는 사실과 마찬가지의 의미를 가지는 것이었을 뿐, 그것이 비합리적인 것은 아니었다.

물론 결의론의 '전문가들'이 모든 도덕적 당혹에 대해서 인간 삶의 가장 풍부한 직접적 경험을 항상 갖고 있지 않았다는 것은 사실이다. 그러나 검사도 범죄자로서의 직접 경험을 가지거나 필요로 하지는 않는다. 법과 도덕에서 가장 중요한 것은 완전한 치밀함과 상세함으로, 모든 특정한 사례의 관련된 특징들, 다시 말해 '행위의 상황들'과 '행위자의 상태'를 모두 인식한 뒤, 재판의 경우 배심원에게 그렇게 하듯 관계하는 청중에게 그 특징들을 충분히 합리적으로 제시하는 능력이다.

실제 추론에서는 항상 그런 것처럼 결의론은 보편적이고 불변적인 일반화에 대해서는 제한된 조망만을 제공하였다. 만약 고전적 결의론자들이 그들의 판단을 보편화하거나 '절대로'라고 말하는 것을 망설였다면, 그들은 부언(obiter dicta)을 삼가고 직접적인 사례의 사실 이상의 견해를 제시하기 거부하는 대법원 판사처럼 행동한 것이다. 판사가 그러는 이유는 그들이 어떤 미래의 사례 안에서 일어날 수도 있는 문제들, 그들이 고려하기에는 아직 불가능한 상세한 사실들에 대해 편견을 갖고 '예단하는 것'을 두려워하기 때문이다. 관습법(common low)에서와 마찬가지로 실제 도덕에서도 판단을 일반화(generalizing)하는 방식에서 우리가 할 수 있는 최선은 '제한적인' 규칙과 격률을 공식화하는 것이다. 즉, 이러한 일반화는 규칙과 격률이 이미 정의된 전형 사례에 충분히 근접한 사례에서만 의심의 여지가 없이 적용될 수 있음을 인식하는 것이다.

그러므로 일반 규칙으로부터의 모든 필요한 추측과 추론 이상으로, 특정 사례의 사실이 관련된 전형의 사실과 얼마나 근접해 있는지에 관한 도덕적인 그리고 법적인 판단이라는 또 다른 더 기초적인 문제가 놓여 있다. '명예 훼손'은 '지갑 도난'과 얼마나 가까운가? '적대적인 심문자에게 신앙을 숨기는 것'이 '충실한 친구에게 하는 거짓말'에 얼마나 가까운가? 혹은 '위험한 벤처사업에 자본을 투자하는 것'은 '필요한 이웃에게 돈을 빌려주는 것'과 얼마나 가까운가? 이런 종류의 질문에 대한 대답과 관련된 종류의 지혜는 바로 아리스토텔레스가 실천적 지혜(phronesis)로 기술한 개인적 재능이다. 그것은 단지 일반 규칙을 배우고 타당한 추론을 하는 능력만을 요구하지 않는다. 그것은 오히려 어떤 특정한 실제 사태에서 모든 상세한 상황이 주어졌을 때, 무엇이 에피케스(epieikes), 곧 형평성을 갖추고 있는지, 공정한지, 적당하고, 합리적인지를 파악하는 것, 혹은 그런 감각을 갖는 데 그 중요성이 놓여 있다. 아리스토텔레스의 프로네시스(phronesis), 즉 실천적 지혜를 획득하려는 결의론적 방법을 종합하여 정리해 보면 다음과 같다.

- 충분한 가능성을 지녔다는 의미에서의 개연성(probability)을 중시하고,

- 유비추리(analogical inference)와 이를 위해 필요로 하는 범형(paradigm)을 제시하고 검토하며,

- 충분한 숙고(prudence)의 과정을 거쳐 형성된 양심에 대해 깊은 신뢰를 보이고,

- 구체적인 상황과의 관계 아래에서의 격률을 사용하고 적용하며,

- 앞의 모든 것에 근거한 사례 분석을 통해 해답을 제시하는 것이다.

(Jonson & Tulmin, 2011, pp. 267-282)


그러므로 아리스토텔레스의 '실천적 지혜'의 의미에 기초해 제시되는 이러한 결의론적 문제해결 방법은 오늘날 우리가 당면해 있는 교육 현장에서의 다양한 갈등을 해결하는 데 매우 효과적일 수 있을 것이다. 또한 인성 교육을 '실천적 지혜'교육으로 보고 그것을 확득하는 방법론으로서의 결의론을 인성 교육 방법으로 활용한다면 막연하고 모호하게 사용되는 '인성 교육'이라는 용어의 의미도 더 분명해지며, 윤리 · 도덕 교과에서만이 아니라 '모든 교과에서의 인성 교육'의 당위성과 가능성의 문제가 해결될 것이다.


## 6. 인성 교육 방법론으로서의 결의론의 의의

결의론에서 사용하는 사례들(cases)은 교육 현장에서 많이 사용되는 내러티브(narrative)나 이야기(story) 등과 매우 유사하다. 이러한 사례나 이야기는 현재 교수–학습의 중요한 자료로 이용된다. 이야기는 기억, 가정, 상상력 등과 중요한 연관성이 있고, 이야기의 공상적 요소들은 강력한 가상의 경험을 통해서 실제 경험에 관해 더 분명하게 반성해 볼 수 있도록 한다. 또한 이야기는 성격, 사건, 경험, 맥락 같은 인간의 관심사에 몰두하게 하는 이점이 있다. 그래서 여러 유형의 이야기를 통해 타인을 관찰하고 생각함으로써 자신 스스로를 바라볼 수 있게 하며, 나아가 공동체의 일원이 되게끔 이끌기도 한다. 영어 교과에서 주로 사용하는 스토리텔링(Story-telling)이나 국어 교과의 문학 작품을 이용한 수업 그리고 사회 · 도덕과에서 주로 하는 탐구 공동체 수업 등은 이러한 사례의 효율성을 잘 보여 준다고

하겠다.

또한 결의론은 상담과 윤리 교육에서 종종 사용되는 '서사 윤리(narrative ethics)' 방법과 유사하며 윤리적 딜레마를 내담자 개인의 생애 가운데에서 이해하게끔 이끌고, 상담자가 내담자가 처한 특수한 상황을 고려한 도덕적인 판단을 하도록 도와준다. 그래서 상담자가 내담자들의 구체적인 삶과 문제, 가족력 등의 이야기를 듣는 가운데 자신이 이 내담자를 담당하는 상담자라면 어떻게 이 내담자를 도울 것인지, 자신은 앞으로 어떠한 상담교사가 되어야 할 것인지 등의 그들의 도덕적 상상력을 키워 줄 수 있다.

그러므로 사례의 중요성에 주목하고 이를 토대로 한 결의론은 복잡한 문제를 해결하기 위해서 추상적인 이론보다는 사례 분석을 통한 경험의 획득을 중시하고, 도덕적 문제와 비슷한 사례와 예외적인 사례를 다루어 도덕적 판단을 이끌어 내는 훈련을 용이하게 한다. 특히 의료 정책의 입법화나 제도화 과정에서 의료 윤리에 관한 기존의 대표적인 판례나 선례 등이 큰 역할을 담당한다는 점에서 결의론자들의 주장은 큰 설득력을 얻고 있다.

전통적으로 사용하던 '덕(virtue)'의 개념을 아리스토텔레스가 생각한 '실천적 지혜(phrnesis)'의 의미와 연관 짓고, '윤리'의 의미를 '실천적 지혜에 대한 교육'으로 보면, 우리에게 주어진 '모든 교과에서의 인성 교육'이라는 교육목표 설정이 불가능하거나 지난(至難)하다는 선입견에서 벗어날 수 있다. '실천적 지혜'의 개념이 한편으로는 전통적으로 사용하던 윤리·도덕적 의미에서의 '좋음 = 덕(goodness = virtue)'과의 연관성을 잃지 않을 뿐만 아니라, 현대 교육 용어로서의 능력 및 적성(competency)의 개념에까지도 의미가 확장되기 때문이다. 그러므로 아리스토텔레스가 말하는 '덕'의 개념을 '실천적 지혜'와 연관 짓는 것은 '윤리'의 본래 의미를 되살리는 것일 뿐 아니라, 서론에서 문제로 제시한 '인성 교육이란 무엇인가?' '모든 교과에서의 인성 교육이 가능한가?'라는 질문에 대한 답을 제시할 수 있으며, '새롭게 요청하는 인성 교육'과 '기존의 윤리·도덕 교육'의 관계 설정을 분명히 할 수 있다.

실천적 지혜를 증강시키기 위한 구체적 방법으로는 현대 결의론자들이 전통적 결의론자들의 입장을 반영하여 제시하는 앞의 다섯 가지, 즉 개연성(probability),

유비추리(analogical inference)와 범형(paradigm), 충분한 숙고(prudence)와 양심, 상황과 격률, 사례 분석과 해답 도출의 방법을 활용할 수 있을 것이다. 문제를 올바르게 해결하는 방법 찾기로서의 결의론(cauistry)이라는 방법론이 바로 아리스토텔레스의 '실천적 지혜'에 기초해 있기 때문이다. 이 방법은 과거에는 상상할 수 없던 현대사회에서 발생하는 복잡한 상황과 그 상황 속에서의 문제를 실제적이고 구체적이며 효과적으로 해결하는 데 도움을 주며, 그러한 자질과 성격과 능력, 곧 '인성'을 신장시키는 데 도움이 될 것으로 믿는다.

'실천적 지혜의 교육'은 기존의 '덕 교육' 개념으로부터 벗어나지 않으면서도 덕목들에 대한 가치 교육의 차원을 넘어서서 행복한 삶과 관련되는 지혜를 의미함으로써 '모든 교과에서의 인성 교육'이라는 우리의 교육목표 설정에도 도움을 줄 것이다.

물론 우리가 여기에서 주의해야 하는 것은 결의론의 가치와 효용이나 부활도 아니고, 아리스토텔레스의 중용의 덕이 정확히 어떤 의미를 지니는 것이며 우리의 해석에 오류는 없는가 하는 것 또한 아니다. 우리에게 중요한 것은 덕 교육에서의 덕을 윤리적 보편주의자 또는 윤리적 원칙주의자 입장이나 아리스토텔레스 자신이 주장한 그대로의 덕, 즉 참된 지식(episteme)이나 참된 지혜(sophia)가 아닌 실천적 지혜(phronesis)를 통해 얻어지는 행복한 삶과 중용의 덕을 중시하는 현대 결의론자들과 도덕적 개연론자들의 주장을 우리 인성 교육의 근본 방향으로 끌어들이는 것이다.

이것은 학문으로서의 윤리학이 불가능하다거나 윤리적 보편 원리와 규칙을 찾아내려는 노력이 무의미하다는 것이 결코 아니다. 다만, 윤리학의 본질에 대한 다양한 이론이 오늘날 우리의 교육 현실에 주어진 문제를 해결하는 데 도움이 되지는 않는다는 것이다.

그래서 우리는 현대 결의론자들의 견해를 빌어 오늘날 우리가 사용하는 '모든 교과에서의 인성 교육'을 윤리·도덕적 문제해결을 포함한 아리스토텔레스의 '실천적 지혜 교육'의 의미로, 그리고 인성 교육의 방법으로서 결의론적 방법을 사용하기를 제안한다.

# 제**9**장

## 시와 인성 교육

# 1. 언어예술 – 문학(시)

문학(文學)이란 무엇인가? 문학에 대한 사전적 정의는 언어를 예술적 표현의 제재로 삼아 새로운 의미를 창출하며, 인간과 사회를 참되게 묘사하는 예술이라는 것이다. 아마도 문학의 초기 형태는 춤추고, 노래하고, 말하는 행위가 분화되지 않은 형태였을 것이다. 이 춤추는 행위가 문학의 영역에 남은 것이 연극(演劇)이며, 노래하는 행위가 문학의 형태 안에서 시(詩)가 되었고, 말하는 것이 발달하여 산문(散文)의 이야기가 되었을 것이다. 그리고 언어를 제재로 삼는다는 점에서 우리는 문학을 텍스트들의 집합 중 하나라고 말할 수 있다.

고대 이집트나 메소포타미아나 그리스의 문헌들, 성서, 고대 인도와 중국의 문헌들, 함무라비 법전이나 로마법 등 모든 기록물이 광의에서 보면 문학이라고 말할 수 있다. 하지만 좀 더 일반적으로는 문학은 특정한 주제를 가진 이야기, 시, 희곡의 모음이다. 그리고 각각의 언어를 가진 민족과 국가들은 자신만의 고유한 문학을 가지며, 어떤 특정한 시대든지 그 시대의 사조와 양식(樣式)에 따라, 또 정치 사회 역사적 맥락에 따라 서로 다른 문학을 표출한다. 그러므로 문학을 분류하는 방법은 여러 가지이지만 그리스 문학, 로마 문학, 유대 문학, 영국 문학, 프랑스 문학처럼 민족과 지역과 국가를 중심으로 나누기도 하고 르네상스, 바로크 등의 양식사적 구분을 하기도 하고, 표현주의, 사실주의 등 사조별로 구분하기도 한다.

또한 어떤 경우에는 문자로 이루어진 텍스트만이 아니라 이미지나 조각, 문양(紋樣) 등의 상징적 기록을 문학에 포함시키기도 하지만, 보수적인 입장에서는 이에 반대하기도 한다. 이런 맥락에서 보면 새로운 예술 형태인 영화가 광의로서의 문학의 범주에 들어가는가, 아닌가 하는 문제도 하나의 논쟁거리라고 말할 수 있다. 영화도 분명 서사적 기능을 가지고 있기 때문이다.

하지만 어쨌든 문학의 본질은 언어 예술이라는 점이다. 그래서 일반적으로 문학은 전달(傳達) 수단이 말인 구전문학(口傳文學)과 문자인 기재문학(記載文學), 문체가 틀에 박힌 율문(律文)과 그렇지 않은 산문(散文), 내용이 현재적이며 주관적인 서정문학(抒情文學)과 과거형이며 객관적인 서사문학(敍事文學), 동작과 회화에 의한 극문학(劇文學), 서정과 서사의 중간에 위치하는 일기·수필·기행문·시론(詩論)·비평 등을 가리키는 자조문학(自照文學), 창작과 창작된 작품의 가치를 논하는 평론 등으로 구분된다.

이러한 문학은 언어를 표현 매체로 할 뿐만 아니라, 동시에 예술적으로 가다듬어진 언어를 사용해야 한다. 또한 미적(美的)으로 정화되고 정돈된 사상을 표현해야 하며, 유기적으로 통합된 하나의 구조를 가져야 한다. 그뿐만 아니라 개인의 특수한 체험을 작자의 상상에 의해 허구화(虛構化)한 것이라 할지라도 동시에 인간의 보편적 삶과 합일하는 것이어야 한다.

이러한 문학의 특성을 요약해 보면 다음과 같다.

### 문학은 허구(虛構, fiction)다

소설, 희곡은 물론이고 서사문학의 경우에도 그것은 작가의 주관과 상상이 가미된 허구이지 사실(fact) 그 자체는 아니다.

### 문학은 개연성(蓋然性, probability)을 지닌다

비록 그것이 사실 그 자체는 아니라도 충분히 그랬거나 그럴 가능성과 사실의 흔적을 담지하고 있다.

### 문학은 항구성(恒久性)을 지닌다

위대한 문학 작품은 시대를 초월하여 영원한 생명력을 가진다. 이것은 문학이 시대를 초월한 인간의 정서(情緒)를 다루어 감동을 주기 때문이다.

### 문학은 보편성(普遍性)을 지니고 있고, 또 추구한다

문학은 모든 인류의 공통적인 정서(情緒)를 다루기 때문에 위대한 문학 작품은 공간(空間)을 초월하여 모든 인류에게 보편적 감동을 줄 수 있고, 또 준다.

### 문학은 개성(個性)의 산물이다

문학은 개인적이며 개별적인 것이기 때문에 개성을 가진다. 문학은 주관적 체험의 표현이기 때문에 개성적이며 독창적이다. 문학은 이러한 주관적이고 개성적이고 독창적인 삶의 표현을 통해서 항구성과 보편성을 추구하며 획득한다.

그럼 이런 문학의 기능은 무엇인가?

일반적으로 문학의 기능은 쾌락적 기능과 교훈적 기능으로 나눈다. 모든 예술의 직접적 목적은 쾌락이며, 문학은 독자에게 고차원적인 정신적 즐거움이나 미적 쾌감을 준다는 입장에서 주장하는 것이 문학의 쾌락적 기능이다. 그리고 이와는 달리, 문학은 독자들에게 교훈을 전해 주고 인생의 진실을 보여 주어 삶의 가치와 세계의 본질에 대해 올바른 인식을 하게 해 준다는 입장에서는 문학의 교훈적 기능을 강조한다. 이러한 문학의 두 기능은 이미 플라톤에서 아리스토텔레스, 호라티우스, 롱기누스를 거치면서 그리스의 학자들에 의해 매우 심도 깊게 논의되었다.

## 2. 플라톤의 시(예술)관과 인성 교육

플라톤이 시를 포함한 몇 가지 형태의 예술에 대해 그토록 경멸적이던 이유는 예술 작품이란 진리로부터 적어도 세 단계 떨어져 있다는 그의 주장에서 연유한다. 즉, 참된 실재는 이 현상계와는 별도로 존재하는 영원한 이데아이며, 이 이데아를 모방한 것이 사물들의 세계, 곧 현상계다. 그러므로 그 사물에 대한 그림이나 서술은 모방의 모방일 뿐이다. 그래서 플라톤은 『국가』에서 세 가지 종류의 침대를 예로 들어 모방에 대해 설명하고 있다. 즉, 이데아 세계에 신이 만든 불변의 침대가 있고(침대의 이데아), 이것을 모방하여 목수가 만든 침대가 있으며(현상으로서의 침대), 화가 혹은 시인이 목수가 만든 침대를 모방하여 그리거나 서술한 침대가 있다고 말한다(모방의 모방으로서의 침대의 그림이나 시). 그러므로 예술은 참된 이데아 세계와는 너무 멀리 떨어져 있는 불완전한 것일 뿐이며, 지식을 왜곡하는 결과를 낳을 뿐이다. 그리고 바로 이 점이 플라톤의 예술관을 보편적인 형상이 우리가 존재하는 이 세계 안의 구체적인 사물들 속에 내재한다고 믿은 아리스토텔레스의 예술관과 반대되는 방향으로 나아가게 한 것이다. 즉, 시와 예술은 모방의 기술일 뿐이며 "모방의 기술은 그 자체가 열등한 것이며, 열등한 것과 결합하여 열등한 것을 낳는 만큼" 시인(예술가)은 당연히 이상 국가에서 추방되어야 한다고 플라톤은 여겼다.

사실 플라톤은 시와 예술에 관해 따로 책을 쓴 적이 없다. 그의 대화편 중 『이온(Ion)』 『파이드로스(Phaidros)』 『국가(The Republic)』에서 자신의 예술관을 피력했을 뿐이다. 그리고 이 세 대화편 속에서 시와 예술에 대한 플라톤의 태도는 복잡하고 상충하기도 한다. 예를 들어, 『이온』에서 플라톤은 시인들의 작품이 가치 있는 것이라 인정한다. 시인들이 신들로부터 받은 영감(靈感)은 신적 지식과 권위를 포함하고 있기 때문이다. 다만, 영감(靈感)과 테크네(techne, '기술' 또는 '예술')는 양립할 수 없으며, 시인들은 신들로부터 영감을 받아서 작시하는 것일 뿐이고 자신의 행위에 대해 정확히 알고 있지는 못한다고 한다. 또한 『파이드로스』에서는 신을 찬양하는 노래는 보고하는 형식의 예술로서 완전히 모방적인 예술인 비극이나 희곡과는 다르며, 서사시는 양쪽이 혼합된 것이라고 주장함으로써 시인에 대해 모호하고 유보적인 태도를 취한다. 하지만 플라톤 사상의 총결집이라고 말해지는 『국가』에서 보이는 플라톤의 시인에 대한 비판은 타협의 여지가 없이 단호하다. 예술은 참된 인식을 흐리게 하는 방해 작용을 한다는 것이다. 그 때문에 플라톤은 그의 이상 국가에 시인이 들어설 자리를 남겨 놓지 않았으며, 시인을 위험한 자들로 간주하여 그의 이상 국가에서 추방해야 한다고 한 것이다.

그렇지만 그는 예술을 시민을 교육하는 하나의 수단으로는 남겨 두었다. 이는 당시 아테네의 교육 제도를 수용한 것이다. 당시 아테네의 학교에서는 체육과 함께 가장 포괄적인 의미에서의 음악을 교육하였다. 체육이 교육의 중요한 부분을 차지하였지만, 체육마저도 아테네의 정교한 심미적 감각에 맞게 수정되어 교육되었다. 또한 아테네의 아이들은 체육 교육 이외의 일반 교육을 받기 위하여 별도로 시간을 내어 음악 학교(didas caleum)에 다니면서 '하프' 교육을 받았다. 이 학교는 처음에는 노래와 하프 연주와 같은 음악에 국한된 교육을 했지만, 점차 음악 외에 읽기, 쓰기, 셈하기 등의 교과도 교육하게 되었다. 프로타고라스의 음악 학교에 관한 다음의 언급이 이를 잘 보여 준다.

"아이의 부모와 친척은 아이가 말귀를 알아들을 수 있는 나이가 되면 아이의
교육을 시작합니다. 아이들이 좀 더 자라면 교사에게 보내면서 문자와 음악보다
는 아이의 품행에 훨씬 주의를 기울여 달라고 부탁합니다. 또한 아이가 글자를
배워서 글의 뜻을 알 나이가 되면 부모는 아이에게 위대한 시인의 작품을 주고 그
안에 들어 있는 수많은 훈계와 이야기, 옛날의 훌륭한 사람들에 대한 찬양을 읽고 외우
게 합니다. 그리고 시에 나오는 사람들을 모방하도록, 그 사람들과 똑같은 사람이 될
열망을 가지도록 가르칩니다. 마찬가지로 하프 교사도 제자가 절제하는 사람이 되
도록, 악행에 빠지는 일이 없도록 정성을 다하여 보살핍니다. 학생에게 하프 연
주를 가르치고 위대한 시인들이 쓴 여러 시에 음률을 붙여 함께 연주하게 함으로써 학
생의 영혼이 온통 화음과 운율에 젖도록 합니다. 이렇게 교사는 학생이 화음과 운율을
갖춘, 보다 온순하고 말과 행동에 막힘이 없는 사람이 되도록 합니다. 이후 부모는 아
이를 체육 학교에 보내어, 몸이 마음의 덕을 좀 더 잘 뒷받침할 수 있도록 하고
신체적 허약 때문에 전쟁에서나 그 밖의 어떤 경우에서든지 겁쟁이가 되지 않도
록 합니다."

당시 아테네에는 사설 체육 학교(palaistra)와 공립 체육 학교(gymnasion)가 나뉘
어 있었다. 하지만 2년간 체육 교사(paidotribe)의 전문적 지도 아래 신체 단련 운동
을 했다는 점에서는 같았다. 앞에서 언급한 것처럼 음악 교육과 사장 교육(詞章敎
育) 간에 점차 구분이 생겼는데, 기존의 음악 교사(kitharistes) 외에 읽기, 쓰기, 셈하
기 그리고 호메로스와 헤시오도스와 같은 위대한 시인의 시를 암송하도록 지도하
는 문자 교사(grammatistes)가 등장했다. 그러나 이러한 음악과 사장의 분리를 당시
보수적인 성향을 지닌 인사들은 못마땅하게 여겼다. 이전에는 악기가 하프에만 국
한되었는데, 가사와 곡조가 분리되고 피리와 같은 다른 악기가 기악 교육의 영역
으로 들어오게 되었기 때문이다. 그렇지만 플라톤이 살던 당시에는 이미 일류급의
소피스트들이 학생에게 논리학, 윤리학, 문학비평론 등 넓은 의미의 철학 교육을
제공하는 것이 일반화되었다. 또한 이소크라테스는 특별히 문체와 어휘 선정에 대

해서 가르쳤고, 말을 조리 있고 유식하게 하는 데 기초가 되는 실용적인 생활철학을 가르쳤다.

그렇지만 플라톤의 학교는 이소크라테스의 학교와 달랐다. 플라톤의 학교에서의 목표는 진리 탐구였으며, 실습이나 실제가 아닌 이론을 추구하였다. 이를 위해서 이 학교에서는 철학적 주장을 고정된 학설로 배우고 그것을 기억하는 것이 아니라, 소크라테스가 사용한 것과 같은 대화법을 이용하여 인간과 세계의 근본적인 이데아를 발견하는 것을 목적으로 하는 교육을 실시하였다. 수사학과 생활 철학과 같은 실용적인 학문보다는 수학이나 형이상학과 같은 비실용적 학문을 가르쳤다. 그러므로 예술(음악)과 문학(시) 교육을 단지 생활에서의 편의와 출세의 수단으로 삼는 생활철학을 가르치는 소피스트들에 대한 불만과 경멸이 있었을 것이고, 따라서 그들이 주로 가르치는 예술과 문학에 대한 비판적인 견해도 자연히 생겨났을 것이다.

이뿐만 아니라 플라톤은 완전한 지혜를 갖춘 철인이 다스리는 이상 국가를 꿈꾸었다. 그에 의하면 철인이란 일체의 지식을 탐구하며 기꺼이 배우려는 자, 배움을 끝없이 추구하며 학문과 지혜를 사랑하는 사람이다. 철인은 모든 지혜를 바라는 사람이어서 사물을 전체적으로 볼 수 있을 뿐만 아니라 선의 이데아에 대한 지식을 가지고 있는 사람이다. 또한 철인은 아름다운 사물들이나 아름다운 현상보다 그 자체, 즉 미의 이데아를 보는 사람이기도 하다. 철인은 육체적인 즐거움과 세속적 가치를 경시하며 사적 이해관계를 극복한 자이고 권력을 사랑하지 않으며 유혹에 빠지지 않는 자다. 따라서 철인이 국가를 다스려야 하는 것은 그가 선의 이데아에 대한 지식과 이에 바탕을 둔 정치적 기술뿐만 아니라 이러한 도덕적 자질도 갖고 있기 때문이다. 따라서 플라톤이 생각한 이상 국가는 이런 철인이 '지혜'의 덕으로 다스리고, 용기(Andreia)의 덕을 지닌 군인이 수호하며, 서민 계급은 욕심을 절제(Sophrosyhne)하는 관계가 잘 조화를 이루는 '정의'가 실현된 국가다.

그리고 이러한 이상 국가를 잘 다스릴 철인이 될 수 있는 자질을 갖춘 이를 뽑아 10세에서부터 시작하여 단계적으로 50세가 될 때까지 교육받아야 한다고 하였는데, 이때 교육받아야 할 과목으로 플라톤은 바로 체육, 음악, 수학, 논리학, 철학 등을 꼽았다. 그러므로 플라톤도 당시 아테네에서 행해지던 일반적인 교과목, 즉 체육과 음악(예술과 문학)을 이상적인 국가의 구성원이 되기 위해 필요한 기초 과목으로 기본적으로는 인정하고 있었던 것이다. 그러므로 우리에게 중요한 것은 예술가(시인)가 추방되어야 한다고 주장하면서도 예술(시, 음악, 문학)이 교육에 활용되어야 한다고 보는 바로 이 점이다. 플라톤이 모든 예술가를 무조건 자신의 이상 국가에서 추방하려고 한 것이 아니며, 모든 예술(음악과 미술)과 문학(시)을 검열하려고 한 것도 아니기 때문이다. 만약 예술과 문학 교육이 프로타고라스가 말한 것처럼 시 안에 들어 있는 수많은 훈계와 이야기, 옛날의 훌륭한 사람들에 대한 찬양을 읽고 외우게 하여 그들을 모방하며 그 사람들과 같은 사람이 될 열망을 가지도록 가르치며, 위대한 시인들이 쓴 여러 시에 음률을 붙여 함께 연주하게 함으로써 학생의 영혼이 화음과 운율에 젖어들며 학생들이 화음과 운율을 갖춘 온순하고 말과 행동에 막힘이 없는 사람이 되도록 하는 것이라면, 플라톤도 절대로 예술과 문학을 그의 이상 국가에서 추방하려 하지 않았을 것이다.

플라톤은 궤변을 늘어놓고 올바른 교육을 통하여 국가가 필요로 하는 훌륭한 인재로 거듭나야 할 청년들을 호도하고 나약하게 하고 약아빠지게 만들고 이기적으로 만들 가능성을 지닌 것들에 대해 사전 검열이 필요하다고 본 것이며, 그런 것을 가르치는 예술(음악)가 또는 시인(문학가)을 추방하려 한 것이다. 그러므로 이러한 플라톤의 생각은 시의 교훈적 기능을 생각하는 호라티우스의 생각과 같은 맥락에서 이해될 수 있으며, 문학을 통한 인성 교육을 논의하는 데서 충분히 검토되어야 할 가치를 지닌다. 올바른 인성을 교육하고자 할 때, 우리가 특히 고려해야 하는 것이 바로 어떤 텍스트를 활용할 것인가 하는 점이기 때문이다. 그런 면에서 우리는 적어도 인성 교육을 위하여 선택되는 문학 텍스트로는 타인을 배려하고 타인을 위해 자신을 희생할 줄 아는 올바른 덕성을 갖추도록 인간성을 더 고차원적으로 고양시키는 아름다움, 곧 숭고미를 지닌 텍스트를 선정해야 한다고 말할 수 있다.

## 3. 아리스토텔레스의 『시학』과 인성 교육

『시학(詩學)』의 원제는 'peri poietikes(Περί ποιητκῆς)'이며, 이는 오늘날 우리가 사용하는 의미에서의 '시에 관한 학문'을 의미하지는 않는다. 그리스어 poietikes 에서의 '-ke'는 기술(技術)을 뜻하는 'techne'의 의미를 지니고 있어서 본래의 제목에 충실하자면 '시작(詩作)에 관하여' 또는 '시 제작 기술에 대하여'라고 할 수 있다. 이는 다른 아리스토텔레스의 작품과 마찬가지로 이 저서도 출판을 위한 저자의 저술이 아니라 자신이 세운 뤼케이온 학원에서 강의를 하기 위한 초록, 곧 '에소테리카'이기 때문이다. 따라서 장(章)의 구별만 있을 뿐 그 제목은 붙어 있지 않다. 현존하는 26장은 대부분 비극론이며, 비극이 왜 서사시보다 우월한지를 설명하고 있다. 이 비극론에 이어 희극을 논한 제2부가 있었다고 하지만 남아 있지 않다. 그러므로 아리스토텔레스의 시학 이론은 사실은 연극으로서의 비극에 대한 이론인 셈이다. 하지만 호라티우스의 경우와 마찬가지로 아리스토텔레스는 비극론도 넓은 의미의 문학으로 이해하면 우리가 다루려는 문제, 곧 문학을 통한 인성 교육의 문제를 다루는 데에는 문제가 없을 것이다.

아리스토텔레스는 이 책의 첫머리에서 포이에시스(詩作)는 그 종류를 통틀어 모두 미메시스[Mimesis, 모방(模倣) 또는 모사(模寫)]라고 하였다. 이 점에서 아리스토텔레스는 그의 스승인 플라톤의 견해를 따르고 있다. 그러나 플라톤은, 뒤에서 살펴보겠지만, 춤이나 음악과 같은 화사한 것이나 서사시나 비극 등과 같은 시작품은 모두 참된 이데아에서 너무 멀리 떨어져 있는 모방에 불과하며, 이상 국가에서 필요로 하는 건강하고 강인한 청년들의 정신을 나약하고 빈곤하게 만들며 덕의 형성을 해치는 것이라 하여 이상 국가의 건설을 위한 교육 계획에서 배제하였다. 그러면서도 플라톤은 사회나 인간의 삶에 쓸모가 있다고 하는 변호가 있으면 그것을 용인하는 데 인색하지 않겠다고 하였다. 그러므로 아리스토텔레스는 이러한 플라톤의 주장을 받아들여 비극의 본질을 규명하면서 시작(詩作), 특히 비극이 우리의 삶에 큰 효과와 쓸모가 있다는 것을 역설적으로 해명한 것이라고 볼 수도 있다. 아리스토텔레스의 『시학』에 나오는 것은 오로지 서사시와 희곡(비극)에 관한 것이고,

서정시에 대한 언급은 없다. 그러나 당시에 서정시가 없던 것은 아니다. 기원전 7~6세기에 그리스에는 서정시가 널리 존재했다. 이 시기에는 귀족과 평민 사이에 계급적 갈등이 있었으며, 평민이 각성하고 세력을 형성하고 있었다. 그렇기에 귀족정치 시대에 널리 유행하던 서사시보다는 개인의 감정을 중시하는 서정시가 더 지배적인 역할을 했다. 이후 기원전 5세기경 민주정 시대에 와서 비로소 비극이 탄생했다. 그러므로 아리스토텔레스는 서정시에 대해 잘 알고 있었다고 보아야 한다. 따라서 우리는 아리스토텔레스가 『시학』에서 다루려 한 것은 시, 곧 문학 자체가 아니라 미메시스에 관한 것이었다고 볼 수 있는 것이다.

여기에서 파생되는 문제는 플라톤이 이해한 미메시스라는 개념과 아리스토텔레스가 이해한 미메시스라는 단어의 의미가 서로 미묘하게 다르다는 데 있다. 즉, 플라톤에게 미메시스는 전적으로 모방의 의미만을 갖는다. 그런데 아리스토텔레스의 『시학』에 나타나는 미메시스는 단순한 모방이 아니라 오히려 재현이라는 의미가 더 두드러진다. 아리스토텔레스가 말하는 미메시스는 단순한 '따라 하기(模倣)'가 아니라 능동적인 해석이 포함된 '다시 하기(再現)'이기 때문이다. 그것은 말하자면 모사가 아니라 또 하나의 창조적 행위인 것이다. 이러한 '재현'적 측면에서 시학을 새롭게 해석한 학자가 프랑스의 철학자 리쾨르(Paul Ricoeur)다. 그의 주저이기도 한 『시간과 이야기』는 바로 이러한 아리스토텔레스의 미토스와 미메시스가 가진 새로운 해석학적 지평을 열고 있다. 또한 리쾨르가 여기에서 다루는 문제가 바로 서사적 기법으로, 최근 우리의 교육 방법론의 영역에서 크게 주목받고 있는 것이다. 이제 아리스토텔레스의 시, 곧 비극에 대한 이론을 요약해 보기로 하자.

시는 미메시스(mimesis), 곧 모방 또는 재현이다. 그런데 이 모방은 수단과 대상과 양식이라는 세 가지 점에서 구별된다. 우선 시는 사용하는 수단에 의하여 구별된다. 운율만 사용하거나 혹은 운율 없이 화성과 율동만으로 미메시스, 곧 모방 또는 재현하는 것들을 말하는데 서사시와 비극, 희극, 합창가 같은 것들로 이뤄져 있다(1장). 또한 시는 그 대상에 의하여 구별된다. 모방자로서 시인은 목적의식을 가진 인간의 행동을 모방 또는 재현하며, 인간은 필연적으로 선인이거나 악인이다. 따라서 비극과 희극의 차이도 여기에서 비롯된다. 희극은 실제 이하의 악인을 모방하려 하고, 비극은 실제 이상의 선인을 모방하려고 하기 때문이다(2장). 이뿐만 아니라 시는 모방의 양식에 의하여 구별된다. 작중 인물이 되어 말하기, 그러한 변화 없이 끝까지 서술체로만 말하기, 모방자(배우)들로 하여금 실연하도록 하는 것의 세 가지가 그것이다.

시의 기원과 발전에 대하여 아리스토텔레스는 시가 인간의 본성에 내재해 있는 쾌감(즐거움)에 의하여 발생한다고 한다. 그 하나가 예술가의 모방 본능에서 오는 즐거움이며, 이 훌륭한 모방을 인식하는 즐거움, 화음과 리듬에서 우리가 느끼는 즐거움이다. 또한 시는 시인의 개성에 따라 두 가지로 분류할 수 있는데, 하나는 찬가(송가)이고 다른 하나는 풍자시다. 그런데 이러한 것들이 비극과 희극으로 바뀌고 배우의 수가 늘면 운율의 사용이 다양해진다.

희극과 서사시와 비극의 차이는 다음과 같다. 즉, 희극은 보통 이하의 악인을 모방한다. 희극에 프롤로그를 도입하고 배우의 수가 늘어나면서 보편적인 스토리, 즉 플롯을 구성하기 시작하였다는 것이다. 이와 달리 서사시는 운율만을 사용하는 서술체의 형식으로 이루어진다. 이 서사시는 비극과 비슷한 부분이 많으나 비극이 가지고 있는 모든 요소가 서사시에 다 포함되어 있는 것은 아니다. 비극 안에는 운문에 의해서만 진행되는 것도 있고 노래에 의해서 진행되는 것도 있다(5장). 그렇지만 아리스토텔레스의 『시학』에 재현의 또 다른 형식인 희극에 대한 이야기는 나오지 않는다. 그래서 기호학자이며 문필가인 움베르토 에코(Umberto Eco)는 서사시에 대한 얘기가 현재 남아 있는 『시학』의 뒷부분에서 언급되고 있으므로 아마도 그 뒤에 희극에 대한 논의가 전개되지 않았을까 하는 가정하에 가상의 『시학 2권』을 소재로 삼아 그의 유명한 소설 『장미의 이름』을 내놓은 것이다.

비극은 여섯 가지의 내부적 요소를 가지고 있는데 미토스(Mythos, 극의 줄거리), 에토스(Ethos, 등장인물의 성격), 디아노이아(Dianoia, 사상 또는 주제), 렉시스(Lexis, 언어 표현 또는 어법), 멜로스(Melos, 노래 또는 율동), 옵시스(Opsis, 무대장치)가 그것이다. 그중에서 제일 중요한 것은 미토스다. 아리스토텔레스는 이 미토스를 '비극의 생명이며 영혼'이라고 말한다. 미토스에 의해 사건들이 결합하고 미메시스가 이루어지기 때문이다.

미토스를 훌륭하게 구성하기 위해서는 아무 데서나 시작하거나 끝내서는 안 된다. 생물이나 사물처럼 여러 부분의 배열에 일정한 질서가 있어야 하며 전체를 아우르는 하나의 행위로 통일되어야 한다. 선택된 사건은 일부를 삭제하거나 위치를 변경시키면 일치성이 무너져 버리도록 서로서로 필연적 관계를 맺어야 한다. 비극이 적절한 감정을 불러일으키는 것은 원인과 결과의 필연성 때문이다. 그러므로 미토스도 일정한 길이를 가져야 한다. 미토스에서 길이의 제한은 주인공의 운명이 일련의 개연적 또는 필연적인 과정을 거쳐 불행에서 행복으로, 또는 행복에서 불행으로 바뀔 수 있는 일정한 길이를 말한다. 그러므로 미토스는 개연성과 필연성을 가지고 있어야 한다. 그뿐만 아니라 미토스는 더 복잡할수록 더 고상하고 우월한 것이며, 복잡한 줄거리를 만들기 위해서는 페리페테이아[Peripeteia, 급전(急轉) 또는 전복(顚覆)]와 아나그노리시스[Anagnorisis, 인지(認知)], 자기인식(自己認識), 자기의식(意識 또는 발견)이 필요하다. 이때의 '급전'과 '인지'란 모두 반전에 속하는 것으로, 급전은 뒤에 가서 행동의 효과가 완전히 뒤집히는 것을 말하고 인지는 무지에서 앎으로 옮겨 가는 행동을 말한다. 마지막으로 복잡한 줄거리 구성에 필요한 것이 바로 격정적 효과인 파토스(pathos)다. 이것은 파괴와 고통을 야기하는 행동을 말하며 하마르티아(Hamartia, 성격적 약점 또는 결함)와 관련된다고 한다. 또한 비극이 일관성과 통일성을 지니는 데에는 분규와 해결이 중요하며, 이러한 비극은 도입부(프롤로그)−삽화(에피소드)−퇴장(엑소더스)−합창(코러스)의 순서로 이루어지는 외부 형식이 필요하다.

아리스토텔레스에 의하면 비극은 전체적 통일성과 일관성을 지닌다는 점에서 단순한 연대기와 다른 것이며 서정시와도 다르고, 또 달라야 한다. 그는 "시인이 시인인 것은 미메시스, 즉 모방 또는 재현하기 때문이며, 이때 모방 또는 재현하는 것이 행동인 만큼 시인은 운율보다는 미토스(줄거리)를 만들어 내야 한다."라고 말함으로써 서정시와 비극을 분명히 구분하고, 서정시는 모방 또는 재현의 요소가 아예 없다는 점에서 비극은 물론 서사시보다도 열등하다고 보았다. 또한 아리스토텔레스는 서사시의 미메시스를 더 탁월한 것으로 본 플라톤과는 달리, 비극의 모방 또는 재현의 역할이 서사시보다 절대로 열등하지 않다고 말한다(23-26장). 하지만 여기서 논의의 대상이 되는 서정시나 서사시는 오늘날 우리가 말하는 것과는 분명한 차이가 있다.

아리스토텔레스에 의하면 서사시의 미토스는 비극의 그것과 같아야 한다. 즉,

서사시도 시초와 중간과 종말을 가진 하나의 전체적이고 완결된 행위를 취급해야 한다. 그래야만 작품은 유기적인 통일성을 지닌 생물과 같을 것이며, 고유한 쾌감을 산출할 수 있을 것이기 때문이다. 그 밖에 서사시의 내적 요소도 노래와 장경을 제외하고는 비극의 그것과 동일해야 한다. 즉, 그것은 단순하든지, 복잡하든지, 성격적이든지, 파토스적이어야 한다. 그러나 서사시는 길이와 운율이 비극과 상이하다. 길이는 작품의 시초와 종말을 통관할 수 있는 정도여야 하며, 운율은 영웅시의 운율이 적합하다.

아리스토텔레스는 모방 또는 재현의 효과적인 측면에서 우리가 잘 알고 있는 특성을 이야기하는데, 그것이 바로 카타르시스[Catharsis, 정화(淨化)]다. 아리스토텔레에 의하면 비극의 본질은 진지하고 일정한 크기를 가진 완결된 행동 모방이며, 극의 형식을 취하되 서술적 형식은 취하지 않는다는 점이다. 비극은 인간을 모방하는 것이 아니라 인간의 행동과 생활과 행복과 불행을 모방한다. 비극에는 리듬과 음악적인 언어가 있으며, 등장인물은 연민과 공포를 불러일으키는 일련의 사건을 통하여 행위의 카타르시스(Caharsis, 淨化)가 이루어진다(6장).

이 정념의 카타르시스는 이미 무대 위에서 모방되는 행위 자체에 포함되어 있다. 즉, 복잡한 행위의 구성, 사건의 연쇄, 미토스(줄거리)의 구성 속에서 특히 페리페테이아(急轉)와 아나그노리시스(認知) 등이 정화와 관계하는 것이다. 오이디푸스 왕과 같은 선량한 사람의 육친 살해나 기타 욕되고 무서운 행위는 무지에서 오는 실책으로, 그 때문에 그는 부당한 불행 속으로 빠져 가련한 대상이 된다. 그러나 무지를 인지하는 행위 가운데 이미 오욕의 정화가 이루어지고 있다. 또한 이러한 인간적 약점이라는 점에서 비극적 영웅에 대하여 관람하는 사람들의 공감이 생긴다. 그러므로 비극의 미토스는 그 자체가 살아 있는 하나의 아름다움이어서 그 속에서의 연민과 공포의 감정도 쾌감으로서 이미 정화되어 있다. 따라서 관람자가 비극 속의 행위를 보고 얻을 수 있는 정화는 어떤 의미에서는 이차적이고 부수적인 지적 정화라고 말할 수 있다(7~11장).

아리스토텔레스의 예술(문학)에 대한 관심은 플라톤보다 훨씬 긍정적이었다고 말할 수 있다. 플라톤에게 문학(예술)이란 단순한 자연의 모방에 불과했다면 아리스토텔레스에게 문학(예술)은 창조성이 포함된 개연성(蓋然性)과 보편성의 재현이며, 더 나아가 훨씬 중요한 기능, 즉 우리의 용어로 말한다면 인성에 미치는 매우 긍정적인 기능을 강조하기 때문이다.

아리스토텔레스에 의하면 시(또는 문학)는 있음직한 일, 있을 수 있는 개연적(蓋然的)인 세계를 모방 또는 재현하므로 인생의 보편적 진실을 다루는 것이다. 역사도 시(문학)처럼 현상의 세계를 모방 또는 재현하지만, 역사는 오직 일회적으로 발생한 세계, 곧 특수성의 세계를 모방하고 재현한다. 그러나 시(문학)는 역사처럼 한번 있던 일을 다루지 않고, 과거에도 발생했고 현재에도 발생하고 미래에도 발생할 가능성이 있는 세계, 곧 보편성의 세계를 모방하고 재현한다. 아리스토텔레스에 의하면 "시는 역사보다 더욱 철학적이며 보다 높은 수준에 있다. 시는 보편적인 것을 표현하려 하며 역사는 개별적인 것을 표현하려 하기 때문이다." 따라서 시(문학)는 역사보다 훨씬 가치 있는 진실을 다룬다고 말할 수 있으며, 이런 의미에서 문학은 인생의 진실을, 즉 개연성(蓋然性: probability)을 모방하고 재현한다고 하는 것이다. 이러한 측면에서 문학은 매우 철학적이며 **보편성에 대한 폭넓고 새로운 인식의 지평을 넓혀** 주는 것이므로, 매우 중요한 교육적 기능을 담당할 수 있고 또 담당하고 있다고 말할 수 있다.

그렇지만 아리스토텔레스의 견해에 따르면, 문학(예술)은 철학적, 인식론적 가치 외에도 매우 중요한 인성적, 심리학적 의미를 갖는다. 우선 문학(예술)은 인간 본성의 심층 구조를 반영하기 때문이며, 인간과 동물을 뚜렷이 구별해 주는 **모방의 본성을 일깨우기** 때문이다. 사실, 우리 인간의 학습은 유년 시절부터 모방을 통해 이루어진다. 또한 아리스토텔레스에 의하면 이러한 본능 외에도 인간은 문학(예술)을 통하여 쾌락(쾌감, 즐거움)을 얻을 수 있다. "인간이 하나의 유사성을 발견하면서 즐거워하는 이유는 그것을 통해서 학습할 수 있고 …… '그것이 바로 저것이구나'라고 말할 수 있기 때문이다." 무엇보다 중요한 것은 바로 문학(예술)을 통한 카타르시스(정화)이며, 이 카타르시스는 모방 또는 재현 행위 안에, 그리고 이를 관람하는 이의 영혼 안에서 함께 일어난다고 말하기 때문이다. 또한 카타르시스는 아나그노리시스[Anagnorisis, 인지(認知)], 자기인식(自己認識), 자기의식(意識 또는 발견)과 연관 지어져 있다. 아리스토텔레스가 말하는 아나그노리시스는 물론 극의 구성 요소이지만 그 의미가 무지에서 앎으로 옮겨 가는 행동을 의미하는 것이기에 이는 카타르시스와의 연관성 안에서 극의 관람자의 내부 변화도 포함한다고 말할 수 있다. 그러므로 아리스토텔레스에 의하면 시(비극, 문학)는 행위자와 관람자 모두에게 카타르시스의 쾌감을 주며 이를 통하여 변화를 일으킨다. 따라서 시(비극, 문학)는 인성 교육을 위해 매우 효과적일 수 있다.

그런데 미메시스와 카타르시스에 기초한 아리스토텔레스의 시(예술)론이 오늘날 우리가 필요로 하는 문학을 통한 인성 교육의 좋은 기초를 제공한다면, 아리스토텔레스와는 반대로 예술(시)에 대해 부정적인 생각을 가지고 있던 플라톤의 예술관, 시론은 무가치한 것일까? 그의 주장은 우리의 인성 교육에 전혀 도움이 되지 않는 것일까?

## 4. 호라티우스의 『시론』과 인성 교육

뛰어난 서정 시인이며 풍자작가였던 호라티우스(Quintus Horatius Flaccus, B.C. 65~B.C. 8)는 아우구스투스 황제 시대에 로마에서 활동했다. 초기에 그는 17편의 『서정시(Epodes)』를 썼는데, 인신공격과 조롱에 사용된 운율을 채택했지만 개인이 아니라 사회적 악습을 공격하는 것이었다. 또한 그는 이 무렵 8편의 시로 이루어진 『풍자시』 제2권을 발표했는데, 여기에서 그는 평온함을 통해 지혜를 얻고자 했으며 재산과 지위를 얻기 위한 경쟁, 극단적 행위의 어리석음, 서로 관용을 베푸는 것의 바람직함, 야망의 해악 등의 윤리적 문제를 논하였다.

B.C. 27년 옥타비아누스가 아우구스투스라는 칭호와 함께 확고한 지위를 굳히자 호라티우스는 『송가』로 방향을 바꾸어, B.C. 23년에 88편의 짧은 시로 이루어진 3권의 시집을 발표했고, 그 마지막 시에서 '천박한' 서정시를 버리고 좀 더 교훈적인 운문을 택하겠다고 분명히 선언하였다. 그 후에도 그는 서간체 시집의 형태로 두 개의 『송가』를 더 발표했는데, 여기에서 그는 아우구스투스가 다시 도입하려고 애쓰던 고대 로마의 미덕을 찬양했으며, 세 번째 송가는 아우구스투스에 관한 것이었다. 말년에 그는 아우구스투스 황제로부터 개인비서 자리를 제의 받을 만큼 가까웠으며 계관시인의 자리를 굳혔고, B.C. 17년에 아우구스투스가 자

신의 정권과 도덕 개혁을 종교적으로 엄숙하게 승인할 목적으로 '100년제(Secular Games)'라고 부르는 고대 축제를 되살리자, 호라티우스는 이 축제를 위해 다시 서정시 형태로 돌아간 「세기의 찬가(Carmen saeculare)」를 지었으며, 네 번째 송가집을 완성하였다.

　문학의 기능과 관련하여 우리의 관심을 끄는 것은 「플로루스에게 보내는 편지」와 「피소 삼부자에게 보내는 편지(Epistles to the Pisos)」다. 그는 「플로루스에게 보내는 편지」(서간체 시집 제2권 제2편)에서 자신이 왜 서정시를 버리고 철학을 선택했는가를 설명하면서 훌륭한 시는 즐거울 뿐만 아니라 교훈적이어야 한다고 말한다. 또한 좋은 글의 비밀은 '미덕'의 함축을 뜻하는 지혜에 있다고 하며, 시인은 자신의 가장 좋은 점을 아낌없이 주기 위해 사람들을 가르치고 훈련할 필요가 있다고 말한다. 그런데 B.C. 19~B.C. 18년경에 쓰인 3번째 서간시인 「피소 삼부자에게 보내는 편지」는 젊은 시인들에게 지침이 될 30여 개의 격언으로 이루어져 있으며, 후세 사람들이 '시론(Ars poetica)'이라는 제목을 붙였다. 바로 여기에 시의 쾌락적 기능과 교훈적 기능에 대한 이야기가 잘 표현되어있다. 호라티우스는 이 글을지금은 사라진 네옵톨레모스의 『시학』을 본보기로 하여 작성하였다고 하는데, 네옵톨레모스는 자신의 글에서 타고난 재능과 숙련 가운데 어느 것이 더 중요한가, 시의 핵심은 사상인가 형식인가, 시의 목적은 교훈인가 쾌감인가 하는 문제를 다루었다고 한다. 호라티우스도 바로 이런 질문들의 맥락에서 자신의 시론을 펼쳤기때문이다. 호라티우스의 시론을 간단히 요약해 보자.

　시는 하나의 유기적인 통일체여야 한다. 그러기 위해서는 능력에 맞는 소재를택해야 한다. 능력에 맞는 소재를 택한 시인은 조사와 언어의 배열 때문에 곤란을당하지 않는다. 훌륭한 시가 되려면 말을 잘 선택해야 하며, 내용에 따라 운율도 달라져야 한다. 또한 대사는 작품 내용과 화자의 성격에 적합해야 한다. 시는 아름답고 감미로워야 하지만 또한 청중을 감동케 해야 하기 때문이다. 시의 소재는 창작일 수도 있고 전래된 것일 수도 있지만 후자의 경우가 더 안전하다. 독창성은 내용이 아니라 형식에 있기 때문이다. 호메로스가 그 좋은 본보기다.

　올바른 작시의 원리와 근본은 분별력이다. 내용이 풍부한 훌륭한 시를 쓰기 위해서는 철학과 도덕론을 공부해야 한다. 예를 들어, 소크라테스에 관한 저술들은 시의 소재를 제시해 줄 것이며, 심사숙고된 소재에는 언어가 저절로 따를 것이다. 시인은 현명한 모방자로서 참된 생활과 활동의 본보기를 눈여겨보며 거기에서 생생한 음성을 이끌어 내야 한다. 심오한 사상과 탁월한 성격을 제시하는 작품은 설사 우아한 맛이 없고 그 언어가 무게와 예술성을 결여하고 있다 하더라도, 듣기는 좋으나 내용이 공허한 시구보다 청중을 더 즐겁게 해 주고 더 매혹하는 법이다.

시의 목적은 교훈과 쾌감을 주는 데 있다. 시인은 인생에 도움과 이익이 되는 것을 주거나, 쾌감을 주거나 또는 쾌감과 인생에 유익한 것을 동시에 주려고 한다. 그러나 교훈은 간결하고 정확해야 하며, 쾌감을 주기 위한 창작물은 가능한 한 사실에 가까워야 한다. 따라서 삶에 유익한 것에 달콤한 것을 가미하여 교훈과 쾌감을 동시에 주는 작가는 만인의 갈채를 받게 될 것이다.

시는 그림과 마찬가지로 어떤 것은 가까이서 볼 때 더 감동적이고 어떤 것은 멀리서 볼 때 그렇다. 어떤 것은 어두운 장소를 좋아하는가 하면, 어떤 것은 비평가의 형안(炯眼)을 두려워하지 않고 밝은 장소에서 관람되기를 원한다. 어떤 것은 한 번만 보아도 마음에 들지만 어떤 것은 열 번을 거듭 보아야만 마음에 든다.

시의 가치와 기능에 대해서 우리는 다음과 같이 말할 수 있다. 즉, 테바이의 건설자인 암피온은 리라 소리로 바위를 움직여 감미로운 노래로 자기가 원하는 장소로 인도했다고 한다. 그것이 공동재산을 사유재산과 구별하고, 신성한 것을 속된 것과 구별하고, 간음을 방지하고, 혼인법을 제정하고, 도시를 건설하고, 서판(書板)에 법률을 새겨 넣은 지혜의 시초였다. 그리하여 신과 같은 가인들과 시(노래)에 명예와 영광이 주어진 것이다. 시(노래)는 신탁을 고지하고 삶의 길을 가르쳐 주었을 뿐 아니라 기나긴 노동으로부터의 휴식을 위한 축제를 가능케 하였다.

훌륭한 시를 만드는 것은 타고난 재능이냐 아니면 숙련이냐고 사람들은 묻는다. 하지만 풍부한 광맥이 결여된 노력이나 가꾸지 않은 재능은 아무 소용이 없다고 본다. 양자는 서로의 도움을 필요로 하며 서로 제휴해야 한다. 또한 그릇되게 자신의 능력에 도취한 어리석은 시인의 광기에 사로잡힌 추악한 모습을 보여서는 안 된다.

영화 〈죽은 시인의 사회〉에서 주인공인 교사가 강조하는 문장이 있다. 바로 '카르페 디엠(carpe diem)'이다. 이는 '현재를 붙들어라.' '현재에 충실하라.'는 뜻이다.

이러한 호라티우스의 주장은 중세와 근대를 거치면서 '죽음을 잊지 말라.' '언젠가는 누구나 죽음으로 돌아간다는 사실을 기억하라.'라는 뜻의 메멘토 모리(memento mori)의 정신과 '닥쳐온 불행도 지나가기 마련이다(this, too, shall pass away). 모든 것은 덧없기(vanitas) 때문이다.'라는 생각과 결합되면서 본래의 의미를 많이 벗어나서 해석되기도 하였다.

그러나 이 가르침은 '어차피 죽을 목숨이니 현재의 쾌락을 즐기는 것이 낫다.'라는 의미는 결코 아니다. 그것은 현존성(Anwesenheit), 곧 지금 바로 여기(hic & nunc)에 충실해야 한다는 것이며, 우리가 언젠가 소멸해야 할 유한자(有限者)임을 알고 자만에 빠지지 말라는 것이고, 주어진 불행에 전전긍긍하지 말고 밤이 깊으면 새벽이 온다는 희망을 잃지 말고 살라는 것이다. 그런 점에서 20세기의 철학자 하이데거(M. Heidegger)가 "내일 지구의 종말이 오는 것처럼 오늘을 충실히 살라."라고 말하는 것과 일맥상통한다고 할 것이다. 그리고 이것이 삶의 의미를 진지하게 물으며 그 삶을 충실히 살라고 가르치는 〈죽은 시인의 사회〉에서 중심 어휘로 등장하는 이유이며, 또 영화 제목이 하필이면 '죽은 시인의 사회'인지 일러 주는 부분이라고 여겨진다.

호라티우스는 시가 삶의 의미를 깨우쳐 주는 지혜를 담지하고 있어야 하며, 시인은 바로 참된 삶이 무엇인지 가르치는 교사여야 한다고 주장하고 있다. 물론 시가 진정한 의미의 좋은 감정, 곧 쾌감과 쾌락을 위한 것이기도 하지만, 더 중요한 것은 삶의 지혜에 대한 교훈을 주는 것이라고 하는 것이다.

그러므로 이러한 호라티우스의 시론에 입각해서 본다면 시, 곧 넓은 의미에서의 문학을 통한 인성 교육은 충분히 가능하며 또 필요한 것이 된다. 시, 곧 문학의 역할 자체가 올바른 삶을 살기 위한 지혜의 전달에 있으며, 시는 그 문화와 역사가 지니고 있으며 후대에 전달하려는 교훈적인 가르침을 담지하고 있기 때문이다. 또한 시인은 그러한 지혜를 갖추고 시를 읽고 배우는 이들을 교화하고 교육할 수 있는 능력을 갖춘 이들이기 때문이다. 그런데 여기에서 우리가 더 살펴볼 필요가 있는 것은 시인이 모방자라는 부분과 아름다운 시는 감동을 준다는 부분이다. 사실 시가 단지 교훈을 전달하고 있다는 것만으로 그것이 인성 교육에 도움이 되며 인성 교육을 위해 꼭 필요한 것이라고 말할 수는 없기 때문이다.

## 5. 롱기누스의 숭고미와 인성 교육

롱기누스(Longinus, Dionysius Longinus, Pseudo-Longinus)는 1세기 초에 활동한 그리스의 작가이며, 또한 문예비평서인 『숭고에 대하여(Peri Hypsous)』의 저자로 추정된다. 현재까지 남아 있는 가장 오래된 필사본은 10세기의 것이며, 1554년에 처음 인쇄되었다. 이 때문에 저자에 대한 논의는 끊임이 없지만 『숭고에 대하여』라는 이 미완성의 글 자체는 분명히 1세기의 작품으로 보인다. 이 책은 당시 시칠리아의 수사학자인 카이킬리우스의 작품에 대한 응답으로 저술되어 있기 때문이다. 비유적 표현에 관한 17개의 장(章)으로 구성된 이 비평서는 안타깝게도 약 1/3이 분실된 것으로 보인다.

롱기누스는 이 저서에서 문학에서 숭고함(hypsos, sublime)이란 '위대한 정신의 메아리', 즉 작품에 배어 있는 작가의 윤리적이며 상상적인 힘이라고 정의했다. 다시 말해서 작가의 도덕적이고 정서적이며 문학적 깊이가 문학 작품의 훌륭함을 결정하며, 또한 작가가 가지고 있는 천재적인 힘, 곧 작품 구성의 규칙이나 기술만으로는 만들어질 수 없는 상상력에서 우러나는 깊이 있는 표현을 숭고성의 원천으로 본 것이다. 따라서 그는 문학에서 위대성이란 작가의 글 쓰는 기술보다 오히려 내적인 재질에 있다는 최초의 주장을 한 것이다. 그는 또한 정신의 위대함이란 비록 타고나지는 못했더라도 호메로스, 데모스테네스, 플라톤 같은 위대한 저자들을 본받음으로써 얻을 수 있다고 말한다.

숭고성의 개념은 비평에서 오랫동안 별 힘을 발휘하지 못했으나 17세기 말과 18세기 들어 영국에서 큰 영향력을 발휘하기 시작하였다. 셰익스피어의 극에 대한 새로운 관심과 때를 같이해 유행하기 시작한 이 개념은 낭만주의 비평의 중요한 기초가 되었으며, 칸트(Kant)의 미적 판단, 실러(Schiller)의 미적 경험 등의 미학 이론에서 중요한 역할을 하게 되었다. 칸트는 특히 『미와 숭고의 감정에 관한 고찰(Die Beobachtungen über das Gefühl des Schönen und Erhabenen)』에서 "오성은 숭고하며, 위트는 아름답다. 용기는 숭고하고 위대하며, 꾀는 작으나 아름답다. …… 숭고의 성질들은 존경심을 자극하고, 아름다운 성질들은 사랑을 자극한다."라고 한다. 칸트는 그의 3대 비판서 중 하나인 『판단력 비판(Kritik der Urteilskraft)』에서도 숭고를 표현할 수 있는 가능성, 숭고한 예술에 대한 것을 중요하게 다루었는데, 이를 요약하면 숭고의 감정이란 본질적으로 도덕적 의식의 산물이라는 것이다.

롱기누스에서부터 칸트나 실러에 이르기까지의 숭고미에 대한 이론을 종합하고 요약한다면, 아름다움은 숭고(sublime)를 매개로 하여 선함과 연결되고 동일한 선상에 놓인다는 것이다. 그리고 이러한 생각은 플라톤이 말하는 최고의 이데아, 곧 진선미가 선의 이데아로 통일된다는 생각과 일치한다. 그러므로 우리는 롱기누스의 숭고함과 연관 지어서도 문학이 인성 교육의 매우 중요하고도 효과적인 수단이 될 수 있다고 말할 수 있다. 이러한 생각에 도움을 주는 것은 베르그송(Bergson)의 숭고함에 대한 생각이다.

베르그송(Bergson)은 그의 『도덕과 종교의 두 원천(Les deux sources de la morale et de la religion)』에서 강요된(obligation) 윤리가 아니라 열망(aspiration)의 윤리가 이끌어 가는 개방된 사회(open society)와 열린 도덕(open moral)을 강조한다. 베르그송에 의하면 모든 생명은 진화하도록 창조되었으며, 자기 생명의 비약(élan vital)을 위해 물질의 저항을 이겨 내려고 노력한다. 그러므로 자유와 창조는 모든 생명체의 공동의 목표다. 그런데 특히 인간은 현재 그 진화의 맨 끝에 서 있는 존재이며, 정신적(sprituelle)으로 스스로를 더욱 고양(高揚)시키는 '사랑의 비약'을 이룰 수 있는 존재이며, 또한 그 비약을 이루어야 하는 존재다. 즉, '참된 영웅들'과 '성인(聖人)들'은 우리를 '인격적으로 부르고(l'apell d'une personalité)' 있으며, 우리는 그것에 '응답(le rèsponce)'하려는 과정에서 '사랑의 비약'을 이루게 된다는 것이다. 쉽게 말하면, '큰 바위 얼굴을 기다리던 사람이 스스로 큰 바위 얼굴을 닮게 된다.'라는 것이다. 그리고 이러한 사랑에 의해 변화해 가는 것이 진화의 가장 끝에 서 있는 인간이라는 생물종, 곧 인간 사회의 올바른 진화 방향이라는 것이다.

그러므로 개방 도덕은 이상적인 인간상, 이상적인 사회와 연관되는 것이다. 사회의 강제적인 의무에 복종하는 것에 멈추지 않고, 생명과 삶 자체의 창조적인 원천과 관계하여 인간 사회를 더 높은 차원으로 끌어올리는 것이다. 이것은 지성을 초월하는 신비적인 힘의 단계이며, 이 신비적인 힘이야말로 '신과의 신비적인 일치(mystical union with God)'의 결과라고 한다. 즉, 생명의 힘에 의해서 규정되는 것이 열린 도덕이며, 이 생명의 힘을 우리는 정감(emotion)이라고 부른다. 그리고 이는 삶의 '창조적인 움직임(mouvement crêatrice)'을 의미한다. 인간의 의식을 포함한 생명과 그 지속 자체가 곧 자유이기에 영웅들과 성인들의 부름에 응답하는 것은 우주의 질서 그 자체에 가장 자연스럽고 자유로운 행위라는 것이다. 베르그송에 의하면 "자유는 그 활동에 있어 어떤 새로운 습관을 만드는바, 자신의 부단한 노력 없이는 그 습관은 우리의 자유를 질식시켜 버리고 만다." 따라서 우리는 부단한 자기극복과 창조를 통해서만 참된 자유를 획득할 수 있다. "자유롭게 행동한다는 것이야말로 자기를 되찾는 것이며 순수지속 가운데 자신을 다시 두는 것"이기 때문이다.

이것은 신비에 바탕을 두는 역동적인 종교에서도 마찬가지다. 그것이 위대한 신비인 것은 한 개별자, 곧 인간이 물질적인 본질로 종(種)에 주어진 한계를 초월하기 때문이다. 이것은 또한 신성과의 의사소통이며, 이를 위한 인간 삶의 초월을 의미한다. 여기에서 베르그송의 철학과 그리스도교라는 종교가 만난다. 즉, 베르그송은 불꽃처럼 분출하는 우주의 창조적 에너지, 곧 생명의 힘으로서의 신(神)은 이 단계에 이르면 사랑이라고 정의되어야 하며, '신비주의적 직관(l'intuition mystique)의 철학자의 입장에서 보면 신의 본질(l'essence même de Dieu)은 숭고한 사랑(sublime amour)'이라는 것이다.

결국 베르그송의 주장을 요약하면, 인간의 변화와 창조와 초월은 숭고함의 결정체인 사랑에 의한 비약을 통해서 이루어진다. 따라서 롱기누스의 저서에서 처음으로 중요하게 다루어진 숭고함의 의미는 베르그송에 이르러 인성의 최고봉을 이루는 의미가 되며, 우리의 인성 교육이 나아가야 할 방향을 지시해 주는 중요한 역할을 담당한다. 그리고 이러한 숭고한 사랑에 의해 인격적인 변화를 가져오는 인성 교육에서 참된 영웅들과 성인들의 이야기와 이를 재현해 주는 연극, 그들의 업적에 대한 찬양으로서의 서사시, 그들의 정신을 묘사한 서정시 등 모든 문학의 장르가 중요한 역할을 할 수 있다는 것을 보여 주는 것이다. 이점은 아테네의 교육관과 상통한다고 말할 수 있다. 그런데 시(문학)와 음악(예술)의 중요성에 대한 논의는 서양에서뿐만이 아니라 동양과 한국에서도 무수히 발견된다. 그중 특히 눈에 띄는 것은 중국의 위대한 사상가 공자의 『논어(論語)』다.

# 6. 공자의 『시경』 예찬과 인성 교육

『시경(詩經)』은 공자가 문하의 제자를 교육할 때, 주나라 왕조의 정치 형태와 민중의 수용 태도를 가르치고 문학 · 교육에 힘쓰기 위하여 편집한 것으로 알려져 있으나, 『논어』의 내용을 살펴볼 때 이미 공자 시대에 그런 시집이 있던 것으로 보인다. 그렇지만 『시경』이 중국 최초의 시가집임은 틀림없다. 처음에는 시(詩)라고만 불리었으며, '시'라는 말의 어원은 여기서 찾을 수 있다. 주나라 때 편찬되었다 하여 주시(周詩)라고도 하다가 당나라 때 와서 오경의 하나에 포함되면서 시경이라고 불리게 되었다. 전한 시대에 『제시(齊詩)』 『노시(魯詩)』 『한시(韓詩)』 『모시(毛詩)』라는 네 가지 종류의 책이 나왔지만, 오늘날 남은 것은 『모시』뿐이어서 별도로 『모시』라 하기도 한다.

이 시집에는 311편의 중국 고대 민요가 '풍(風)' '아(雅)' '송(頌)'의 3부로 나뉘어서 편집되어 있다. 그중 6편은 제명(題名)만 있을 뿐 어구를 갖고 있지 않기 때문에 가사가 있는 것은 305편이다. '풍(風)'이라는 것은 각국의 여러 지역에서 수집된 160개의 민요를 모은 것이며, 애정의 노래라든가 일하는 노래, 유랑의 노래들이다. '아(雅)'라는 것은 궁중의 연석(宴席)에서 불린 노래로 보이며, 소아(小雅)와 대아(大雅)로 구분된다. '송(頌)' 40편은 왕실에서 하늘과 조상에 대한 제사를 지낼 때의 노래라고 여겨진다. 하지만 어느 것이든 작가를 알 수 없으며, 고대의 이름 없는 민중이나 지식인의 노래인 셈이다. 공자는 이 시들 모두에 대해 "『시경』이 300여 편이지만 한마디로 통틀어 말하면 간사한 생각이 전혀 없다(思無邪)."(위정 2)라고 극찬하고 있다. 이 밖에도 『논어』 속에는 공자의 『시경』에 대한 언급이 많이 들어 있다. 이를 정리해 보면 다음과 같다.

> 자공이 말하였다. "『시경』의 …… 말이 이런 뜻입니까?" 공자께서 대답하였다. "과연 그대야말로 시(또는 『시경』)를 함께 이야기할 만하구나. 지난 일을 일러 주었더니 앞으로 올 일을 미리 아는구나."(학이 15)
> 자하가 공자께 시에 대해 여쭈어 보았다. "『시경』에 이르기를 …… 무슨 뜻입

니까?" …… "나를 일깨우는 이는 상이로구나. 너야말로 나와 같이 시를 이야기
할 만하구나."(팔일 8)

공자께서 말씀하셨다. "『시경』「관저」편은 즐겁되 음탕하지 않고, 슬프되 감상
에 흐르지 않았다."(팔일 20)

공자께서 말씀하셨다. "악사(樂師) 지(摯)가「관저(關雎)」편의 곡을 정리함에
그 음곡 처음부터 끝까지 바다 물결처럼 내 귀에 가득하더라."(태백 15)

공자께서 항상 말씀하시는 바는 『시경』과 『서경』과 예법(禮法)에 관한 것이
었다.(술이 18)

사실 공자는 예(禮), 즉 윤리도덕에 관해 말할 때 언제나 악(樂), 즉 음악(예술)과
시(문학)를 함께 이야기한다. 그뿐만 아니라 인간됨이 시에서 시작되고 음악에서
완성된다고까지 말하고 있다. 즉, "시로써 일어나고 예로 서며 음악으로 완성한다(興於
詩 立於禮 成於樂)."(태백 8)라는 것이다. 이는 공자가 얼마나 교육에서, 특히 인성
교육에서 시와 음악을 중요시했는지를 잘 알려 주는 부분이다. 공자의『시경』의
시에 대한 평은 시의 교훈적 기능을 강조하는 호라티우스와 플라톤의 입장과 매우
닮아 있다. 공자는 교육의 목표와 이를 달성하기 위해 배워야 할 필요가 있는 교과
목에 대해서 다음과 같이 언급하고 있다.

공자께서 말씀하셨다. "사람으로서 어질지 않으면(不仁) 예절을 알아 무엇 하
며, 사람으로서 어질지 않으면 악(樂)은 알아 무엇 하겠소."(팔일 3)

공자께서 말씀하셨다. "도(道)에 뜻을 두고 덕(德)을 근거 삼아 인(仁)에 따라
여섯 가지 예[六藝: 예(禮), 악(樂), 사(射: 활쏘기), 어(御: 말타기), 서(書), 수(數)]
를 즐겨라."(술이 6)

교육의 목표는 진리(道)를 탐구하며 진정 사람다운 사람(仁, 德)이 되는 것이다.
그리고 이를 위해서는 여러 가지를 배워야 하는데, 그것이 바로 윤리도덕(禮), 음악
(예술)과 시(문학), 활쏘기(射)와 말타기(御) 등의 체육, 철학과 역사(書), 수학 및 천
문학 같은 과학(數)이라는 것이다. 그중에서 가장 기본이 되는 것이 바로 예와 악이다.

그러므로 공자의 이런 생각을 오늘날의 의미로 바꾼다면 이는 인성 교육에서의 예술과 문학의 중요성을 강조한 것이라고 말할 수 있다.

> 공자께서 노나라의 악관(樂官)에게 음악에 대해 말씀하셨다. "음악의 원리는 서로 아는 바이니, 연주를 시작할 때는 고요한 듯하고 차차 가다듬어져서 맑게 소리 내고, 높고 낮아서 끊어질 듯하면서도 이어져 어운을 남기면서 끝을 남긴다."(팔일 23)
>
> 공자께서 소악(韶樂: 순임금의 음악)을 평하시어, "미의 극치를 이루고 선의 극치를 이루었다." 하시고 무악(武樂: 무왕의 음악)을 이렇게 평하셨다. "미의 극치를 이루고 선의 극치를 이루지 못하였다."(팔일 25)
>
> 공자께서 제나라에 계실 때 소악(韶樂)을 들으시고, 그 음악을 배움에 석 달 동안 고기 맛을 잊으시더니 이렇게 말씀하셨다. "음악의 아름다움이 이처럼 극진한 경지임을 내 일찍이 생각지 못하였다."(술이 13)
>
> 공자께서 말씀하셨다. "옛사람들의 예법과 음악은 시골뜨기 같고 요새 사람들의 예법과 음악은 군자답다고 하나, 만일 내가 하나를 택한다면 옛사람들의 것을 따르리라."(선진 1)

이 인용문들에 의하면 공자는 최고의 음악은 조화를 가장 잘 이룬 것이며, 아름다움(美)과 선함(善)이 동시에 극치에 이른 것이다. 이러한 생각은 플라톤의 선의 이데아 속에 진과 미의 이데아가 합일한다는 생각과 동일선상에 놓여 있다. 또한 최고의 아름다움은 숭고함의 아름다움이라는 생각과도 매우 닮아 있다.

> 공자께서 말씀하셨다. "나는 옛사람의 도를 서술하였을 뿐 창작하지는 않았으며, 옛 성인의 도를 믿고 이를 좋아한다."(술이 1)
>
> 공자께서 말씀하셨다. "대체 알지 못하고 창작할 수 있겠는가? 나는 그렇지 못하다. 많이 듣고 그 가운데서 옳은 것을 가려 따르며, 많이 보고 그 가운데서 옳은 것을 새겨 두니, 이것이 최선의 지(知)는 아니나 차선의 지(知)이기는 하다."(술이 28)

이 인용문들은 공자의 생각이 참된 영웅들과 성인들의 부름에 응답하고 모범을 따르고 닮아 가려는 생각을 강조한 아테네의 교육관이나 베르그송의 『도덕과 종교의 두 원천』에서의 사상과 매우 흡사하다. 그러므로 인(仁)으로 총칭되며, 지(知, 지혜)와 인(仁, 어짊)과 용(勇, 용기)으로 세분화되는 공자의 사상은 법이나 제도가 아니라 교육에 의한 인성의 변화를 통해 사람다운 사람을 길러 냄으로써 도덕적 이상 사회를 이루려던 것이라고 말할 수 있다. 이 이상적 인간이 바로 '군자(君子)'다. 원래 군주의 자제라는 고귀한 신분을 뜻하는 '군자'는 공자에 의해 이상적 인격의 소유한 지도자, 정치가로 개념화되었다. 군자는 도(道)를 추구하고, 도에 입각하고, 도가 통하는 세상을 만드는 존재다. 이 위대한 정치가는 예(禮)로 자신을 절제하고, 악(樂, 음악)으로 조화를 추구한다. 문(文, 문학과 예술)을 열심히 배워서(學) 훌륭한 인격자로 거듭나고, 세상을 다스려(政治) 백성을 행복하게 함으로써 도덕의 이상을 실현한다. 이러한 공자가 생각한 '어짊'을 실천하는 이상적 인간상으로서의 '군자(君子)'는 플라톤의 철인군주와 상당한 유사성을 지닌다.

물론 오늘날 우리가 인성 교육을 통해 얻고자 하는 것은 결코 플라톤의 철인군주도 아니고 공자의 군자도 아니다. 그들은 이상 사회의 지도자이고 군주이지, 우리가 바라는 올바른 가치관을 가진 건전한 민주시민이 아니다. 하지만 이들이 꿈꾼 이상적 인간이 지정의(知情意)가 조화를 이룬 존재라는 점에서 오늘날 우리가 바라는 시민상과 지향점이 동일하다는 것은 분명하다. 그러므로 이들의 교육 방법이나 교육관을 오늘의 인성 교육 방법에 적용하는 것은 결코 무가치한 일이 아니라고 할 것이다.

우리 선조들은 '이상적 지도자 또는 군주'가 아니라 '평범하면서도 가장 사람다운 사람'이 되기를 꿈꾸고, 또 그런 사람들을 교육하려고 했다. 이러한 '선비 사상'과 그 실제적 구현은 우리의 인성 교육의 구안에 많은 도움을 주며, 특히 문학(시)을 통한 인성 교육에 중요한 방향을 제시한다. 퇴계를 중심으로 이에 대해 간단히 알아보기로 하자.

# 7. 조선의 선비 사상과 인성 교육

철학자이며 예술가이고 교육자이면서 동시에 목민관(牧民官)이기도 했던 조선의 선비들은 무엇보다도 사람답게 살고자 했다. 사람으로 태어났으니 사람답게 살아야 하고, 사람답게 산다는 것은 천명을 알고 부모 형제와 이웃으로서의 백성과 그리고 살아 있는 모든 것을 아끼고 사랑해야 한다는 것이었다. 그러므로 그들이 자신의 삶과 예술적 행위(詩書畵)를 통해 드러내고자 한 것은 그들이 쌓은 지식이 아니라 윤리도덕적 완성도(完成度), 곧 인격적 완성도였다. 이것은 바로 자연(우주) 안에서 자신의 위치를 정립하는 것과 다른 인간과의 관계를 올바로 정립하는 것을 의미하였다. 조선의 선비들에게 자연관 또는 우주관은 곧 예술관이요, 예술관은 곧 교육관이며 윤리관이었던 것이다.

회재 이언적(晦齋 李彦迪, 1491~1553) 선생은 자신이 살던 집 근처의 바위들에 '마음을 깨끗하게 한다.'라는 징심대(澄心臺), '마음을 닦는다.', 곧 '허물을 고친다.'라는 뜻의 세심대(洗心臺), '그림자도 씻는다.'라는 탁영대(濯影臺)라는 이름을 붙였다. 자연으로 돌아가 오직 '깨끗한 마음을 가지고 자연과 벗하며' 살고 싶다는 뜻을 담은 것이다. 이것이 바로 조선 선비의 정신이다. 그래서 조선의 가장 대표적인 선비라 할 수 있는 퇴계 선생도 단양군수로 재직하던 시절 강가로 놀러 나갔다가 바위에 자신의 마음을 실었는데, 그 이름 또한 '그림자도 닦는다.'라는 '탁영'이었다. 이런 생각을 가지고 평생을 산 퇴계 선생은 평생 2,000수가 넘는 시를 지었으며, 그중 특히 우리의 관심을 끄는 것은 「도산십이곡」이다. 이 시는 퇴계 자신의 삶과 이상을 고스란히 담고 있기에 조선 선비 정신의 정화를 표현하고 있다고 해도 과언이 아니며, 더 나아가 이 노래들은 퇴계의 교육 사상 또한 잘 보여 주고 있기 때문이다.

그는 전곡(前曲)에서 "이런들 어떠하며 저런들 어떠한가? 시골에 파묻힌 어리석은 생활이 어떠냐? 더구나 자연을 사랑하는 것이 고질병처럼 된 버릇을 고쳐서 무엇하랴? 안개와 노을을 집으로 삼고 바람과 달(風月)을 벗으로 삼아 태평성대에 병으로 늙어가니 이 중에 바라는 것은 허물이나 없었으면 한다."라고 하며(전 1, 2),

산간에 파묻혀 달과 바람, 안개와 노을을 벗 삼아 유유자적(悠悠自適), 안빈낙도(安貧樂道)하고자 하는 마음을 드러내고 있다. 그러면서도 "예로부터 전해 오는 순박한 풍속(淳風)이 다 사라져 없어졌다고 하는 것은 다 거짓말이다. 인간의 성품이 본래부터 어질다고 하는 말은 참으로 옳은 말이다. 그러니 순박한 풍속이 다 없어졌다는 말로 이 세상의 많은 슬기로운 사람들(英才)을 어찌 속일 수가 있겠느냐."(전 3)라고 한다. 자연을 닮은 사람, 곧 순박한 사람들에 대한 믿음, 그들이 함께 누려 가는 아름다운 세상에 대한 기대가 가득한 것이다. 천지 간, 곧 자연의 조화가 임금과 백성 사이의 조화로, 곧 인간과 인간 사이의 조화로운 삶으로 확장되어 있는 것이다.

후곡(後曲)에서는 홍진(紅塵)을 위로 하고 자연을 벗 삼아 학문하는 재미로 한평생을 보내겠다는 결심과 그가 가르치고자 하는 학생들에 대한 기대와 권유를 노래한다. "소박한 완락재에서 수많은 책을 벗 삼아 한평생을 보내는 즐거움이 무궁무진하구나. 어디로 가서 헤매다가 이제야 예전처럼 돌아왔는가? 이제나마 돌아왔으니 이제는 결코 딴 곳에 마음 두지 않으리라.(후 1, 4)"라는 것이다. 그래서 그는 "산은 영원히 푸르며 흐르는 물은 밤낮으로 그치지 않으니, 우리도 저 물같이 그치는 일 없이, 저 산같이 언제나 푸르게 살아야 한다.(후 5)"라고 한다. 학문을 통하여 자신을 아는 일, 다시 말해 천명을 깨닫는 일, 그 깨우침을 위하여 부단히 노력하고, 깨우친 것을 버리지 않고 소중하게 여기며, 그 깨우침대로 성실하게 살아가는 일은 결코 쉽지 않으나 그렇다고 불가능한 것도 아니다. 한평생 우리가 그렇게 살려고 노력하면 바로 그렇게 되는 것이다. 그 삶의 길에는 어리석은 자와 성인의 것이 따로 있지 않다. 그래서 퇴계는 마지막 노래를 "어리석은 자도 알아서 하니 그 아니 쉬운가/ 성인도 못다 하시니 그 아니 어려운가/ 쉽거나 어렵거나 그동안 늙는 줄을 몰라라."(후 6)라고 하며 끝을 맺는다. 죽는 마지막 순간까지 부단히 자신을 갈고 닦는 것, 그것이야말로 학문하는 즐거움으로 평생을 사는 것을 의미하는 것이다.

또한 "예전에 걷던 길을 몇 년이나 내버려 두고, 어디로 가서 헤매다가 이제야 예전처럼 돌아왔는가? 이제나마 돌아왔으니 이제는 결코 딴 곳에 마음 두지 않으리라."(후 4)라는 퇴계의 노래는 그의 선배였던 농암(聾岩) 이현보(李賢輔, 1467~1555, 세조 13~명종 10)의 「어부가」에 나타나는 생각과 매우 닮아 있다. 농암은 "강호(江湖)에 월백(月白)하거든 더욱 무심하여라."(2곡), "이 중에 시름 없으니

어부(漁夫)의 생애로다. …… 인세(人世)를 다 잊었거니 날 가는 줄 몰라라."(1곡)라고 노래하며, "산머리의 한가로운 구름과 물 위를 나는 흰 물새를 벗하며 뱃전에 한가로이 누워 있는"(4곡) 자신의 모습을 자랑했다.

　바로 이러한 정신, 곧 세상을 경영하기 위해 할 수 없이 출사(出仕)하지만 마음은 언제나 고향산천, 바람과 달, 자연 속에 두고 살아야 한다는 생각은 조선 선비들의 정신 속에 가장 크게 각인되고 실천하고자 한 이상이었다. 사림(士林)이 또한 산림(山林)으로도 불린 까닭이 여기에 있다. 다시 말해, 조선의 선비들은 '자연 속에서 안빈낙도(安貧樂道)하며 학문에 힘쓰고 후학을 가르치는 삶'을 지향하는 아주 독특한 문화를 만들어 낸 것이다.

　이런 생각은 「고산구곡가(高山九曲歌)」를 부른 율곡 선생도 마찬가지다. 그도 자신의 고향 "물가에 집 짓고 강학(講學)하고 영월음풍(詠月吟風)" 하고자 한다(제5곡). 또 때로는 낚시를 핑계로 물고기와 희롱하고, 흐르는 물소리와 어울려 거문고 타며 홀로 즐겁다"(제8곡). 그리고 "소나무 숲 사이(松間)에 술항아리(綠樽)를 놓고 벗 오는 양을 보는" 삶을 지향한다(제1곡). 그야말로 이 땅에서 삶을 살아간 선비들의 정신과 문화가 이 노래에도 고스란히 드러나 있다. 즉, 삶의 이상이 세상에 나아가 출세하고 세상을 다스리는 것에만 있는 것이 아니라, 오히려 세상으로부터 벗어나 또는 고향으로 돌아와 저절로 가는 자연(無爲自然), 아니 자연을 벗 삼아 자연과 하나가 되어(物我無間) 살며, 죽는 날까지 자신의 완성을 위하여 스스로 수양하고 학문을 연마하고, 또 젊고 어린 후학들에게 학문하는 즐거움을 전하고자 하는 것이다.

　정몽주-길재-김숙자-김종직으로 이어지는 사림파의 대표적 인물이며 정암 조광조의 스승이던 한훤당(寒暄堂) 김굉필(金宏弼, 1454~1504)은 그의 시 「서회(書懷)」에서 책을 벗 삼아 "홀로 한가로이 살면서 왕래를 끊고(處獨居閑絶往還)/ 단지 명월 바라보며 가난을 달랜다(只呼明月照孤寒)."라고 하며 자연 속에서 자연과 벗하며 선비의 생활을 아름답게 노래하고 있는데, 이 점은 화담 서경덕의 시 「독서(讀書)」도 마찬가지다.

　　큰 뜻 지니고서 글을 읽으니/ 안씨의 가난도 오히려 즐겁도다/ 부귀는 더러운데 어찌 손댈 것인가/ 임자 없는 자연에 몸을 안기리라/ 나물 캐고 고기 낚아 배를 채우고/ 영풍음월로 마음을 맑게 하리라/ 이제 학문 트여 마음이 즐겁기만 하니/ 헛된 인생살이를 편한 듯싶어라(讀書當日志經綸 歲暮還甘顏氏貧 富貴有爭難下手 林泉無禁可安身 採山釣水堪充腹 咏月吟風足暢神 學到不疑知快活 免教虛作百年人).

　세상은 잊고 초야에 묻혀 자연을 벗하며 진리를 탐구하겠다는 삶이 어찌 가난하지 않을 리 있겠는가. 그래서 그런지 유난히 가난에 대한 노래가 많은 것이 또한 조선 시대 시가에 나타나는 특징이다. 그렇지만 가난하면서도 자족하는 삶의 압권은 단연코 노계(盧溪) 박인로(朴仁老)의 글이다. 하급무장으로 임진왜란의 전쟁터를 누빈 노계는 당시 영의정이던 한음 이덕형과 깊은 우정을 나누었다고 한다. 한음이 전쟁 후 초야에 묻힌 노계의 삶을 걱정하는 문안 편지를 보내자 답장 형식으로 '누추한 거리의 노래'라는 「누항사(陋巷詞)」를 썼는데, 이 가사는 가난하지만 그것을 원망하지 않는(貧而無怨) 선비의 고절(高節)한 삶을 읊은 탁월한 작품으로 평가된다.

　여기에서 노계는 "길흉화복은 하늘에 맡기고 생긴 대로 살련다."라고 하지만 얼마나 가난했는지 찬 숭늉으로 배를 속이며 산다. 그래도 달과 바람, 강과 산, 갈매기와 더불어, 즉 자연 속에서 자연과 더불어 다투거나 남의 것을 탐내지 않으며 살아가려 애쓴다. '남의 부귀 손짓한다고 올 리 없고, 내 가난 가란다고 갈 리 없지만, 바람과 달을 벗 삼아 자연 안에서 늙어 가겠다'는 것이다. '충효(忠孝)' '화형제(和兄弟)' '신붕우(信朋友)'와 같은 가장 인간적인 도리, 즉 오륜을 지켜 인간다움을 실천하며 말이다. 여기에는 그 어떤 원망도 없다. 남을 등쳐서라도 잘살아야겠다는 욕심이 없다. 무능하기에 가난한 것이 아니라, 가난해도 사람답게 사는 것이 좋기에 그 가난을 기꺼이 받아들이는 것이다. 그래서 이 '가난'은 단순한 물질적인 궁핍함이 아니라 '청빈'을 의미한다. 이 청빈이 바로 제 분수(分數)를 알며 안빈낙도(安貧樂道)하는 삶을 의미하는 것이다.

　어머니의 떡 썰기 일화로 유명한 석봉 한호(石蜂 韓濩, 1543~1605)는 "짚방석 내지 마라 낙엽엔들 못 앉으랴/ 솔불 혀지 마라 어제 진 달 돋아온다/ 아이야 박주산채(薄酒山菜)일망정 없다 말고 내어라."라고 노래한다. 나누는 삶을 중요시한 우리 조상들의 정신이 아주 잘 드러나는 시조다. 이런 정신은 바로 콩 반쪽도 나누는 정과 통해 있다. 숟가락 하나 더 놓고 국에 물 좀 더 부으면 같이 먹을 수 있다고 손님을 청하는 데 주저하지 않던 마음에 닿아 있다. 이는 "내 논 다 매여든 네 논 좀 매어주마." 라는 송강 정철(松江 鄭澈, 1536~1593)의 시조와도 일맥상통한다. 이 시조에도 힘든 일도 함께하는 두레의 정신, 곧 '나누는 삶의 정신'이 고스란히 담겨 있다. 그리고 오직 이러한 정신만이 삶에 대한 달관, 곧 '떳떳한 가난'과 '자족'이라는 삶에 대한 적극적 긍정에 맞닿아 있는 것이다.

여기서 우리가 한 가지 유념하게 되는 것은 앞에 언급된 대부분의 글이 시조 또는 연시조라는 사실이다. 이 글들의 작자는 잘 알다시피 유학자들이며 한학의 대가들이다. 한문을 자유자재로 구사하는 한문에 능통한 사람들이다. 그런데 그들과 여기서 언급되지 않은 수많은 다른 선비들이 한글의 시형식인 시조를 지었다. 이는 그들이 이 노래(시조)를 자기 자신을 위해 지은 것이 아니라, 한문에 무지하거나 익숙하지 않은 일반 평민과 어린아이들이 즐겨 노래 부를 수 있도록, 특히 그들을 교육하기 위한 목적을 가지고 만들었다는 것을 의미한다. 실제로 퇴계와 율곡은 「도산십이곡」과 「고산구곡가」를 지은 목적이 백성과 아동 교육에 있다고 분명히 밝히고 있다. 또한 「관동별곡」「사미인곡」「속미인곡」「성산별곡」 등의 가사체 문학의 대가였으며 정치인으로서도 유명했던 송강 정철은 앞에 언급된 구절을 포함한 무려 16수의 '백성을 훈계하는 노래'인 「훈민가(訓民歌)」를 시조 형태로 지어 백성을 교화하려고 했다. 이 시조는 송강이 45세 때 강원도 관찰사로 있으면서 누구나 알기 쉽게 노래로 지어 사람으로서 해야 할 일을 가르치고자 하는 목적으로 만들었다고 한다. 각각의 시조는 부모의 은혜, 군신 간의 유의, 형제의 우애, 효도, 부부와 남녀 간의 관계, 교육, 예절 준수, 연장자 공경, 우정, 친지나 이웃과의 상부상조, 도박과 도적질의 근절 등에 대해 노래하고 있다. 그러므로 우리는 조선 선비들의 삶의 지향을 다음과 같이 요약할 수 있다.

그들은 **자연을 닮고 자연과 벗하고 자연 안에서 자연처럼 살고 싶어 했다.** 그들에게 세상에 나아가(出仕) 백성을 위해 사는 것과 자연으로 돌아가 자연과 벗하며 사는 것은 모두 하늘의 뜻을 따르는 것이었기 때문이다. 그래서 그들은 그 자연을, 그 하늘을 닮으려고 부단히 노력하였다. 그것이 그 자연과 나를 지어낸 하늘의 뜻을 알고 그 뜻에 순종함으로써 나를 완성해 가는 것이라는 것을 알기 때문이다. 그래서 그들은 안빈낙도(安貧樂道)를 이상으로 삼고 자신의 삶 속에서 이를 실천하려 부단히 노력하였다. 그들은 가난을, 아니 청빈(清貧)을 사랑한다. 그러면서도 그들은 '나눔'의 정신을 실천하려 하였다. 또한 그들은 죽을 때까지 자기수양과 학문 연마를 게을리하지 않으려 노력했다. 그리고 그들은 학문 전수, 즉 후학 양성을 선비의 가장 중요한 임무로 생각했다. 그래서 그들은 시(음악과 문학)를 통하여 그들을 교육하였던 것이다. 그러므로 조선 선비들의 삶과 사상과 시(문학 작품)를 우리의 문학을 통한 인성 교육에서 활용하는 것은 매우 효과적이며 또한 가장 바람직한 방법이라고 말할 수 있을 것이다. 그럼 이제 문학을 통한 인성 교육의 구체적인 방법에 대해 간단히 논의해 보기로 하자.

## 8. 문학(시)을 활용한 인성 교육 방법

### 1) 고전 읽기

1970년대에 고전 읽기 경연대회가 시행된 적이 있다. 당시에도 입시 위주의 교육이 극성을 부렸으므로 곧 사라지기는 했지만, 논어, 맹자 등의 동양 고전과 플라톤의 대화편을 비롯한 서양의 고전을 직접 읽고 그 읽힌 바를 경연대회를 통해 검증하던 이 방식은 교육적으로, 특히 인성 교육의 측면에서 상당히 효과적이었다고 여겨진다.

물론 오늘날과 같이 책을 거의 읽지 않으며 고전조차 요약본을 읽고 내용을 대충만 이해하는 시대에 이 고전 읽기를 다시 도입하는 것은 결코 쉬운 일은 아닐 것이다. 하지만 교사들의 노력 여하에 따라 고전 읽기는 인성 교육에 매우 긍정적인 효과를 가져올 수 있을 것이다. 이를 위해 퀴즈대회 또는 경연대회 형식을 취하는 것도 도움이 될 것으로 생각된다.

### 2) 독후감 쓰기

문학은 독자에게 고차원적인 정신적 즐거움을 주는 동시에, 인생이 무엇이며 어떻게 살아야 하는 것인지를 가르치는 기능도 함께 수행한다. 그러므로 교사는 인성 교육에 효과적일 것으로 생각되는 소설, 수필, 희곡 등의 문학 작품을 신중하게 선정하고 이 선별된 작품을 학생들이 읽고 독후감을 쓰게 함으로써 감동(쾌감)과 교훈의 두 가지 측면 모두에서 얻는 효과를 통하여 학생들의 인성에 긍정적 변화를 가져올 수 있을 것이다.

다만, 작품 선정에는 교사가 신중에 신중을 더해야 하며, 동서양의 고전이나 유명한 작품으로 거론되고 있다는 이유만으로 본인의 검증을 거치지 않고 대상 작품을 선정하는 것은 삼가야 한다. 가장 좋은 것은 교사가 직접 작품을 읽고 학생들이 그 작품을 대할 때 중점적으로 살펴보기를 바라는 중요한 내용, 주제, 구성 등에 대해 사전에 일러 주는 것이다.

## 3) 희곡 대본 읽기 또는 연극하기

아리스토텔레스의 비극론에 의하면 희곡은 극의 내부와 관람자의 정신 모두에서 카타르시스를 일으킨다. 그러므로 좋은 희곡을 배역을 나누어 읽거나 실제로 연기를 하는 것은 행위하는 이들과 보는 이들 모두에게 쾌감을 불러일으키며 영혼의 정화를 가져옴으로써 인성의 긍정적인 변화에 도움을 줄 수 있다.

또 셰익스피어의 희곡들처럼 뛰어난 작품들은 사용되는 언어 자체의 아름다움과 담고 있는 교훈적인 내용으로 학생들의 삶 전체에 지대한 영향을 미칠 수 있다. 그러므로 대상 학년과 인성 교육에 할애된 시간 등 여러 가지가 고려되어야 하겠지만, 최소한 셰익스피어의 4대 비극은 문학이나 영어 교과의 수업에서가 아니라 인성 교육 수업 시간에 최소한 대본 읽기가, 그리고 허락한다면 극으로 꾸미기가 이루어지기를 바라는 바다.

## 4) 시 암송과 시집 만들기

유럽이나 미국에서는 시 암송은 지역이나 주 단위의 대회로 개최되고 있다. 훌륭한 시를 암송하는 것은 좋은 속담이나 격언을 암송하는 것 이상으로 학생들의 평생의 삶에 커다란 영향을 미칠 수 있다. 그러므로 인성 교육 시간에 함께 외울 시들을 선정하여 서로 경쟁시키는 방식은 매우 권장할 만하다.

이때 주의할 것은 학생들에게 암송할 시를 스스로 선택하게 하는 것은 별로 바람직하지 않다는 사실이다. 극히 제한적이고 편파적일 수 있으며, 교육적으로 큰 효과를 기대할 수 없는 것일 수도 있기 때문이다. 그러므로 시 암송을 인성 교육에 활용하기 위해서는 담당교사가 신중하게 다양한 시 가운데서 교육적 효과를 고려해서 선정해야 한다.

시를 통한 인성 교육의 또 다른 방법은 공동으로 좋아하는 시들을 모아 학급이나 그룹 단위의 시집을 만들어 이를 함께 외우고 또 서로 시 외우기 경쟁을 하도록 하는 것이다. 물론 교사가 함께 참여하여 시의 선별에 주의를 기울여야겠지만, 학생 자신이 좋아하는 시를 모은 것이므로 그만큼 암송하기에도 더 효율적일 것이고, 따라서 시를 통한 인성 교육 측면에서도 더 효과적일 수 있을 것이다.

## 5) 시조 놀이

우리 선조들이 남겨 놓은 훌륭한 정신문화 유산이며 교육적 기능을 지니고 있는 시조를 가지고 놀이를 겸해서 교육하는 방법이 바로 시조 놀이, 곧 가투(歌鬪)다. 시조의 초·중장과 종장이 적힌(또는 초장과 중·종장이 적힌, 아니면 초장·중장·종장이 각각 따로 적힌) 카드를 마련하여 둘 또는 세 그룹으로 나누고 한 사람이 초장이 적힌 카드를 뽑아 읽거나 노래로 부르면 다른 사람들이 나머지 글이 적힌 카드를 찾아내는 놀이다.

이는 시조의 뜻을 익히고 내용을 암송하는 교육적 기능과 놀이의 재미를 더한 방법으로, 저학년의 인성 교육에 많은 도움이 되며, 높은 학년의 학생들에게도 충분히 효과를 볼 수 있는 인성 교육 방법이라 생각된다. 고학년의 경우에는 시조만이 아니라 현대시, 영시 등 다양한 소재를 활용하는 것이 가능하며, 또 학생들의 관심과 흥미를 더 많이 유발할 수도 있을 것이다. 이 경우에도 교사는 시조나 시의 선택에 신중을 기해야 한다.

## 6) 시 짓기와 수필 쓰기

물론 시작(詩作)과 수필(essay) 쓰기는 국어 교과에서 다루는 것이 당연할 것이다. 하지만 여기에서 말하는 시작과 수필 쓰기는 문학적 재능을 진작시키는 차원에서의 글쓰기와는 별도의 의미에서의 글짓기를 말한다. 또한 국군장병에게 편지 쓰기, 국경일이나 기념일에 글쓰기, 건전가요 가사나 곡 만들기와도 다른 것이다. 다시 말하면 자신의 내면과 사물에 대한 성찰, 사람들과의 관계에 대한 느낌과 자기반성, 삶의 의미에 대한 탐구, 진선미의 통합으로서의 미적 체험 및 숭고미의 추구에 대해 자기표현을 해 보는 것을 의미하는 것이다. 이때의 깨달음과 그 창조적 표현에서 오는 기쁨(쾌락)은 학생들의 정신을 더 높은 차원으로 승화시키고 고양할 것이다. 따라서 문학과의 연관성 속에서의 인성 교육은 충분히 그 효력을 발휘할 것이다.

# 제10장

## 영화와 인성 교육

# 1. 영화의 의미

영화(映畵)란 이에 해당하는 영어 단어(motion picture)가 의미하듯, 본래 연결된 일련의 필름을 연속적으로 영사해 재현시킨 움직이는 영상 및 기술을 말한다. 그러나 무성영화 시대가 지나가고 음성 더빙이 시작된 이후 지금에 이르러서는 영상과 음향이 함께 어우러진 뜻으로도 이해되고 있다. 과거에는 상업성이 강하고 과학과 기술의 영향을 크게 받는 영화를 순수예술과는 구별하여 보려는 경향이 있었으나, 오늘날 영화는 또 다른 형태의, 그리고 가장 주목받는 종합예술의 하나로 인지되고 있다. 빛과 소리의 결합에 의해 새롭게 만들어지는 화면 속의 세계는 보는 이들에게 하여금 상상의 세계, 불가능의 세계를 실제인 것처럼 보여 주기도 하고, 도저히 믿기지 않는 자연의 신비를 보여 주기도 하며, 불가능의 꿈과 환상을 심어 준다.

이러한 영화는 두 가지 측면을 갖는데 하나는 산업적인 측면이며, 다른 하나는 예술적 측면이다. 하지만 영화는 먼저 예술적 기능보다는 먼저 오락적인 기능을 담당하며 산업화되었다. 그래서 오늘날도 영화예술이라는 표현보다 영화산업이라는 말이 더 흔하게 사용되고 있다. 영화는 산업, 과학기술의 진보와 불가분의 밀착된 관계를 가지고 있다. 따라서 영화 예술도 이러한 특수성에서 벗어날 수 없다. 다시 말해 영화의 산업적, 상업적, 오락적 측면으로부터 완전히 벗어나는 순수예술로서의 영화가 가능한가, 의미가 있는가 하는 의문은 영화를 대중예술의 장르로 구분하여 순수예술과 차별화하던 시대를 벗어나 당당히 종합예술의 한 분야로 인정하는 오늘날에도 여전히 계속되는 질문이다. 그러나 영화가 어떤 기능을 담당하든 간에, 후에 발명되고 발전된 새로운 대중 영상 매체인 텔레비전 발달과 보급이나 디지털 시대의 개막과 더불어 시작된 통신기기와 의사소통 방법의 다양한 발전에도 불구하고 영화가 여전히 상업적으로나 예술적으로 현대에서 가장 사랑받는 장르라고 말하는 데에는 이의가 없을 것이다.

어쨌든 영화는 과학기술의 진보에 의해 이루어지며, 그 흥행도 기업가에 의해

행해진다. 그러므로 영화는 산업이기도 하고 예술이기도 하다. 그런데 이러한 영화는 다른 의미에서도 두 종류로 나눌 수 있다. 보도와 기록의 역할을 하는 논픽션 영화와 픽션 영화가 그것이다. 우리가 일반적으로 영화예술이라고 말할 때 그것은 후자를 염두에 두는 것이지만 전자의 경우에도 결코 예술적 의미가 없다고 말할 수 없다. 기록영화가 지니는 예술성도 매우 큰 것이다. 그러므로 영화예술은 표현 기법에서도 과거의 예술과 구분되며, 또 단순한 과학이나 기술의 진보를 드러내는 하나의 표현 방법이라고 볼 수 없는 독특한 측면을 지닌다. 그러므로 영화는 예술로서든 오락 산업으로서든 기록 문화로서든 매우 복잡한 형태를 지니고 있다. 이것이 영화만이 지니고 있는 새롭고 독특한 특징이며, 영화의 촬영 및 저장 그리고 보급 방법의 변화에도 불구하고, 또 유사한 기능을 담당하고 있고 더 복잡한 기능을 담당하고 있는 텔레비전이나 동영상의 생산, 송출, 수신 기능은 물론 정보의 이용과 교환에서 획기적인 변천을 보여 주고 있는 스마트폰(smart phone)의 놀라운 발전 속에서도 영화가 여전히 존속하고 사랑받는 이유라고 말할 수 있을 것이다.

## 2. 영화의 특색과 교육적 가치

영화의 특색을 정리해 보면 다음과 같다.

첫째, 영화는 과학, 기술, 발명의 산물이다. 앞서 영화의 역사가 보여 주듯 영화는 과학과 기술의 발전과 밀접한 관계를 지니고 있다. 때로는 필요에 의해 발명되고 새로 고안된 장치와 기술들이 생겨났고 때로는 발명가의 상상력이 새로운 발명품을 만들어 냈으며, 그것이 영화의 발전에 기여하는 등의 매우 복잡한 형태를 취하고 있다. 초기 무성 흑백영화에서 토키 흑백영화(1929), 토키 컬러영화(1935), 대형화면 영화(1952), 디지털카메라 영화, 모바일 폰 영화를 차례로 살펴보면 이 점이 분명해진다.

둘째, 영화는 오락성에서 출발하였으며 일종의 산업이다. 영화는 분명 새로운 발명품에 대한 호기심에서 시작되었고, 그 새로운 호기심을 잃지 않기 위하여 이야기(story)를 꾸며 내기 시작하면서 급속히 확산되었다. 그리고 현재에도 이 오락성과 영화에 대한 상업적 및 산업적 마인드의 적용은 당연한 것으로 여겨지고 있다. 위대한 배우 캐빈 코스트너(Kevin Costner)가 제작·감독·주연을 한 영화 〈포스트 맨〉과 〈워터 월드〉의 흥행 실패와 조지 루카스(George Lucas) 원작의 〈스타 워즈〉의 흥행 성공을 살펴보면 이 점에 대한 이해가 쉬워진다.

셋째, 영화는 사실의 기록(non-fiction)과 보존, 반복 재생의 기능을 갖는다. 영화는 사실을 다시 보여 주는 움직이는 사진으로 출발하였으며 기록 보존의 탁월한 속성을 갖고 있다. 따라서 문자 기록과 달리 현실성을 갖추고 있으며, 반복 재생이 가능하기 때문에 역사적 사건, 유·무형 문화유산 및 문화재에 대한 기록의 보존, 자연 생태계의 신비와 비밀을 파헤치는 다양한 다큐멘터리 필름들이 제작되고 있고, 이 점에서도 영화는 텔레비전과 대립 관계가 아니라 오히려 밀접한 협력 관계를 유지하며 여전히 큰 역할을 하고 있다. 최근 일부 TV채널에서 재방영되고 있는 〈대한 뉘우스〉나 내셔널 지오그래픽사의 지구 자연에 대한 놀라운 필름들, BBC 방송의 역사기록물들을 살펴보면 이 점이 분명해진다.

넷째, 영화는 허구(fiction)이며, 환상(illusion)이다. 영화는 사실에 바탕을 둔 이야기를 영상화한 것이라고 해도 감독과 배우들 그리고 다양한 방법으로 제작에 참여하는 사람들에 의해 재구성 또는 새롭게 창조된 허구임이 틀림없다. 그리고 그것은 빛과 소리의 재생 장치를 통해 우리에게 전달된다. 이 점에서 영화는 또한 환상이다. 영화를 통해 우리는 우리가 경험하지 못한 것, 상상하지 못한 것, 실현 불가능한 것들을 꾸며서 보여 주기 때문이다. 최근의 영화 〈아바타〉를 생각해 보면 이 점은 매우 분명해진다.

다섯째, 영화는 공동 작업에 의한 종합예술이다. 모든 실용품이 차츰 예술화되듯이 움직이는 사진으로서의 영화는 점차 보도와 기록으로서의 가치 외에 오락성을 추구하게 되고 나아가 표현예술로서의 역할을 담당하게 되었다. 즉, 다른 예술에서는 볼 수 없는 특성을 드러내게 되었는데, 그것은 바로 현실, 곧 사진의 객관성을 주체적이며 현실을 초월하는 예술적 표현으로 승화시켰다는 점이다.

또한 영화는 매우 다양하면서도 고도의 협력 작업을 필요로 한다. 카메라맨과 조명 및 음향기사들, 다양한 역할을 담당하는 배우들은 물론 의상, 소품, 세트 전문가들, 등장하는 동·식물에 대한 전문가들, 역사나 민족, 풍습 등 인류 문화에 대한 다양한 전문가들이 모여 협동 작업을 하는 것이다. 그런가 하면 때로는 자연생태학이나 첨단 의료생명과학, 자동차나 로봇에 대한 기계공학의 전문가들이 함께 작업하기도 한다. 또한 영화는 이렇게 수많은 사람이 함께 작업을 할 뿐 아니라 영화의 구성 자체가 매우 복잡하고 다양하며, 그것을 표현하는 방법과 기술도 이루 말할 수 없이 복잡하다. 그런데도 영화는 그 모두를 하나로 아우르며 완성된 작품으로 만들어진다. 이 점에서 영화는 그 어떤 전통의 예술보다도 종합예술적인 성격을 갖고 있다고 말할 수 있다. 영화를 오페라나 오케스트라 연주, 또는 발레와 같은 예술 형태와 비교해 보면 이 점을 쉽게 짐작할 수 있다. 하지만 그렇다고 해서 영화가 앞에서 언급한 다른 종합예술보다도 뛰어나다거나 훌륭하다는 의미를 갖는 것은 아니다. 훨씬 복잡하고 종합적이라는 의미다.

여섯째, 영화는 시간적 예술의 속성과 공간적 예술의 속성을 모두 갖고 있다. 일반적으로 예술은 시각예술과 청각예술로 나누어진다. 미술은 대체로 시각예술에 속하며 음악은 대체로 청각예술에 속한다. 비록 현대 예술에서는 그 경계가 많이 무너지고 있기는 하지만 말이다. 존 케이지(John Cage)의 작품 〈피아노〉는 음악이기보다는 피아노가 깨지는 소리와 그 피아노를 부수는 행위, 곧 시각적 현상이 더 강조되며, 미술에서의 몸과 시간과 우연을 이용한 퍼포먼스는 미술이 지닌 시각적 기능보다는 오히려 청각적 기능에 더 초점을 맞추고 있기 때문이다. 그러나 영화는 이와 또 다른 차원에서 시간적 속성과 공간적 속성, 곧 청각적 속성과 시각적 속성을 동시에 지닌다. 바로 동일한 것의 반복적 재생이라는 독특한 형태를 통해서다. 영화는 어제 보거나 오늘 보거나, 여기에서 보거나 저기에서 보거나 그 주변의 환경이나 분위기는 바뀔 수 있지만, 영화 그 자체는 동일한 것이 빛과 소리로 분할되어 재생된다. 그렇기 때문에 영화는 시간과 공간을 뛰어넘으면서도 언제나 동일한 시간과 공간에 갇혀 있는 매우 독특한 예술 형태다.

일곱째, 영화는 대중예술적 성격과 순수예술적 성격을 동시에 지니고 있다. 과거에는 순수예술과 대중예술을 분류하였다. 또한 순수예술은 비상업적 · 비실용적인 것으로, 대중예술은 상업적이고 실용적인 것으로 여겨졌다. 하지만 오늘날은 이러한 경계가 매우 모호해졌다. 의상이나 머리 모양도 예술의 장에 속한 것으로 이해되고, 음식이나 가구 또한 그렇게 인식되고 있다. 예술이 특정한 이들의 특별한 행위나 그 결과로 이해되는 것이 아니라, 모든 사람(everybody)의 '창조적 행위와 그 결과물'로 예술에 대한 이해가 달라졌기 때문이다. 그러므로 영화는 오락성을 갖춘 매우 대중적인 예술이면서 동시에 고도의 순수예술의 성격을 동시에 지니고 있다고 말할 수 있다. 이는 오우삼의 영화 〈야연〉이나 존 매든(John Madden)의 영화 〈셰익스피어 인 러브〉를 통해 잘 알 수 있다. 전자는 셰익스피어의 〈햄릿〉을 중국화, 상업 영화화한 것이며, 후자는 셰익스피어의 〈로미오와 줄리엣〉을 가공의 이야기로 재구성하여 상업 영화화한 것이다.

여덟째, 영화는 교육적 기능을 갖는다. 영화는 이야기다. 그래서 주제와 소재, 시작과 전개 그리고 결말이 있다. 기록영화조차도 구성작가가 있으며, 감독의 연출에 의해 촬영되고 편집자의 의도가 더해져서 편집된다. 그러므로 거기에는 우리가 배우고 익힐 그 무엇인가가 있다. 그것이 새로운 사실이나 지식의 습득이든, 감동이든 반면교사의 교훈이든 보는 이로 하여금 자기 반성을 하게 하거나 무엇인가를 느끼도록 한다. 그러므로 이것을 우리는 넓은 의미의 영화가 지닌 교육적 기능이라고 말할 수 있다. 그러므로 영화의 이러한 기능은 일찍부터 교육적 목적, 또는 계몽적 목적, 또는 선전적 목적을 달성하기 위한 방법으로 사용되었다.


## 3. 교육영화의 발전

영화가 지닌 구체적이며 풍부한 영상 표현들이나 고속 촬영이나 저속 촬영 등의 특수기술을 활용한 영상자료는 매우 큰 교육적 성과를 가져올 수 있다. 그래서 교육영화란 용어는 일반적으로 학술 연구와 교육 목적을 가진 영화를 총칭하는 것으로 사용된다.

이미 1870년대와 1880년대에 미국의 마이브리지(Eadweard Muybridge)와 프랑스의 마레(Etienne Marey)는 연구와 교육의 목적을 위해 동물의 움직임을 연속 사진으로 촬영했으며, 1897년에는 독일의 오스카 메스터(Oskar Messter)가 해군을 위한 교육 영화를 제작했다. 1908년 미국의 농산부는 연구 목적을 가지고 라이트 형제의 비행기를 촬영했고 1900~1920년대에 유럽 및 라틴아메리카의 일부 국가에서 교육영화가 등장하기 시작하였으며, 특히 독일에서는 제1차 세계대전 후 니콜라스 카우프만(Nicholas Kaufmann) 박사가 문화영화의 제작에 착수, 과학 지식의 보급에 공헌했다.

1917년 미국에서는 성병 예방 등에 관한 계몽영화를 육군이 만들었는데, 이것은 교육의 수단으로서 영화가 효과적이라는 것을 입증하는 계기가 되었다. 1919년 예일 대학교는 미국의 역사를 극화한 영화 〈미국연대기〉를 학교에서 상영하였으며, 영국에서도 1919년에 H. 브루스 울프(H. Bruce Woolfe)가 〈영국 교육 영화사〉를 설립하여 〈자연의 비밀〉이라는 시리즈로 단편 과학영화 수백 편을 제작하였다.

또한 소련에서도 영화가 지닌 교육과 교화의 기능을 중요시하여 1919년 모든 영화산업을 선전교육인민위원회의 관할하에 두었고, 1925~1930년 영화를 제작하여 러시아 혁명의 목적을 농민에게 알렸다. 이 영화들은 대중전달 매체로서 탁월한 기능을 가지고 있으며, 우매한 대중을 교화하고 그들에게 선전하는 데(propaganda) 이용가치가 높다는 것을 입증하였다.

1920년대 초까지는 영사기나 필름의 가연성에 문제가 많아 교육영화의 보급에 어려움이 있었는데, 1923년 코닥사가 16mm의 불연성 필름 및 휴대용 영사기를 개발하여 교육영화 보급에 새로운 장을 열었으며 영화가 학교용 교재로서의 큰 역할을 하도록 기여했다. 1933년 웨스턴일렉트릭사의 자회사가 토키에 의한 교육영화의 제작을 개발하였지만, 교사가 직접 설명할 수 있다는 점에서 무성영화도 계속해서 사용되었다. 또한 1934년 로마에서 개최된 국제영화회의에서는 교육영화의 표준으로 16mm 필름을 정하였다. 또한 미국의 로버트 플라어티(Robert Flaherty), 영국의 존 그리어슨(John Grierson) 등이 주창한 다큐멘터리 운동은 교육영화에 대한 일반의 인식을 현저하게 높였으며, 이들의 노력으로 1939년 설립된 캐나다 국립영화국은 국민교육기관으로서 교육영화의 제작과 배급을 담당하게 되었다. 제2차 세계대전 중 각국은 국가가 직접 관리하여 전쟁에 대한 의식을 고취하기 위한 교육 및 선전용 영화를 제작하였지만, 전후에는 교실용 교육영화 제작의 비약적인 발전이 이루어졌다(Cf. R. W. Wagner, Wagner, Robert W., 1958 (No.2): 49-55; 1958(No.3): 140-146; 1962: 275-283)).

1960년 중반에는 미국에서만도 연간 1,000편이 넘는 교육영화가 제작되었으며,

학교나 교회 등에 75만 대의 16mm 영사기가 정비되었다. 영화에 의한 교육은 영화 상영 전후에 교사가 적절한 학습지도를 행하는 것으로서, 종래의 강의보다도 이해도가 높아 큰 교육 효과를 올릴 수 있었다. 또 시청각 교육의 한 교재로서 영화는 다른 교재와 연관되어 사용함으로써 더욱 큰 성과가 기대되고 있다.


## 4. 영화를 활용한 교육

우리가 관심을 갖는 것은 이미 교육적 의도를 가지고 제작된 교육영화가 아니다. 앞에서도 언급한 바와 같이 무엇인가를 '이야기'하고 보는 이로 하여금 무엇인가를 '느끼고 생각하도록' 하는 영화들을 학교와 교과서 및 교실에 국한된 교육의 틀에서 벗어나 좀 더 자율적이며 자기주도적으로 학습할 방법과 도구로 사용할 수 있는가를 살펴보고자 하는 것과, 과연 그것이 효과적일 수 있느냐 하는 것에 우리의 관심과 초점이 맞추어져 있기 때문이다.

사실, 이미 오래전부터 시청각 자료에 의한 학습은 활발하게 이루어지고 있고, 그 일환으로 수업 시간을 활용하여 학생들에게 교실에서나 영화관에서 영화를 감상하게 하고 그로부터 좋은 영향을 받도록 하는 방법은 실행되고 있다. 영화는 정적인 문자가 아니라 동적인 영상으로 상황을 제시하고 보여 줌으로써 학습자들의 반응을 빠르게 유도할 수 있기 때문이다. 특히 디지털 시대의 도래와 함께 문자보다는 영상에 친숙한 세대에게 유용하고 효과적으로 감각적인 반응을 불러일으킬 수 있으며 교실을 흥미진진한 교육의 장으로 만들 수 있다. 그러므로 영화를 활용한 교육은 개개인의 수준에 적합한 경험을 제공하는 효율적인 교수·학습 전략의 하나라고 말할 수 있다.

오하이오 대학교의 교육학과 교수였던 에드가 데일(Edgar Dale, 1900~1985)은 '경험의 원추(Cone of Experience)' 모형을 제시하면서 경험들을 다음과 같은 11단계로 구분했다(Cf. E. Dale, pp. 102-118)

| 표 10-1 | 경험의 원추 | | |
|---|---|---|---|
| 상징적 경험 | 언어적 상징(erbal Symbols) | | 추상 |
| | 시각적 상징(Visual Symbols) | | |
| 시청각적 경험 | 라디오-녹음-사진(Radio – Recordings – Still Pictures) | | |
| | 영화(Motion Pictures) | | ↑ |
| | 교육용(TV Educational Television) | | |
| | 전시(Exhibits) | | ↓ |
| | 견학(Field Trips) | | |
| | 시범(Demonstrations) | | 구체 |
| 직접 경험 | 극화된 경험(Dramatized Experiences) | | |
| | 고안된 경험(Contrived Experiences) | | |
| | 직접 경험(Direct Purposeful Experiences) | | |

이를 통하여 데일은 학습자들이 구체적인 경험을 먼저 함으로써 추상적인 경험을 의미 있게 받아들인다는 점을 강조하였으며, 특히 개념 형성 과정에서 직접 경험, 즉 행동에 의한 학습(Learning by doing)과 상징적이고 언어적인 경험, 즉 추상을 통한 학습(Learning through abstract)을 연결하는 관찰에 의한 경험, 즉 시청각적 경험을 통한 학습(Learning by observation)을 중요시하였다.

또한 데일은 1933년 발표한 논문에서 중등 과정 학습에 영화를 적용하는 것의 장점에 관하여 논하였다. 이를 요약, 정리하면 다음과 같다(Cf. Wagner, 1970, pp. 89-95).

- 영화는 움직임과 동작으로 드러나는 의미들을 가장 잘 표현할 수 있다.
- 영화는 관람자의 주의를 집중시키고, 강렬한 감정적 개입을 불러일으키기도 한다.
- 영화는 현실을 잘 나타낼 뿐 아니라, 일상에서 지나쳐 버리기 쉬운 현상들 사이의 관련성을 분명하게 이해할 수 있도록 한다.
- 영화는 시간 조절을 통해 육안으로 지각하기 어려운 너무 빠르거나 너무 느린 현상을 파악할 수 있도록 한다.
- 영화는 확대와 축소를 통해 육안으로 파악하기 어려운 사물의 모습을 지각할 수 있게 해 준다.

- 영화는 과거나 현재의 사상을 파악할 수 있게 한다.
- 영화는 현상이나 사건들을 반복하여 재생시켜 보여 줄 수 있다.
- 영화는 관람자에게 공통의 경험을 형성해 줄 수 있다.
- 영화는 관람자의 태도 형성과 변화에 영향을 줄 수 있다.
- 영화는 심미적인 경험을 갖도록 한다.
- 영화는 사물이나 사건의 추상적인 관련성을 이해할 수 있도록 한다.
- 영화는 편집을 통해 역사적 사건들 간의 관련성을 쉽게 파악할 수 있도록 한다.

이렇게 보면, 영화를 본다는 것은 인간 삶의 다양성을 체험한다는 의미가 된다. 영화는 인물들의 복잡한 현실을 다루고 있으며, 스토리 전개, 개성이 풍부한 등장 인물, 사람을 끌어당기는 영상미, 진한 감동이 느껴지는 대사 등을 통해 우리가 일상에서 체험하는 것보다 큰 효과를 만들어 낼 수 있다.

## 5. 영화 활용 수업

영화를 활용한 수업은 세 단계로 나누어 볼 수 있다. 영화를 보기 전 단계와 영화를 보는 단계, 이를 통해 학습자들이 스스로 의미를 구성하도록 돕는 단계다. 그런데 이 모든 단계에서 교사는 매우 중요하고 핵심적인 역할을 담당하게 되며, 또 담당해야 한다. 그렇지 않으면 영화 관람은 단순히 오락성을 충족하는 것에 국한되어 버리고, 학습목표와는 동떨어지고 전혀 효과적이지 못할 가능성이 매우 크다. 그러므로 영화를 통해 인간의 삶과 사회에 대한 화두를 이끌어 내고 공감하기 위해서는 학습목표에 맞는 영화를 선정하고, 학습자들에게 영화 감상 이전에 제시할 감상의 관점들을 먼저 정해야 한다. 다시 말해, 교사는 치밀한 사전 준비를 해야 한다. 자신이 학습목표로 삼고 있는 것이 무엇인지 분명하게 알고 있어야 하며, 여기에 가장 적합한 영화를 찾으려고 노력해야 한다.

사실 영화를 활용한 수업에서도, 물론 다른 수업에서도 마찬가지이지만, 수업을 이끌어 가는 교사가 제시할 영화를 어떻게 이해하고 있는지는 학생들의 학습 효과

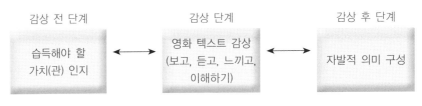

감상 전 단계       감상 단계       감상 후 단계

| 습득해야 할 가치(관) 인지 | ↔ | 영화 텍스트 감상 (보고, 듣고, 느끼고, 이해하기) | ↔ | 자발적 의미 구성 |

**그림 10-1** 영화를 통한 학습자의 의미 구성 과정

의 성패를 좌우한다고 말할 수 있다. 영화가 분명히 의미 있고 중요한 학습 원천이기는 하지만, 매우 다의적 의미를 함의하고 있어서 '영화가 의미 있는 지식이 되고, 또한 인성 교육에 효과적일 수 있는가?'는 교사가 영화를 해석하는 관점과 방식에 따라 달라질 수 있기 때문이다.

**영화를 보기 전 단계는 영화의 주제와 관련된 교육적 · 이론적 접근 방법을 교사가 제공하는 단계**

이 단계에서 교사는 '영화를 어떤 관점으로 볼 것인가?'에 대한 분명하고도 이론적인 영화 감상의 관점을 학습자들에게 설명한다. 물론 영화를 보기 전 제공되는 관점의 제시는 독자적인 사고 능력이 뛰어난 중등 과정의 고학년 학생들에게는 오히려 자유로운 사고를 방해하는 요인으로 작용할 수 있으나, 초등 교육 과정이나 중등 교육 과정의 대부분의 학습자에게는 일반적으로 영화를 감상하는 동안 주제를 놓치지 않고 지속적으로 영화에 집중할 수 있도록 하는 데 도움을 준다.

**영화를 감상하는 단계는 인간학 연구 주제를 생각하며 함께 감상을 하는 단계**

이 단계에서는 감상의 분위기가 중요하다. 함께 집중해서 볼 수 있는 진지한 분위기를 조성하여 감상한다. 이 단계에서 학습자는 인지적 측면에서 제시된 배경지식을 활성화하여 영화 텍스트를 읽게 된다. 다시 말해, 보고 들으며 느끼고 이해해가는 것이다.

**감상 후 단계**

느끼고 이해된 가치들을 스스로 정리하고 체화할 기회를 제공해야 한다. 그러므로 이 단계에서는 학습자들이 스스로 구성한 의미를 글로 쓰고, 토론과 대화를 통해 타자에게 전달하고 공유하여 의미를 되새기고, 그것들을 자신의 삶 속에서 실행하도록 유도한다.

## 6. 영화 활용 수업의 설계

앞의 세 단계를 실제 수업에 적용할 때에는 좀 더 세밀한 전략이 필요하다. 그러므로 수업의 설계에서 감상 후 단계를 좀 더 세분화하였다. 이를 표로 정리하면 다음과 같다.

**표 10-2  영화를 활용한 수업의 단계**

| 수업의 단계 | 수업 형태 | 영화 활용 | 수업 활동 | 수업의 의미 |
|---|---|---|---|---|
| 도입 | 전체학습 | 감상 전 단계 | 〈교사의 설명〉<br>• 주제 선정 및 관람의 관점 제시<br>• 학습목표의 제시 | • 학습자의 배경지식 활성화<br>• 학습자의 흥미 유발 |
| 전개 | 개별학습 | 감상 단계 | 〈영화 텍스트 감상〉 | 영화 '읽기'(보고, 듣고, 느끼고, 이해하기) |
| | 개별학습 | 감상 후 단계 | 〈개인적 의미 구성〉<br>• 글쓰기를 통한 영화의 의미 구성 | 영화 '쓰기'[자신의 언어를 통한 재구성, 의미의 체화(내면화) 과정] |
| | 모둠학습 | | 〈공동체적 의미 구성〉<br>• 영화의 의미에 대한 학습자 상호 간의 대화와 토론 | 공동체의 '의미 나누기'(타자와 자신의 비교를 통한 의미 내면화의 심화 과정) |
| 정리 | 전체학습 | | 〈교사와 학습자의 토론 및 교사의 정리〉 | |

첫째, 감상 후 단계를 좀 더 세분화하면 먼저 학습자 개개인의 자발적 의미 구성을 유도하기 위하여 학습자로 하여금 교사가 제시한 주제 및 학습목표와 연계하여 개인적인 글쓰기 과정을 거치도록 한다. 영화라는 텍스트 '읽기'와 그 경험에 대한 개별적인 '쓰기'를 통해 학습자들은 좀 더 세밀하게 의미를 구성할 수 있을 것이다.

둘째, 의미 구성 과정을 내면화한 학습자들이 동료들과의 대화를 통해 공동체적인 '의미 나누기' 과정을 갖도록 한다. 이렇게 영화 감상 후에 영화를 보기 전과 보고 난 후의 달라진 시각에 대해 자유롭게 이야기하고, 함께 토론하며 의견을 나눔으로써 영화를 통해 얻은 가치를 좀 더 깊이 내면화할 수 있을 것이다. 같은 영화를 보더라도 그 영화에서 느껴지는 감동은 저마다 모두 다를 수 있기 때문에 이 영화를 통해 느낀 점, 생각하게 된 점들을 서로 나누게 되면 학습자들은 영화의 의미를 더 확실히 그리고 더 깊이 체화할 수 있을 것이다. 이 단계에서 학습자들은 토론이나 토의의 결과에 대해 자신의 입장을 다시 한 번 정리하고 확인할 수 있을 것이다.

셋째, 교사가 최종 정리를 할 때에 주의해야 할 점은, 영화 텍스트와 학생들의 글쓰기 및 토론의 범위를 벗어난 당위성을 일방적으로 강요해서는 안 된다는 것이다. 그것은 또 하나의 강요의 윤리가 될 것이고, 방법만 달리한 주입식 교육이라는 결과를 얻게 될 것이기 때문이다. 이 경우, 교사도 영화 텍스트에서 자신이 느낀 점이나 왜 그 영화를 선택했는지를 다시 한 번 분명히 학습자들에게 이야기함으로써 학생들의 관심과 이해를 높이는 방법은 나쁘지 않을 것이다.

## 7. 학년별 활용 가능한 영화의 예

초등학교 1~2년 학생들은 장시간 계속되는 영화 수업에 적응하는 것이 불가능할 것으로 판단된다. 따라서 예시에서 제외하였다. 여기에서 설명되는 예시는 단지 하나의 개략적인 기준에 의한 구분일 뿐, 실제의 실험 수업을 통하여 검증된 것은 아니다. 따라서 현장에서 교사들이 이 예시를 활용할 때에는 본인이 맡고 있는 학급 학생들의 수준과 시기, 영화 감상의 집중 가능성 등을 고려하여 활용하는 것이 좋을 것이다.

**표 10-3** 학년별 활용가능한 영화

| 학년 | 영화 제목 | 탐구 주제 |
|---|---|---|
| 초등 3~4 | 공룡 길들이기 | 우정, 약자에 대한 배려, 타 문화에 대한 이해, 은근과 끈기, 성장기의 시련과 극복 |
| 초등 3~4, 5~6 | 헤어스프레이 | 외면과 내면, 긍정적 사고, 노력, 배려, 우정 |
| 초등 5~6 | 스타워즈 에피소드 3 | 선과 악, 사랑과 증오, 용서와 관용, 의지와 선택 |
| 중등 1~2 | 바이센테니얼 맨 | 생명, 사랑, 배려, 희생, 죽음 |
| 중등 1~2 | 스탠리와 아이리스 | 인간의 언어와 교육, 사랑과 이해, 자기계발 |
| 중등 2~3 | 로봇 | 인간과 기계의 관계, 기술문명 발전의 명암, 인류의 미래 |
| 중등 3 | 일루셔니스트 | 사실과 환상, 진실과 거짓, 무지와 편견, 사랑과 탐욕 |
| 고등 1 | 불을 찾아서 | 문화와 문명, 사랑과 성, 사랑과 우정, 웃음의 발견, 서사와 초자연적인 힘에 대한 이해 |
| 고등 1 | 가타카 | 자유와 초월, 욕망과 욕구 |
| 고등 2 | 킹덤 오브 헤븐 | 초월과 내재, 진-선-미-성의 관계, 삶과 죽음, 사랑과 기억 |
| 고등 2 | 장미의 이름 | 인간과 종교, 웃음과 상징으로 이해하는 인간성의 의미, 지식-정보-권력의 관계 |

### 🌏 탐구활동 수업의 예: 영화 〈불을 찾아서〉

영화 〈불을 찾아서〉를 본 느낌을 토대로 '불'의 의미에 대한 다음의 글을 읽고 자신의 생각을 발표해 보자.

프랑스의 장 자크 아노(Jean Jacques Annaud) 감독의 1981년 작 〈불을 찾아서〉는 인류 문명과 문화를 상징하는 '불'을 찾기 위해 모험을 떠나는 기원전 약 8만 년의 인류의 생활상을 가상으로 그려 낸 작품이다. 그러나 감독이 이 영화에서 표현하려고 한 것은 단지 불의 발견을 통해서 인간이 오늘날의 모습으로 진화했다는 것만이 아니다.

〈불을 찾아서〉는 매우 의미심장한 작품으로, 그는 이 영화 속에서 인간의 언어와 몸짓 언어의 진화, 울음과 웃음의 관계, 사랑과 성과 인격과 개성의 발견과 발전, 신화와 전설의 기원, 서사의 시작, 정감, 정서, 사랑, 우정, 동족애 등 오늘날 우리가 개별적으로 분석의 대상을 삼고 있는 인간과 관련된 수많은 것이 그 기원에서는 어떤 모양을 하고 있었는지를 추적했다. 그래서 이 영화의 제작에는 인류학, 고생물학, 동물학적 인간학, 고인류언어학 등 매우 다양한 전문가가 참여했다. 그렇지만 물론 그 모든 것의 중심에는 불이 있다.

불은 빛과 열, 이 둘 모두로 인간에게 큰 도움을 주었다. 자연에서 발생한 불을 보관하다가, 불을 직접 만들어 사용하게 된 인간은 그 불로써 사나운 짐승도 물리치고 음식도 익혀 먹게 되었다. 토기도 구울 수 있게 되었고 풀무를 이용해서 더 높은 열도 낼 수 있게 되자 청동기 문명이 시작되었다. 청동기 문명의 뒤를 이은 것은 철기 문명이었다. 철을 녹이려면 더 높은 열이 필요하여 기술이 발전하였다. 폭약도 발명하였다. 폭약은 삶과 건설, 죽음과 파괴, 두 역할을 했다. 하지만 인류에게 더 중요하고 큰 도움을 준 것은 내연기관의 발명이다. 거기서 한걸음 더 나아가 핵에너지를 사용하게 되어 막대한 에너지가 생겼다. 이것이 대체로 열을 이용해 자라 온 인류 문명의 역사다.

인간은 불의 열만 아니라 빛도 이용해 왔다. 하지만 불의 열을 이용하는 데는 많은 발전을 보았지만 빛을 이용하는 데 큰 발전은 없었다. 그러다가 전기를 발명하면서 빛을 내는 전자의 장점을 이용한 통신 시설의 발전, 즉 전화, 텔레비전, 팩시밀리, 무선 통신기에 이르기까지 급격한 발전을 이룩한다. 빼놓을 수 없는 결정적인 것은 바로 컴퓨터와 인터넷이다. 그러므로 불의 빛으로서의 기능은 최근 들어 급격히 발전하여 점차 불의 두 기능이 한데로 수렴되고 있다고 할 수 있다. 소리나 문자를 비롯한 각종 정보의 전자화는 물론이고 에너지도 결국은 전자의 전이나 방출과 관련지어져 있기 때문이다.

인간도 동물이었을 때에는 다른 동물이 불을 두려워하듯이 두려워했을 것이다. 그러나 인간은 불을 두려워하면서도 끊임없이 불을 활용해 왔고 그것을 통하여 문명을 이룩해 낸 것이다. 그래서 인류는 그 문명의 초기에서부터 그 무엇보다도 불을 중시했으며, 이러한 사실은 인도의 리그베다를 비롯한 경전에 잘 나타난다. 인도인은 불을 아그니(Agni)라 부르며 아주 중요하게 다루었으며, 제의(祭儀)의 중요한 요소, 나아가 숭배의 대상, 신의 지위까지도 부여했다.

물론 이러한 경향은 거의 모든 종교와 문화에서 공통으로 나타난다. 불은 거의 모든 고대 문화와 종교에서 신성하게 여겨졌고, 대부분의 제례에서 중요한 역할을 담당했다. 그 대표적인 예가 바로 들짐승이나 날짐승을 불에 태워 신에게 드리는 의식인 번제(燔祭)다.

또 대부분의 문화권에서 불의 온도를 높이는 기능을 담당하는 풀무가 불과 더불어 인간적인 것을 초월한 것으로 여겨졌다. 풀무의 신은 불의 신과 더불어 인간의 생활에 도움을 준 중요한 신으로 여겨졌으며 대부분 창조의 신으로 매우 중요시되었다.

결국 인간은 자의식을 가지기 시작한 후, 불에 대해 끊임없이 많은 생각을 해 왔음이 틀림없다. 바로 이러한 점을 가장 잘 드러내는 예 중 하나가 바로 그리스 신화에 등장하는 프로메테우스의 이야기다. 알다시피 프로메테우스는 인간에게 불을 가져다준 죄로 말미암아 절벽에 붙잡아매어져 매일 심장과 눈을 독수리에게 파먹히고, 밤새 눈과 심장이 자라나면 또 파먹히는 형벌을 받게 된 신인(神人)이다. 우리는 이 신화를 접할 때 왜 신들이 프로메테우스에게 그토록 끔찍한 형벌을 가했다고 표현되어 있는지 의문이 생긴다.

이 신화가 우리에게 주고 있는 메시지는 다음과 같은 것일 것이다. 즉, 인간이 불을 갖게 되면서 문화를 갖게 되고 지성과 자유의지를 갖게 되었다는 것을 알려 주고 있다. 신들의 명령을 거슬러 인간에게 불을 가져다준 프로메테우스의 행동은 바로 신들의 영원한 예속물이어야 하는 인간이 독자적인 문화를 만들고 삶을 개척하며, 독자적인 사고와 그 사고를 통해 행위하고, 더 이상 신의 명령에 복종하지 않는 자유의지를 가졌다는 것을 의미하기 때문이다. 그러므로 인간이 불을 갖는 것을 싫어하거나 두려워해 프로메테우스에게 잔혹한 형벌을 가했다는 이야기가 만들어진 것은 당연하다.

이 신화에서는 프로메테우스가 불을 가져다주었기 때문에 비로소 프로메테우스 자신을 포함한 인간들이 자유의지를 가지게 된 것처럼 기술되어 있지만, 그가 그것을 가져다주겠다고 결심하고 행위로 옮긴 그 순간 이미 그는 자신의 자유의지를 행사한 것이 된다. 그러므로 우리는 프로메테우스가 행위하기 전에 이미 자유의지를 지니고 있었고 그 자유의지대로 행위했다고 해석할 수 있다. 이는 프랑스의 철학자 폴 리쾨르(Paul Ricoeur)의 창세기 신화 해석과 대비해 보면 더 분명해진다.

리쾨르에 의하면 아담과 이브가 선악과를 따 먹었기 때문에 비로소 선과 악의 구분이 생기고 그들의 원죄가 만들어진 것이 아니라, 이브가 사탄의 유혹을 받아들였을 때 그리고 아담이 이브의 유혹을 받아들였을 때 이미 선악, 자유의지와 신의 명령에 대한 의식을 지니고 있었다고 봐야 한다는 것이다. 한 걸음 더 나아가 이야기한다면 이브를 유혹한 사탄은 바로 또 하나의 이브, 즉 이브의 자아의 한 부분이고, 아담을 유혹한 이브는 아담의 또 다른 자아인 것이다. 선악과를 먹겠다는 결심과 행위 자체가 이미 선악 구분의 능력, 자유의지 그리고 원죄의식을 내포하고 있는 것처럼 프로메테우스의 행위도 이와 같다고 말할 수 있다.

그러므로 불은 인간의 지성과 문화 그리고 자유의지의 표현이다. 즉, 인간의 인간다움의 상징인 셈이다. 학자들은 인류의 역사가 수렵 채집의 생활에서 재배 경작의 시대로 바뀌었고, 요즈음은 석유 문화의 시대 또는 원자력의 시대, 아니면 컴퓨터의 시대, 탈산업화의 시대로 변화했다고 복잡하게 해석하고 있지만, 이러한 인류의 시작에서부터 지금까지의 문명과 문화의 변화를 모두 인간이 사용할 수 있는 불의 작용과 의미의 변화로 이해하는 것도 가능할 것이다. 이런 관점에서 본다면 프로메테우스는 문명 또는 문화, 인간 지성의 상징이며 동시에 그의 독자적인 결단에 기인하여 인간의 자유와 자유의지의 상징이다. 그리고 불의 선물인 지성을 활용하여 문명과 문화를 만들어 냈다는 점에서 인간의 창조성의 상징이다.

하지만 불은 인간이 이룩한 문명의 상징이면서 재앙의 상징이다. 프로메테우스 신화는 바로 인간에 의한 불의 발견과 발명이 지닌 부정적 측면을 이야기하고 있으며 인간에게 불의 사용의 위험성을 경고하고 있다. 프로메테우스가 신들로부터 큰 형벌을 받았다는 내용은, 단지 불의 혜택으로 오만해지고 신의 자리를 넘보게 된 인간들에 대해 신들이 복수심을 나타내려는 것은 아닐 것이다. 이 신화는 신들을 위해서가 아니라 인간을 위해서 쓰인 것이기 때문이다. 그러므로 이 신화를 듣는 이들에게 전달하려는 분명한 메시지를 담고 있다고 봐야 한다. 그 메시지는 불의 위험성에 대한 경고다. 즉, 불의 이용은 판도라의 상자를 여는 것과 마찬가지로 우리에게 오히려 재앙이 될 수 있다는 강렬한 경고인 것이다.

실제로도 불의 사용은 언제나 어두운 그림자를 동시에 안고 있었다. 불을 가지는 것은 씨족이나 부족 간의 힘의 불균형을 가지고 와 싸움이 일어났고, 사람들 사이에 큰 불평등이 생겨났다. 불을 전쟁의 무기로 사용했을 뿐 아니라 불을 이용해 만들어 낸 청동기를 가지고 창이니 검을 만들어 돌칼이나 돌도끼를 사용하는 다른 부족을 쳐부수고 노예로 삼기도 했다. 그러나 청동기는 철기 문명 앞에 무릎을 꿇을 수밖에 없었다. 다시 말해, 불의 이용은 누가 지배 권력을 사용할 수 있는가를 판가름하는 것이 되어 버리기도 했다.

다이너마이트도 본래의 평화적 목적을 위해서보다는 지배와 점거의 욕구를 충족하기 위한 수단, 즉 인간 살상용으로 더욱 진가를 발휘했다. 그리고 이 점은 원자력의 발명과 활용에서도 마찬가지다. 에너지 생산과 평화적 이용보다는 오히려 인류를 파멸시킬 수 있는 무기로서의 역할을 더 크게 담당하고 있다. 엄청난 양의 원자, 수소, 중성자 폭탄의 직접적 위협은 물론이고, 방사능 오염에 의한 지구상 모든 생물의 멸종과 변종의 위험을 지니고 있다. 또한 에너지의 무분별한 사용은 공해, 생태계 파괴, 온난화로 인한 자연재해 등을 야기하고 있다.

빛의 이용에서는 부작용이 없었는가? 지금까지는 열의 이용에 비해 빛의 이용에 따르는 위험은 상대적으로 덜했는지 모른다. 그러나 금세기의 우리는 빛의 이용에서 발생한 문제들에 직면해 있다. 바로 텔레비전과 컴퓨터가 그 대표적이다. 가족이나 친구 간에 대화가 단절되고, 또 기껏해야 연예인들 이야기나 나누게 된다. 책을 읽거나 놀이 또는 대화를 통해 깊이 생각하고 서로의 생각을 나누는 일은 줄어들고, 그저 텔레비전 화면에 수동적으로 눈을 고정하고 사는 어처구니없는 일이 일어나고 있는 것이다.

컴퓨터를 통한 인터넷의 활용도 더욱 많은 문제를 안고 있다. 이를 잘 활용하기만 하면 지식과 정보의 자유로운 교환과 대등한 공유를 이룰 수 있을 것이다. 그리고 이를 바탕으로 하여 자유롭고 평등하며, 전적으로 전혀 새로운 인간관계를 형성하는 데 크게 기여할 수 있을 것이다. 그러나 실제로는 그런 가능성보다는 얄팍한 인간의 흥미를 자극하고 또 그 욕구를 충족하는 도구로 전락한 측면이 적지 않다.

우리는 아주 쉽게 미래를 정보화 사회라고 말한다. 하지만 사실 올바르게 정보에 접근하여 이를 올바르게 이용하는 방법에 대해서 우리는 아직 깊이 있게 생각하여 좋은 방안을 제시하지 못하고 있다. 그런데도 정보를 다루고 창출하며 이를 확산시키는 기술은 엄청난 속도로 발전하고 있다. 이것 또한 우리가 안고 있는 심각한 문제 중 하나인 것이다.

불의 기능을 최첨단으로 이용하는 영화가 불과 관련된 인류의 문명과 문화에 대해 질문을 던지는 것은 하나의 아이러니다. 〈분노의 역류〉나 〈리베라 메〉처럼 직접 불의 위험성을 이야기하는 것도 많거니와 〈스피드〉처럼 폭발물과 테러범에 대한 이야기도 대단히 많다. 그런가 하면 동구권과 구 소련 체제의 붕괴 이후, 수많은 영화에 단골로 등장하는 것이 핵무기를 이용하여 특정한 집단이나 개인이 불특정 다수를 볼모로 삼아 욕구 충족을 실현하려 한다는 내용이다.

그러나 우리가 좀 더 주목하게 되는 것은 상상으로 미래의 이야기를 꾸민 공상과학 영화들이다. 〈스타워즈〉〈토탈 리콜〉〈터미네이터〉 같은 영화는 여전히 인간이 무한히 그들의 지적 능력 확장과 에너지 사용의 획기적인 방법을 발견하고서도 이를 더 나은 인류의 미래를 위해서 사용하기보다는 특정한 개인이나 집단의 권력 및 지배욕 또는 잘못된 세계관이나 우주관 때문에 오용함으로써 생기는 문제들을 부각시키고 있다. 이와는 조금 다른 각도에서 접근하는 〈매트릭스〉와 같은 영화들도 결국은 인간 지성의 확대가 인류의 행복을 가져오기보다는 오히려 인간에게 커다란 화근이 될 수 있다는 것을 보여 준다.

그러므로 우리는 다음과 같이 말해 볼 수 있다. 인류 문명은 불의 발견·발명과 더불어 시작되고 발전했다. 그러나 불은 양날의 칼과 같아서 동시에 인류 문명을 종말에 이르게 할 가능성도 함께 지니고 있다. 과연 인류의 미래는 긍정적 가능성을 지니고 있는가? 부정적 파멸로 치닫고 있는가? 즉, 자연의 일부분이기를 거부하면서 이룩한 인류의 문화와 문명의 미래는 어떨 것인가?

**질문**

1. 불의 발견이 인류에게 미친 긍정적·부정적 영향은 무엇인가?

2. 불 못지않게 인류의 생활을 변화시킨 발견에는 어떤 것이 있다고 보는가? 왜 그렇게 생각하는가?

3. 불 외에 이 영화에서 제시하는 인간의 특성과 관련된 것들은 무엇인가?

## 8. 영화 활용 인성 교육의 의의

영화는 교사들로 하여금 교수 학습 내용 지식을 효과적으로 구성하도록 할 수 있다. 풍부한 배경지식과 학습자의 흥미를 유발하는 동기 유발 전략을 발휘할 수 있게 한다. 교사는 영화를 통해 전달된 사실이나 정보를 활용하여 교과서의 지식과 연계하고, 다양한 사회적 이슈의 제반 현상에 대해 분석하고 제시된 배경지식을 활용하여 현실성이 매우 풍부한 수업을 할 수 있는 것이다. 또한 영화를 통한 다양한 문화 체험은 다른 문화적 배경을 가진 사람들과 만났을 때 있을 수 있는 충돌이나 갈등을 예상하고 실제 상황에 대처할 능력을 기르도록 할 수도 있다. 이러한 영화의 장점을 고려하여 영화를 활용한 학습 효과를 정리해 본다면 다음과 같다.

첫째, 영화는 극화하는 능력과 정서적인 감흥을 불러일으키는 능력이 탁월하다. 영화는 시각언어로 전달되기 때문에 사람들의 감성을 두드리고 언어가 표현하는 것 이상의 감동을 줄 수 있다. 영화가 가진 가장 큰 장점 중 하나는 사람의 감정에 직접적으로 호소한다는 것이다. 영화는 관람자의 태도 형성과 변화에, 더 나아가 인성과 도덕성의 형성과 변화에 영향을 줄 수 있다. 그러므로 영화가 지닌 이러한 특징을 살린다면 학습자들에 대한 비형식적 인성 교육에 매우 큰 도움이 될 것이다.

감동(sympathy = sym + pathos)은 생철학자인 베르그송(H. Bergson)의 표현처럼 부름(calling)에 응답(response)할 때 이루어지는 것이다. 감동을 통해 부르는 이와 응답하는 이 사이에 합쳐진 또는 공통의(sym-) 정감 또는 감정(pathos)이 생겨나는 것이다. 그리고 이는 부름을 받은 이의 변화를 가져온다. 그것이 베르그송이 말하는 사랑에 의한 비약(飛躍, élan d'amour)이다. 이를 우리의 용어로 바꾼다면 바로 자발적인 인성 변화가 이루어지는 것을 의미하며 인성 교육이 비형식적이면서도 매우 성공적으로 이루어지는 것을 의미한다(김진성, 1985, pp. 187-191).

둘째, 영화를 보는 것은 대부분의 학생이 좋아하는 것이므로 칠판과 교과서를 통한 일방적인 수업에 비해 공감을 이끌어 내기가 쉽고, 주의를 집중할 수 있게 하므로 학습자들이 매우 재미있어 하는 수업을 만들 수 있다. 즉, 학습자들이 쉽게 감정을 몰입하고, 동화하며, 공감하고, 영화 중의 인물들과 자신을 동일화함으로써 교과서나 맹목적인 당위론의 주입식 교육과는 전혀 다른 교육 효과를 가져 올 수 있다.

이러한 방식은 영상이 지니는 구상성과 직관성을 매개로 스토리를 전개하기 때문에 감상하는 사람이 감정이입을 통해 메시지를 직접적으로 느끼고 파악하도록 한다. 이것이 바로 현상학의 창시자인 후설(Edmund Husserl)이 말하는 감정이입(Inthro-pathy) 이다. 감정이입이란 상대방의 감정 또는 정서(Pathos) 안으로 들어가는(intro-) 것이다. 그야말로 학습자가 영화 속의 인물에 자신을 투사하여 자신의 감정, 정서, 가치관을 이입함으로써 함께 공감하고 함께 느끼는 것이다(Cf. Marx, pp. 124-131).

이를 하이데거(M. Heidegger)는 조율(調律) 또는 공명(共鳴)을 나타내는 슈티뭉(Stimmung)과 남을 고려(考慮, Be-Sorge)하고 배려(配慮, Für-Sorge)하는 관심 (또는 걱정)을 나타내는 소르게(Sorge)라는 용어들로 설명하였다(Cf. Pöggeler/ Horgemann, 76-85). 즉, 함께 느끼고 관심을 쏟고 고려하고 배려하게 됨으로써 영화 속의 인물들을 각자 삶의 롤모델로 삼을 수 있게 되는 것이다. 물론 이러한 롤모델은 아직 가치관이 완전히 형성되지 않은 학습자들에게는 부정적인 의미로 다가올 수도 있다.

예를 들어, 영화 〈친구〉에서의 주인공들의 삶과 행동은 청소년에게 매우 부정적인 롤모델이 될 수 있다. 바로 이러한 점에서 영화를 통한 교육은 뒤에서 언급하겠지만 지도교사의 충분한 사전 준비와 선택, 함께 관람하기, 적절한 평과 지도를 필요로 한다.

셋째, 영화는 실제의 현실을 생생하게 보여 줄 다양한 장치, 즉 색채, 음향, 문자, 해설, 카메라의 움직임, 편집 등을 가지고 있으며, 공간적으로나 시간적으로 접근하기 어려운 내용을 직접 접함으로써 삶의 맥락에서 의미 있는 지식을 구성할 수 있도록 한다. 그러므로 영화가 보여 주는 다양한 실제는 비록 직접적인 체험은 아니지만, 충분히 살아 있는 생생한 체험을 학습자들에게 제공하며 교실을 흥미진진한 교육의 장으로 만든다. 즉, 자연과 삶의 현장을 교실로 끌어들이는 역할을 할 수 있는 것이다.

한 예로, 공상과학영화에서 지구 종말에 대한 다양한 가정을 그럴듯하게 영상화하여 보여 주면, 미국연방우주국(NASA)에 전화나 인터넷이 마비가 될 정도로 질문이 폭주한다고 한다. 이는 이러한 재난영화가 지구촌의 구성원인 우리 모두로 하여금 우리가 살고 있는 이 지구의 생태 보존과 환경보호가 얼마나 중요하며, 또 그러한 거대한 재앙 앞에서 인간이 얼마나 나약한가, 그러면서도 또 얼마나 감동스럽고 위대한 존재인가를 함께 보여 주려는 영화 제작의 본래 의도와는 매우 거리가 있는 반응이라 하겠지만, 이러한 반응조차 어떤 의미에서는 매우 고마운 일이라고 할 수 있다. 그만큼 과학적인 사실과 가능성에 대한 관심을 가져오기도 하고, 실제의 자연 생명체, 인간과 다양한 문화에 대한 적극적인 관심을 가져오는 효과를 보일 수도 있기 때문이다.

넷째, 영화는 비록 간접적이긴 하지만 체험을 통해 공감을 넘어선 이해를 가능케 한다. 또한 영화의 직관적이고 구상적 접근 방법은 현실을 창조적으로 재구성할 능력을 키워 준다. 더 나아가 영화는 서로 다른 시공간에 속하거나 같은 공간에 속해 있는 다양한 관람자의 이해에 바탕을 둔 공통의 경험을 형성해 줄 수 있다.

이것을 후설의 용어로 말한다면 우리가 삶을 살아가며 함께 안고 가게 되는 삶의 근원적 믿음(Urgalube des Lebens)을 영화 감상을 통해 형성할 수 있다는 것이다(Cf. W. Marx, pp. 95-110). 그리고 이것이 바로 후에 하이데거가 말한 바의 모든 이해(Verstehen)의 밑바탕에는 선이해(先理解 Vor-Verstehen), 선판단(先判斷 Vor-Urteil), 선견(先見 Vor-Sicht: 미리 보았다는 것을 의미하며, 따라서 '조심'이라는 의미를 갖게 되는 용어)이 자리 잡고 있다는 의미인 것이다(Cf. Pöggeler/Horgemann, pp. 57-67). 그러므로 우리는 영화를 활용한 학습을 통하여 공통의 이해의 장을 만들 수도 있고, 이를 통해 공존(또는 평화공존)의 길을 모색할 힘을 얻을 수도 있다. 즉, 비형식적인 인성 교육의 가장 기대되는 효과를 얻을 수 있는 것이다.

다섯째, 영화는 관객들에게 자신의 일상을 되돌아보게 하여 인간의 성장과 삶에 중요하고 의미 있는 것을 제대로 찾아낼 수 있도록 도모할 수 있다. 즉, 우리가 일상에 매몰되어 눈여겨보지 못하던 삶을 대상화하며 진지하게 접근할 수 있도록 해 준다. 또한 영화는 과거나 현재의 사상은 물론이고 관습과 풍습의 기원, 문화의 창조와 변천에 끼친 영향과 같은 매우 다양한 현상과 그 배경에 대한 경험을 교실에

끌어들일 수 있게 한다. 그러면서도 영화가 전달하는 메시지는 그 의미를 해독하는 수용자에 따라 다의적으로 해석된다.

따라서 영화 텍스트의 의미는 영화 제작자로부터 생성된 고정적인 것이 아니라 상황적이며, 영화 텍스트를 읽는 학습자에 의해 구성된다. 영화는 관람하는 학습자로 하여금 거리를 취하고 비판적으로 그것의 의미를 포착할 수 있도록 해 주는 것이다. 이뿐만 아니라 영화는 심미적인 경험, 즉 예술적 체험을 가능케 하며, 이를 통해 심미적 관점을 가지게 할 수 있다.

여섯째, 영화를 통한 교육의 진정한 장점은 학습자 각자가 의미를 스스로 발견하며, 서로 느끼고 생각하는 바가 다르다는 것에 의의가 있다고 할 수 있다. 즉, 영화는 학습자들로 하여금 인간의 삶을 간접적으로 경험하게 하면서, 반성적인 기회를 제공한다. 영화가 인간 삶의 거울 역할을 하는 것이다. 따라서 영화의 내용에 대한 단순한 수용의 단계를 넘어서서 영화가 전하는 다양한 메시지를 분석하고 평가하며 이를 비판적으로 해석할 능력을 키울 수 있다면, 그것은 영화를 활용한 교육의 가장 높은 단계의 효과를 얻어 내는 것이 될 것이다.

이는 곧 영화에 대한 단순한 수용을 넘어선 비판적인 독해 능력을 말하는 것이며, 영화가 형성한 (가상)현실을 비판적으로 읽어 내면서 그것을 자신의 언어로 표현해 가는 능력을 의미한다. 그러므로 '비판적 영화 읽기'란 영화의 외연과 내포에 대한 분석, 제작자와 감독의 의도 등을 분석하여 영화의 텍스트와 이미지 안에 숨겨진 가치들과 이념들을 발견하는 것을 의미한다고 할 수 있을 것이다.

일곱째, 영화 활용의 최고의 가치는 심미적 관점을 습득할 수 있다는 데 있을 것이다. 베르그송에 의하면 '사랑의 비약'을 통해 우리 인간이 도달하게 될 가장 높은 차원, 즉 창조와 자유가 만나는 형이상학적, 윤리적 및 종교적 최고의 단계가 바로 숭고한 사랑(sublime amour)의 경지다.

종합적이고 기술 집약적이며 공동체적 작업을 통해 만들어지는 영화는 제작 목적이나 감독 및 제작사들의 수준에 따라 전혀 예술적 가치를 지니지 못하고 있는 것들도 있지만, 많은 경우 영화는 매우 깊은 예술성을 담고 있다. 그것은 인간의 삶의 의미와 인간관계에 대한 진지한 질문을 던지며, 고도로 승화된 인간성의 아름다움을 이야기하고 있다. 바로 이런 점에서 훌륭한 영화는 다른 참된 예술들과 마찬가지로 승화와 초월과 자유와 숭고한 사랑, 곧 숭고미(崇高美)를 추구한다고 말할 수 있다. 바로 이런 점에서 영화를 활용하면 우리는 베르그송이 말하듯 강요(obligation)의 윤리가 아니라 열망(aspiration)의 윤리적 방법을 통해 학습자로 하여금 스스로 숭고미를 추구하도록 유도할 수 있는 것이다(Cf. Bergson, pp. 1055-1056, 1190; 한상우, 2009, pp. 154-155).

결국 영화를 활용한 인성 교육은 오늘날과 같은 정보화 사회에서는 매우 효과적인 교육 방법이 될 수 있다. 현대는 활자보다는 영상 매체를 통한 새로운 문화의 수용 속도가 점점 빨라지는 상황이므로, 영화도 단순히 즐거움을 주는 오락성을 넘어 인간의 삶을 보여 주는 도구의 역할을 충분히 하고 있기 때문이다.

또한 영화는 부조리한 현실을 반추하고 각성시키는 정화 작용을 할 수도 있으며, 한 문화 속의 삶의 양식, 가치, 사고, 신념 체계를 이해하며 우리 자신의 삶을 반성하고 새로운 방향을 모색할 수 있게도 할 수 있다. 이런 점에서 영화는 우리의 삶을 반사하는 거울과 같은 역할을 담당하고 있다고 말할 수 있다.

그러므로 영화 활용 수업은 영화의 분석을 통해 인생을 성찰하고, 문화와 사회를 배우며, 심리를 파악할 수 있는 계기를 제공해 줄 수 있을 것이며, 학습자는 이를 통해 자기 자신을 성찰하고, 자신의 문화를 주체적으로 형성하며, 자신의 삶의 의미를 능동적으로 해석해 가는 의미 구성의 주체로 성장할 수 있을 것이다. 영화를 활용하면 인간과 인간의 역사와 문화 등에 대한 탐구와 의미 발견은 물론 일상의 삶에 필요한 다양한 지식을 쉽게 습득하도록 할 수 있으며, 사회나 자연 현상에 대한 관찰력을 키우고 지식을 쌓는 데도 효과적이고, 이러한 지식을 학습자 각자가 자신의 흥미와 관심에 의하여 자발적으로 습득하도록 할 수 있기 때문이다. 따라서 우리는 영화를 적절히 활용함으로써 현대 한국 사회에서 필요로 하는 '다양한 교육 방법과 기재를 활용한 전 교과에서의 인성 교육'이 이루어지는 데 큰 도움을 줄 것으로 기대한다.

# 제 11 장

## 자유학기제 및 창의적 체험활동 운영

# 1. 자유학기제

자유학기제는 박근혜 정부의 '꿈과 끼를 키우는 행복 교육 실현'을 위한 교육 정책으로, 중학교 교육 과정 중 한 학기 동안 학생들이 중간, 기말고사 등 시험 부담에서 벗어나 꿈과 끼를 찾을 수 있도록 진로탐색 활동 등 다양한 체험활동이 가능하도록 교육 과정을 유연하게 운영하는 제도다(교육부, 2013).

## 1) 추진 배경

자유학기제는 '입시교육에 예속된 초 · 중등 교육을 학생들의 꿈과 끼를 살려 주는 교육으로 전환하겠다.'라는 추진 목표하에, 개별 학교의 자율성을 대폭 강화하고, 교과서 완결학습체제를 강화하며, 꿈과 끼를 살려 주는 교육 과정을 운영하고, 체험 배려 중심 교육을 강화하며, 사교육 경감 정책과 개인 맞춤형 진로 설계 지원 등을 설계한 교육 정책이다. 이것은 박근혜 정부의 대선 공식 조직인 '국민행복교육추진단' 내부에서 교육에 관한 오랜 경험과 노하우를 갖춘 여러 인사들의 자문과 토론을 거쳐 '중학교 자유학기제 운영'이라는 정책 배경하에 공교육정상화촉진특별법 제정, 학교 체육 교육 강화, 인성 교육 강화 등과 함께 새로이 보완되었다(곽병선, 2013). 박 후보가 대통령에 당선됨으로써 이렇게 정리된 박근혜의 교육 공약을 통해 '자유학기제' 시대를 맞이하게 되었다. 당선 이후 자유학기제가 교육 정책으로 추진되고 있는 과정은 다음 〈표 11-1〉과 같다(교육부, 2013; 이지연, 2013a; 김경미, 2014 재인용).

**표 11-1** 자유학기제 교육 정책 추진 과정

| 시기 | 정책 추진 과정 |
|---|---|
| 2012. 11. | 자유학기제 도입 공약 발표 |
| 2013. 1.~2. | 국정과제 채택 및 서울시 교육청의 자유학기제 운영 모델 제안 |
| 2013. 3. 28. | VIP 국정과제 실천계획 업무보고, '행복교육, 창의인재 양성' |

| 2013. 4. 5. | 자유학기제 추진체제 구축 계획(안) 마련 및 구성 |
|---|---|
| 2013. 4. 12., 4. 19. | 자유학기제 연구학교(42교) 지정 및 지원센터 선정(KEDI) |
| 2013. 4. 24., 4. 26. | 자유학기제 정책자문위원회 및 추진단 회의 |
| 2013. 4. 17., 4. 30. | 시 · 도교육청 장학사 의견 수렴 및 현장 전문가 협의회 |
| 2013. 4. 25., 5. 6. | 자유학기제 관련 부내 정책 토론회 |
| 2013. 4. 26., 5. 24. | 부교육감 회의 및 교육감 협의회 |
| 2013. 5. 28. | 자유학기제 시범 운영계획(안) 발표 |
| 2013. 9. ~ | 42개 학교 자유학기제 시범 운영 |

이와 같이 한국의 새로운 교육적 시도로 '자유학기'가 등장하게 되었고, 2014년 1학기 현재 전국 42개의 학교를 대상으로 시범 · 운영 중이며 2016년 정식 교육 과정으로 도입 여부가 논의되고 있고, 실제 교육 현장의 반응을 보면 매우 고무적인 상황이다. 경기도의 경우 2015학년도에 546개교가 자유학기제를 신청하여 경기 지역 중학교의 90%가 자유학기제 운영을 희망해 예상 이상의 호응을 얻은 것으로 나타났다. 경기도교육청이 2015년 자유학기제 운영 희망 학교에 대한 수요 조사를 한 결과 전체 606개 중학교 가운데 546개교가 신청할 예정인 것으로 파악됐다. 이 가운데 종전 시범 운영 학교는 93개교, 신규 신청 학교는 453개교로, 가평, 광명, 광주하남, 군포의왕, 김포, 시흥, 안산, 안양과천, 평택, 화성오산 등 11개 교육 지원청 관할 지역에서는 전체 중학교가 신청했다. 학교별 학급 규모에 따라 교육부 특별교부금으로 1,000만~3,000만 원씩 지원될 것으로 예상된다. 교육부는 애초 70%가 신청할 것으로 전망한 것으로 전해져, 예상보다 신청 학교가 늘어나 학교당 지원금이 줄어들 수 있다. 지난해 경기도 내 자유학기제 운영 학교 가운데 연구학교(6개교)는 평균 3,600만 원, 그 외 학교(87개교)는 1,500만~3,000만 원을 지원받았다. 자유학기제는 중학교 때 한 학기 동안 학생들이 시험 부담에서 벗어나 꿈과 끼를 찾을 수 있도록 수업을 토론, 실습 등 학생 참여형으로 바꾸고 진로 탐색 등 다양한 활동을 하게 교육 과정을 운영하는 제도로, 2015학년도의 경우 1학기 준비 과정을 거쳐 2학기부터 운영된다. 자유학기제는 2014년 처음 시범 도입됐으며 2016년부터 전면 시행될 예정이다.

자유학기제의 향후 일정은 다음 [그림 11-1]과 같다(교육부, 2013).

| 연구학교 시범 운영<br>('13. 9.~ ) | | 희망 학교 운영<br>('14.~'15.) | | 제도 확정 ('16. 3.) |
|---|---|---|---|---|
| ('13.) 중학교 1학년 2학기 42개교 시범운영<br>('13. 12.) 운영 결과 분석 및 희망 학교 계획 수립 | ▶ | ('14.) 희망 학교 신청 받아 지정 및 운영<br>('15.) 연구학교와 희망 학교 운영 성과 분석<br>('15. 6.) 자유학기제 전면 확대 실시 계획 수립 | ▶ | 자유학기제 전면 시행 |

그림 11-1  자유학기제 시행 일정

## 2) 목적

2013년 교육부 중학교 자유학기제 시범 운영계획(안)에 따르면, 자유학기제의 추진 목적은 다음과 같다.

첫째, 학생들이 스스로 꿈과 끼를 찾고, 자신의 적성과 미래에 대해 탐색 · 고민 · 설계하는 경험을 통해 지속적인 자기성찰 및 발전 기회를 제공한다.

둘째, 지식과 경쟁 중심 교육을 자기주도 창의학습 및 미래지향적 역량(창의성, 인성, 사회성 등) 함양이 가능한 교육으로 전환한다.

셋째, 공교육 변화 및 신뢰 회복을 통해 학생이 행복한 학교생활을 제공한다.

이에 맞추어 자유학기에는 먼저 집중적인 진로 수업 및 체험을 실시하여 초등학교(진로 인식) - 중학교(진로 탐색) - 고등학교(진로 설계)로 이어지는 진로 교육을 활성화한다. 그리고 꿈과 끼를 키우는 프로그램 운영이 원활히 이루어지도록 학교의 교육 과정 자율성을 대폭 확대하고, 교육 과정 운영, 수업 방식 등 학교 교육 방법 전반의 변화를 견인하는 계기가 되어 꿈과 끼를 키우는 행복한 학교가 될 수 있도록 방향을 제시한다.

## 3) 교육 과정 편성, 운영 방안

2013년 교육부 중학교 자유학기제 시범 운영계획(안)에서 제시하는 자유학기제 교육 과정 편성 · 운영 모형은 교수 · 학습 방법, 교육 과정 편성, 평가 요소와 이 요소들을 포함하는 '진로 탐색 중점, 동아리 중점, 예술 · 체육 중점, 학생 선택 프로그램 중점' 총 네 가지 모형으로 이루어져 있다. 또한 자유학기 네 가지 운영 모형을 적용한 예시로 8개의 적용 사례 모형이 제시되고 있다.

자유학기제 편성 · 운영 방안의 특징은 다음과 같다.

첫째, 교육 과정을 '공통 과정'과 '자율 과정'으로 구분한다. '공통 과정'은 국어, 영어, 수학, 사회, 과학 등의 기본 교과 과정으로 19~22시간을 운영한다. '자율 과정'은 학생의 흥미와 관심사에 기초하여 현행 교육 과정의 창의적 체험활동과 유사한 활동 및 예술 · 체육 교과가 포함된 과정으로 12~15시간 운영한다(김진숙, 2013).

둘째, 자유학기 운영 모형은 학교마다 무엇에 자유학기 프로그램의 중점을 두는가에 따라 진로 탐색 중점, 동아리활동 중점, 예술 · 체육 중점, 학생 선택 프로그램 중점으로 구분된 네 가지 모형으로 구성되어 있다. 네 가지 모형이 차별을 갖는 분절된 모형이기보다는 학생 개개인의 요구에 대응하는 내용을 포함하여 상호연동되도록 하는 특징을 갖는다. 자율 과정으로 개설하는 강좌들은 학생들이 선택할 수 있도록 한다는 것을 강조하고 있는 것이다. 따라서 중학교는 학교나 학생이 처한 여건을 고려해서 진로, 동아리, 선택, 예 · 체능 중에서 각 학교가 자율 과정에서 어디에 중점을 두고 운영할지 결정할 수 있다(김진숙, 2013).

셋째, 자유학기 운영 모형의 적용 예시는 오전-오후, 전일제 등 현재 실행되고 있는 주중 시간표 구성에서 다양화된 것이다. 오전에 기본 교과 공통 과정을, 오후에 자율 과정을 편성하는 것이 제시된 모형의 일관된 특징이지만, 학교 자율 편성 · 운영에 맡겨 학교운영위원회의 심의를 받도록 하고 있다(김진숙, 2013).

자유학기제 운영을 위한 교육 과정 편성과 운영 방안은 크게 다섯 가지 방안으로 제시되며 세부 내용을 정리하면 다음의 표와 같다(교육부, 2013).

**표 11-2** 자유학기제 교육 과정 편성 · 운영 방안

| 편성/운영 | 내용 |
|---|---|
| 진로 탐색 기회 확대 | • 진로 학습<br>–진로와 연관된 다양한 '교과 통합 진로 교육 과정' 운영 활성화<br>• 진로 상담 · 검사<br>–진로진학 상담교사를 확대하여 연구학교에 우선 배치하고 다양한 사회 경험을 가진 학부모들을 학생의 진로 코치로 활용 |

| | |
|---|---|
| | −커리어넷(www.career.go.kr) 시스템을 통해 진로심리 검사 무료 제공, 진로 상담 모바일 앱(4종) 운영 등 학생 진로 상담 서비스 강화<br>• 진로 체험<br>−학생이 스스로 국내의 다양한 기관에서의 진로 체험 계획을 세우고 학교장은 이를 출석으로 인정하는 '자기주도 진로 체험'(기간은 학교장이 결정) 실시<br>• 진로 탐색 포트폴리오 구성<br>−자유학기를 중심으로 초·중·고등학교에 걸친 학생의 진로 탐색 활동 전반을 체계적으로 기록·관리·제공 |
| 체험·참여형<br>프로그램<br>강화 | • 동아리 활성화<br>−학생의 희망과 선호에 따른 다양한 동아리 개설 및 활동을 지원하고 학교 간 동아리 연계 활동 강화<br>• 선택형 프로그램<br>−흥미, 관심사 등에 맞는 수요자 중심의 선택형 프로그램 개발·제공으로 학생들의 학습 동기 유발<br>• 예술(음악·미술)·체육 교육<br>−예체능 교육을 다양화·내실화하여 학생들의 소질과 잠재력을 끌어내는 교육 실시<br>• 체험·참여형 프로그램 발굴·관리<br>−학생들의 관심과 흥미를 유발할 수 있는 새로운 프로그램을 다양한 경로를 통해 개발·수집·이용 |
| 학생의<br>참여와<br>활동 중심<br>및<br>교수·학습<br>방법<br>다양화 | • 교과별 특성에 맞는 참여·활동 중심 교육 강화<br>−국·영·수는 핵심 성취 기준 기반의 수업 효율화로 암기식 수업을 최소화하고 토론, 문제해결, 의사소통 등 활성화<br>−사회·역사·도덕·과학·기술·가정 등은 실험·실습·체험학습을 강화하고, 스스로 탐구할 수 있는 개인 및 조별 프로젝트 학습 확대<br>• 학습 효과를 높일 수 있는 다양한 수업 방법 마련<br>−블록(BLOCK) 타임제 등을 적극 활용하여 교과 간, 교과와 창·체 간, 학습 주제 간, 학급 간 융합·연계 수업 실시<br>−두 명 이상의 교원이 한 교실에서 함께 가르치는 코티칭(Co-Teaching)과 학생 간 역할 분담 및 의사 교환 등을 통해 학습하는 코러닝(Co-Learning)을 활용하여 능동적 협업학습 실시 |

| | |
|---|---|
| 유연한<br>교육 과정<br>편성 · 운영 | • 학교 교육 과정의 유연한 편성 · 운영<br> −수업시수 증감 제도(교과별 20% 범위)를 통해 진로 탐색 활동, 선택형 프로그램 활동, 동아리활동, 예술 · 체육 활동 등 다양한 프로그램 운영 강화<br>• 유연한 교육 과정 편성 · 운영의 장애 요인 개선<br> −학교의 요청이 있는 경우, 필요한 범위의 자율성 확대 추진<br>• '핵심 성취 기준' 중심으로 수업 내용 재구성<br> −2009 개정 교육 과정의 교과별 성취 기준 중에서 학생이 수업을 통해 반드시 달성해야 하는 핵심 성취 기준 선별<br> −핵심 성취 기준 중심으로 교육 내용을 재구성하여 수업에 활용 |
| 평가 방법 | • 중간 · 기말고사 등 지필시험 실시하지 않음<br>• 학생들의 학습 성취 수준 확인 결과는 '학생의 꿈과 끼와 관련된 활동 내역'을 중심으로 학교생활기록부의 교과별 '세부 능력 및 특기사항'란 등에 서술식으로 기재하되, 구체적인 기재 방식은 학교별로 특성에 맞는 방식을 마련하여 운영<br>• 자유학기제 연구학교 학생의 상급학교 진학 시에 불이익이 없도록 시 · 도교육감과 협의하여 2016년 전면 시행 전까지 자유학기 동안의 학습 성취 수준 확인 결과는 고등학교 입시에 미반영 |

## 4) 자유학기제 교육 과정 운영 모형

교육 과정이란 교육목표를 달성하기 위해 그 내용을 체계적으로 조직한 교육의 전체적인 계획이며 교수자와 학습자 사이의 교육목표, 교육 내용, 교수 방법, 교육 평가 전체를 가리키는 교육을 위한 기본 설계도다. 자유학기제 운영학교는 자유학기제 취지에 맞게 학교 교육 과정을 자율적으로 편성, 운영할 수 있으며, 자유학기에는 '공통 과정'과 '자율 과정'을 운영하며 자율 과정은 진로 탐색 활동, 동아리활동, 예술−체육 활동, 선택 프로그램 등으로 유연하게 편성하게 된다. 자유학기제 내에서는 수업시수 증감 제도(교과별 20% 범위)를 통해 교육 과정 운영상의 유연성을 확보하여 진로 탐색, 선택형 프로그램 활동, 동아리활동, 예술 · 체육 활동 등 다양한 프로그램 운영을 강화하며, 중간고사(3일), 기말고사(4일) 등을 실시하지 않음에 따라 7일 또는 학교 재량 휴업일 중 여유 시간 등을 체험과 참여 프로그램으로 운영한다.

## (1) 진로 탐색 중점 모형

• 진로 탐색 중점 모형(1)
→진로 탐색 활동 위주로 학교 자율 과정 편성

| 요일<br>시간 | 월 | 화 | 수 | 목 | 금 |
|---|---|---|---|---|---|
| 1 | 기본 교과 편성<br>(22시간) | | | | |
| 2 | | | | | |
| 3 | • 교육 과정: 핵심 성취 기준 기반 수업<br>• 수업 방법<br> −(국·영·수) 문제해결, 의사소통, 토론 등<br> −(사·과 등) 실험, 현장체험, 프로젝트 학습 등 | | | | |
| 4 | | | | | |
| 5 | | | 동아리 | 예·체 | 진로<br>진로검사<br>초청강연<br>포트폴리오<br>현장체험<br>직업리서치<br>모의창업<br>등 |
| 6 | 진로 | 선택<br>프로그램 | | | |
| 7 | | | | | |
| 방과 후<br>학교 | '자율 과정'과 연계·운영하여 시너지 창출 | | | | |

그림 11-2   진로 탐색 중점 모형 1

• 진로 탐색 중점 모형(2): 전일제 체험
→진로 탐색 활동 위주로 학교 자율 과정 편성

| 요일<br>시간 | 월 | 화 | 수 | 목 | 금 |
|---|---|---|---|---|---|
| 1 | 기본 교과<br>편성 | | 전일제<br>진로<br>체험<br>(자유학기<br>동안 2회<br>이상 실시) | (19시간) | |
| 2 | | | | | |
| 3 | | | | | |
| 4 | | | | | |
| 5 | | 선택<br>프로그램 | | 예·체 | |
| 6 | | | | | 동아리 |
| 7 | | | | | |
| 방과 후<br>학교 | '자율 과정'과 연계·운영 | | | | |

그림 11-3   진로 탐색 중점 모형 2

**표 11-3** 진로 탐색 중점 모형 분석

| 프로그램 | 특징 |
|---|---|
| 기본 교과 연계 진로 탐색 활동 | ① 모든 교과 교사의 능동적이고 유기적인 참여(협력 활동) 필요<br>② 교과별 진로 관련 자료 수집 및 평가 방법 채택 필요(교수법과 교과 자료의 문제) |
| 진로와 직업 선택과목 운영 | ① 진로와 직업 교과서 안에서의 진로 교육으로 흐를 우려가 있음<br>② 단기간의 수업 시간 동안 효과적으로 진로 관련 정보 전달이 용이함 |
| 외부 강사 초빙 & 지역사회 인프라 활용 | ① 전문가로부터 생생한 도제식 진로 교육을 실현할 수 있음<br>② 도서 · 산간 · 벽지지역의 학교와 학생에게 비현실적인 모형이 될 수 있음 |
| 학부모 연계 프로그램 | ① 학부모의 사회 · 경제적 수준과 지역에 따라 천차만별적인 진로 교육 성과가 발생<br>② 학부모에 대한 부담을 가중시킬 수 있고, 학생 사고 등 발생 시 책임 소재를 묻기가 어려움 |
| SCEP 프로그램 활용 (School Career Education Program) | ① 교원의 능력과 열의에 따라 교육적 성과가 다양하게 나타날 수 있음<br>② 스마트북 혹은 현장체험 프로그램 개발이 쉽지 않음 |
| 진로 탐색 활동 중심 | ① 학생 중심적인 진로 교육 활동이 이루어지는 보편적인 모형이 될 수 있음<br>② 교사의 역량, 학생의 참여 의지, 지역사회의 지원이 골고루 이루어져야 함 |
| 정기고사 기간 중 전일제 체험학습 실시 | ① 자유학기 해당 학년의 경우 충분한 시간 확보를 통한 효과적인 진로 체험 활동 가능<br>② 타 학년 학생들의 학업 분위기에 피해를 줄 수 있으며 교무행정관리의 어려움 발생 |

진로탐색 중점모형은 전일제 활동을 실시할 경우 도농 간(지역 간) 교류활동이 가능한 대표 모형이 될 수 있다. 진로탐색 중점모형의 특징은 〈표 11-3〉과 같이 분류될 수 있다. 진로탐색 중점모형에 대한 아이디어 대안은 〈표 11-4〉와 같다.

**표 11-4** 진로 탐색 중점 모형 대안

| 프로그램 | 대안 및 아이디어 |
|---|---|
| 기본 교과 연계 진로탐색 활동 | ① 단위학교 또는 지역교육청 단위의 교과 연계 연구회 조직 및 프로그램 개설<br>② 대학(진로교육학회) 및 유관 기관(직능원, 한국교육개발원)과 연계한 교과 연계 프로그램 설계 |
| 진로와 직업 선택과목 운영 | ① 진로와 직업 과목의 수행평가 실시(성적 반영이 아닌 에듀팟 기재 등을 통한 학생 생활기록부상의 포트폴리오 작성)<br>② 교사 중심의 수업이 아닌 학생 참여 위주의 진로와 직업 교과 운영(모둠 구성을 통한 연구 발표, 개인 포트폴리오와 진로일기장 등의 기록활동) |
| 외부 강사 초빙 & 지역사회 인프라 활용 | ① 산업인력관리공단 혹은 사회적 차원의 재능기부 인력은행 설치<br>② 도시와 지역 학교(혹은 교육청) 간의 상호 보완적 학생 교류 활동 |
| 학부모 연계 프로그램 | ① 학부모 진로 코치 등 공인된 진로 교육 전문가 양성(표창 및 활동비 지급 등의 현실적인 유인 요소 정립을 요구함)<br>② 학부모 진로 교육 자원봉사단 설립 및 인력 풀 확보를 통한 단위학교를 넘어선 사회적 공감대 조성 |
| SCEP 프로그램 활용 | ① 스마트 기기를 활용한 친숙한 진로 교육 실시(생생진로앱, 직업월드컵과 같은 앱을 더욱 발전시켜 학생들이 스마트폰으로도 언제든지 진로 교육 활동을 실시할 수 있게 유도함)<br>② 진로진학 상담교사를 비롯한 교사들의 스마트 기기 활용 능력 배가를 위한 연수 실시 혹은 공모전을 통한 자료 시스템 구축 |
| 진로 탐색 활동 중심 | ① 교사와 교육당국 주도가 아닌 학생 주도의 진로 교육 계획 수립 능력 배양(학생이 스스로 원하는 직업에 따라 무엇을 배워야 하고 누구를 만나야 할지 개인 설계를 실시하는 능동적이고 자기주도적인 진로 계획 수립)<br>② 교사의 행정업무 및 수업시수 경감을 통한 진로 교육을 위한 물리적-시간적 여건 확보(지역사회 일터기관 확보 및 타 지역 학교와 정보교환을 통한 교류 실시) |
| 정기고사 기간 중 전일제 체험학습 실시 | ① 정기고사 기간 중 자유학기제 실시 학년 학생들의 진로캠프, 직업 체험, 진로 여행 등의 완선한 실시(등교 후 진로 활동을 위한 외출 등이 없어야 함)<br>② 1인 1직업 체험, 1교사 1기관 학생 인솔 등의 학생 활동과 동참하는 교사의 역할을 유도(전일제 체험학습 실시 기간 내 비담임교사, 비주요교과 교사를 학생 활동에 참여시킴. 행정업무 지양, 학생 인솔 등) |

## (2) 동아리활동 중점 모형 및 예술 · 체육 중점 모형

• 동아리활동 중점 모형
→ 동아리활동 위주로 학교 자율 과정 편성

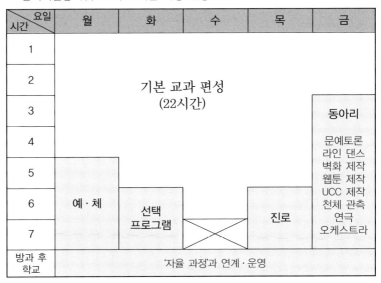

그림 11-4 동아리활동 중점 모형

• 예술 · 체육 중점 모형
→ 예술 · 체육 활동 위주로 학교 자율 과정 편성

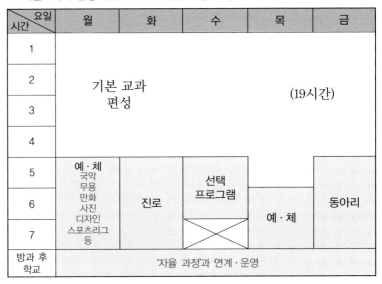

그림 11-5 예술 · 체육 중점 모형

**표 11-5** 동아리활동 중점 모형 분석

| 프로그램 | 특징 |
|---|---|
| 학교스포츠클럽 동아리 | ① 체육활동의 장려로 각종 대회 참여가 용이하고 체력 증진 및 학교폭력 예방 등의 긍정적인 성과를 낼 수 있다.<br>② 스포츠 시설과 리그가 활성화되지 않은 학교나 지역의 경우 활동이 어려우며 운동을 좋아하는 학생들 위주의 모형이 된다. |
| 예술-학술 동아리 | ① 음악-미술 등의 예술활동 장려를 통한 정서 교육과 체험 위주의 어학-과학-기술 분야 등의 학술 분야에서 심도 깊은 전문 교육이 실현될 수 있다.<br>② 예술과 학술 활동에 큰 관심이 보이지 않는 학생들에게 적극적 참여를 불러일으키기 어렵다. |
| 진로 동아리 | ① 학생의 진로 적성과 연계한 다양한 현장 탐방 위주의 동아리활동이 이루어진다.<br>② 학교가 소속된 지역에 따라 진로 체험 일터 및 기관 확보가 어렵다. |
| 봉사활동 동아리 | ① 지역사회에 봉사함으로써 공동체 정신을 함양하고 사회에 공헌할 수 있다.<br>② 자칫 입시를 위한 스펙 쌓기로 이용될 우려가 있으며, 자유학기 전체를 봉사활동만으로 채우는 것은 본 취지에 어긋난다. |

동아리활동 중점 모형의 문제점에 대한 대안은 다음과 같다.

**표 11-6** 동아리활동 중점 모형 대안

| 프로그램 | 대안 및 아이디어 |
|---|---|
| 학교스포츠클럽 동아리 | 2원화 모형으로서 미국식 학교 스포츠 활동을 벤치마킹할 수 있다. 1팀은 대외 스포츠 리그 참여를, 2팀은 순수하게 교내 위주의 활동을 한다. |
| 예술-학술 동아리 | 1인 1기 활동을 장려하는데, 예술과 학술에 관심이 저조한 학생을 위해 동아리 선택의 폭을 넓힌다. 단순히 양적 증가를 의미하는 것이 아니라 학생 수요 조사를 통한 동아리 설립이 대안이 될 수 있다. |
| 진로 동아리 | 진로 체험 동아리활동의 가장 큰 문제는 진로 체험 기관 확보와 연대성 유지다. 단위학교가 소속된 지자체와 연계하여 진로체험지원센터 설립을 현재보다 확대한다. |
| 봉사활동 동아리 | 봉사활동을 진학용 입시자료로 이용할 것인지에 대한 교육부 차원의 결정이 필요하며, 봉사활동 동아리 독립보다 학생 공통 봉사활동 시간을 확보한다. |

### (3) 학생 선택 프로그램 모형

앞 세 가지의 대표적 자유학기제 모형의 특징을 분석해 본 결과, 어떠한 모형의 형태를 취하더라도 각기 장단점이 있다. 결국 학생의 개별적 진로 성숙의 차이, 지역 여건과 학부모의 사회·경제적 수준의 차이를 극복할 수 있는 총체적 대안으로는 학생 선택 프로그램 모형을 무난한 대안으로 제시할 수 있다.

다음 모형을 보면 예체능 진로 시간과 진로 체험 활동 시간, 동아리활동 시간이 2~3시간씩 기본적으로 배치되어 있고, 선택 프로그램이 1주일 중 4일에 걸쳐 실시되고 있다. 현재 진행되고 있는 연구학교에서도 학생의 흥미와 희망을 반영한 선택 프로그램을 다양하게 개설하고 수요자 중심으로 운영하고 있다.

• 학생 선택 프로그램 중점 모형(1)
→ 선택 프로그램 위주로 학교 자율 과정 편성

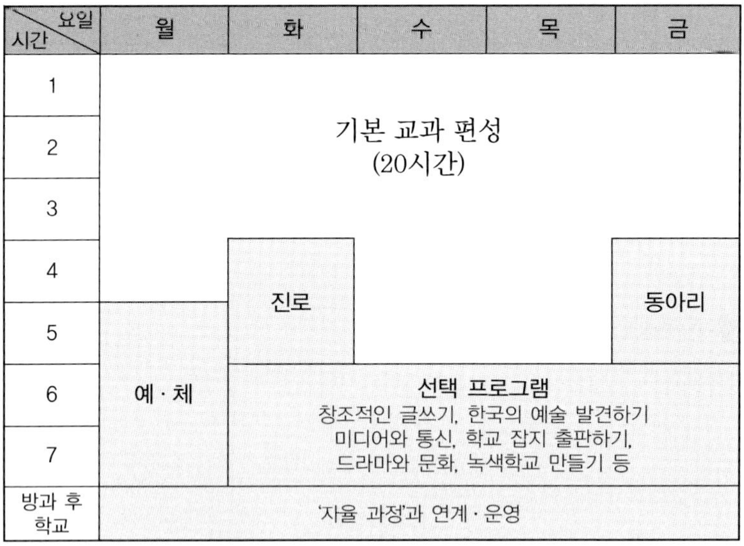

| 시간＼요일 | 월 | 화 | 수 | 목 | 금 |
|---|---|---|---|---|---|
| 1 | | | | | |
| 2 | 기본 교과 편성 (20시간) | | | | |
| 3 | | | | | |
| 4 | | 진로 | | | 동아리 |
| 5 | 예·체 | | | | |
| 6 | | 선택 프로그램<br>창조적인 글쓰기, 한국의 예술 발견하기<br>미디어와 통신, 학교 잡지 출판하기,<br>드라마와 문화, 녹색학교 만들기 등 | | | |
| 7 | | | | | |
| 방과 후 학교 | '자율 과정'과 연계·운영 | | | | |

그림 11-6 학생 선택 프로그램 중점 모형 1

• 학생 선택 프로그램 중점 모형(2)
→ 선택 프로그램 위주로 학교 자율 과정 편성

| 시간 \ 요일 | 월 | 화 | 수 | 목 | 금 |
|---|---|---|---|---|---|
| 1 | 기본 교과 편성 (20시간) | | | | |
| 2 | | | | | |
| 3 | | | | | |
| 4 | | | | | |
| 5 | 진로 | 선택 프로그램 | 동아리 | 선택 프로그램 | 예 · 체 |
| 6 | | | | | |
| 7 | | | | | |
| 방과 후 학교 | '자율 과정'과 연계 · 운영 | | | | |

**그림 11-7** 학생 선택 프로그램 중점 모형 2

**표 11-7** 학생 선택 프로그램 중점 모형 분석 및 대안

| 구분 | 내용 |
|---|---|
| 특징 | ① 교과 연계 프로그램과 학생 적성에 따른 프로그램의 두 가지 운영안을 만들 수 있다. ② 예체능 모형과 진로 탐색형 모형, 동아리 중점 모형을 두루 혼합하여 수요자 중심의 프로그램 개설 및 참여가 가능하다. |
| 장점 | ① 학생들의 다양한 자유학기 참여활동을 유도할 수 있다. ② 교과 연계 프로그램의 경우 프로그램 개설 및 운영에 모든 교사의 참여가 용이하며 어느 한쪽에 치우지지 않는 균형 잡힌 자유학기제 모형이 될 수 있다. |
| 단점 | ① 학생들 흥미 위주의 프로그램 선호도 쏠림 현상이 발생할 수 있다. ② 교사의 업무 부담이 가중될 수 있으며 지역과 학교 여건에 따라 심화된 진로 교육 실행이 어렵다. |
| 대안 | ① 학생들 흥미 위주의 프로그램 선호 쏠림 현상이 발생하지 않도록 학년 초에 진로성숙도 검사, 직업흥미도 검사, 성격 검사 등을 실시하여 다양하고 균형 잡힌 프로그램 참여를 유도한다. ② 학생 선택 프로그램 모형이 교사의 행정적인 업무로 이어지지 않도록 교육당국의 간섭을 자제하고 교사의 자율적인 운영 권한을 부여한다. 수박 겉핥기 식의 진로 교육이 되지 않도록 단위학교 내의 교사 연구회 모임과 교육청 단위의 교과 연구 모임을 활성화한다. |

현재 학교 교육의 문제점과 관련하여 자유학기제 운영 방안을 나타내면 다음 [그림 11-8]과 같다(이지연, 2013b).

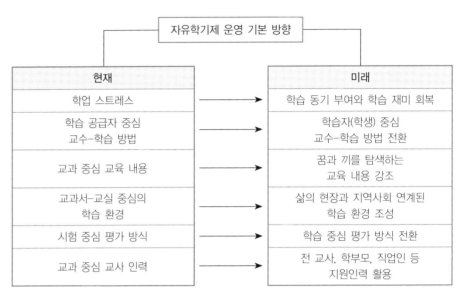

| 자유학기제 운영 기본 방향 | |
|---|---|
| **현재** | **미래** |
| 학업 스트레스 | 학습 동기 부여와 학습 재미 회복 |
| 학습 공급자 중심 교수-학습 방법 | 학습자(학생) 중심 교수-학습 방법 전환 |
| 교과 중심 교육 내용 | 꿈과 끼를 탐색하는 교육 내용 강조 |
| 교과서-교실 중심의 학습 환경 | 삶의 현장과 지역사회 연계된 학습 환경 조성 |
| 시험 중심 평가 방식 | 학습 중심 평가 방식 전환 |
| 교과 중심 교사 인력 | 전 교사, 학부모, 직업인 등 지원인력 활용 |

그림 11-8 자유학기제 운영 방안

## 5) 자유학기제의 기대 효과

자유학기제로 인한 기대 효과는 학생, 교사, 학교, 국가의 입장에서 각각 살펴보면 다음과 같다.

첫째, 학생들은 자유학기제로 인해 개인 맞춤형 활동이 가능한 학교 교육 과정 안에서 자기 자신과 진로 탐색을 집중적으로 학습할 수 있다. 이를 통해 자신의 명확한 진로 목표의식이 수립되고 체험활동을 통한 성취감을 경험함으로써 진로 효능감을 상승시킬 수 있다. 이는 자기 자신에 대한 이해와 진로에 대한 비전을 바탕으로 학습 동기를 유발시켜 스스로 학업에 매진할 계기를 마련할 수 있다. 이는 행복한 학교생활은 물론, 행복한 학생-교사-학부모 문화로의 확산이 기대된다.

둘째, 교사는 모둠 협동학습을 통한 교우관계뿐만 아니라 일방향 강의에서 쌍방향의 토론, 프로젝트 수업으로 교사, 학생 간의 관계를 향상시킬 수 있다. 그리고 교사는 인프라의 내실화 강화와 학생의 맞춤형 진로 지도를 제공하는 환경하에 소명의식을 회복할 수 있다.

셋째, 학교는 시험 중심이 아닌 학습 중심 평가 체제로의 변화를 통해 과도한 학업 부담과 지나치게 성적을 중시하는 학교 풍토를 개선하여 학교 교육에 대한 신뢰를 회복할 수 있다. 이는 교육에 대한 인식이 경쟁과 성취 중심 교육에서 학생의 전인적 성장 교육으로 전환하여 공교육을 정상화하는 계기를 마련할 수 있다. 그리고 참여 위주의 교수–학습 방법을 통해 인성 함양 및 창의인재 양성에 이바지할 수 있으며, 학생들의 자기성찰과 공동체 협력의식의 역량이 향상될 수 있다. 이 같은 과정을 통해 최근 문제시되고 있는 학교폭력이 감소될 수 있을 뿐만 아니라 학교–학생 간 긍정적인 관계를 불러일으킬 수 있기를 기대하는 바다.

넷째, 국가는 무조건적인 대학 진학을 강조하는 입시교육 문화를 재검토할 기회를 가질 수 있다. 이에 과도한 교육 투자 비용을 감소시킬 수 있으며 진학 중심의 일방향이 아닌 다방향의 진로 경로 개척에 관한 긍정적 인식 확산으로 청년실업의 사회적 문제 또한 감소시키는 데 기여한다. 교육 공급자로서 지역사회를 학습 자원으로 활용하여 학생들의 노동시장 진입 또한 가능하다. 그리고 학생 스스로 적합한 교육 기회를 선택할 수 있어 인기 학과 선택의 경향성이 감소될 수 있다.

## 6) 자유학기제 운영 개선을 위한 제언*

### (1) 교육 과정

중학교 교육 과정에서 자유학기제 대상 학기 또는 대상 학년을 지정하고, 자유학기제 운영을 위한 중학교 교육 과정의 편제와 교육 과정 적정화에 대한 재검토가 필요하다.

자유학기제 대상 학기 또는 대상 학년을 공통으로 지정하는 방안을 모색할 필요가 있다. 공립학교의 경우 1학기에 자유학기제를 운영하는 것은 교사들의 인사이동 시기의 문제로 상당히 부담이 되는 것으로 나타났다. 그리고 지역 특성에 따라 고등학교 입시 경쟁이 치열한 지역의 경우 2학년은 자유학기제를 적용하기에 매

---

*최상덕 등(2014)의 한국교육개발원 수탁연구 CR 2014-47. '2014년도 1학기 자유학기제 연구학교 사례연구 종합보고서'의 제언을 요약함.

우 부담스러운 학기로 인식되었다. 이에 대한 부담은 사교육 기관의 활용률을 증가시키는 결과를 초래할 가능성이 높고, 결과적으로 자유학기제의 본래적 취지가 퇴색될 수밖에 없다.

그리고 자유학기제 기간에 운영되는 다양한 프로그램이 현행 교육 과정에서 제공하는 '창의적 체험활동' '학교스포츠클럽 활동' '진로와 직업' 등과 유사하거나 중첩되므로, 이들 간의 연계를 고려한 교육 과정 편제와 시수에 대한 전반적인 검토가 필요하다.

또한 자유학기제가 적용되는 중학교 교육 과정을 적정화할 필요가 있다. 연구학교들의 사례는 자유학기제 운영의 시수 확보를 위해 교과 시수를 감축하거나 창의적 체험활동 시간을 증대하여 운영하고 있다. 특히 줄어든 수업 시수에 맞추어 교육 과정을 운영하기 위해서는 핵심 성취 기준의 적용이 불가피하지만, 핵심 성취 기준의 교과별·단원별 편차가 존재하기 때문에 교사들은 교육 과정의 공백이나 학생들의 학력 저하를 우려하여 수업 진도에 대한 부담과 함께 기본 교과의 재구성을 최소화하고자 노력하고 있다. 따라서 자유학기제 운영을 위한 중학교 교육 과정의 적정화가 요구된다.

자유학기제 기간의 교육 과정 재구성의 실질적 자율권을 확대하기 위하여, 교육부와 각 시·도 교육청 간에 원활한 소통이 이루어져야 하며, 각 시·도 교육청에서는 단위 학교의 교육 과정 재구성 권한을 존중하여야 하고, 각 단위 학교에서는 교사 간 협의를 활성화할 필요가 있다.

자유학기제는 교육 과정 재구성의 실질적인 자율권 행사를 기대한다. 이를 위해 각 단위 학교에서 교육 과정 재구성의 자율권을 실질적으로 발휘할 수 있어야 하는데, 현실적으로는 이것이 어려운 실정이다. 우선 교육부와 각 시·도 교육청의 교육정책 방향이 일치하여야 함에도 그렇지 않은 경우가 있다. 교육부에서는 교육부에서 요구하는 것만 실행하도록 하지만 시·도 교육청에서는 그 외 여러 가지 다양한 사항을 요구하고 있어, 각 단위 학교로서는 시·도 교육청의 요구를 반영하지 않을 수 없는 상황이 발생한다. 따라서 교육부와 시·도 교육청 간에 자유학기제의 효율적 운영을 위한 원활한 소통이 이루어질 필요가 있다.

시·도 교육청에서는 각 단위 학교에서 학교의 상황에 맞는 교육 과정 재구성을 할 수 있도록 학교의 교육 과정 재구성 권한을 존중할 필요가 있다. 또한 각 단위 학교에서는 교육 과정 재구성이 원활하게 이루어질 수 있도록 교사 간 협의의 기회를 최대한 확보할 필요가 있다. 소규모 학교에서는 협의할 수 있는 동 교과 교사가 부재할 수 있으므로, 인근 학교의 동 교과 교사와 협의할 기회를 제공할 필요가 있다.

자유학기제를 운영하는 교사들의 업무 부담을 완화할 수 있는 대안이 마련되어야 한다.

자유학기제는 관련 교사들에게 교육 과정 재구성, 교과의 감축된 수업 시수와 핵심 성취 기준을 고려한 수업 준비, 자율 과정의 다양한 프로그램 개발과 운영 등 기본적인 행정 업무뿐만 아니라 교육 과정 및 수업 관련 업무의 부담이 적지 않은 실정이다. 게다가 행복학교 박람회나 진로체험활동 박람회 등의 준비는 교사들에게 많은 부담을 주고 있었다. 학교 내에서의 자유학기제 운영 준비로 바쁜 교사들은 대외적인 홍보활동에도 시간을 할애해야 하는 것에 상당한 부담을 느끼고 있다. 따라서 교사들의 업무 부담을 완화할 수 있는 대안을 마련할 필요가 있다.

자유학기제 이후에도 자유학기의 다양한 프로그램과 연계된 프로그램을 운영함으로써 자유학기제의 효과를 극대화할 방안이 필요하다.

자유학기제때 운영되는 프로그램 중에는 한 학기로 충분히 소기의 목표를 달성할 수 있는 프로그램도 있지만, 최소한 한 학년은 학습해야만 어느 정도의 역량을 갖출 수 있는 프로그램이 있다. 그리고 학생들의 선호도가 높은 프로그램의 경우 자유학기제 기간에 신청자가 많아 참여하지 못한 것에 대해 아쉬워하는 학생들도 존재하였다. 무엇보다 자유학기와 후속 학기 사이에 너무 큰 간격이 존재하는 경우 학생들의 부적응이 급증할 수 있다는 우려의 목소리가 높다. 따라서 자유학기와 후속 학기의 완충 프로그램을 운영하는 것이 필요하다.

### (2) 수업 방법

교사의 교육 과정 재구성과 진로 교육 전문성 제고를 위한 교사 양성 과정과 전문적인 연수가 요구된다.

자유학기제하에서 교사들은 수업시수를 조정하는 것에서부터 전체적인 교육 과정을 재구성하는 것에 이르기까지 다양한 방법으로 교육 과정을 혁신한다. 특히 자유학기에는 진로 교육에 관한 부분이 보다 강조되어 다루어지기 때문에 진로 교육을 기존의 교육 과정과 적절히 융합할 수 있는 방안이 마련될 필요가 있다. 따라서 자유학기를 운영하는 교사들을 대상으로 교육 과정에 대한 전문성과 진로 교육에 대한 이해를 높이기 위해 전문적인 연수가 요구된다.

새로운 수업 방식에 관한 연구를 통하여 교육의 궁극적 목표와 합의된 기본 틀이 필요하다.

자유학기 동안 중학교는 공통 과정과 자율 과정을 구분하여, 몇 개의 교과 간 융합수업을 설계하고 운영하여 수업 형태의 변화를 도모한다. 중학교에서 이수하여야 하는 공통 과정 교과를 운영하면서 학생들의 선호를 바탕으로 한 자율 과정 프로그램을 제공하기 위해서는 지금까지의 수업 구조에 변화가 필요하다.

새로운 수업 방식을 운영하며 수업의 형태와 방법의 변화를 도모하기 위해서는 현재 1시간 1교과, 45분 체제로 정형화되어 있는 수업 구조를 다양하게 운영할 수 있도록 자율권을 부여하여야 할 것이다. 즉, 다양한 교과가 함께 참여하여 자유학기제가 추구하는 다양한 학습 형태인 토론, 실습, 참여 등의 교육 방법에 적응하고 이를 운영하기 위해서는 교과 배정과 수업 시간을 보다 유연하게 구성할 수 있도록 자율성을 부여하고 이를 지원할 필요가 있다.

또한 자유학기제에 따른 새로운 교육과 수업 운영 예산 지원 시 경제적인 수준이 함께 고려되어야 한다. 자유학기제의 실시와 관련하여 가장 많은 우려가 제기되고 있는 부분이 바로 교육 조건, 즉 인프라 부족이다. 지역사회와 공공기관의 인식을 제고하고 지원을 확보함으로써 사회 전반에 걸쳐 필수적 인프라를 갖추는 것은 중요하다. 그러나 직업 체험 프로그램 구성 및 운영에서의 이러한 인프라가 수도권을 제외하고는 농어촌이나 지방에 부족하다는 문제가 제기되고 있다. 학생들의 능력이 아닌 거주 지역에 따라 발생하는 지역별 편차를 줄여 나가기 위해 예산의 차등 지원이 필요하다. 학교 밖 체험활동 공간 확보와 학교 밖 물적 · 인적 자원의 준비와 교사–학생–학부모–기업의 연계가 필요하며 이를 위한 국가적 지원이 제공되어야 한다. 교과 수업, 교과 간 연계 수업, 직업 체험 활동, 동아리 등 학생들의 활동에 필요한 재료비, 전문적인 분야의 직업 체험이나 동아리 지도를 위한 강사비, 외부 기간으로 직업 체험을 갈 때 필요한 교통비와 여행자 보험 비용 등을 위한 예산이 책정되고 집행될 수 있어야 할 것이다.

### (3) 평가 방법

자유학기제의 취지를 최대한 살리기 위해서는 양적 평가보다는 질적 평가가 주를 이루는 것이 바람직하다.

학교 현장에서 기존에 이루어져 오던 평가는 주로 양적 평가였으며, 양적 평가(quantitative evaluation)란 실증적 접근으로 존재하는 정도를 수량화하는 형식의 평가(목적: 일반화)를 의미한다. 이는 가설의 검증에 초점을 두기 때문에 연역적 접근이 주를 이룬다고 볼 수 있다. 양적 평가에서는 평가자가 관심을 가지고 있지 않은 변수의 영향을 오차로 규정하며, 이들의 영향을 엄격히 통제하기 위해서 측정의 맥락을 인위적으로 설정한다. 특히 양적 평가는 특정 변수에 대해서만 관심을 둘 수 있기 때문에 부분적 접근(Local Approach)에 해당하고, 일정한 분석의 틀을 가지고 평가가 이루어진다는 측면에서 외부자적 관점(etic)을 취하는 가치중립적인 평가라고 볼 수 있다. 양적 평가는 가설검정, 통계적 접근을 중시하며, 높은 신뢰도와 넓은 일반화 가능성이 있다는 장점이 있지만 이와 더불어 역동적 현상에 대한 심층적 분석이 어렵다는 단점이 있다. 자유학기제에서는 개별 학생들의 역동적이고 다양한 현상과 변화에 대한 심층적인 평가가 이루어져야 하는 바, 양적 평가만으로는 한계를 지닐 수밖에 없다. 따라서 자유학기제 고유의 취지를 최대한으로 살리기 위해서는 질적 평가를 주된 평가 방식으로 사용하는 것이 보다 바람직하다고 볼 수 있다.

질적 평가(qualitative evaluation)는 해석학적, 현상학적 접근으로 존재의 유무에 대해서 생각을 서술해 나가는 형식으로 접근(목적: 이해)한다. 가설과 이론을 발견하고 탐색하려는, 발견의 맥락(the context of discovery)에서 연구가 진행되기 때문에 귀납적 접근이 주를 이룬다고 볼 수 있다. 이는 자연적이고 일상적인 맥락에서 있는 그대로의 현상에 관심이 있기 때문에 통제가 가해지지 않은 자연스러운 상황에서 평가가 이루어진다. 특히 특정 가설에 대해서만 관심을 두는 양적 평가와 대조적으로 질적 평가는 전체적 접근(Holistic Approach)에서 평가가 이루어진다. 또한 질적 평가는 일정한 분석의 틀을 가지고 평가가 이루어지기도 하지만 경우에 따라서는 그렇지 않는 경우도 있어서 외부자적 관점과 내부자적 관점(emic+etic)이 통합되어 있다고 볼 수 있다. 그리고 평가자의 주관성을 완전히 배제하기 어렵기 때문에 가치개입적인 평가라고 볼 수 있다. 질적 평가에서는 높은 타당도를 기대할 수 있지만, 평가자의 주관성이 개입될 가능성이 있다는 점과 일반화의 범위가 좁다는 단점을 지니고 있다. 그러나 자유학기제에서의 평가는 일반화와 객관화를 목적으로 삼기보다는 오히려 개별 학생에 대한 서술형 평가를 통해 개별화와 다양화를 목적으로 삼아 이루어지는바, 자유학기제에서는 질적 평가의 방식이 주로 사용되어야 할 것이다.

**규준 참조 평가보다는 준거 참조 평가, 성장 참조 평가, 능력 참조 평가를 지향해야 한다.**

현행 중·고등학교 평가 방법의 가장 큰 문제점은 선다형·단답형 등의 객관식 위주의 평가가 대부분이라는 것과 공리주의 관점에서 하나의 잣대로 성적 위주의 학생 평가가 이루어지고 있다는 점, 인지적 역량 위주의 지필 평가가 대부분이고 과정 평가가 결여되어 있다는 점이다. 그러므로 자유학기제를 통해 수행평가 및 서술형 평가를 강화하고 인지적 영역뿐만 아니라 정의적 영역과 심동적 영역을 포함한 다면적인 평가 방법을 도입할 필요가 있다. 그리고 준거 참조 평가, 성장 참조 평가, 능력 참조 평가를 적극 활용할 필요가 있다.

규준 참조 평가에 비해 준거 참조 평가는 경쟁을 지양하고 탐구 정신과 협동 정신을 함양할 수 있기 때문에 창의로운 인재를 양성하는 데 도움을 줄 수 있다. 그뿐만 아니라 적절한 교육적 처치만 이루어진다면 모든 학생이 성공할 수 있다는 긍정적인 교육관에 터하고 있기 때문에 교육적 상황에서 지향해야 할 바람직한 평가관으로 볼 수 있다. 성장 참조 평가(growth-referenced evaluation)는 교육 과정을 통하여 얼마나 '성장'하였느냐에 관심을 두는 평가로, 최종 성취 수준보다는 초기 능력에 비추어 얼마만큼 능력의 향상을 보였느냐를 강조하는 평가다. 예컨대, 학년 초에 80점이던 A학생이 학년 말에 82점을 얻은 경우와, 학년 초에 40점을 얻은 B학생이 학년 말에 80점을 얻은 경우 중 더 많이 향상된 B학생을 A학생보다 더 긍정적으로 평가하는 것은 성장 참조 평가에 해당한다. 능력 참조 평가(ability-referenced evaluation)는 학생이 지니고 있는 능력에 비추어 얼마나 최선을 다했는지에 초점을 두는 평가로 '자신의 능력을 십분 발휘했는가'에 관심을 가진다. 예컨대, 능력 수준이 98점인 A학생이 90점을 얻은 경우와, 능력 수준이 70점인 B학생이 85점을 얻은 경우 중에서 능력과 실제 성취 간의 차이를 기준으로 A학생보다 B학생을 더 긍정적으로 평가하는 것은 능력 참조 평가에 해당한다. 따라서 자유학기제하에서는 보다 개별 학생들의 성장에 관해 다양한 측면에서 다면적이고 심층적인 평가를 수행하기 위하여 이러한 성장 참조 평가, 능력 참조 평가를 지향해야 할 것이다.

이와 더불어 자유학기제의 성공적인 정착을 위해서는 교육 과정의 재편성과 더불어 자율적인 평가 방식의 유연한 재조정이 필요하다. 자유학기제에서는 중간고사와 기말고사를 실시하지 않지만 교사는 단원별 평가, 포트폴리오 평가 등을 꾸준히 실시하고 있다. 학교 현장의 혼선을 줄이기 위해서라도 평가 지침에 대한 의견을 수렴하여 상급기관 차원에서 합의하고 이를 명확하게 안내해야 할 것으로 보인다.

특히 자유학기제에서는 다양한 수업 방식이 이루어지기 때문에 다양한 모둠 활동 및 교사의 서술평가, 학생들의 상호평가 등이 사용되고 있다. 이에 따라 평가에서도 타당하고 공정한 기준 개발 및 이를 적용하기 위한 교사와 학생의 연수, 학생생활기록부 기재를 위한 서술 방식 등에 대한 적절한 가이드라인의 제시가 시급히 이루어져야 한다. 교사의 업무를 경감시키며 편리하고도 의미 있는 평가 모델과 가이드라인 보급이 이루어져야 할 것이며, 특히 NEIS에 교사들이 사용하기 편한 평가 기준과 '평가 템플릿(서식)'이 만들어져야 할 것이다.

자기주도적 학습 능력 역량, 진로 개발 역량, 창의 역량을 제고하기 위해서는 지금까지의 객관주의적 평가관을 대신하여 주관주의적 평가관을 적극 도입할 필요가 있다.

중학교에 주관주의 평가관이 전면 도입된다면 교사의 평가 자율성이 100% 보장되기 때문에 프로젝트 학습, 융합수업, 체험활동 등을 적극적으로 활용할 수 있을 것이고, 이를 통해 학생의 자기주도적 학습 능력 역량, 진로 개발 역량, 창의 역량의 신장에 도움을 줄 것으로 기대할 수 있다.

평가자의 객관성을 강조하는 평가관을 '객관주의 평가관'이라 하고, 평가자에 따른 주관성을 인정하는 평가관을 '주관주의 평가관'이라고 한다. 공통 교육 과정인 성취 기준에 기초하여 교과 담임들이 공동으로 제작한 문항으로 평가하는 중·고등학교에서의 중간고사나 기말고사 시험은 객관주의 평가관에 가깝다면, 교수가 수업 중 강의한 내용에 기초하여 독자적으로 문항을 출제하여 평가하는 대학교 학기 말 시험은 주관주의 평가관에 가깝다고 볼 수 있다. 자유학기제에서의 평가는 중간고사나 기말고사라는 지필고사 형태가 아닌, 교사를 중심으로 하는 다양한 주체들에 의해 이루어지는 수행평가 형태를 지향하는바, 평가자의 주관성을 인정한다는 점에서 주관주의적 평가관에 입각해 있다고 볼 수 있다.

이러한 주관주의적 평가관을 지향해 나가는 데서는 평가와 관련한 교사의 역량을 강화시킬 필요가 있으며, 이를 위해 교사 연수 프로그램을 제공해야 할 것이다.

### (4) 자율 과정

자율 과정 운영의 내실화를 위해 학교 내에서는 교사들의 역할 재구조화와 학교 밖에서는 체험기관 종합정보 시스템 구축 및 교사 전문성 신장을 위한 대책 마련이 필요하다.

자율 과정의 운영 과정에서 교사와 학생, 학부모들이 제기하는 문제들은 이를 해소하기 위한 정책적 노력을 요구한다. 프로그램의 다양성 요구, 프로그램의 질적 수준 제고, 외부 체험기관의 양과 질의 문제, 자율 과정 운영의 전문성 부족 문제, 행정업무 가중, 향후 예산 축소 우려 등에 대해 적절한 대응책이 마련되지 않으면 자유학기제의 성공적 정착을 기대할 수 없다. 그런데 이 다양한 문제는 서로 복잡하게 얽혀 있기 때문에 각 문제에 대해 별도의 대책을 마련하는 것은 소기의 성과를 거두기 어렵다. 프로그램의 질적 수준은 지도교사의 전문성 문제와 떼 놓고 생각할 수 없고, 학생들의 다양한 요구를 충족할 수 있는 프로그램 개설은 진로체험처의 확보 문제와 긴밀히 연결되어 있다.

특히 유념해야 것은, 하나의 정책을 새롭게 도입할 경우에는 그로 인해 발생할 수 있는 부작용도 고려해야 한다는 점이다. 예컨대, 자율 과정 운영으로 초래되는 행정업무 과중을 해소하기 위해서는 자율 과정 전담 인력 또는 행정 지원 인력을 충원해야 한다는 목소리가 높다. 자율 과정의 원활한 정착을 위해서는 학교 안팎에서 종합적인 운영 시스템을 구축할 필요가 있다. 자율 과정은 학교 내 시스템과 학교 밖 시스템이 유기적으로 연계될 때 제대로 운영될 수 있다.

학교 내 시스템의 요체는 역할 재구조화에 있다. 우선 자율 과정 운영으로 새롭게 발생한 교사의 직무를 세밀히 분석하여, 학교에서 교사가 담당해야 할 역할(책임)과 학교 밖 시스템에서 담당해야 할 역할(책임)을 구분해야 한다. 가령, 교과 전문성을 중심으로 교육 활동을 실천해 온 교사에게 본격적인 진로 체험 활동까지 책임지게 하는 것은 무리한 요구다. 학교의 역할과 책임 영역이 결정되면, 학교 내에서 다시 역할 분담이 이루어져야 한다. 이 과정에서 핵심 역할은 진로진학 상담부장이 맡는 것이 바람직하다. 이미 모든 중학교에 배치되어 있는 진로진학 상담부장은 수업 시수가 대폭 줄어든 대신 중학교 3년 과정의 진로 교육을 책임지고 있다. 따라서 이들이 자유학기제의 취지를 제대로 이해하고 자율 과정을 기획할 수 있도록 역할을 부여하고 이들의 역량을 강화하는 방안을 강구해야 한다. 자유학기제가 본격 도입되어 자유학기의 교육 과정이 기본 교과와 자율 과정으로 재구성되면, 교무부장은 기본 교과 운영을 책임지고 진로진학 상담부장은 자율 과정 운영을 책임지면서 서로 협력하는 일종의 투톱 시스템으로 운영할 필요가 있다. 적어도 이 정도의 역할과 비중이 진로진학 상담부장에게 부여될 때 자율 과정의 내실화를 기대할 수 있다. 예산이 허용되어 자율 과정을 지원할 수 있는 행정 인력이 배치될 경우에도 진로진학 상담부장의 책임 아래 두는 것이 인력 활용의 효용성을 높이는 방법이다.

학교 밖 시스템에서는 체험기관 종합정보 시스템 구축이 관건이다. 기관 체험 활동은 현재로서는 경쟁률이 높지 않은 상황이므로 수월하게 진행될 수 있다. 그러나 자유학기제 전면 시행 이후 전국의 중학교에서 기관 체험을 요청하게 되면 체험 활동 자체가 불가능하게 되거나 형식적으로 운영될 가능성이 크다. 그러므로 시·도교육청 차원에서 체험 프로그램을 제공하는 기관을 확보하여 학교가 활용할 수 있도록 정보 시스템을 갖추어 놓으면, 학교의 업무가 대폭 경감되는 동시에 학교 간에 불필요한 경쟁을 미연에 방지할 수 있다. 이러한 시스템을 갖추어 놓으면 교육 자원의 상호 교류도 활발해질 수 있다. 이를 테면, 예체능 활동이나 직업 탐색 활동이 어려운 농촌 지역과 생태 체험이나 자연 체험 활동 자원이 부족한 도시 지역은 체험기관 정보 시스템을 통하여 서로에게 필요한 교육 자원을 교류할 수 있다. 한편, 체험기관 정보 시스템의 정상적 운영을 위해서는 일차적으로 다양한 체험기관을 확보해야 한다. 이를 위해서는 지역사회의 다양한 기관과 단체가 앞장서서 체험활동을 제공할 수 있도록 정책 홍보를 강화하는 동시에 참여 기관에 세제 혜택을 제공하는 등 범정부 차원의 지원이 필요하다.

아울러 교사의 전문성 신장을 위한 특별한 대책이 요구된다. 단기적인 직무 연수를 통해서는 자유학기제의 취지를 달성할 수 있는 수준으로 자율 과정을 운영할 전문성을 확보하기 어렵다. 자유학기제가 전면 실시되고 외부 강사가 아닌 교사들이 자율 과정을 운영할 경우 교사들의 전문성 수준으로는 형식적 운영에 그칠 수밖에 없으며, 심지어 교사들의 자유학기제 실시 학년 기피 현상이 나타날 수도 있다. 따라서 단기적으로는 자율 과정 운영을 위한 다양한 교육 활동 모형 및 자료, 평가 모형 및 예시문 등을 학교에서 바로 사용할 수 있는 형태로 개발, 보급하는 노력과 함께 장기적으로는 교원 양성 과정에서 자율 과정을 운영할 수 있는 전문성을 키워 줄 방안도 모색되어어야 한다.

**자율 과정 운영을 통해 학교와 교사의 교육 기획력을 살릴 수 있는 지원 체제를 마련할 필요가 있다.**

자율 과정은 자유학기제로 인한 교육 과정 변화의 핵심적인 부분이다. 현재 연구학교의 운영계획서 분석에 따르면, 자율 과정은 주당 수업 시수의 12시간 정도로 운영되고 있으며, 이는 학교 교육 과정의 3분의 1 정도로 비교적 큰 비중을 차지한다. 자율 과정을 언제, 어디서, 무엇을 어떻게 운영할지는 전적으로 학교와 교사의 자율권에 맡겨져 있으며, 기본적인 운영 원리는 학생 중심의 학습이 될 수 있도록 기획한다는 것이다. 이러한 자율 과정의 운영은 종래와 같이 국가 교육 과정에 편제된 교과 시수에 따라 교과서로 운영되던 학교 교육 과정의 정형화된 패턴에 획기적인 변화를 가져 왔고, 이에 따라 교사는 지식 전달자가 아니라 교육 과정 설계자로서의 새로운 전문성을 발휘하도록 요구받고 있다. 실제로 자유학기제 연구학교의 사례를 통해 이와 같은 교육 과정 설계 및 교육 기획력과 관련하여 학교와 교사의 잠재력이 다양하게 발현되는 모습을 살펴볼 수 있었다. 자유학기제를 통한 가장 큰 변화가 교사와 학교의 교육기획력 부활이라는 평가(정병오, 2013, p. 14)는 이러한 변화의 연장선상에 있다고 볼 수 있다. 이와 같이 자유학기제의 자율 과정은 교사에게 교과를 직접 개설하고 교육 과정을 설계하도록 요구함에 따라 교사들이 추후 이를 지원할 수 있는 방안을 마련할 필요가 있다.

자율 과정의 원활한 운영을 위해서는 학교와 사회 간 파트너십에 기반한 학습 생태계를 구축할 필요가 있다.

자율 과정은 학생들이 흥미와 관심을 갖는 활동을 중심으로 운영함으로써 학생들이 배우고 체험하는 과정에서 적성과 재능을 찾고 몰입의 즐거움을 경험할 수 있도록 하는 데 목적이 있다. 이를 위해서는 학생들이 학습하는 내용이 교과 지식을 넘어 폭넓은 체험을 포함하고 학습하는 공간 또한 학교에서 지역사회로 확대할 필요가 있다. 특히 학생들이 자신에게 맞는 꿈과 끼를 찾고 미래 사회에서 요구되는 역량을 갖출 수 있도록 다양한 체험활동 기회를 제공하는 것은 학교의 힘만으로는 어렵기 때문에 학교와 지역사회기관 간의 파트너십을 형성할 필요가 있다.

## 2. 창의적 체험활동*

창의적 체험활동은 교과와 상호 보완적 관계 속에서 앎을 적극적으로 실천하고 심신을 조화롭게 발달시키기 위하여 실시하는 교과 이외의 활동이다. 창의적 체험활동은 초·중등학교 학생들이 건전하고 다양한 집단 활동에 자발적으로 참여하여 나눔과 배려를 실천함으로써 공동체 의식을 함양하고 개인의 소질과 잠재력을 계발·신장하여 창의적인 삶의 태도를 기르는 것을 목표로 한다.

### 1) 성격

창의적 체험활동은 자아 정체성의 확립과 진로에 대한 설계를 바탕으로 자기 삶의 주인으로 성장하는 자기관리 역량, 문제를 합리적으로 해결하기 위해 필요한 지식과 정보를 선택·활용하는 지식정보처리 역량, 폭넓은 기초 지식과 기능을 활용하여 융합적으로 주제를 탐구하고 독창적으로 표현하는 창의적 사고 역량, 다양한 예술·체육·문화 활동의 경험을 바탕으로 심신을 조화롭게 발달시켜 공감적

---

*2015 개정 교육 과정 초·중등학교 「창의적 체험활동」 교육 과정(교육부 고시 제 2015-74호)의 내용을 발췌함.

으로 이해하는 심미적 감성 역량, 민주적인 의사결정 과정에 주체적으로 참여하고 자신의 생각과 감정을 효과적으로 표현하여 다른 사람과 원만한 관계를 형성할 수 있는 의사소통 역량, 다양한 단체활동에 자발적으로 참여하여 공동의 문제를 합리적으로 해결하고 나눔과 배려를 실천하며 다른 사람과 더불어 조화롭게 살아가는 공동체 역량의 함양을 통해 바른 인성을 갖춘 창의융합형 인재를 양성하는 데 기여한다.

창의적 체험활동은 자율활동, 동아리활동, 봉사활동, 진로 활동의 4개 영역으로 구성하되, 학생의 발달 단계와 교육적 요구 등을 고려하여 학교 급별, 학년(군)별, 학기별로 영역 및 활동을 선택하여 집중적으로 운영할 수 있다. 초등학교의 창의적 체험활동은 공동체 생활에 필요한 기본 생활 습관을 형성하고 개성과 소질을 탐색하고 발견하는 데 중점을 둔다. 중학교의 창의적 체험활동은 자아 정체성을 확립하고 다른 사람과 더불어 살아가는 태도를 증진하며 자신의 진로를 적극적으로 탐색하는 데 중점을 둔다. 고등학교의 창의적 체험활동은 공동체 의식의 확립을 기반으로 나눔과 배려를 실천하고, 진로를 설계하고 준비하는 데 중점을 둔다. 창의적 체험활동에서는 모든 학교 급에서 학생과 교사가 공동으로 계획을 수립하고 역할을 분담하여 실천한다.

창의적 체험활동 교육 과정의 편성 · 운영의 주체는 학교다. 국가 및 지역 수준에서는 학교와 지역의 특색을 고려하여 전문성을 갖춘 인적 · 물적 자원을 충분히 제공할 수 있는 기반을 마련한다.


### 2) 목표

건전하고 다양한 집단 활동에 자발적으로 참여하여 나눔과 배려를 실천함으로써 공동체 의식을 함양하고 개인의 소질과 잠재력을 계발 · 신장하여 창의적인 삶의 태도를 기른다.

- 특색 있는 활동에 자율적으로 참여하여 일상의 문제를 합리적이고 창의적으로 해결하는 능력을 기른다.

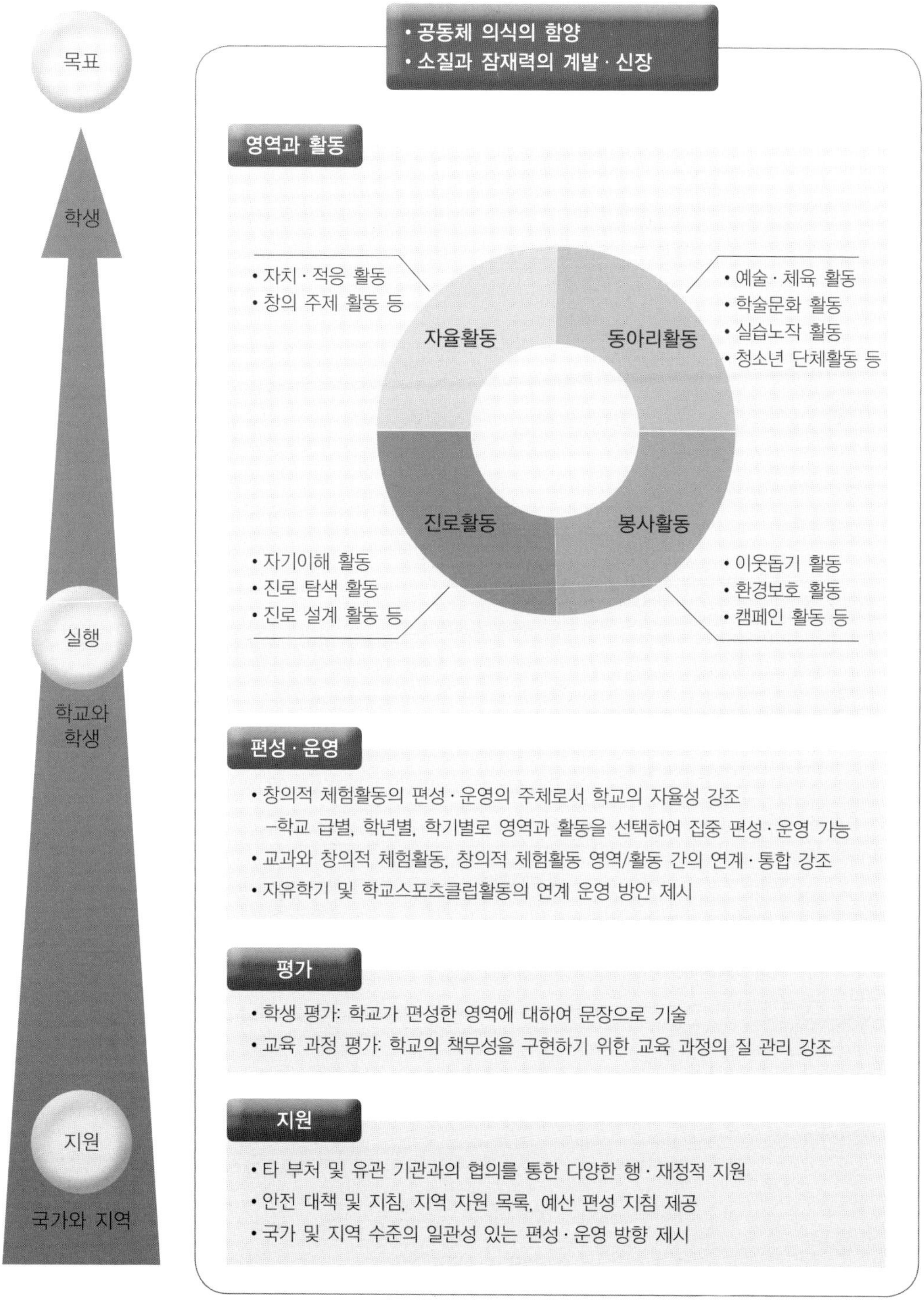

**목표**

**학생**

**실행**

**학교와 학생**

**지원**

**국가와 지역**

• 공동체 의식의 함양
• 소질과 잠재력의 계발·신장

**영역과 활동**

• 자치·적응 활동
• 창의 주제 활동 등

**자율활동**

**동아리활동**
• 예술·체육 활동
• 학술문화 활동
• 실습노작 활동
• 청소년 단체활동 등

**진로활동**
• 자기이해 활동
• 진로 탐색 활동
• 진로 설계 활동 등

**봉사활동**
• 이웃돕기 활동
• 환경보호 활동
• 캠페인 활동 등

**편성·운영**

• 창의적 체험활동의 편성·운영의 주체로서 학교의 자율성 강조
  −학교 급별, 학년별, 학기별로 영역과 활동을 선택하여 집중 편성·운영 가능
• 교과와 창의적 체험활동, 창의적 체험활동 영역/활동 간의 연계·통합 강조
• 자유학기 및 학교스포츠클럽활동의 연계 운영 방안 제시

**평가**

• 학생 평가: 학교가 편성한 영역에 대하여 문장으로 기술
• 교육 과정 평가: 학교의 책무성을 구현하기 위한 교육 과정의 질 관리 강조

**지원**

• 타 부처 및 유관 기관과의 협의를 통한 다양한 행·재정적 지원
• 안전 대책 및 지침, 지역 자원 목록, 예산 편성 지침 제공
• 국가 및 지역 수준의 일관성 있는 편성·운영 방향 제시

**그림 11-9** 창의적 체험활동 교육 과정의 기본 반향

- 동아리에 자발적으로 참여하여 소질과 적성을 계발하고 일상의 삶을 풍요롭게 가꾸어 나갈 수 있는 심미적 감성을 기른다.
- 나눔과 배려를 실천하고 환경을 보존하는 생활 습관을 형성하여 더불어 사는 삶의 가치를 체득한다.
- 흥미, 소질, 적성을 파악하여 자아정체성을 확립하고, 자신의 진로를 개발하여 지속적으로 발전시킨다.

**총괄 목표**

건전하고 다양한 집단활동에 자발적으로 참여하여 나눔과 배려를 실천함으로써 공동체 의식을 함양하고 개인의 소질과 잠재력을 계발 · 신장하여 창의적인 삶의 태도를 기른다.

| 자율활동 | 동아리활동 | 봉사활동 | 진로활동 |
|---|---|---|---|
| 특색 있는 활동에 자율적으로 참여하여 일상의 문제를 합리적이고 창의적으로 해결하는 능력을 기른다. | 동아리에 자발적으로 참여하여 소질과 적성을 계발하고 일상의 삶을 풍요롭게 가꾸어 나갈 수 있는 심미적 감성을 기른다. | 나눔과 배려를 실천하고 환경을 보존하는 생활 습관을 형성하여 더불어 사는 삶의 가치를 체득한다. | 흥미, 소질, 적성을 파악하여 자아정체성을 확립하고, 자신의 진로를 개발하여 지속적으로 발전시킨다. |

그림 11-10 창의적 체험활동 목표 체계

## 3) 영역과 활동

### (1) 영역 구성

- 창의적 체험활동은 자율활동, 동아리활동, 봉사활동, 진로활동의 네 영역으로 구성한다.
- 자율활동은 자치 · 적응 활동, 창의 주제 활동 등으로 구성한다.
- 동아리활동은 예술 · 체육 활동, 학술문화 활동, 실습노작 활동, 청소년 단체 활동 등으로 구성한다.
- 봉사활동은 이웃돕기 활동, 환경보호 활동, 캠페인 활동 등으로 구성한다.

• 진로 활동은 자기이해 활동, 진로 탐색 활동, 진로 설계 활동 등으로 구성한다.

## (2) 영역별 활동

영역별 활동 체계표에서 '학교 급별 교육의 중점'은 학생들의 발달 단계를 고려하여 창의적 체험활동의 내실화가 이루어지기 위하여 제시한 것이다. 학교에서는 학생들의 발달 단계와 교육적 요구 등을 고려하여 융통성 있게 활용할 수 있다.

**표 11-8** 영역별 활동 체계표

| 영역 | 활동 | 학교 급별 교육의 중점 |
|---|---|---|
| 자율<br>활동 | • 자치 · 적응 활동<br>• 창의 주제 활동 등 | 〈초〉 • 입학 초기 적응 활동, 사춘기 적응 활동<br>• 민주적 의사결정의 기본 원리 이해 및 실천<br>• 즐거운 학교생활 및 다양한 주제 활동<br>〈중〉 • 원만한 교우 관계 형성<br>• 자주적이고 합리적인 문제해결 능력 함양<br>• 폭넓은 분야의 주제 탐구 과정 경험<br>〈고〉 • 공동체 구성원으로서 주체적 역할 수행<br>• 협력적 사고를 통한 공동의 문제 해결<br>• 진로 · 진학과 관련된 전문 분야의 주제 탐구 수행 |
| 동아리<br>활동 | • 예술 · 체육 활동<br>• 학술문화 활동<br>• 실습노작 활동<br>• 청소년 단체활동 등 | 〈초〉 다양한 경험과 문화 체험을 통한 재능 발굴, 신체 감각 익히기와 직접 조작의 경험, 소속감과 연대감 배양<br>〈중 · 고〉 예술적 안목의 형성, 건전한 심신 발달, 탐구력과 문제해결력 신장, 다양한 문화 이해 및 탐구, 사회 지도자로서의 소양 함양 |
| 봉사<br>활동 | • 이웃돕기 활동<br>• 환경보호 활동<br>• 캠페인 활동 등 | 〈초〉 봉사활동의 의의와 가치에 대한 이해 및 실천<br>〈중 · 고〉 학생의 취미, 특기를 활용한 봉사 실천 |
| 진로<br>활동 | • 자기이해 활동<br>• 진로 탐색 활동<br>• 진로 설계 활동 등 | 〈초〉 긍정적 자아 개념 형성, 일의 중요성 이해, 직업 세계의 탐색, 진로 기초 소양 함양<br>〈중〉 긍정적 자아 개념 강화, 진로 탐색<br>〈고〉 자신의 꿈과 비전을 진로 · 진학과 연결, 건강한 직업의식 확립, 진로 계획 및 준비 |

### 자율활동

학교는 학교 급과 학년(군)의 특성에 따른 교육적 요구를 고려하여 〈표 11-9〉
에 제시된 활동 내용 이외의 다양한 활동 내용을 편성·운영할 수 있다.

**표 11-9** 자율활동 영역의 활동별 목표와 내용

| 활동 | 활동 목표 | 활동 내용(예시) |
|---|---|---|
| 자치·적응 활동 | 성숙한 민주시민으로 살아갈 수 있는 역량을 함양하고, 신체적·정신적 변화에 적응하는 능력을 길러 변화하는 환경에 적극적으로 대처한다. | • 기본 생활습관 형성 활동 – 예절, 준법, 질서 등<br>• 협의 활동 – 학급회의, 전교회의, 모의의회, 토론회, 자치법정 등<br>• 역할 분담 활동 – 1인 1역 등<br>• 친목 활동 – 교우 활동, 사제 동행 활동 등<br>• 상담 활동 – 학습, 건강, 성격, 교우관계 상담 활동, 또래 상담 활동 등 |
| 창의 주제 활동 | 학교, 학년(군), 학급의 특색 및 학습자의 발달 단계에 맞는 다양하고 창의적인 주제를 선택하여 활동함으로써 창의적 사고 역량을 기른다. | • 학교·학년·학급 특색 활동 – 100권 독서하기, 줄넘기, 경어 사용하기, 연극놀이, 뮤지컬, 텃밭 가꾸기 등<br>• 주제 선택 활동* – 주제 탐구형 소집단 공동 연구, 자유 연구, 프로젝트 학습(역사 탐방 프로젝트, 박물관 견학 활동) 등 |

### 동아리활동

학교는 학교 급과 학년(군)의 특성에 따른 교육적 요구를 고려하여 〈표 11-10〉
에 제시된 활동 내용 외의 다양한 활동 내용을 편성·운영할 수 있다.

---

＊창의 주제 활동의 '주제 선택 활동'은 자유학기의 '주제 선택 활동'으로 활용될 수 있으며, 다른 학기, 다른 학교 급에서도 편성·운영할 수 있다.

**표 11-10** 동아리활동 영역의 활동별 목표와 내용

| 활동 | 활동 목표 | 활동 내용(예시) |
|---|---|---|
| 예술 · 체육 활동 | 자신의 삶을 폭넓고 아름답게 가꿀 수 있는 심미적 감성 역량을 함양하고, 건전한 정신과 튼튼한 신체를 기른다. | • 음악 활동 – 성악, 합창, 뮤지컬, 오페라, 오케스트라, 국악, 사물놀이, 밴드, 난타 등<br>• 미술 활동 – 현대 미술, 전통 미술, 회화, 조각, 사진, 애니메이션, 공예, 만화, 벽화, 디자인, 미술관 탐방 등<br>• 연극 · 영화 활동 – 연극, 영화 평론, 영화 제작, 방송 등<br>• 체육 활동 – 씨름, 태권도, 택견, 전통무술, 구기운동, 수영, 요가, 하이킹, 등산, 자전거, 댄스 등<br>• 놀이 활동 – 보드 게임, 공동체 놀이, 마술, 민속놀이 등 |
| 학술 문화 활동 | 다양한 학술 분야와 문화에 대해 관심을 가지고 체험 위주의 활동을 통하여 지적 탐구력과 문화적 소양을 기른다. | • 인문 소양 활동 – 문예 창작, 독서, 토론, 우리말 탐구, 외국어 회화, 인문학 연구 등<br>• 사회과학 탐구 활동 – 답사, 역사 탐구, 지리 문화 탐구, 다문화 탐구, 인권 탐구 등<br>• 자연과학 탐구 활동 – 발명, 지속 가능 발전 연구, 적정 기술 탐구, 농어촌 발전 연구, 생태 환경 탐구 등<br>• 정보 활동 – 컴퓨터, 인터넷, 소프트웨어, 신문 활용 등 |
| 실습 노작 활동 | 일의 소중함과 즐거움을 깨닫고 필요한 기본 기능을 익혀 일상생활에 적용한다. | • 가사 활동 – 요리, 수예, 재봉, 꽃꽂이, 제과 · 제빵 등<br>• 생산 활동 – 재배, 원예, 조경, 반려동물 키우기, 사육 등<br>• 노작 활동 – 목공, 공작, 설계, 제도, 로봇 제작, 조립, 모형 제작, 인테리어, 미용 등<br>• 창업 활동 – 창업 연구 등 |
| 청소년 단체 활동 | 신체를 단련하고 사회 구성원 및 지도자로서의 소양을 함양한다. | • 국가가 공인한 청소년 단체의 활동 등 |

**봉사활동**

학교는 학교 급과 학년(군)의 특성에 따른 교육적 요구를 고려하여 〈표 11-11〉에 제시된 활동 내용 이외의 다양한 활동 내용을 편성 · 운영할 수 있다.

표 11-11 봉사활동 영역의 활동별 목표와 내용

| 활동 | 활동 목표 | 활동 내용(예시) |
|---|---|---|
| 이웃 돕기 활동 | 타인을 이해하고 배려할 수 있는 공동체 역량을 함양한다. | • 친구 돕기 활동 – 학습이 느린 친구 돕기, 장애 친구 돕기 등<br>• 지역사회 활동 – 불우이웃 돕기, 난민 구호 활동, 복지시설 위문, 재능 기부 등 |
| 환경 보호 활동 | 환경을 보호하는 마음과 공공시설을 아끼는 마음을 기른다. | • 환경 정화 활동 – 깨끗한 환경 만들기, 공공시설물 보호, 문화재 보호, 지역사회 가꾸기 등<br>• 자연보호 활동 – 식목활동, 자원 재활용, 저탄소 생활 습관화 등 |
| 캠페인 활동 | 사회 현상에 관심을 갖고 참여함으로써 사회적 역할과 책임을 분담하고 사회 발전에 이바지하는 태도를 기른다. | • 공공질서, 환경 보전, 헌혈, 각종 편견 극복 캠페인 활동 등<br>• 학교폭력 예방, 안전사고 예방, 성폭력 예방 캠페인 활동 등 |

**진로활동**

학교는 학교 급과 학년(군)의 특성에 따른 교육적 요구를 고려하여 〈표 11-12〉에 제시된 활동 내용 이외의 다양한 활동 내용을 편성·운영할 수 있다.

표 11-12 진로활동 영역의 활동별 목표와 내용

| 활동 | 활동 목표 | 활동 내용(예시) |
|---|---|---|
| 자기 이해 활동 | 긍정적 자아 개념을 형성하고 자신의 소질과 적성에 대하여 이해한다. | • 강점 증진 활동 – 자아정체성 탐구, 자아존중감 증진 등<br>• 자기특성 이해 활동 – 직업 흥미 탐색, 직업 적성 탐색 등 |
| 진로 탐색 활동 | 일과 직업의 가치, 직업 세계의 특성을 이해하여 건강한 직업의식을 함양하고, 자신의 진로와 관련된 교육 및 직업 정보를 탐색하고 체험한다. | • 일과 직업 이해 활동 – 일과 직업의 역할과 중요성 및 다양성 이해, 직업 세계의 변화 탐구, 직업 가치관 확립 등<br>• 진로 정보 탐색 활동 – 교육 정보 탐색, 진학 정보 탐색, 학교 정보 탐색, 직업 정보 탐색, 자격 및 면허 제도 탐색 등<br>• 진로 체험 활동 – 직업인 인터뷰, 직업인 초청 강연, 산업체 방문, 직업 체험관 방문, 인턴, 직업 체험 등 |
| 진로 설계 활동 | 자신의 진로를 창의적으로 계획하고 실천한다. | • 계획 활동 – 진로 상담, 진로 의사 결정, 학업에 대한 진로 설계, 직업에 대한 진로 설계 등<br>• 준비 활동 – 일상생활 관리, 진로 목표 설정, 진로 실천 계획 수립, 학업 관리, 구직 활동 등 |

## 4) 편성 · 운영과 지원

### (1) 공통 편성 · 운영 지침

학교는 다음의 지침에 의거하여 창의적 체험활동을 편성 · 운영한다.

- 창의적 체험활동 교육 과정은 학교 급별, 학년(군)별 기준 시간(단위) 이상의 시수를 편성 · 운영한다.
- 창의적 체험활동에 배당된 학교 급별, 학년(군)별 시수를 특정 학년이나 학기에 편중하여 편성하지 않는다.
- 학교 급별, 학년(군)별, 학기별로 영역과 활동을 선택하여 집중적으로 편성 · 운영할 수 있다.
- 학생의 교육적 요구와 학교의 특성을 반영하여 '활동 체계'에 제시된 영역별 활동 이외의 다양한 활동을 편성 · 운영할 수 있다.
- 교육적 효과를 높이기 위하여 교과와 창의적 체험활동 또는 창의적 체험활동의 영역 및 활동을 연계 · 통합하여 주제 중심으로 편성 · 운영할 수 있다. 이 경우, 시수를 중복하여 배정하지 않는다.
- 창의적 체험활동이 교과 진도와 관련된 심화 · 보충형 학습이 되지 않도록 한다.
- 자율활동 및 동아리활동을 진로 활동 및 봉사활동과 연계하여 운영할 수 있다.
- 창의적 체험활동의 시간 운영은 학교의 교육 여건을 고려하여 정일제, 격주제, 전일제, 집중제 등을 활용할 수 있다.
- 창의적 체험활동의 편성 계획은 학생들의 흥미와 소질, 학교와 지역의 실정을 고려하여 수립하도록 한다. 특히 통합교육 대상자를 포함한 학생들의 개별적 특성을 충분히 반영하여 모든 학생이 창의적 체험활동에 참여할 수 있도록 한다.
- 학생들의 발달 단계를 충분히 고려하여 교사와 학생의 역할을 적절히 분담한다. 이때 교사와 학생이 협의하거나 학생들이 주도적으로 계획을 수립하여 역할을 분담하여 실천하는 것을 권장한다.

- 의식행사, 발표회, 체육행사, 현장체험학습 등 각종 행사를 각 영역 또는 활동에 적합한 방식으로 편성·운영한다. 이때, 행사의 시수 배정은 각 행사의 특성에 따라 관련 교과 및 창의적 체험활동의 영역별 활동으로 편성한다.
- 창의적 체험활동의 운영 과정에서는 안전에 유의하여야 한다. 특히 교내·외 체험활동에 앞서 반드시 안전 교육을 실시하고, 상급기관의 안전 관련 지침을 따른다.
- 창의적 체험활동의 활동 장소는 교내 시설 및 지역사회 시설 등을 이용할 수 있으며, 교내 활동의 운영에 필요한 인적·물적 자원의 활용 등과 관련하여 교육청의 지침을 따른다.
- 초등학교의 창의적 체험활동은 학생들의 발달 수준, 학교의 여건 등을 종합적으로 고려하여 자율활동과 동아리활동을 중심으로 편성·운영할 수 있다. 단, 1~2학년군에서는 학생들의 발달 수준을 고려하여 자율활동에 중점을 두어 운영할 수 있다.
- 초등학교 1~2학년군에서는 창의적 체험활동 시간을 활용하여 '안전한 생활'을 편성·운영한다. 이때, 관련 교과 및 창의적 체험활동의 영역별 활동과 연계하여 운영할 것을 권장한다.
- 중학교의 자유학기에서는 자유학기 프로그램과 연계하여 창의적 체험활동의 다양한 영역과 활동을 선정할 수 있다. 교육적 필요에 따라 창의적 체험활동의 영역 간, 활동 간 그리고 교과와의 연계 및 통합이 원활하게 이루어지도록 편성·운영한다.
- 고등학교에서는 학생들이 창의적 체험활동 전 영역에 걸쳐 주체적이고 적극적으로 참여할 수 있도록 편성·운영한다. 특히, 고등학교의 동아리활동은 학생들의 자발적 참여 의사에 따라 자율적으로 운영하기 위하여 학생들 스스로 구체적인 활동 계획을 수립하고 실행할 수 있도록 지도한다.

## (2) 영역별 편성·운영 지침

학교는 다음의 지침에 의거하여 각 영역을 편성·운영한다.

**자율활동**

- 창의 주제 활동은 자유학기 및 교과와 연계·통합하여 학교 실정과 지역의 특수성에 적합한 교육프로그램을 개발하여 운영할 수 있다. 특히 주제 탐구, 소집단 공동 연구, 자유 연구, 프로젝트 학습과 관련된 교육 프로그램 등을 개발하여 운영할 수 있다.
- 초등학교에서는 학생의 입학 초기 학교생활 적응과 학습 격차 해소 등을 위하여 지역의 특색과 학생의 교육적 요구 등을 반영하여 입학 초기 적응 활동의 적용 시기와 시수 및 활동 내용을 결정하여 편성·운영한다.
- 초·중학교에서는 학생들의 발달 단계를 고려하여 사춘기 학생들의 적응을 위한 프로그램을 편성·운영할 것을 권장한다.
- 초·중학교에서는 교과 및 창의적 체험활동의 운영 과정에서 학생들이 흥미를 가지는 분야에 소집단으로 공동 주제를 설정하고 탐구 과정을 경험할 수 있는 기회를 제공한다.
- 중학교에서는 학생이 원만한 교우 관계를 형성하고 자주적 문제해결 능력을 함양할 수 있도록 학급, 학년, 학교 단위의 다양한 집단활동을 편성·운영한다.
- 고등학교에서는 학생이 공동체의 주체적 구성원으로서의 역할을 수행하고, 협력적 사고를 통해 공동의 문제를 해결해 나갈 수 있도록 학급, 학년, 학교 단위의 다양한 집단활동을 편성·운영한다.
- 고등학교에서는 학생들이 자신과 비슷한 진로·진학 계획을 가진 교우들과 관심 분야에 대한 주제를 선정하고 문제를 탐구하여 해결할 수 있는 기회를 제공한다.

**동아리활동**

- 학생의 흥미, 특기, 적성 등을 고려하여 미래 사회에 대응할 수 있는 동아리 부서를 다양하게 개설하여 학생의 잠재 능력을 계발·신장하고 자아실현의 기초를 형성한다.
- 동아리 부서는 학생의 희망을 우선적으로 반영하여 개설하되, 동아리 조직 형

태는 단위 학교의 실정에 맞게 학급, 학년(군), 학교 단위로 구성할 수 있다.

- 동아리 부서별로 각 부서의 성격에 적합한 봉사활동과 진로 활동의 요소가 반영될 수 있도록 노력한다.
- 학생들의 적극적인 참여와 다양한 기회를 마련하기 위해 경연 대회, 전시회, 발표회 등을 운영할 수 있다.
- 중학교의 학교스포츠클럽활동은 동아리활동의 예술·체육 활동 중 체육 활동에서 편성·운영한다. 학교스포츠클럽활동이 동아리활동으로 편성·운영되는 학기에는 체육 관련 동아리활동을 중복하여 편성하지 않는다.
- 중·고등학교에서 학생들의 창의적 체험활동 시수 외에 이루어지는 자율 동아리는 창의적 체험활동 교육 과정 내에 이루어지는 동아리와 연계·통합하여 편성·운영하는 것을 권장한다.

### 봉사활동

- 학생이 봉사를 실천하기 이전에 관련 정보를 수집하고 실천 계획을 수립하는 등의 사전 교육을 충분히 실시하여 봉사의 의미와 교육적 가치를 깨닫게 한다.
- 학생의 봉사활동 결과에 대한 사후 평가는 일상생활 속에서 봉사를 지속적으로 실천할 수 있는 태도를 기르는 데 중점을 둔다.
- 교외 봉사활동은 가급적 지역사회 유관 기관과 연계하여 실시한다.
- 봉사활동은 학교나 지역사회의 여건을 고려하여 자율활동, 동아리활동, 진로활동 등과 연계하여 실시할 수 있다.
- 초등학교의 교외 봉사활동은 학생의 발달 수준 등을 고려하여 실시 여부를 결정한다.
- 중·고등학교에서는 학생이 교내 봉사활동과 더불어 지역사회와 연계된 교외 봉사활동을 자발적으로 계획하고 실천할 수 있도록 한다.
- 중·고등학교의 교외 봉사활동은 사전 교육과 사후 평가를 통하여 충분한 정보를 바탕으로 효율적이고 진정한 의미의 봉사활동이 될 수 있도록 지도한다.

**진로활동**

- 학년별 진로활동이 학생들의 발달 단계에 적합하게 이루어질 수 있도록 해당 학교 급의 종합 계획과 이에 근거한 학년별 연간 계획을 수립하여 운영할 것을 권장한다.
- 학교 급과 학생의 발달 정도에 따라 학생이 자신에 대한 이해, 다양한 일과 직업 세계의 이해 및 가치관의 형성, 진로의 정보 탐색과 체험, 자신의 진로에 대한 계획 및 준비 등을 할 수 있도록 지도한다.
- 진로 관련 상담활동은 담임교사, 교과담당교사, 동아리담당교사, 진로진학상담교사, 상담교사 등 관련 교원이 협업하여 수행하는 것을 원칙으로 하되, 전문적 소양을 갖춘 학부모 또는 지역사회 인사 등의 협조를 받을 수 있다.
- 중학교에서는 '진로와 직업' 과목, 자유학기 등과 연계하여 심화된 체험활동을 편성·운영한다. 이 경우, 진로활동을 '진로와 직업' 과목으로 대체하거나 해당 교과서를 활용한 수업으로 운영하지 않도록 유의한다.
- 특성화 고등학교 및 산업 수요 맞춤형 고등학교에서는 학생의 전공에 따른 전문성 신장, 인성 계발, 취업 역량 강화 등을 목적으로 특색 있는 프로그램을 운영할 수 있다.

## (3) 지원

**국가 수준의 지원**

창의적 체험활동 교육 과정의 원활한 편성·운영을 위하여 국가 수준에서는 다음의 사항을 지원한다.

- 국가는 타 부처 및 유관 기관과 협력하여 학교를 행·재정적으로 지원한다.
- 현장체험학습과 관련하여 학생 규모, 장소, 숙박 시설, 이동 수단 등의 안전 확보를 위한 지침(현장체험학습 운영 매뉴얼 등)을 제공한다.
- 교육활동 중에 일어나는 안전사고 등으로 인한 법적 분쟁이나 학생 및 교원의 신체적·정신적 피해 등을 해결할 수 있는 종합적 안전 대책을 마련한다.

- 교육청 및 학교의 창의적 체험활동 편성·운영에 대한 질 관리 및 운영 체제의 적절성과 실효성을 높이기 위하여 교육 과정 평가 등을 실시하여 지속적인 개선을 도모한다.
- 창의적 체험활동의 편성·운영과 지원 체제의 적절성과 실효성을 평가하기 위한 연구를 수행한다.
- 창의적 체험활동과 관련하여 국가 수준의 일관성 있는 편성·운영 방향을 제시한다.
- 창의적 체험활동에 대한 평가 결과를 내실 있게 기록할 수 있도록 효율적인 기록 방식을 제공한다.

### 지역 수준의 지원

교육청은 학교가 자율적으로 창의적 체험활동을 편성·운영할 수 있도록 하며, 다음과 같이 지원 체제를 갖춘다.

- 지역 내 유관 기관은 관련 부처 및 기관과 협력하여 학교를 행·재정적으로 지원한다.
- 지역사회의 인적·물적 자원과 활용 방법을 개발하여 다음 학년도 학교 교육 과정을 편성하기 이전에 학교에 제공한다.
- 창의적 체험활동의 편성·운영에 필요한 학교 급별 지도 자료를 개발하여 보급한다. 특히 초등학교 입학 초기 적응 활동과 관련하여 교재를 개발하거나 타 지역에서 개발된 관련 교재를 공유하여 활용할 수 있도록 안내한다.
- 프로그램의 개발, 우수 운영 예시의 발굴 및 보급, 연수 과정의 개설, 연구학교의 운영, 안전 지침의 개발 및 보급, 편성·운영 방법 및 교수·학습 방법 관련 컨설팅, 학생 평가 방법의 개발 등을 통하여 각급 학교의 창의적 체험활동 운영과 개선을 지원한다.
- 창의적 체험활동이 실효성을 거둘 수 있도록 창의적 체험활동 운영 예산을 편성·지원하고 단위학교 예산 편성을 위한 지침을 제시한다.
- 창의적 체험활동과 관련하여 교육청 수준의 일관성 있는 편성·운영 방향을

제시한다.

## 5) 교수 · 학습 및 평가의 방향

### (1) 교수 · 학습

**자율활동**

- 일상생활에 필요한 질서와 예절을 익혀 기본 생활 습관을 형성하도록 지도한다.
- 공감, 배려, 협력 등을 지속적으로 실천하여 다른 사람과의 관계를 원만하게 형성할 수 있는 능력을 키우도록 지도한다.
- 모든 구성원들이 소속감을 가지고 공동의 문제를 합리적이고 민주적인 협의 과정을 통해 해결하는 경험을 하게 하고 이를 일상생활에 적용하도록 지도한다.
- 학생들이 학급에 필요한 일에 대해 역할을 분담하여 책임감을 갖고 자율적으로 실천하도록 지도한다.
- 초등학교에서는 학급, 학년, 학교에서 이루어지는 다양한 문제와 관련하여 민주적인 의사결정을 거쳐 해결 방안을 합의하고 실천하는 경험을 제공한다.
- 중학교에서는 친목 활동과 소집단 상담 등의 다양한 활동을 통하여 학생들의 원만한 교우관계 형성을 돕는다.
- 중학교에서는 학급, 학년, 학교에서 이루어지는 다양한 활동에 관심을 가지고 공동체 문제를 인식하여 자주적이고 합리적으로 해결할 기회를 제공한다.
- 고등학교에서는 주도적으로 창의적 체험활동의 프로그램을 계획 · 운영할 기회를 제공한다.

**동아리활동**

- 학생의 실질적인 동아리 부서 선택과 자발적 활동이 구현될 기회를 제공한다.
- 교과를 통해 배운 지식과 기능을 다양한 방법으로 적용하고 체험할 기회를 제

공한다.

- 학생의 흥미와 적성에 맞는 취미생활이나 특기를 기를 수 있도록 체험 중심으로 운영하되, 학생의 개별적 활동보다는 친구와 협력하여 공동으로 문제를 해결하는 경험을 제공한다.
- 학생의 흥미, 특기, 적성과 관련된 활동을 탐색하여 선택하는 기회를 제공하고 적극적인 참여를 도모한다.
- 초등학교에서는 학생들이 동아리 부서를 선택하고 동아리 부서에 참여하여 활동의 즐거움을 느끼는 데 중점을 둔다.
- 중학교에서는 학생들이 동아리 부서의 조직과 운영 계획의 수립에 적극적으로 의견을 제시하고 능동적으로 참여하는 데 중점을 둔다.
- 고등학교에서는 부서 조직과 운영을 학생이 주도하고 교사는 조력자로서의 역할을 담당하는 등 학생 중심의 흥미롭고 창의적인 동아리활동을 도모한다.

**봉사활동**

- 봉사의 진정한 의미를 인식하고 일상생활 속에서 봉사활동을 지속적으로 실천하는 데 중점을 두어 지도한다.
- 동아리활동과 연계하거나 일상생활 속에서 스스로 나눔을 실천하는 태도를 기르게 한다.
- 초등학교에서는 학생의 발달 단계를 고려하여 봉사의 의미를 깨닫는 학습 활동에 중점을 두어 지도한다.
- 중·고등학교에서는 학생이 자신의 취미와 특기를 살려 주도적으로 봉사활동을 실천할 수 있도록 지도한다.
- 중·고등학교에서는 동아리활동 및 유사한 진로·진학 계획을 가진 친구들과 함께 봉사활동을 계획하고 실천할 수 있도록 지도한다.

**진로활동**

- 학생들이 자신에 대해 이해할 수 있는 기회와 자신에게 맞는 진로를 찾아가는 과정을 제공하는 데 중점을 두어 지도한다.

- 초등학교에서는 학생들이 개성과 소질을 인식하고, 일과 직업에 대해 편견 없는 마음과 태도를 갖도록 지도한다.
- 초등학교에서는 학교 및 지역사회의 시설과 인적 자원 등을 활용하여 직업 세계의 이해와 탐색 및 체험의 기회를 제공한다.
- 중·고등학교에서는 학생의 진로와 연계된 교과의 담당교사와 진로진학 상담교사 등 관련 교원 간의 협업으로 학생 개인별 혹은 집단별 진로 상담을 수행한다.
- 중·고등학교에서는 학업 및 직업 진로에 대한 활동 계획을 수립하여 학생의 흥미, 소질, 능력 등에 적절한 진로 선택의 기회를 부여한다.
- 중학교에서는 고등학교 진학과 연계하여 학업 및 직업 진로를 탐색하도록 지도한다.
- 고등학교에서는 상급 학교 진학 및 취업에 따른 학업 진로 또는 직업 진로를 탐색·설계하도록 지도한다.
- 특성화 고등학교 및 산업 수요 맞춤형 고등학교에서는 전공과 관련된 다양한 일과 직업 세계의 체험을 통하여 진로를 결정할 수 있는 안목을 형성하도록 지도한다.

## (2) 평가

학교에서는 창의적 체험활동 교육 과정의 원활한 편성·운영을 위하여 다음과 같이 평가하고 그 결과를 활용한다.

### 학생 평가

- 학생 평가 계획
  - 창의적 체험활동의 평가가 창의적 체험활동의 교육목표에 비추어 적합하게 이루어지도록 평가 계획을 수립한다.
  - 창의적 체험활동의 학생 평가 계획을 평가 목표의 설정, 평가 기준의 선정, 평가 방법의 구체화, 평가 실시와 평가 결과의 기록, 평가 결과의 해석 및 활용 등의 절차를 고려하여 수립한다.

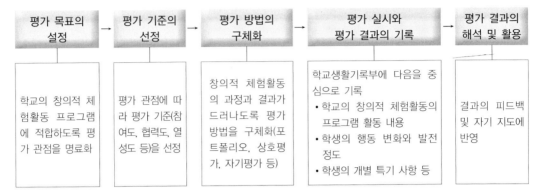

**그림 11-11** 창의적 체험활동의 평가 절차(예시)

- 평가 관점과 평정 척도
  - 창의적 체험활동의 영역별 평가의 관점은 〈표 11-13〉을 기반으로 하되, 학교에서 편성·운영한 활동별 목표와 학교 급별 교육의 중점을 고려하여 상세화한다.
  - 창의적 체험활동의 영역별로 평가 관점을 마련하고 참여도, 협력도, 열성도 등이 골고루 반영되도록 평가 기준을 작성, 활용한다.

**표 11-13** 창의적 체험활동 영역별 평가의 목표(예시) 영역 평가 관점

| 영역 | 평가 관점 | 평가 관점 작성 시 유의점 |
|---|---|---|
| 자율활동 | • 민주적 의사결정의 원리를 이해하고 실천하여 성숙한 민주시민으로 살아갈 수 있는 역량을 함양하였는가?<br>• 공동체 내에서 자신의 역할을 알고 자신의 역할에 대한 책임을 다하였는가?<br>• 성장 및 환경에 따른 신체적·정신적 변화에 대처하는 능력을 갖추었는가?<br>• 학교·학년·학급 특색 활동 및 주제 선택 활동에 참여하였는가? | |

| | | |
|---|---|---|
| 동아리<br>활동 | • 자신의 소질과 적성에 적합한 동아리를 능동적으로 선택하고 참여하였는가?<br>• 동아리활동을 통하여 지식과 기능을 창의적으로 활용하는 활동에 도전하였는가?<br>• 동아리활동에 기반하여 일상의 삶에서도 건전한 취미생활을 구현하고 있는가? | • 구체적인 평가 관점은 해당 학년에서 편성한 자율활동, 동아리활동, 봉사활동, 진로 활동의 활동별 목표와 학교 급별 교육의 중점을 고려하여 상세화한다.<br>• 자율활동, 동아리활동, 봉사활동, 진로 활동의 실천과 관련하여 계획, 과정, 결과 등의 전 과정을 평가한다. |
| 봉사활동 | • 이웃과 지역사회를 위한 나눔과 배려의 봉사활동을 실천하였는가?<br>• 환경을 보존하는 생활 습관을 형성하였는가?<br>• 더불어 사는 삶의 가치를 체득하였는가?<br>• 봉사활동의 실천 시 계획, 과정, 결과에 대해 평가를 실시하였는가? | |
| 진로 활동 | • 흥미와 소질, 적성 등을 포함하여 자아 정체성을 탐색하여 긍정적 자존감을 형성하였는가?<br>• 학업과 직업에 대한 다양한 정보를 탐색하고 직접 체험하는 등 자신의 진로를 설계하고 준비하는 활동에 적극적인가? | |

## 평가 관점 작성 시

• 학생 평가 기록

- 학생 평가를 위하여 활동 상황의 관찰(일화 기록법, 체크리스트법, 평정 척도법), 질문지를 이용한 조사(의식·태도 조사, 자기평가, 상호평가), 학생의 작품과 기록(작품 평가, 활동의 기록 분석, 작문, 소감문 분석), 교사 간 의견 교환 등의 다양한 평가 방법을 활용할 수 있다.

- 학년별로 편성한 각 영역에 대하여 평가를 수행하고 평가 결과를 문장으로 기술한다.

- 학생의 활동 실적, 진보의 정도, 행동의 변화, 특기 사항 등의 평가 결과를 학교생활기록부에 기록한다.

• 학생 평가의 활용

- 학생 개개인의 성장, 발달, 변화를 평가하여 그 결과를 학생의 계속적 소질과 잠재력의 진보와 계발을 돕는 자료로 활용한다.

－평가 결과는 학교 급을 고려하여 상급 학교 진학 또는 취업을 위한 자료로 활용할 수 있다.

### 교육 과정 평가와 질 관리

- 학교는 창의적 체험활동 교육 과정을 준비, 편성, 운영, 결과의 측면에서 평가한다.
- 학교에서 수행한 창의적 체험활동 교육 과정에 대한 평가 결과는 차후 창의적 체험활동 편성·운영을 개선하기 위한 자료로 활용한다.

**표 11-14** 학교의 창의적 체험활동 교육 과정 평가 항목(예시)

| 단계 | 평가 항목 |
| --- | --- |
| 준비 | • 국가 수준의 창의적 체험활동의 성격과 목표를 적절하게 분석하고, 이를 학교 교육 과정에 적합하게 적용하였는가?<br>• 창의적 체험활동에 대한 학생, 학부모, 교사, 지역사회 단체의 다양한 의견을 충실하게 수렴하고 수용하였는가?<br>• 지역사회와 학교의 교육 여건상의 특수성을 창의적 체험활동 계획 수립에 적절히 반영하였는가?<br>• 전년도 창의적 체험활동의 교육 과정 평가 결과와 그에 따른 개선 방안이 충실히 반영되었는가? |
| 편성 | • 창의적 체험활동 편성 시 학교/학년(군)/학급의 특색이 충분히 반영되었는가?<br>• 학교 급별 학생의 발달 단계 및 교육적 요구를 반영한 창의적 체험활동 프로그램을 편성하였는가?<br>• 학년(군)별로 창의적 체험활동의 영역 또는 영역 내 활동의 편성에서 융통성(학교의 창의적 체험활동 교육 과정 편성·운영의 자율성)이 허용되었는가?<br>• 교과와 창의적 체험활동 또는 창의적 체험활동 영역 및 활동 간 다양한 연계 프로그램을 편성하였는가?<br>• 창의적 체험활동 계획과 운영에서 각 교직원의 역할 분담 및 지도 교사 배정이 적절한가?<br>• 동아리활동 부서의 편성 시 학생의 발달 단계에 따른 교육적 요구와 학생의 선택이 충분히 반영되었는가?<br>• 창의적 체험활동의 차시별 프로그램이 충실하게 계획되었는가? |

| | |
|---|---|
| 운영 | • 창의적 체험활동의 지도 방법이 적절하였는가?<br>• 창의적 체험활동의 장소 선정 및 시간 운영이 프로그램에 따라 적절하였는가?<br>• 창의적 체험활동의 교육 내용과 방법 등에 대하여 학생·학부모에게 충분히 안내하였는가?<br>• 창의적 체험활동 운영에 필요한 교내외의 인적·물적 자원을 충분히 활용하였는가?<br>• 창의적 체험활동의 운영에서 통합교육 대상 학생 등 학생의 개별적 특성이 충분히 반영되었는가?<br>• 창의적 체험활동의 운영 장소 및 시설 등과 관련된 안전이 충분하게 확보되었는가?<br>• 자율활동에서 학생들의 능동적 참여 또는 주도적인 활동이 이루어졌는가? |
| 결과 | • 창의적 체험활동의 활동 내용이 학교의 창의적 체험활동 목표와 계획에 적합하게 구현되었는가?<br>• 창의적 체험활동의 학생 평가를 위한 평가 관점과 평가 척도가 적절하게 마련되어 활용되었는가?<br>• 교사는 창의적 체험활동에서 학생이 참여한 정도와 성과를 지속적으로 기록하였는가? |

제**12**장

초등학교 창의·인성 교육의 실제 사례*

*초등학교 창의·인성 교육 실천 수업 사례는 교직 경력 21년 차의 예서현 선생님(경기도 내 초등학교 재직, 상담심리 석사)
 이 2014년에 실시한 수업안으로, 원저자의 동의하에 게재함

# 1. 창의 · 인성 씨앗 뿌리기

## 1) 생각 열기

### (1) 긍정적 변화가 있는 모습을 지향하기

창의 · 인성 교육을 고민하면서 그동안의 학교생활을 돌아보니 롤러코스터의 다채로운 주기와 비슷한 학교생활에서 다양한 학생과 함께하는 생활의 연속이었다. 첫 발령 난 공단 지역 학교, 두 번째 근무지인 신도시의 교육환경이 우수한 대규모 학교를 경험하고, 농촌 면 소재지 학교인 6학급 규모의 학교, 농촌 지역에서 상대적으로 교육 여건이 우수한 학교에서 만난, 다양한 환경의 다채로운 성향의 학생들과의 생활에서 항상 나의 우선 고민은 '학교에서 저마다 다른 색깔을 지닌 학생들의 인성 교육을 어떻게 할 것인가'에 대한 것이었다.

### (2) 다양성 속에서 길을 찾기

새내기 교사 시절에 만난 공단 지역의 거칠고 사회적으로 상대적 소외감을 느꼈던 학생들, 사교육의 혜택을 많이 받고 곱게 자란 온실 속 화초 같던 신도시의 학생들, 농촌에서도 외곽 지역의 학교로 결손가정과 조손가정의 경우가 많던 소규모 학교의 학생들과 함께 지낼 때에는 장애를 지닌 학생 둘을 함께 담임을 맡게 되어 통합학급을 운영한 경험도 하였다.

현재 근무하는 학교는 도심지 외곽 지역의 30학급 미만 규모의 학교로 ○○년 경기도교육청 혁신학교로 지정되어 교육 과정 운영 전반에 걸쳐 혁신교육의 마인드를 가지고 창의 · 인성 교육을 실천하고 있다. 학생들이 다소 안정적인 생활 패턴을 지니고 생활하고 있으나 가정환경이나 생활 여건에서 개인별 차이가 크며 학습과 생활 면에서 도시와 격차가 있는 실정이다. 매번 곳곳에서 만나게 되는 학생들은 항상 나로 하여금 '자라 온 환경이 다른 다양한 학생들이 함께 생활하는 학교 공동체 생활 속에서 어떻게 효과적인 인성 교육을 할 것인가'에 대한 고민을 불러일으켰다. 이곳 혁신학교에서의 학습 및 생활지도 측면에서 혁신교육에 바탕을 두고 교육 과정을 운영하면서 항상 우선이 되는 것은 인성 교육이었다.

### (3) 창의 · 인성에 몰입하여 감성지수를 높이기

그동안 경험하였고 앞으로 만나게 될 다양한 여건과 수준의 학생들에게 잠재되어 있을 창의성 능력과 더불어 창의적 인성을 발휘할 수 있도록 하며, 학교생활에서 기존의 경쟁과 서열 위주의 활동이 아닌 서로 협동하여 생활하는 것의 즐거움을 느끼고, 저마다의 바람직한 인성이 잘 갖추어져 서로 배려하는 학교 공동체 생활을 하게 해 주고 싶은 생각에서 학교에서의 창의 · 인성 교육 활동을 하고 있다. 그렇게 함으로써 학교생활 및 학습에서도 긍정적인 시너지를 일으키고, 서로 배려하는 협동과 협력 관계에서 바람직한 창의 · 인성을 자연스럽게 함양할 수 있도록 하고자 함이다.

### (4) 창의적 체험활동, 교과 교육 과정 재구성을 통하여 핵심 인성 요소 기르기

협동적 관계에서 창의 · 인성 몰입 교육을 효과적으로 할 수 있도록 교육 과정 재구성을 고민하고, 또한 기존의 교육 과정에서 설계해 온 교과 교육 내용에서 시야를 넓혀 창의적 체험활동 및 교과 간 및 교과 내의 주제를 통합한 프로젝트 학습 구안 실행을 통해 창의성 및 인성 계발 교육으로서의 긍정적 효과를 기대해 본다. 구체적인 교과 교육 과정에서는 창의 · 인성 함양을 위한 미래 사회 핵심 역량을 도덕과의 주요 덕목과 연관 지어 사회와 국어에서 관련 활동을 이끌어 내어 범주화하고 그 밖의 교과에서 통합 관련 주제로 엮어 창의 · 인성 주제 중심의 프로젝트 활동으로 재구성하여 수업에 적용할 수 있다.

또한 창의적 체험활동 및 관련 교과와 연계하여, 학생들의 정서적 감성지수를 높이기 위하여 일 년간의 교육 과정을 계획하고 재구성한 활동을 수업으로 실행함에 있어 창의 · 인성 교육 활동에 중점을 두고, 학급 모둠 내의 협동학습의 방법으로 창의성 계발과 인성 계발을 위한 프로젝트 재구성 수업 활동을 구안 적용하여 창의 · 인성 교육을 실천할 수 있다.

## 2) 창의 · 인성 교육의 필요성

인성 계발을 위한 학습에서 학습자의 도덕적 가치 판단력을 신장시키기 위한 창의적 수업을 계획하고 수행하는 교사의 수업 설계에 대한 노력이 필요하다. 2009 개정 교육 과정에서는 도덕과 교수 학습의 기본 방향과 중점을 '도덕과 교육의 정체성 확립' '사회 변화에 부응하는 새로운 가치 규범과 도덕적 쟁점 강조' '도덕적 탐구의 강화'에 두고 있으며, 이러한 시대적 요구에 부응하는 도덕적 탐구 능력을 기름으로써 학생들이 도덕적 가치를 자발적으로 내면화하도록 하고 있다. 이것은 지난 교육 과정에서도 강조되어 이어져 온 것이고, 앞으로도 계속 학교 도덕교육 및 생활지도의 중요한 방향이 되리라 예상할 수 있다.

창의 · 인성은 이러한 면에서 학교 교육의 중요한 요소이며, 비판적, 반성적, 성찰적 사고 활동을 통해 다양한 지적 · 문화적 소양, 경험과 실천을 바탕으로 성취해야 할 중요한 내용 요소로 생각된다. "창의적인 학생은 창의적인 교사에 의해 창조될 수 있다."라는 말이 있는데, 학생이 자신의 언어로 자신의 사상과 정서를 창의적으로 표현하는 능력을 기를 수 있어야 한다는 데 목적을 두고 창의 · 인성 교수–학습 활동을 하면서 느낀 점이 있다면 교사가 먼저 창의적인 사고를 해야 한다는 것이다.

학교에서 창의 · 인성 교육을 실천하면서 창의적 활동인 CPS(Creative Problem Solving) 과정 활동을 서로 협동적으로 실행하도록 하고, 교육 과정 재구성을 통한 창의 · 인성 프로젝트 활동을 개발 · 적용하여, 창의 · 인성 프로그램에의 몰입(Flow)활동으로 학생들의 바람직한 인성을 계발하고 스스로 느끼고 체감하는 감성 지수를 높여 학생들이 학교생활에 잘 적응하고 창의 · 인성을 함양할 수 있을 것으로 생각된다.

## 3) 창의 · 인성 교육 활동의 목적

창의적 체험활동과 교과 영역의 학습 내용 면에서 창의 · 인성에 기반을 두고 도덕과 중심의 교과 교육 과정과 연계하고, 구체적 실행 방법 면에서 CPS(Creative

Problem Solving) 과정 활동을 적용하여 학습자 중심 활동을 구상하였다. 또한 프로젝트를 전개하는 수업에서의 학습 모형은 가치명료화 수업 모형을 적용하여, 학교생활과 수업의 전반적인 측면에서 학생들의 인성 함양을 위한 실생활 속에서의 도덕적 가치 판단력을 신장할 수 있는 효과적인 프로그램이 되도록 하였다. 구체적 실천 내용으로 창의 · 인성 교육 활동 재구성을 통한 프로젝트를 구안하고, 방법 측면에서 창의적 문제해결 과정 활동을 수행하였다. 또한 교과 교육 과정과 창의적 체험활동 교육 과정을 함께 연계하여 심성 계발을 위한 창의 · 인성 교육 활동이 되도록 구성하였다.

| 실천 내용 및 방법<br>창의 · 인성 교육 재구성 프로젝트<br>CPS(Creative Problem Solving) 과정 활동 | 창의적 체험활동<br>심성 계발 창의 · 인성 교육 활동 |
| --- | --- |
| | 교과 교수-학습 모형<br>창의 · 인성 가치명료화 수업 모형 |

| 창의 · 인성 교육 활동에의 몰입(Flow)을 통해 감성지수(EQ) 기르기 |
| --- |

그림 12-1  연구 설계도

## 2. 창의 · 인성 새싹 틔우기

### 1) 활동 주제

**창의 · 인성 교육 활동에 몰입(FLOW)하여 도덕적 감성지수(EQ) 기르기**

교과 중에서 도덕 중심으로 전 교과와 연계하여 정서적 감성지수를 높이기 위하여 전체 교과 교육 과정을 계획하고 수업을 실행함에 있어 창의 · 인성 교육 활동에 중점을 두고, 학급 모둠 내의 개별화 협동학습을 적용한 프로젝트 활동을 토대로 한 창의성 계발과 인성 계발을 위한 수업 프로그램을 계획하였다. 창의적 체험활동과 연계하여 내용 면에서 창의 · 인성에 기반을 두며, 방법 면에서

CPS(Creative Problem Solving) 과정 활동을 적용하여 몰입 활동으로 바람직한 인성 계발 측면에서의 감성지수를 기르도록 구상하고 실행하였다.

## 2) 주제 선정 배경

| 구 분 | | 창의 · 인성 FLOW, 감성지수 UP! |
|---|---|---|
| 주제 선정 배경 | 도덕과 수업에서의 필요성 찾기 | • 이 주제가 왜 필요한가?<br>도덕과 교육의 사회 발전과 인성 교육적 요구로부터 설정, 개인의 자아실현과 도덕적 자기 완성 요구로부터의 설정, 도덕과 교육의 지향점으로서의 유덕한 인격의 형성 요구로부터의 설정에서 근거를 찾을 수 있다. |
| | 교사의 고민 시작하기 | • 새 학기가 시작되고 교과, 특히 도덕 시간이 되면 학생들의 생활지도와 함께 연관지어 1년간의 학급 운영에 관해 고민이 필요하다. 수업 시간에 교실에서 학습한 결과보다 실생활에서의 실천 여부에 대한 관심을 유도하고 다양한 방법으로 창의적으로 도덕적 가치 판단력을 기르도록 도와줄 방법을 고민하게 된다. |
| | 창의 인성에 기반 두기 | • 창의 인성은 학교 교육의 중요한 요소이며, 특히 경기도형 교육 과정에서 정의하는 창의 지성 교육의 측면에서 볼 때 비판적, 반성적, 성찰적 사고 활동을 통해 다양한 지적, 문화적 소양, 경험과 실천을 바탕으로 성취해야 할 중요한 내용 요소로 생각된다. |
| | 인성 교육의 활기 찾기 | • 활기차고 신나는 학교 생활과 수업을 위해 우리 학생들에게 필요한 것이 있을 것이다. 인성 교육이라 하면 교과서적인 학습 내용이 될 수도 있는 학습을 좀 더 재미있게, 창의성을 자극하며 함께 참여하면서 공부하는 방법을 탐색하고 주제를 설정하였다. |
| | 창의적 사고를 자극하기 | • 창의성 증진을 위하여 학생이 자신의 언어로 자신의 사상과 정서를 창의적으로 표현하는 능력을 기를 수 있어야 한다는 데 목적을 두고 교사가 먼저 창의적인 사고를 해야 한다. 창의적 학습 활동을 전개하면서 의도적으로 바람직한 인성 교육을 포함하여 연계 실천할 수 있다면 아이들이 능동적이고 효과적인 활동에 적극 참여하도록 동기를 부여할 수 있을 것이다. |
| | 교실에서의 CPS에 주목하기 | • 본 활동을 구상하고 실행하는 전 과정 동안에 활동 내용 면에서 창의 인성에 기반을 두며, 활동 방법 면에서 CPS(Creative Problem Solving) 과정 활동을 적용하여 창의성을 자극하는 방법으로 학습자 중심 학교생활 및 수업 활동을 구상하여 학생의 창의 · 인성 감성지수를 신장할 수 있도록 하였다. |

## 3) 창의 · 인성 중점 과제

활동 주제를 실천하기 위한 구체적인 중점 과제는 다음과 같으며, 다섯 가지 창의 · 인성 프로젝트 활동으로 설계하였다.

| 창의 · 인성 교육 활동에의 몰입(Flow)을 통해 감성지수(EQ) 기르기 | |
|---|---|
| ■ 창의 · 인성 프로젝트 1 | ◑ 자연 친화적 생태체험으로 심성 가꾸기 프로그램 |
| ■ 창의 · 인성 프로젝트 2 | ◑ 배려가 있는 평화로운 공동체 만들기 프로그램 |
| ■ 창의 · 인성 프로젝트 3 | ◑ 함께 더불어 사는 어울림 공동체 만들기 프로그램 |
| ■ 창의 · 인성 프로젝트 4 | ◑ 튼튼한 몸으로 올바른 마음 가꾸기 프로그램 |
| ■ 창의 · 인성 프로젝트 5 | ◑ 교과 연계 창의력 증진으로 인성 다지기 프로그램 |

그림 12-2 중점 과제

## 4) 창의 · 인성 수업 활동

| 구 분 | | 창의 · 인성 FLOW, 감성지수 UP! |
|---|---|---|
| 창의 인성 수업 방법 | 도덕과의 인성 교육 중심 수업 | • 도덕과의 지식 형성과 내면화를 지향하는 적극적인 교육 활동으로서 인성 교육 중심 수업이 필요하다. 수업 시간에 알고 지나가는 지식이 아니라 학생의 진정한 체험을 통해 형성된 생활 속의 실천 가능한 실제적 지식으로서 의미를 부여할 수 있을 것이다. |
| | 방법 측면에서 살펴보기 | • 수업은 비판적 사고력을 갖춘 창의적인 인재를 기르기 위한 교육 활동으로 도덕 시간에 지향해야 할 교육 내용, 평가 등의 교육 활동 전반에 대한 문제점을 극복하기 위한 창의적 방법론으로 가져올 수 있다. |
| | 예전의 방법과 차별화하기 | • 창의 · 인성 교육은 예전의 학습자 중심 수업에서의 좋은 점을 함께 가지고 있으며, 수업 장면에서 교사는 학생이 다양한 활동에 자발적이고 능동적으로 참여하여 스스로 감성이 살아나도록 수업에 적극 참여한다.<br>• 창의 · 인성 프로젝트 활동은 학생에게 의미 있는 활동이 되어야 하며 교사는 조력하는 역할 이상으로 학생과 협력을 통해 활동에 적극 참여해야 한다. |

| | 프로젝트 수업 바라보기 | • 수업 시간에 학생들은 창의성 교육의 방법으로 비판적 사고 활동을 통해 자신의 생각을 만들고 자기 생각을 나누는 과정을 통해 진정한 지식의 배움과 도덕적 가치를 내면화할 수 있고 성공적인 도덕적 인성 교육을 수행할 수 있을 것이다. |
|---|---|---|
| | 학습의 방향 설정하기 | • 교육 과정 재구성, 교육 방법, 평가 혁신 등 총체적인 교육 활동의 변화가 필요하며, 학생들이 어떻게 지식을 스스로의 프로젝트 활동을 통해서 탐구해 가는가를 염두에 둔 수업으로, 학생들의 배움과 나눔을 만들기 위한 과정 중심의 활동과 평가가 필요하다. |
| | 인성 핵심 역량 찾기 | • 프로젝트 수업 활동을 통한 창의적 인재를 육성함을 목적으로 하며, 비판적 사고를 통하여 통찰력과 상상력, 독창적인 문제 발견과 해결 능력, 민주적 시민 가치와 책무성을 갖출 수 있도록 함으로써 미래 사회의 핵심 역량을 키울 수 있다. |

# 5) 대상자의 SWOT 분석

| 구 분 | | 창의 · 인성 FLOW, 감성지수 UP! | | | |
|---|---|---|---|---|---|
| 수업 활동을 위한 사전 준비도 S W O T | Strength | **SWOT 분석** | | | |
| | Weakness | S 강점 | • 안정된 교육 환경 조성<br>• 농촌 학교로 학교 교육의 영향력이 크고 지역사회 연대감이 높음<br>• 학교 인근 시설 활용 극대화 | • 다인수 과밀 학급<br>• 학생의 창의적 사고력 부족<br>• 다양한 체험 기회와 경험 부족<br>• 문화 혜택 경험의 기회 부족 | W 약점 |
| | Opportunity | | 학급 사전 준비도 분석 | | |
| | | O 기회 | • 학생의 의사소통 능력 우수<br>• 기초 학습 부진 학생 없음<br>• 학습에 도립도서관 이용 활발<br>• 학부모 관심과 요구 증대 | • 일부 학부모의 교육 활동 무관심<br>• 맞벌이 가정 증가 및 환경 취약<br>• 편부모 자녀 증가 및 가정 학습 환경 취약 | T 위협 |
| | Threat | | | | |
| | 다양한 시각으로 전략 마련하기 | **S-O 보완 전략**<br>• 기초 학습 능력 향상<br>• 독서 교육 강화<br>• 정서 교육 강화<br>• 배움 교육 과정 충실 | **S-T 다양화 전략**<br>• 학습자 중심의 수업으로 학력 신장<br>• 진로 교육 강화<br>• 상담 교육 강화 | **W-O 방향 전환 전략**<br>• 소통과 화합을 중시하는 민주학급 운영<br>• 학급 내 학생 자율과 책무 강화 | **W-T 보완 전략**<br>• 모둠학습 활성화<br>• 체험 방법의 다양화<br>• 학부모 소통 활성화<br>• 학부모 다모임 운영 |

## 6) 창의 · 인성 CPS 가능성 진단 분석(N=28)

| 구 분 | 창의 · 인성 FLOW, 감성지수 UP! | | | | | |
|---|---|---|---|---|---|---|
| | 항목 | 설문 내용 | 응답 내용 | 응답수 | 비율(%) | 진단 분석 |
| CPS 활동 가능성 진단 분석 | 인지도 | CPS 창의적 문제해결 과정 | −알고 있다. | 4 | 16.6 | • 창의적 사고 활동이 도덕과의 인성 교육과 관련하여 실제 문제해결 학습에 효과를 준다고 생각하며 활용하고 있는 것으로 나타남<br>• 창의적 문제해결 방법에 대한 개념을 대체로 인식하고 있음<br>• 창의적 문제해결의 단계별 6수준에서 대체로 3단계 이상 진행되었을 때 문제해결에 곤란함을 나타냄<br>• 실생활에서 창의적 문제해결 활용을 거의 사용하지 않는 학생의 비율이 36.1%로 다소 높음 |
| | | | −보통이다. | 21 | 72.2 | |
| | | | −잘 모른다. | 3 | 11.1 | |
| | 난해도 | CPS 창의적 문제해결 영역 | −문제 인식 및 도전 | 2 | 5.5 | |
| | | | −사실 발견 | 2 | 5.5 | |
| | | | −문제 발견 | 7 | 24.7 | |
| | | | −아이디어 발견 | 8 | 27.7 | |
| | | | −해결책 발견/ 수용 발견 | 9 | 33.3 | |
| | 학습 효과 | CPS 창의적 문제해결 학습 효과 | −도움이 된다. | 4 | 16.6 | |
| | | | −보통이다. | 14 | 47.2 | |
| | | | −도움이 별로 안 된다. | 10 | 36.1 | |
| | 이해도 | CPS 창의적 문제해결 방법 이해 | −이해한다. | 4 | 16.6 | |
| | | | −보통이다. | 22 | 72.2 | |
| | | | −이해하지 못한다. | 2 | 5.5 | |
| | 활용도 | CPS 창의적 문제해결 활용 | −자주 사용한다. | 4 | 16.6 | |
| | | | −보통이다. | 13 | 47.2 | |
| | | | −거의 사용 안 한다. | 11 | 36.1 | |

## 7) 활동 수행 절차

창의 · 인성 교육 활동은 다음과 같은 절차를 거쳐 1년간 실행하며 구체적으로 준비 단계, 실천 단계, 결과 검증 및 평가 단계의 3단계를 거쳐 수행할 수 있다.

| 단계 | 내용 | 방법 | 실천 기간(월) | | | | | | | | | | | | | |
|---|---|---|---|---|---|---|---|---|---|---|---|---|---|---|---|---|
| | | | 1 | 2 | 3 | 4 | 5 | 6 | 7 | 8 | 9 | 10 | 11 | 12 | 1 | 2 |
| 준비 단계 | 자료 수집 | 인성 교육 관련 문헌 연구 및 선행 연구 조사 | ■ | ■ | | | | | | | | | | | | |
| | 연구 방향 설정 | 5대 중점 프로젝트 실천 연구 및 이론 검토 | ■ | | | | | | | | | | | | | |
| | 교육 과정 분석 | 학교 · 학년 교육 과정과의 연계성 및 교육 과정 재구성 검토 | | | ■ | ■ | | | | | | | | | | |
| | 실태 조사 | 기초 조사 및 실태 분석 | | | ■ | ■ | | | | | | | | | | |
| 실천 단계 | 계획 수립 | 연구 실천 계획 수립 및 창의 · 인성 프로그램 구안 적용 | | | | ■ | ■ | ■ | ■ | ■ | ■ | ■ | ■ | ■ | | |
| | 실천 지도 | 교과 수업 시간, 창의적 체험활동 수업 시간 연계 지도 | | | | | ■ | ■ | ■ | ■ | ■ | ■ | ■ | ■ | ■ | |
| | 피드백 | 활동 시 미비한 점 수정 및 추후 지도 | | | | | ■ | ■ | ■ | ■ | ■ | ■ | ■ | ■ | | |
| 결과 검증 및 평가 단계 | 검증 및 실행 평가 | 수업 중 관찰 및 대면 상담을 통한 검증, 교과 학습 포트폴리오를 통한 검증 | | | | | ■ | ■ | ■ | ■ | ■ | ■ | ■ | ■ | | |
| | 프로그램 완성 | 창의 · 인성 프로젝트, 프로그램, 과정안, 연구 보고서 작성 | | | | ■ | | | | ■ | ■ | ■ | ■ | ■ | | |

그림 12-3  연구의 수행 절차

# 3. 창의 · 인성 잎줄기 가꾸기

## 1) 자발적 인성 교육 풍토 조성

| 구 분 | 창의 · 인성 FLOW, 감성지수 UP! | | |
|---|---|---|---|
| | 항목 | 준비 여건 및 보완이 필요한 사항 | 반영할 내용 |
| 학습자의 자발적 인성 함양을 자극하는 문화 조성 | 자발적 문화 조성 | • 창의 · 인성 교육 활동에 대부분 긍정적임<br>• 학교 한마당 축제에 학생, 학부모 모두 대부분 찬성하는 편임<br>• 서열 없애기를 위한 학교장 시상 없애기는 학생은 찬성이 많은 편이며 학부모는 찬성과 반대 의견이 있으나 찬성이 조금 높은 편임 | • 서열 위주의 시상과 대회를 없애고 활동 자체에 대한 평가와 칭찬 및 내면화 과정을 중시함<br>• 창의 지성 교육으로 인재 육성<br>• 창의 · 인성 교육 활동 문화 조성<br>• 학교 공동체원의 소통과 나눔 활동을 통한 실질적인 공동체 문화 형성(토론 문화)<br>• 배움과 실천의 공동체 연수 60시간 참여함 |
| | 학부모회 운영 | • 참여할 수 있는 활동으로는 학부모회-토요일 실시(19%), 가족캠프-토요일, 연 1회(19%), 학급캠프-방학 중, 연 1회(18%), 학부모 아카데미-수시로, 외국어(15%), 학부모회 체육대회-토요일(12%) 등으로 가능하면 자발적인 참여를 중시하고 활동 주체가 스스로 수립한 계획을 반영함 | • 공교육비 지원으로 학부모 부담 경감<br>• 신바람 소통 참여를 통한 학교 문화 혁신-학교 참여 활성화, 학부모회, 교육 공동체, 교육행정 서비스, 평생교육 확대<br>• 협력과 참여가 있는 열린 학급 운영<br>• 학부모 활동 활성화를 위해 학습활동에 학부모의 교육기부 참여 유도 |
| | 요구사항 반영 | • 학급 교실 복지시설 증가 및 교육환경 개선에 대한 요구가 있음<br>• 도서관 활용 수업 및 쓰레기 버리지 않기 지도 필요<br>• 안전과 인권이 보호되길 희망함 | • 창의 지성 교육을 연구하고 실천하는 지원 체제<br>• 수업의 질 강화로 교육 활동 만족도 제고<br>• 믿고 안심할 수 있는 학급 문화 형성<br>• 배우고 가르치는 일에 전념하는 여건 조성<br>• 학습활동 지원 중심의 학급 운영 |
| 자발적 감성이 일어나는 문화 조성 | 목표 설정 | • 목표 1. 〈몰입〉 – 지금, 여기의 삶이 행복한 어린이<br>• 목표 2. 〈설렘〉 – 학교 가는 길이 설레는 어린이<br>• 목표 3. 〈나눔〉 – 함께 하고 나눌 줄 아는 어린이<br>• 목표 4. 〈생명 존중〉 – 생명의 신비를 존중할 줄 아는 어린이 | |

| | | |
|---|---|---|
| | 교육 과정에 투입 | • 창의 인성과 배움 중심의 교육 과정 편성 · 운영<br>• 돌봄과 자발적 학습의 강화<br>• 체험 중심, 놀이 중심, 나를 키우는 과정<br>• 따뜻한 공동체 학급 문화 조성 |
| | 지향점 | • 인성 교육의 교육 철학 세우기<br>• 나눔과 소통을 아는 학생<br>• 헌신의 의무보다 성장이 기쁜 교사<br>• 교육 주체로 참여하는 학부모 |
| | 실천 방향 | • '설렘과 몰입이 있는 교육 활동 만들기' 실행 방안을 추진한다.<br>• 창의 · 인성 교육의 교육 철학을 염두에 두고 생활화한다. |

## 2) 창의 인성 특화 교육 과정 편성 · 운영

| 구 분 | | 창의 · 인성 FLOW, 감성지수 UP! |
|---|---|---|
| 인성 교육 편성 운영 다양화 | 블록수업제 | • 주간 운영을 블록수업제를 중심으로 개편, 운영한다. 초등학교에서 운영되는 40분 단위 수업은 초등학생의 발달 측면에서 효과적인 시간 배정이지만, 학생의 학습 효과 집중력은 시간에서만 오는 것이 아니라 본인의 지적 호기심과 활동 욕구를 어떻게 성취하는가에 달려 있다. 따라서 80분 단위 블록 수업은 단순한 단위 수업의 연결이 아니라 교사의 학습 내용에 대한 충분한 이해와 연구 노력을 요구하는 수업 형태로 볼 수 있다. |
| | 모듈수업제 | • 매주 시간 운영에 모듈수업제를 적용하며, 특히 주지 교과인 국어, 수학에 모듈수업제를 활용한다. 기초 기본 능력 향상을 위한 문장력 및 어휘력 향상, 연산 능력을 위한 디딤돌 학습, 다지기 학습, 기적의 계산법을 통해 교육 과정을 다양화함으로써 기초 기본 학습 부진아를 사전에 예방하여 도덕과 배움 중심 수업의 기반을 마련할 수 있다. |

| 시간 운영 | 구분 | 시작 | 끝 | 시간 | 월 | 화 | 수 | 목 | 금 | 토 |
|---|---|---|---|---|---|---|---|---|---|---|
| | 아침 활동 | 08:40 | 09:00 | 20′ | 아침 활동(자율, 학습 준비, 봉사, 독서) | | | | | 토요 휴업일 지역 사회 평생 학습 공간 활용 배움 증대 |
| | 1블럭 | 09:00 | 09:20 | 20′ | 기본 학습(기초 학력 신장) | | | | 통합 학습 | |
| | | 09:20 | 10:20 | 60′ | 배움 활동 학습 | | | | | |
| | 중간 휴식 | 10:20 | 10:50 | 30′ | 중간 놀이 | | | | | |
| | 2블럭 | 10:50 | 11:30 | 40′ | 배움 활동 학습 | | | | 통합 학습 (2,4주) | |
| | | 11:30 | 11:40 | 10′ | | | | | | |
| | | 11:40 | 12:20 | 40′ | | | | | | |
| | 점심시간 | 12:20 | 13:20 | 60′ | 점심 시간 | | | | | |
| | 3블럭 | 13:20 | 14:00 | 40′ | 배움 활동 학습 | | | | 동아리 (1,3주) | |
| | | 14:00 | 14:10 | 10′ | | | | | | |
| | | 14:10 | 14:50 | 40′ | | | | | | |
| | 마무리 활동 | 14:50 | 15:00 | 10′ | 청소·휴식·상담 | | | | | |
| | 방과 후 학교 | 15:00 | 16:40 | 80′ | 특기 적성 및 동아리 자율활동 | | | | | |
| | 연구·협의 | 16:00 | 17:00 | 60′ | 협의회 | 배움 활동 연수 및 연구 활동 | | | | |

**주제 통합학습**

- 주제통합학습은 현장체험학습 및 독서, 토론, 논술 교육, 협력 프로젝트를 중심으로 교과 간 통합적인 내용요소를 추출하여 진행한다. 현장체험학습은 사전 교육, 현장 체험, 사후 교육으로 이루어지는 3회 학습 형태를 이룬다. 능동적이고 창의적인 사고 능력 신장과 배움 학습에 대한 필요성을 인식하고 스스로의 참여 의지를 함양하도록 구성한다.
- 주제 중심의 교과 통합형 형태로 도덕, 국어, 사회, 과학, 교과를 중심으로 주제를 선정하여 통합 운영하고 보고서 작성, 그림, 연극 등의 다양한 형태의 결과물과 함께 피드백을 실시하도록 운영한다. 이로써 창의 지성 육성을 위한 핵심 역량을 기르도록 한다.

**동아리 활동의 다양화**

- 동아리 활동은 자유 탐구 학습, 공동체 학습으로 실시하며 문화 예술적 체험, 자기 주도적 학습, 공동체 육성의 효과를 기대할 수 있다. 또한 교육 공동체와 함께하는 동아리 활동으로 학생들 스스로 자긍심을 느낄 수 있도록 한다.

**특화된 교육 과정 운영**

- 교육 과정 운영의 특성화는 전통적인 교육 과정 운영과 차별화할 수 있는 시간 운영이다. 창의성 활동을 효과적으로 운영할 수 있도록 하며 해당 시수 확보는 비판적 사고 활동을 중시하는 창의지성 교육이 이루어질 수 있도록, 인문학에 바탕을 둔 고전 읽기 활동으로 체계적이며 수준별 학습이 가능한 특화된 교육 과정을 운영한다.

| 창의성 활동 | 자율활동(창의적 특색 활동) |
|---|---|
| 주제 통합 영역 | 고전 읽기를 통한 집중력, 창의력 기르기 |
| 창의적 특색 활동 프로그램 적용 창의성 활동 강화 시수 증감 편성 | ▶ • 고전이란 무엇인가<br>• 고전 읽기의 방법<br>• 고전 읽기<br>• 독후 활동·토론, 발표회 |

## 3) 창의 인성에 기반을 둔 교실 문화 형성

| 구 분 | 창의·인성 FLOW, 감성지수 UP! | | |
|---|---|---|---|
| 즐거운<br>교실 문화 | · 생활 속에서 소통하는 교실의 배움 문화를 형성하여 자발적 인성 교육이 가능하도록 한다. | | |
| | | **주 제** | **활동 내용** |
| | 행복한 교실을<br>위한 인성 교육 | · 천사친구 프로그램 운영<br>· 의형제 맺기를 통한 인성 교육 실시<br>· 학생생활인권 규정 준수<br>· 학생인권과 교권이 함께 존중되는 교육<br>· 학급 인권의 날 활동 | · 교육 과정 연계 운영<br>· 인성 교육 및 인권 교육을<br>교육 과정에 포함하여 실시 |
| | 소통과 배려를 통<br>한 평화 교육 | · 천사문자 제도로 평화 교육 실시<br>· 멈춰 제도로 학교폭력 예방 교육 실시<br>· 경청 훈련, 들어 주기, 간식 나누기 등 | · 교육 과정 연계 운영<br>· 평화 교육을 통해 소통과 나<br>눔, 배려심 기르기 |
| 올바른<br>심성을<br>가꾸는<br>활동 | · 교실에서의 배움 활동은 즐거움을 찾을 수 있는 배움이 되어야 한다. | | |
| | | **주 제** | **활동 내용** |
| | 공동체 문화<br>자발적 형성 | · 심성을 키우는 학습(협동학습, 프로젝트 학습)<br>· 마음놀이(고전 읽기를 통한 인문 소양 신장)<br>· 동아리활동 부서 운영<br>· 모듈수업(기초 기본 학습), 블록수업 운영 | · 목표 세워 고전 읽기<br>· 교육 공동체 모두가 함께하는<br>동아리활동 운영<br>· 교육기부단 운영 |

## 4) 교과 교육 과정의 인성 지도 요소 분석

| 교과 교육 과정에서 제시한 인성 요소 분석 | |
|---|---|
| 기본 방향 | · 일상생활에 관한 도덕적 가치·규범을 바르게 이해한다.<br>· 도덕적 문제해결을 위한 사고력과 가치 판단력을 기른다.<br>· 예절 교실 운영을 통하여 기본적인 예절이 습관화되도록 한다.<br>· 민주 시민 의식을 기초로 하여 전인적 성장에 중점을 둔다. |
| 도덕과<br>생활지도 중점 | · 기본 예절을 지키는 생활의 자율적 실천 의지를 기른다.<br>· 이웃을 아끼며 협동하는 생활 태도를 기른다.<br>· 도덕적 문제해결을 위한 합리적인 판단력을 기른다.<br>· 생활 주변의 문제 사태를 도덕적 문제로 인식하고 활용한다.<br>· 통일 의식 함양 및 민족 문화유산을 사랑하는 태도를 지닌다. |

| 도덕과 지역화 내용 | • 쓰레기 분리수거 및 종량제를 실시한다.<br>• 생활 지킴이 활동 및 clean school 봉사활동을 전개한다.<br>• 가족 신문 만들기 대회(가훈 실천 사례 전시)를 실시하여 가족 사랑을 도모한다.<br>• 통일 준비 관련 행사(글짓기, 웅변, 소감문, 표어 포스터)에 적극 참여한다.<br>• 일상생활 속에서 고운 마음과 바른 행동을 실천한다. |
|---|---|
| 운영 방법 및 유의점 | • 기본 생활 및 예절 생활은 습관화될 때까지 꾸준한 관심을 갖고 반복 지도하여야 한다.<br>• 학생의 도덕성 발달 수준을 인지하여 도덕성 발달을 촉진할 수 있는 수업 계획과 생활지도 계획이 이루어져야 한다.<br>• 학생의 도덕성 발달 단계에 알맞은 생활 경험 사례를 활용하여 규범의 내면화와 행동화가 이루어지도록 한다. |
| 심성 증진 관찰 및 피드백 | • 인성 교육 관련 필수 지도 내용과 평가 요소에 따라 지필 평가, 행동 관찰, 자기 보고법, 면담법, 구술 평가, 포트폴리오(portfolio), 토론 과정 및 발표에 대한 관찰 평가, 학생 상호평가 등 다양한 평가 방법과 기법을 적용하여 객관적이고 합리적인 평가가 이루어지도록 한다.<br>• 인성 관련 활동의 평가는 학생들을 등급화, 서열화하는 판정과 분류로서의 평가가 아니라, 학생들의 계속적인 도덕적 성장과 도덕과 교수·학습의 개선을 지향하는 성장과 개선으로서의 피드백이 되도록 한다. |

## 5) 창의 인성 관련 CPS 주제 탐색

| 구 분 | | 창의·인성 FLOW, 감성지수 UP! | |
|---|---|---|---|
| CPS 주제 탐색 및 도덕과 수업 적용 | CPS의 이해 | • 교실 내에서의 CPS(creative problem solving)는 창의적으로 생각하고 행동하는 방법이다. CPS가 활동 중에 학습될 수 있도록 한다면 도덕과 수업에서 학생들로 하여 더욱 자발적이고 자기 만족감이 있으며 능동적일 수 있도록 하는 창의적 인성 교육이 될 것이다. | |
| | CPS 중심 수업 | • 도덕과의 인성 요소 중심 수업에서 SCAMPER, PMI, 브레인스토밍 기법으로 창의력을 자극하는 활동을 계획하여 실천한다.<br>• 학생들의 창의적 문제해결, 도덕적 가치판단력을 기르는 데 활동의 목적을 두고 실천한다. | |
| | 인성 교육 활동에 CPS 적용하기 | ★ 창의적 문제해결 단계별 수준을 제시하고 창의적 수준 향상 | • 수준 1: 문제 인식 및 도전하기<br>• 수준 2: 사실 발견하기<br>• 수준 3: 문제 발견하기<br>• 수준 4: 아이디어 발견하기<br>• 수준 5: 해결책 발견하기<br>• 수준 6: 적용 계획 발견하기<br>• 수준 7: 수용 발견하기 |

| | | ★ SCAMPER 중심 학습으로 창의적 사고력과 표현력 향상 | • substitute: 대신함<br>• combine: 결합함<br>• adapt: 조화롭게 함<br>• modify: 수정함<br>• put to other uses: 다른 용도 제안하기<br>• eliminate: 제거함<br>• reverse: 반대로 하여 해결함 |
|---|---|---|---|
| | | ★ 바람직한 심성 가꾸기 및 창의적 문제해결 태도 증진 | • 자신, 타인과 상황에 대한 민감성 향상<br>• 발산적 사고력 증진<br>• 자유로운 교육 활동   • 공동적인 참여하기<br>• 개인의 자발성 증진   • 다양한 자료의 이용 활성화 |
| 기대 효과 | | • 창의적 문제해결의 6단계별 수준 학습으로 학생들의 창의적 수준이 증진되고, CPS 중심 창의력 학습으로 창의적 사고력과 표현력이 향상될 것이며, 다양한 창의성 학습의 경험을 통해 창의적 문제해결 태도와 도덕적 가치판단력을 기를 수 있을 것이다. | |

# 6) 창의 인성 프로젝트 수업 설계하기

| 구 분 | | 창의 · 인성 FLOW, 감성지수 UP! |
|---|---|---|
| 도덕과 인성 교육 수업 모형의 탐색 적용 | 특화 적용 | • 도덕과의 가치명료화 수업 모형<br>• 창의 인성 가치명료화 수업 모형으로 특화하여 적용함 |
| | 수업 모형의 특징 | • 가치명료화 수업 모형은 특정 가치를 강조하여 가르치기보다 가치 획득 과정, 개인의 가치화 과정을 중시하는 방향으로 나아간다. 이 모형은 가치화 과정에서 중요 요소가 된다고 보는 선택, 존중, 행위 등의 측면에 따라 7단계 가치화 과정을 구상, 제안하고 있다.<br>• 가치명료화 수업 모형은 도덕적 상대주의 조장 위험 등 여러 가지 문제점이 지적되기도 하나 나름대로 중요한 장점을 지니고 있는 수업 모형으로 볼 수 있다.<br>• 이 수업 모형은 학생들의 올바른 가치 선택과 바람직한 태도 형성을 위해 수업 과정에서 쓸 수 있는 대화 전략, 쓰기 전략, 토론 전략, 결과 인식 확대 전략 및 그 외 다양한 방법들을 구안, 제시하고 있다. |
| | 전략적 교수–학습 모형 구안 적용 | • 본 활동에서는 전략적 교수–학습 모형으로 창의 인성 가치명료화 수업 모형을 구안하여 수업 중의 활동을 통해 학습의 수행 과정에서 사고의 유창성, 독창성, 융통성, 다양성을 강조하는 모형을 사용하기로 한다.<br>• 수업 모형에서의 유창성은 풍부한 사고의 양을, 독창성은 사고의 새로움을, 융통성은 사고의 유연함을, 다양성은 넓은 사고를 강조한다.<br>• 주어진 문제를 해결하기 위하여 정답을 요구하기보다는 학습자의 독창적이고 다양한 아이디어 생성과 문제해결 방법을 중시하는 방향으로, 창의 인성 함양을 목표로 한 수업 모형을 설정한다. |

| 창의 인성 가치명료화 수업 모형의 단계 재구성 | |
|---|---|
| 수업의 단계 | 주요 학습 활동 |
| ◆ 도덕적 문제 사태 제시하기 | −동기 유발<br>−학습 문제 확인<br>−학습의 필요성, 중요성 확인<br>−학습 과제 분석 |
| ◆ 선택하기 | −문제 또는 과제를 확인하고 정보 수집하기<br>−문제해결을 위한 다양한 아이디어 산출 |
| ◆ 존중하기 | −대안 제시, 아이디어 비교, 검토하기<br>−합리적이고 창의적인 아이디어 선택하기 |
| ◆ 행동하기 | −아이디어 적용을 통한 문제해결<br>−아이디어 적용 결과 평가하기 |

**전략적 수업 모형의 단계 재구성**

**수업 활용 및 기대 효과**

- 가치명료화 수업 모형은 일반적으로 도덕적 문제 사태의 제시−선택−존중−행동의 과정으로 이루어지며, 본 활동에서는 창의 인성 함양을 위해 방법 면에서 아이디어 생성이나 적용이 많이 요구되는 표현 영역, 비판적인 이해 영역에 적합한 창의적 학습 모형으로 재구성하여 수업을 설계하기로 한다.
- 창의적인 사고력이 많이 요구된다는 점에서 어느 정도 학습 능력이 갖추어진 학생들에게 적합할 것이므로 평소 학생들의 창의적 문제해결력 증진을 위한 CPS 학습을 꾸준히 실천할 필요가 있다.
- 도덕과 학습에 적합한 주제는 학습자들이 가지고 있는 현재의 학습 경험이나 지식으로는 손쉽게 해결하기 곤란한 문제 상황을 내포하고 있는 것이다. 교수·학습의 과정에서 제시되는 문제 상황의 자료는 흥미성, 실제성, 불완전성, 도전성 등의 성격을 띤 것이어야 함을 유의해야 한다.
- 창의·인성 교육 활동에 이 모형을 적용하면서 허용적인 수업 분위기를 조성하고, 학습 시의 학생 아이디어 생성과 적용 과정에 지나치게 개입하지 않도록 하며, 또한 학생들이 아이디어 생성에 어려움이 있을 경우를 대비하여 교사가 사고를 자극할 수 있는 발문이나 과제를 미리 준비하도록 한다.

## 7) 창의 인성 프로젝트 전개를 위한 교실 형태 조직

| 과정 | 프로젝트 수업 열기 | 프로젝트 수업 활동 | 프로젝트 수업 정리 | 활동 형태 |
|---|---|---|---|---|
| | 전체 활동 | 전체 활동 ⇒ 개별 활동 ⇒ 짝 활동 ⇒ 모둠 활동 ⇒ 전체 활동 | 전체활동 | |
| 조직 | 전체 학생 28명 | 전체 28명 ⇒ 1인 ⇒ 2인 ⇒ 4인 * 7모둠 ⇒ 전체 28명<br><br>모둠 구성 시의 자리 배치 전체 학생 28명 조직<br><br>교실 앞 칠판<br><br>모둠 활동 참여 수준(상)◑ 모둠 활동 참여 수준(중상)◑ 모둠 활동 참여 수준(중하)◑ 모둠 활동 참여 수준(하)◎<br><br>선생님 공간 · 전체 배움 공간 | 전체 학생 28명 | ★프로젝트 활동 집단의 형태를 다양화 하여 프로젝트 과제에 적합한 활동을 스스로, 함께 탐색하여 창의 인성 교육 활동의 효과를 높이고자 함 |
| 방향 | (앞 보기)⬆ | (짝, 모둠과 함께 보기)⬀ ⬉ (앞 보기)⬆ | (앞 보기)⬆ | |

## 8) 심성을 가꾸기 위한 교실 대화법 익히기

| 창의 · 인성 FLOW, 감성지수 UP! |
|---|

◆ 올바른 대화 방법과 수준 탐색하여 익히기 ◆

| 대화 방법 | • 마음속으로 말하기 | • 소곤소곤 말하기 | • 차례차례 말하기 | • 큰 목소리로 말하기 |
|---|---|---|---|---|
| 대화 목소리 약속하기 | 소리 1 | 개별 학습 활동할 때-말 없이 | 소리 2 | 짝과 이야기할 때-귓속말로 |
| | 소리 3 | 모둠별 이야기할 때-소곤소곤 | 소리 4 | 전체 앞에서 발표할 때-큰 목소리로 |
| | 소리 5 | 다 함께 노래 부를 때-큰 목소리로 우렁차게 노래 부르기 | | |

| 프로젝트 단계별 활동의 핵심 | 학습자 인성 교육 자료 유형 | 활동 적용 단계 |
|---|---|---|
| 프로젝트 기본 다짐 | • 말소리 조절표   • 발표 진행 깃발<br>• 생각 넓히기, 생각이 쑥쑥, 논리가 척척, 배움 기록 공책 | 프로젝트 계획 |
| 프로젝트 활동 전개 | • 생각 주머니, 모둠 뽑기 주사위<br>• 학습 활동 안내 순서도   • 문제 확인 및 생각 만들기 | 프로그램 전개 |

| 프로젝트 활동 실천 | • 확대 그림, 부채 카드, 주사위, 포스트잇, 생각 놀이판<br>• 그림 카드    • 화이트보드(모둠용 생각 칠판)<br>• 말판 놀이    • 문제해결 방법    • 아이디어 산출<br>• 아이디어 평가    • 일반화 | 활동 내용 실천 |
|---|---|---|
| 프로젝트 활동 정리 | • 학습지, 활동지, 평가지, 자기점검표, 스피드 퀴즈 | 마무리, 정리 적용 |

## 9) 창의 인성 프로젝트 전개를 위한 터전 구상하기

### 심성을 가꾸는 창의적 교실 터전 구성

◑ 창의·인성 프로젝트 활동을 실천하기 위하여 학생들이 매일 생활하는 교실의 환경을 구상함에 있어서, 학생들의 심성을 가꾸고 창의적 생각을 효과적으로 이끌어 내는 데 교실 환경이 도움이 되어야 한다.

◑ 학생들의 경험에서 우러나는 창의적 활동 소재를 찾고 필요성을 인식하기 위하여 다양한 각도에서 사물을 보고 경험할 수 있는 능력을 키우기 위하여 다양한 방법으로 자극할 수 있는 교실 환경에 중점을 두었다.

◑ 학생들의 바람직한 심성을 자극하고 흥미와 관심도를 높이기 위하여, 학생 활동 중심의 창의적 교실 환경을 구성하였고, 인성교육 활동 결과물을 자주 교체하여 게시함으로써 교실 환경에 유동성과 융통성을 염두에 두고 구성하였다.

| 자발적 심성 계발을<br>자극하는 교실 속의<br>창의적 인적 요인 | −노력하는 교사, 친절한 교사, 공정한 교사<br> 자기 연수를 통해 꾸준히 계발하는 교사<br>−자발적인 학생, 동등한 활동 참여, 칭찬과 서로 협동하는 학생<br> 친구를 돕고 봉사함, 자기 주도적 학습을 위해 노력하는 학생<br>−안정적인 교실 환경과 또래의 평화로운 공동체 문화 조성 | | |
|---|---|---|---|
| 창의 인성 생각나무 | 평화로운 공동체 약속 | 프로젝트 활동 포트폴리오 | 자기 약속 실천판 |
| 창의·인성 활동 게시물 1 | 창의·인성 활동 게시물 2 | 창의·인성 활동 게시물 3 | 창의·인성 활동 게시물 4 |
| 나의 꿈 게시 | 창의 배움 오름길 | 대화와 평화 게시판 | 창의 생각 게시 |
| 학교폭력 예방 코너 | 사과의 쪽지 코너 | 배려하는 마음 코너 | 생각 나누기 코너 |

## 4. 창의·인성 꽃 피우기

### 1) 창의 인성 5대 프로젝트 실천 과제

각 프로젝트는 관련 교과를 재구성한 내용으로 구안하여 실천하였다. 프로젝트

별로 활동 주제의 성격과 학생들의 수요 요구에 따라 교과 간, 교과 내, 주제별 재
구성을 하였으며, 핵심 인성 요소를 포함하도록 구성하였다.

| 창의 · 인성 중점 5대 프로젝트 | | | |
|---|---|---|---|

| 순서 | 프로젝트 5개 | 프로그램 18개 | 시기 |
|---|---|---|---|
| 창의 · 인성 프로젝트 1 | 자연 친화적 생태체험으로 심성 가꾸기 프로그램(4) | • 친환경 농장 체험, 텃밭 가꾸기<br>• 황학산 수목원, 식물의 세계 탐방하기<br>• 흐르는 강물, 남한강 일대 탐사하기<br>• 공룡알 화석지, 시화호 탐사하기 | 4~7월<br>5월<br>6월<br>7월 |
| 창의 · 인성 프로젝트 2 | 배려가 있는 평화로운 공동체 만들기 프로그램(4) | • 평화 공동체, 평화 교육 실천하기<br>• 상담 및 인권 교육 실천하기<br>• 학교폭력 예방 교육 실천하기<br>• 배려와 사랑 나눔 바자회 실천하기 | 3월, 9월<br>연중 월 2회<br>연중 월 2회<br>7월 |
| 창의 · 인성 프로젝트 3 | 함께 더불어 사는 어울림 공동체 만들기 프로그램(4) | • 어울림 한마당 축제 참가하기<br>• 협동적 모둠 활동 참여하기<br>• 함께 참여하는 장기자랑 발표하기<br>• 자율적 동아리 조직하여 활동하기 | 10월<br>연중 수시<br>7월, 11월<br>연중 격주 1회 |
| 창의 · 인성 프로젝트 4 | 튼튼한 몸으로 올바른 마음 가꾸기 프로그램(3) | • 아침 줄넘기, 공원 산책으로 건강 증진하기<br>• 수영을 배워 안전 대처 능력 기르기<br>• 문예체, 강강술래 전통문화 체험하기 | 연중 주 1회<br>11월<br>9~10월 |
| 창의 · 인성 프로젝트 5 | 교과 연계 창의력 증진으로 인성 다지기 프로그램(3) | • 인성, 창의 수학 연계 활동하기<br>• 인성, 창의 독서 연계 활동하기<br>• 창의적 현장학습, 도시 탐방하기 | 연중 주 1회<br>연중 주 1회<br>11월 |

| 창의 · 인성 교육 활동에의 몰입(FLOW)을 통해 감성지수(EQ) 기르기 |
|---|

**그림 12-4** 중점 프로젝트 및 프로그램

---

### 과제 ❶ 자연 친화적 생태체험으로 심성 가꾸기 프로그램

---

| 〈생태체험 실천 1〉 친환경 농장체험, 텃밭 가꾸기 | | | |
|---|---|---|---|
| 핵심 인성 요소 | 관련 교과 | 활동 시기 | 교육 과정 운영 |
| 책임감, 협력, 성실 | 창체, 도덕, 과학 | 4~7월 | 주제 통합 운영 |

- 자연 친화 생태체험 첫 번째 활동으로 친환경 농장 체험활동을 구상하여 실천하였다.
- 창의적 체험활동 시간과 과학의 식물의 세계 단원과 연관 지어 교육 내용을 재구성하였으며 농사의 매 시기에 따라 주제를 통합·운영하여 시기별로 필요한 농사 방법을 학습하고 생명 가꾸기 활동을 하였다.
- 4월 초에 학교 텃밭의 자갈을 일구고 잡초를 뽑아내었으며, 4월 말에는 모둠 자리를 구역으로 나누어 푯말을 만들어 세웠고, 키우고 싶은 식물을 과학 시간에 학습한 내용을 토대로 밭작물 중에서 선정하여 모종을 함께 심고 가꾸도록 하였다.
- 7개의 모둠에서 계획하여 잎채소인 상추, 깻잎, 치커리, 청경채와 열매채소인 방울토마토, 파프리카, 케일 등을 심고 가꾸었으며 5월부터는 주 1회 잎채소를 수확하고 6월부터 7월까지는 열매를 따는 경험을 하였다.
- 자연과 생명의 신비를 존중할 줄 아는 심성을 갖추기 위해 농사 짓기 활동을 계획하고 모둠이 협력하여 학교 텃밭에서 노작 활동을 하고 결과물을 수확하는 보람을 느끼도록 하였다.
- 학생들이 직접 몸으로 익히고 농작물을 관리하며, 생명의 소중함을 느끼도록 하고 노작 활동을 경험하며 체험과 실천을 통한 교육이 생활 속에서 이루어지도록 하였다.

| 텃밭 일구기 | 돌멩이 골라내기 | 잡초 뽑아내기 | 모종 심어 가꾸기 |
|---|---|---|---|
| 잎채소 관찰하기 | 지지대 세우기 | 농작물에 물 주기 | 노끈으로 묶어 세우기 |
| 달팽이 생명체 관찰하기 | 잘 자란 잎채소 케일 | 즐거운 수확의 시간 | 수확의 기쁨 나누기 |

<br>

| 〈생태체험 실천 2〉 황학산 수목원, 식물의 세계 탐방하기 | | | |
|---|---|---|---|
| 핵심 인성 요소 | 관련 교과 | 활동 시기 | 교육 과정 운영 |
| 생명 존중, 배려, 협동 | 창체, 도덕, 과학 | 5월 | 교과 재구성 운영 |

- 자연 친화 생태체험 두 번째 활동으로 황학산 수목원 탐방을 계획하고, 과학 교과의 식물의 세계와 관련하여 친환경 체험활동을 구상하여 실천하였다.
- 창의적 체험활동 시간과 과학의 식물의 세계 단원과 연관지어 교과 재구성을 하였으며 5월 한 달간 미리 활동에 대한 계획을 모둠별로 세워 현장학습 당일에 조사·학습할 내용을 미리 구상하여 두었다.
- 사전 활동으로 식물 백과사전과 어린이 식물도감을 미리 검토하고, 자신이 관심 있는 분야의 식물에 대해 중점적으로 조사 활동을 하도록 하였다. 활동을 마친 뒤 교실 활동에서는 모둠별 특색 있는 식물도감을 직접 제작하여 전시하고 정보를 교류하였다.
- 7개의 모둠에서 조사 활동을 계획하여 각 모둠이 계획에 따라 황학산 수목원을 둘러보는 동선을 다르게 정하고 산책하며 조사하도록 하였다.
- 작은 생물과 식물들, 생명의 신비를 존중할 줄 아는 심성을 갖추도록 하며, 사전에 신청한 숲 해설사 선생님의 설명을 들으면서 곳곳에 사는 식물들의 특징과 생김새를 관찰하였다.

• 과학 교과서에서 사진으로 학습한 다양한 식물의 세계를 학생들이 직접 눈으로 보고, 향기를 맡고, 오감으로 느끼며 생명의 소중함을 느끼도록 하였다.

| 수목원 입장하기 | 탐방로 식물 관찰하기 | 수생식물 관찰하기 | 늪지대 식물 관찰하기 |
|---|---|---|---|
| 숲 이야기 듣기 | 숲 해설사 선생님 강좌 듣기 | 수목원 산책하기 | 꽃 향기 맡기 |
| 습지원 식물 조사하기 | 잔디밭 식사 시간 | 새 소리에 귀 기울이기 | 수목원 탐방 마무리하기 |

| 〈생태체험 실천 3〉 흐르는 강물, 남한강 일대 탐사하기 | | | |
|---|---|---|---|
| 핵심 인성 요소 | 관련 교과 | 활동 시기 | 교육 과정 운영 |
| 협력, 생명 존중, 질서 | 창체, 도덕, 과학 | 6월 | 교과 내용 심화 운영 |

• 자연 친화 생태체험 세 번째 활동으로 남한강 일대 탐사 활동을 계획하고, 과학 교과의 물에 의한 지표 변화 학습 내용과 관련하여 생태체험활동을 구상하여 실천하였다.
• 창의적 체험활동 시간과 과학의 지표의 변화 단원과 연관 지어 교과 내용 심화 운영을 하였으며 5월 한 달간 미리 활동에 대한 계획을 모둠별로 세워 현장학습 당일에 조사 · 학습할 내용을 미리 구상하여 두었다.
• 사전 활동으로 물에 의한 지표의 변화 학습 내용을 익히고, 오랜 세월에 걸친 자연현상의 변화를 체감하며, 나아가 사람들에 의한 자연환경 훼손과 파괴에 대한 인식과 경각심을 가질 수 있도록 하여, 인간 윤리적 측면에서 환경 문제를 접할 수 있도록 하였다.
• 각 모둠에서 강 조사 계획서를 작성하고 다른 모둠의 계획서를 검토하여 서로 보완해 주는 활동을 하여 조사 활동에 충실을 기하도록 하였으며 실험을 위한 준비물과 강 주변 청소를 위한 쓰레기봉투와 장갑을 챙겼다.
• 학교에서 남한강까지 도로와 강변 산책로를 따라 걸어가며 주변의 자연과 생물을 관찰하고 도덕적으로 동식물의 생명을 소중히 여길 줄 아는 심성을 갖추도록 하였다.
• 강변에서 관찰한 현상을 기록하고 교과서의 실험을 직접 해 보았으며, 강 주변의 오염된 환경을 찾아내어 사진과 동영상으로 현장을 기록에 남기고, 쓰레기를 줍고 자연보호 활동을 몸소 실천하는 시간을 가졌다.

| 걸어서 남한강에 도착 | 강 주변 식물 관찰하기 | 강의 모습 관찰하기 | 강의 지형 관찰하기 |
|---|---|---|---|
| 강의 생물 발견하기 | 과학 실험 준비하기 | 실험 경사로 만들기 | 과학 유수대 실험하기 |
| 강의 물길 만들기 | 모둠 조사 정리하기 | 강 바닥의 상태 관찰하기 | 자연환경보호 활동하기 |

| 〈생태체험 실천 4〉 공룡알 화석지, 시화호 탐사하기 | | | |
|---|---|---|---|
| 핵심 인성 요소 | 관련 교과 | 활동 시기 | 교육 과정 운영 |
| 관계 지향성, 나눔, 협력 | 창체, 도덕, 과학, 국어 | 7월 | 교과 간 재구성 운영 |

• 자연 친화 생태체험 네 번째 활동으로 서해안에 위치한 공룡알 화석지와 시화호 탐사활동을 구상하여 환경보호 차원에서의 생태 학습을 하였다.
• 탐사장소의 지역 특성상 교육 과정 운영 시기를 조정하여 2학기 내용을 미리 가져와, 도덕의 2학기 4단원인 우리가 사는 푸른 별 단원, 과학 2학기에 나오는 학습 내용인 지층과 화석 단원과 연관 지어 교과 내용 심화 운영을 하였으며 탐사 활동 시기상 미리 1학기인 7월에 다녀오기로 계획하고 사전 학습을 준비하여 실행하였다.

- 사전 활동으로 오늘날 우리가 사는 지구의 심각한 환경오염 문제에 대해 학습하고, 오랜 세월 동안 이루어진 지층과 화석에 대하여 학습하였으며 앞으로 우리 인류가 가져야 할 바람직한 태도에 대한 학습으로 마무리하여, 도덕적 측면에서 지구의 환경 문제를 다룰 수 있도록 하였다.
- 각 모둠에서 서해안 시화호의 환경적 가치를 조사하고 조사 내용을 발표하여 정보를 공유하도록 하였으며 탐사 활동을 위한 준비물과 공룡알 화석지 방문을 위한 계획을 세웠다.
- 갯벌에서 사는 염생 식물에 대한 조사 학습을 실시하고, 염생 식물의 이름과 특징 및 생김새를 기록한 염생 식물 도감을 제작하고 전시해 교과 학습의 심화 활동을 할 수 있게 하였다.
- 시화호 전망대에서는 망원경으로 시화호 주변의 오염된 환경을 찾아내어 관찰하고 이야기를 나누고 환경 문제에 대한 올바른 태도를 내면화하였다.

| 방문자 센터에 도착 | 공룡 모형 관찰하기 | 화석 발굴 작업 관찰하기 | 전시된 화석 관찰하기 |
| --- | --- | --- | --- |
| 시화호의 역사 알아보기 | 생태 탐방 활동하기 | 염생 식물 관찰하기 | 생태 탐방로 걷기 |
| 화성시 송산면 화석 산출지 | 공룡알 화석지 조사하기 | 시화호 갯벌의 모습 | 전망대에서 관찰하기 |

---

### 과제 ❷ 배려가 있는 평화로운 공동체 만들기 프로그램

---

| 〈평화 교육 실천 1〉 평화 공동체, 평화 교육 실천하기 | | | |
| --- | --- | --- | --- |
| 핵심 인성 요소 | 관련 교과 | 활동 시기 | 교육 과정 운영 |
| 정직, 배려, 용서 | 창체, 도덕, 국어 | 3월, 9월 | 생활지도 연계 운영 |

- 평화 교육 실천을 위한 첫 번째 활동으로 평화로운 공동체 만들기 활동을 구상하여 실천하였다.
- 평화 교육의 4대 규칙을 차시별 학습하여, 학급 생활 속에서 규칙으로 지킬 수 있도록 하였다.
- 방관자 법칙, 제3의 법칙, 브로큰 윈도의 법칙이 적용되는 상황을 제시하여 동영상을 시청하고 소감문 작성 및 느낌을 나누어 봄으로써 평화 교육의 필요성과 실천하는 구체적 방법을 스스로 체감할 수 있게 하였다.
- 활동 결과물 및 소감문은 발표 또는 게시하여 학생들이 서로 정서적으로 교류할 수 있게 하고, 활동 내용에 대하여 윤리적 측면에서 필요시에는 교실의 생각 나눔 게시판을 통해 감정을 교류하도록 하였다.

〈평화를 지키는 4대 규칙〉

☞우리는 다른 친구를 괴롭히지 않을 것이다.

☞우리는 괴롭힘을 당하는 친구를 도울 것이다.

☞우리는 혼자 있는 친구들과 함께할 것이다.

☞만약 누군가가 괴롭힘을 당하는 것을 알게 되면 우리는 학교나 집의 어른들에게 이야기할 것이다.

| 평화 게시판 코너 | 평화로운 공동체 | 평화 규칙 1 | 평화 규칙 2 |
| --- | --- | --- | --- |
| 평화 규칙 3 | 평화 규칙 4 | 평화 약속 | 대화 약속 |
| 평화 교육 소감문 1 | 평화 교육 소감문 2 | 평화 교육 소감문 3 | 평화 교육 소감문 4 |

| 〈평화 교육 실천 2〉 상담 및 인권 교육 실천하기 | | | |
|---|---|---|---|
| 핵심 인성 요소 | 관련 교과 | 활동 시기 | 교육 과정 운영 |
| 약속, 배려, 존중 | 창체, 도덕, 사회 | 연중 월 2회 | 생활지도 연계 운영 |

- 평화 교육 실천을 위한 두 번째 활동으로 집단상담 및 개인상담, 학부모상담을 실시하여 생활지도의 기반을 마련하였다.
- 집단상담은 두 그룹으로 나누어 월 1회씩 상담실에서 실시하였으며 교우관계, 진로 문제, 성격 문제, 학업 문제 등을 서로 교류하도록 하였고, 사안에 따라 필요시에는 방과 후에 개인상담으로 접근하였다.
- 학부모상담은 학기 초에 상담기간을 두어 3월, 9월에 하였으며 그 외에도 수시로 전화상담, 이메일상담, SNS를 통한 상담 활동을 하여 학생들이 바람직한 학교생활에 적응을 할 수 있도록 조력하였다.
- 사회과의 소수자 인권 수호 학습 내용과 연계하여 자신의 주변에서 문제점을 발견하고 스스로 생활 속에서 실천할 수 있는 인권 교육을 실시하였고, 인권 글짓기, 역할극, 인권 표어와 포스터를 만들어 내면화하였다.
- 〈남과 여 그리고 우리〉 주제의 재구성 활동을 하고 가정에서 쉽게 일어날 수 있는 남녀 차별이나 명절 증후군의 사례, 옛날과 오늘날의 가족 변화에 따른 인권 문제에 대하여 다루었으며 활동 후에는 소감문 작성과 느낌을 나누어 봄으로써 인권 교육의 필요성과 실천하는 구체적 방법을 스스로 느낄 수 있게 하였다.
- 활동 결과물 및 소감문은 발표 또는 게시하여 학생들이 서로 정서적으로 교류할 수 있게 하고, 활동 내용에 대하여 윤리적 측면에서 필요시에는 교실의 생각 나눔 게시판을 통해 감정을 교류하도록 하였다.

| 학부모 상담 신청 카드 | 집단상담 활동 | 집단상담 역할극 | 집단상담 활동 |
|---|---|---|---|
| 집단상담 활동 | 장애 체험 교육 | 평화 약속 | 대화 약속 |
| 인권 포스터 그리기 1 | 인권 포스터 그리기 2 | 인권 포스터 그리기 3 | 인권 포스터 그리기 4 |

| 〈평화 교육 실천 3〉 학교폭력 예방 교육 실천하기 | | | |
|---|---|---|---|
| 핵심 인성 요소 | 관련 교과 | 활동 시기 | 교육 과정 운영 |
| 관계 지향성, 배려, 존중 | 창체, 도덕, 사회 | 연중 월 2회 | 평화 공동체 연계 운영 |

- 평화교육 실천을 위한 세 번째 활동으로 학교폭력 예방 교육을 평화로운 공동체 교육과 연계, 운영하여 인성 교육과 학급 생활지도의 기반을 마련하였다.
- 외부 강사 초청 강의를 2회 실시하여 학교폭력의 실태와 심각성을 인지하고, 구체적인 사례와 대처 방법을 익히도록 하였다. 학교폭력을 나의 입장에서 정의 내리기 활동을 하고 싸운 적이 있는 친구에게 사과의 편지를 써서 교우관계를 더욱 돈독하게 다지는 시간을 가졌다.
- 학기별 1~2회, 총 3회의 학교폭력 설문조사를 실시하였으며, 사전에 학교폭력이 예방될 수 있도록 하였다. 설문 방식은 온라인 설문 1회, 종이 설문지 2회로 하여 실시하였고 설문 결과를 분석하여 생활지도에 반영하였다. 학교폭력 추방의 날 행사(3월 15일, 9월 13일)를 2회 실시하였고 학생들이 사이버 폭력 · 음란성 유해 매체에 노출되지 않도록 학생들의 변별 능력과 비판 능력을 기를 수 있도록 노력하였다.
- 학생들을 수시로 또는 필요시에 개인상담하여 학교폭력 징후를 발견해 사전에 예방할 수 있도록 조치하였고 필요시에는 학교 위클래스 상담실 상담교사의 지원을 받아 상담하였다.
- 학교폭력 근절을 위한 학부모–교사 소통 강화 차원의 학교 설명회(3월 17일, 10월 31일)를 2회 운영하였고 학교폭력 근절을 위한 학부모 상담 주간을 운영하여 생활지도에 도움이 되게 하였다.

| 외부 강사 초청 수업 | 학교폭력 실태와 심각성 | 학교폭력 사례 소개 | 학교폭력 PPT 자료 |
|---|---|---|---|
| 생각쪽지 기록하기 | 생각 나누기 | 생각 포스트잇 붙이기 | 나의 생각 공개하기 |
| 학교폭력 정의 내리기 | 생각 교류하기 | 사과의 글 쓰기 | 수업 마무리, 내면화하기 |

| 〈평화 교육 실천 4〉 배려와 사랑 나눔 바자회 실천하기 | | | |
|---|---|---|---|
| 핵심 인성 요소 | 관련 교과 | 활동 시기 | 교육 과정 운영 |
| 관계 지향성, 배려, 나눔 | 창체, 도덕, 사회 | 7월 | 중간 놀이 시간 운영 |

- 평화 교육 실천을 위한 네 번째 활동으로 우리 반 학생들이 바자회를 계획하고 준비하여 학교 내 4학년 전체 학생들을 대상으로 바자회를 실시하여 친구들과 함께 우리 주변의 사람들에게 배려와 사랑을 나눌 수 있는 경험을 가지도록 하였다.
- 전체 회의를 통하여 우리 주변에서 볼 수 있는 소외된 이웃들과 우리 사회의 소수자들에게 작은 도움을 줄 수 있는 구체적인 방법을 의논하고, 바자회의 구체적인 방법을 의논하도록 하였다.
- 6월부터 바자회를 준비하며 집에서 쓰지 않는 물건을 가져와 모으고, 다른 학급 친구들이나 친척들에게 쓸 수 있는 물건을 기부받고 회의를 통하여 물건 가격과 바자회 방법을 의논하였다. 이 과정에서 바자회에 참가하는 학생들의 기획력과 문제해결력, 운영 능력을 기를 수 있도록 주력하였다.
- 바자회 수익금을 기부할 방법을 조사하여 기관을 선정하였으며, 학교 인근 지역에 있는 복지센터에 수익금을 기부하고 인근 돌봄 공부방 센터에 학용품을 기부하기로 하였다.
- 전체 과정에서 자신이 친구들과 함께 계획하여 행사를 운영하고, 누군가에게 도움을 주기 위한 목적으로 봉사활동을 한다는 사실에 학생들은 대부분 뿌듯한 감정을 느꼈으며, 대가를 바라지 않고 일을 하는 것에 대해 만족감을 나타내어 바람직한 심성을 기르는 차원에서 의미 있는 활동이 되었다.

| 배려 사랑 나눔 바자회 1 | 배려 사랑 나눔 바자회 2 | 배려 사랑 나눔 바자회 3 | 배려 사랑 나눔 바자회 4 |
|---|---|---|---|
| 바자회 물건들 1 | 바자회 물건들 2 | 바자회 물건들 3 | 바자회 물건들 4 |
| 배려 사랑 나눔 바자회 5 | 배려 사랑 나눔 바자회 6 | 배려 사랑 나눔 바자회 7 | 배려 사랑 나눔 바자회 8 |

**과제 ❸ 함께 더불어 사는 어울림 공동체 만들기 프로그램**

| 〈어울림 공동체 실천 1〉 어울림 한마당 축제 참가하기 | | | |
|---|---|---|---|
| 핵심 인성 요소 | 관련 교과 | 활동 시기 | 교육 과정 운영 |
| 약속, 책임감, 나눔 | 창체, 도덕, 체육, 미술 | 10월 | 학교행사 연계 운영 |

- 어울림 공동체 실천을 위한 첫 번째 활동으로 학교행사와 연계하여 한마당 축제에 참가하여 활동하였다.
- 공연 활동으로 문예체 교육의 강강술래 공연을 하여 전통문화 체험을 하고, 전시 활동으로 미술 시간에 만든 작품들을 개인당 4개씩 전시할 수 있도록 하여 모두가 빠짐없이 함께 어울릴 수 있는 축제를 만들어 내었다.

- 체험활동으로 축제 부스 운영을 계획하고 2개 코너를 신청하여 활동 주제와 재료, 방법을 토의해 결정하였으며, 당일에 남자 학생들이 운영하는 코너와 여자 학생들이 운영하는 코너의 역할을 나누어 1학년부터 6학년까지 다양한 학생이 참가하여 활동을 할 수 있도록 부스를 운영하였다. 축제 마무리 후에는 특히 부스 운영에 대한 느낌을 나누어 봄으로써 어울림 교육의 필요성과 실천하는 방법을 스스로 체감하고 대규모 행사에서의 질서와 규칙을 스스로 익힐 수 있게 하였다.
- 여학생들의 부스 운영 주제는 따뜻한 겨울맞이 목도리 뜨기, 남학생들의 부스 운영 주제는 표적을 향하여 원통 맞히기 게임 운영으로 정하여 하루 동안 즐겁게 활동할 수 있었다. 소감을 말하는 시간에는 부스 운영자들과 참가자들 모두 배울 수 있고 놀이를 할 수 있어 좋았다고 하였으며, 그 과정에서 서로 돕는 일과 축제 마무리 시간에 교내 환경 정화를 위해 다 함께 청소하는 시간도 즐거웠다고 하여 의미 있는 활동이 되었다.

| 축제 부스 운영 1 | 축제 부스 운영 2 | 축제 부스 운영 3 | 축제 체험 활동 1 |
| 축제 체험 활동 2 | 축제 체험 활동 3 | 축제 체험 활동 4 | 강강술래 공연 활동 |
| 축제 작품 전시 1 | 축제 작품 전시 2 | 축제 작품 전시 3 | 축제 작품 전시 4 |

| 〈어울림 공동체 실천 2〉 협동적 모둠 활동 참여하기 | | | |
|---|---|---|---|
| 핵심 인성 요소 | 관련 교과 | 활동 시기 | 교육 과정 운영 |
| 약속, 배려, 관계 지향성 | 과학, 도덕, 사회, 국어 | 연중, 수시 | 교육 내용 재구성 |

- 어울림 공동체 실천을 위한 두 번째 활동으로 대부분의 교육 활동 전개 시 4인 모둠 활동으로 하여 활동의 효과를 높이고 협동의 밀도를 높이도록 하였다.
- 교실에서의 도덕, 국어, 사회, 과학 시간의 과제들은 4인 모둠 토의 활동을 기본으로 하고, 모둠 결과물을 전체 앞에서 4명이 함께 발표하고 질문을 나누고 모둠 대 전체 활동으로 학습의 깊이를 더할 수 있게 하였고, 모둠에서 서로 조력하는 과정에서 모둠의 규칙과 약속, 서로 배려하는 마음, 어떤 친구와 모둠이 되어도 잘 어울려 활동할 수 있는 사회성을 길러 바람직한 교우관계를 증진하고자 하였다.
- 야외 활동에서도 황학산 수목원 탐방 시 함께 조사하고 모둠에서 식물도감을 함께 제작하여 공동 작품을 만들 수 있게 하였고, 남한강 탐사 활동 시에도 4인이 1모둠으로 실험 계획을 세우고 공동의 노력으로 결과를 얻도록 하였다. 도시 탐방 활동과 시화호 탐사 활동에서도 모둠의 계획과 실천 방법대로 자율적으로 활동하였으며, 항상 모든 활동에 우선하여 3주 이상의 준비 기간과 활동 마무리 후에는 2주 정도의 결과와 자료 정리 기간을 두어 하나의 프로젝트를 두고 5주 정도의 기간에 동일한 모둠원끼리 충분히 활동하고 협력하여 충분한 학습 활동이 될 수 있게 하였다.
- 모둠 구성은 프로젝트마다 무작위 추첨으로 구성하여 친하지 않은 친구와 모둠이 되었을 때에도 잘 사귀어서 활동을 성공적으로 마무리하고 관계를 돈독히 하는 계기가 되게 하였다.

| 모둠 토의 활동 1 | 모둠 토의 활동 2 | 모둠 토의 활동 3 | 모둠 토의 활동 4 |
| 모둠 결과물 발표 1 | 모둠 결과물 발표 2 | 모둠 결과물 발표 3 | 모둠 결과물 발표 4 |
| 야외 모둠 활동 1 | 야외 모둠 활동 2 | 야외 모둠 활동 3 | 야외 모둠 활동 4 |

| 〈어울림 공동체 실천 3〉 자율적 동아리 조직하여 활동하기 | | | |
|---|---|---|---|
| 핵심 인성 요소 | 관련 교과 | 활동 시기 | 교육 과정 운영 |
| 약속, 배려, 존중 | 창체, 체육, 도덕, 과학 | 연중 격주 1회 | 아침 활동, 야외 활동 |

- 어울림 공동체 실천을 위한 네 번째 활동으로 자율적 동아리를 조직하여 자신의 특기와 소질을 계발하고 취미가 같은 친구들과 어울려 활동하고 결과물을 만들어 함께 즐기는 동아리를 운영하였다.
- 동아리의 목적은 자율적인 조직과 운영이며 자신과 취미가 비슷한 친구들과 다른 학년의 학생들과 함께 어울려 때로는 형의 입장으로 때로는 동생의 입장에서 서로 배려하고 도와주는 경험을 할 수 있었다.
- 학교 교육 과정에서 교육 공동체와 함께 하는 동아리활동의 다양화를 지향하고 있으며 학년군으로 묶어 조직활동하였다. 우리 학급은 3~4학년군으로 조직하여 자유 탐구 학습, 공동체 학습으로 창의체험 시간을 활용하여 문화 예술적 체험, 자기주도적 학습, 공동체인 육성이라는 효과를 기대하고자 하였다.
- 학생들이 자신의 소질과 관심사에 따라 동아리 운영자로 활동하고 싶은 학생들 몇몇이 모여 주제를 정해 동요 부르기, 국악놀이, 민속 표현 놀이, 소고춤, 오르프, 핸드벨, 합창, 피리, 장구, 오카리나, 기악 합주, 뮤지컬, 하모니카, 리코더, 퀼트, 종이공예, 도자기, 염색, 매듭공예, 북아트, 농구, 수영, 축구, 음악줄넘기, 인라인스케이트, 배드민턴, 탁구 등의 부서를 조직하고 부서원을 모집하여 운영 계획을 세워 활동하는 방식으로 운영하였다.
- 우리 학급의 동아리 요리부에서는 32명의 3~4학년이 모여 잡채석으로 만드는 신나는 요리 교실을 주제로 모두가 함께 어울려 즐겁게 요리를 만들고 요리 파티로 서로 나누어 먹으며 잘 어울리며 활동하였다.

| 활동 스스로 확인평가표 | 요리 모둠 활동 1 | 요리 모둠 활동 2 | 요리 모둠 활동 3 |
|---|---|---|---|
| 요리 모둠 활동 4 | 요리 과정 모습 1 | 요리 과정 모습 2 | 요리 과정 모습 3 |
| 요리 과정 모습 4 | 요리 모둠 활동 5 | 요리 모둠 활동 6 | 요리 과정 모습 5 |

**과제 ❹  튼튼한 몸으로 올바른 마음 가꾸기 프로그램**

| 〈건강 공동체 실천 1〉 아침 줄넘기, 공원 산책으로 건강 증진하기 | | | |
|---|---|---|---|
| 핵심 인성 요소 | 관련 교과 | 활동 시기 | 교육 과정 운영 |
| 조화, 배려, 존중 | 창체, 체육, 도덕, 과학 | 연중 주 1회 | 아침 활동, 야외 활동 |

- 건강 공동체 실천을 위한 첫 번째 활동으로 주 1회 수요일에 아침 줄넘기 운동을 하고, 주 1회 목요일에 학교 인근의 근린 공원을 산책하여 체력과 건강을 증진하는 활동을 하였다.
- 줄넘기 운동은 짝을 지어 기본 줄넘기를 하고, 서로 기록을 확인해 주며 1분 안에 많이 넘기, 발 걸리지 않고 오래 넘기, 신기록 달성하기 등의 활동을 하였다. 줄넘기 운동에 익숙하지 않아 잘 못하는 학생들은 줄넘기를 잘하는 학생들과 짝을 지어 서로 도와주며 활동하고, 때로는 실력이 비슷한 학생들끼리 짝을 지어 줄넘기 배틀 게임을 하여 운동과 재미를 겸하여 즐거운 아침 활동이 되도록 하였다.

- 아침 공원 산책 활동은 날씨가 안 좋은 날을 빼고 연중 실시하였는데, 우리 학교 인근의 근린 공원에는 산책로와 조깅 코스가 있고, 곳곳에 운동시설이 잘 갖추어져 산책을 하며 운동도 함께 할 수 있어 좋았다. 공원 주변에는 화단이 이어져 있어 여러 가지 꽃과 나무를 관찰하며 걷고, 봄 · 여름 · 가을 · 겨울 사계절의 변화를 몸으로 느끼며 감수성을 풍부히 하는 시간도 가지며 산책을 하며 자신의 감성을 표현하는 시간도 가졌다.
- 야외 공원에서 친구들과 함께 손잡고 산책하며 아침의 맑은 공기를 마시고 하루의 일과를 준비하는 데에 도움이 되었으며, 친구들과의 깊이 있는 대화도 할 수 있어 교우관계도 증진되었다.

| 모둠 줄넘기 활동 1 | 모둠 줄넘기 활동 2 | 모둠 줄넘기 활동 3 | 모둠 줄넘기 활동 4 |
|---|---|---|---|
| 아침 산책 활동 1 | 아침 산책 활동 2 | 아침 산책 활동 3 | 아침 산책 활동 4 |
| 공원 운동기구 이용 1 | 공원 운동기구 이용 2 | 공원 운동기구 이용 3 | 공원 운동기구 이용 4 |

| 〈건강 공동체 실천 2〉 문예체, 강강술래 전통문화 체험하기 | | | |
|---|---|---|---|
| 핵심 인성 요소 | 관련 교과 | 활동 시기 | 교육 과정 운영 |
| 질서, 조화, 협력 | 창체, 체육, 음악 | 9~10월 | 체육 재구성, 축제 발표 |

- 건강 공동체 실천을 위한 세 번째 활동으로 전통문화를 체험하고 예술적 감흥을 느끼며 함께 어울리는 체육 활동으로 강강술래를 익혀 노래와 함께 신체 움직임 교육 활동을 하였다.
- 강강술래는 10차시의 수업으로 매 2시간씩 운영하여 총 20시간의 체육과 음악 시간을 확보해 실시하였다. 10월부터 실시하여 11월까지 매주 2시간씩 총 10일 동안 학교 체육관에서 외부 강사인 문예체(문화 · 예술 · 예체능) 전문 국악 강사 선생님의 수업을 계획하여 운영하였다.
- 음악 시간에 교과서에서 배운 강강술래 노래와 장구 장단에 맞추어 덕석몰기, 대문열기, 고사리끊기, 꼬리잡기 등 강강술래의 기본 동작들을 하나씩 익히고 전체 동작을 연결하여 즐겁게 놀이를 하면서 전통문화 체험을 할 수 있었다.
- 학교 축제 당일에 4학년 전체 학생들이 학교 운동장에서 축제 마무리 공연을 하며 다른 학년의 학생들과 학부모들을 강강술래 놀이에 참여시켜 전교생과 학부모와 교직원이 다 함께 어울려 흥겹게 놀이를 하는 경험을 했다.
- 총 10회 동안의 수요일 1~26교시를 강당에서 함께 노래도 부르고, 장구 장단도 치며, 손에 손을 마주 잡고 강강술래 놀이를 하며 놀이 규칙도 함께 지키며 몸으로 익히는 학습 활동을 함으로써 학생들은 함께 도와주고 함께 어울리며 친밀감을 느끼고 서로 배려하며 친해지는 활동이 되었다.

| 강강술래 노래 배우기 | 강강술래 노래 부르기 | 강강술래 발 동작 익히기 | 기본 원 만들기 |
|---|---|---|---|
| 덕석몰기 | 덕석풀기 | 꼬리잡기 | 대문만들기 |
| 대문열기 | 대문지나기 | 놀이 규칙 준수하기 | 마무리 정리 활동하기 |

┌─────────────────────────────────────────────────────────────┐
│ **과제 ⑤ 교과 연계 창의력 증진으로 인성 다지기 프로그램** │
└─────────────────────────────────────────────────────────────┘

| 〈창의 인성 실천 1〉 인성, 창의 수학 연계 활동하기 | | | |
| --- | --- | --- | --- |
| 핵심 인성 요소 | 관련 교과 | 활동 시기 | 교육 과정 운영 |
| 약속, 협력, 규칙 | 창체, 수학, 도덕 | 연중 주 1회 | 수학 도덕 재구성 운영 |

- 창의성 활동을 통한 인성 교육 실천을 위한 첫 번째 활동으로 주 1회 화요일에 아침 창의 수학 학습을 하여 창의 수학을 모둠별로 실시하여 수학 학습 속에서 서로 간의 약속, 협력, 규칙을 익히는 인성 교육 실천을 도모하는 활동을 하였다.
- 모둠 활동에서 창의적 문제해결학습인 CPS 학습으로 창의 수학의 도형 영역을 주로 다루었으며, 활동 방법에서 모둠 협력을 주로 하여 모둠별 문제해결 과정으로 문제를 해결하고 협동과 단결력을 부각하고자 하였다. 수학의 개인차가 크기 때문에 수준이 다양한 학생을 짝을 지어 모둠을 만들어 서로 도와주며 활동하고, 때로는 실력이 비슷한 학생들끼리 짝을 지어 수 게임을 하여 학습과 재미를 겸하여 즐거운 아침 활동이 되도록 하였다.
- 창의 수학 활동으로 수 퍼즐인 수도쿠와 도형 퍼즐인 테셀레이션, 펜토미노, 지오보드 활동을 하고 입체도형을 여러 측면에서 다루고 평면도형 학습도 창의적 학습 방법으로 실행히였다. 다양한 방법의 창의 수학 활동을 하며 모둠 활동으로 인성적 측면도 효과적으로 다룰 수 있도록 실천하였다.

| 창의 배움터 포트폴리오 | 입체도형 모형 탐구 | 입체도형 부피 탐구 | 입체도형 겉넓이 탐구 |
| --- | --- | --- | --- |
| 모둠 협동 창의작품(공) | 모둠 협동 창의작(보트) | 창의 펜토미노 완성 | 지오보드 도형 탐구 1 |
| 지오보드 도형 탐구 2 | 모둠 협동 수도쿠 해결 | 창의 테셀레이션 활동 | 테셀레이션 협동작품 |

| 〈창의 인성 실천 2〉 창의적 현장학습, 도시탐방 탐험하기 | | | |
| --- | --- | --- | --- |
| 핵심 인성 요소 | 관련 교과 | 활동 시기 | 교육 과정 운영 |
| 책임, 배려, 협력, 안전 | 창체, 사회, 국어, 도덕 | 11월 | 교과 재구성 운영 |

- 창의성 활동을 통한 인성교육 실천을 위한 세 번째 활동으로 창의적 현장학습인 도시 탐방, 도시 탐험 활동을 준비하여 실행하였다. 학생들이 스스로 계획을 세워 인근 1시간 거리에 있는 대도시로 찾아가 하루 동안 조사 활동 및 체험활동을 할 수 있도록 하였다.
- 이 활동을 함으로써 모둠끼리 떠나는 현장학습 속에서 서로 간의 배려, 협동, 나눔, 창의적 문제해결력, 계획 추진력을 익히는 인성 교육 실천을 도모하도록 하였다.
- 사회과의 여러 지역의 생활 단원을 학습하며 촌락의 생활 모습, 도시의 생활 모습, 도시로 모이는 사람들, 도시와 촌락의 문제해결에 관한 학습을 한 뒤, 총 15차시의 프로젝트를 계획하여 도시 탐방 체험활동을 하였다.
- 도시 탐방을 위한 계획을 세우고, 모둠 짜기, 탐방할 도시 선정을 위한 자료 찾기, 탐방해서 조사하고 알아볼 사항 정하기, 도시 안에 탐방할 장소(시청, 구청, 산업, 문화 시설 등등 대표시설과 면담) 정하기, 소요될 예산 계산하기, 대중교통 이용 방법 조사하기, 안전사고 예방 교육 · 공공 예절 지키기 활동을 한 후 모둠별 도시 탐방을 실행하였다.

• 돌아온 뒤에는 도시 탐방 결과 보고서를 쓰고, 모둠 발표 자료를 스크랩 또는 PPT 자료로 만들어 발표하며 알게 된 점과 생각 넓히기 활동으로 마무리하고 모둠별 조사 내용과 활동 경험을 공유하는 가치 있는 시간이 되었다.

| 도시 탐방 계획서 | 도시 탐방 모둠 계획서 | 점심 식사 계획서 | 도시 탐방 보고서 |
|---|---|---|---|
| 활동 결과 스크랩 1 | 활동 결과 스크랩 2 | 활동 결과 스크랩 3 | 활동 결과 스크랩 4 |
| 활동 결과 스크랩 5 | 활동 결과 스크랩 6 | 탐방 결과 모둠 발표 1 | 탐방 결과 모둠 발표 2 |

## 2) 주제 중심 교육 과정 재구성 프로젝트 실천 과제

1학기 1차 주제 통합 계획
### 주제 통합 프로젝트 1. 〈평화와 창의〉

| | |
|---|---|
| 주제<br>통합학습<br>편성<br>이유 | 새학년을 맞이하여 학교 적응 활동과 자기 자신의 이해를 도와 진로 및 적성 파악 활동을 실시하고, 평화 교육과 민주시민 교육을 통하여 여럿이 함께 생활하는 공간에서 자신과 다른 이가 관계를 맺기 위해 알아야 할 여러 가지 덕목(안전, 배려, 예절 지키기 등)과 실천 요소들을 찾아보고 직접 실행에 옮기도록 구성하였다. 문제해결을 위해 학급 회의와 모둠 토의를 직접 해 보고 더 나아가 민주주의 사회에서의 선거가 이러한 민주적 의사결정 방법임을 직 · 간접적으로 겪어 보며 알게 한다.<br>사회과를 중심으로 민주시민 교육 및 학생 자치 활동(관련: 사회 3. 민주주의와 주민자치), 도덕과의 평화 교육 및 학교폭력 예방 교육(관련: 도덕 1. 최선을 다하는 생활, 7. 힘을 모으고 마음을 하나로), 창의적 체험활동의 MBTI 성격유형 검사, 진로 적성 검사, 국어과의 학급회의 절차를 알고 회의하여 문제해결하기(관련: 국어 2. 회의를 해요, 3. 문장을 알맞게, 7. 의견과 근거), 과학과의 창의 지성 교육을 수행하기 위한 탐구 활동으로 국립과천과학관 탐방 활동(관련: 과학, 기초 탐구 활동 익히기, 1. 무게 재기) 등 일련의 활동으로 재구성하여 지도하고자 한다.<br>이 〈평화와 창의〉 주제통합 프로젝트를 통해 학생들의 학교 생활 적응력 기르기, 자기이해와 진로 적성 찾기, 정보 수집 및 분석 능력 기르기, 스스로 과학관 탐방 계획 세우기 및 과학적 탐구 활동의 주도적 참여, 문제점 발견 및 창의적 해결 방안 제시, 현대사회의 민주시민 의식 등 이 시기에 꼭 갖추어야 할 미래 핵심 역량을 키우고자 한다. |
| 기본 방향 | • 자기이해를 돕는 심리 검사(성격, 진로, 적성 검사)를 통해 새학년 적응 활동에 도움을 준다.<br>• 학급회의를 통하여 민주적 의사결정을 하는 학생 자치 활동과 공동체 속에서의 인성 교육(정직, 약속, 배려, 용서, 책임감, 소유, 나눔, 관계 지향성, 타인 존중, 협력)을 실천한다.<br>• 평화 공동체를 위한 민주적 평화 교육(평화 규칙, 멈춰 제도, 제3의 법칙, 방관자 효과, 평화선서, 서약식, 폭력 피라미드, 돌봄 짝)을 학급에서 생활화하도록 한다.<br>• 모둠이 협력하여 스스로 과학관 탐방 계획서를 작성하고 과학관 현장학습을 창의적인 탐구 태도로 실행하도록 지지한다.<br>• 과학관 탐방 결과를 정리하여 보고서를 발표하고 다양한 과학적 경험을 나누도록 한다. |

| 통합학습<br>목표 | • 자기이해를 통하여 자긍심을 높이고 학교 적응을 도우며 진로와 적성을 찾을 수 있다.<br>• 학급 회의의 절차를 알고 문제 발생 시에 회의를 통해 해결하는 민주적 과정을 이해할 수 있다.<br>• 평화 공동체의 중요성을 알고 민주시민의 역량을 기르며 올바른 실천 의지를 다진다.<br>• 과학관 탐방계획서를 작성하고 현장학습을 계획하여 주도적으로 참여할 수 있다. | | | |
|---|---|---|---|---|
| 학습 기간 | | 3~4월 | 관련 교과 | 도덕, 국어, 사회, 과학 |

| 차시 | 교과 | 주요 학습 활동 | 학습 자료 |
|---|---|---|---|
| 10 | 도덕 | 1주제 소개하고 주요 학습 내용 탐색하기<br>2주제 학습 계획 작성하기<br>3-5자기이해를 돕는 심리 검사(성격, 진로, 적성 검사) 실시<br>6-10평화 공동체 교육, 학교폭력 예방 교육 | 평화 교육 사이트, 심리 검사 도구 3종 |
| 5 | 국어 | 1-3말하는 사람의 의도에 따라 문장 끝맺음 적절히 사용하기<br>4-5상황에 알맞은 문장을 사용하여 전하고 싶은 내용을 글로 쓰고 생각 나누기 | 여러 상황의 그림 자료 |
| 10 | 국어 | 1-5학급회의의 절차, 주의할 점, 회의 시에 의견 제시하기<br>6-7회의 주제에 알맞은 의견을 제시하며 학급회의 하기<br>8학급회의 결과를 실천하고 점검하기<br>9-10보고서 작성하기, 발표 자료 만들어 발표하기 | 학급회의 순서 PPT |
| 14 | 사회 | 1-2학급에서 일어나는 공동의 문제와 민주적 해결법 이해하기<br>3-5모둠별 규칙 및 학급 규칙, 어린이 보호법 제정하기<br>6-11선거의 과정, 대표 선출, 선거의 원칙 이해하기<br>12학급의원 선거에 참여하여 학생 자치 이해하기<br>13지방 정부와 지방 의회의 역할과 관계 파악하기<br>14지역의 문제해결 방안과 발전 방안을 지방자치 단체에 건의하는 글 쓰고 발표하여 참여의식 가지기 | 지방자치 단체 사전 조사 자료, 인터넷 관련 사이트 |
| 14 | 과학 | 1-2과학관 탐방 계획 세우기<br>3-5모둠별 자료 수집 및 과학관 탐방을 위한 세부 계획 작성하기<br>6-11모둠별 과학관 동선 정하여 탐방하기<br>12결과 정리하여 창의적으로 보고서 작성하기<br>13과학관 탐방 계획서 및 보고서에 나타난 표현이 과학적이고 창의적인지 서로 평가하고 조언하기<br>14모둠활동 결과 보고서를 발표하여 다양한 경험 공유하기 | 과학관 탐방 모둠별 준비물, 사전 조사 자료, 계획서, 보고서 |
| 관련 역량 | 문제 발견 및 해결력 | –자기이해와 자아존중감 기르기<br>–정보 인식 및 활용 능력 기르기<br>–학급회의에 주인 의식을 가지고 주도적으로 참여하기<br>–우리 주변의 문제점 발견 및 해결 방안 제시하기 | |

| | | |
|---|---|---|
| 자기주도<br>학습 능력 | | −수집한 정보와 자료를 활용하여 과학관 탐방 계획 세우기<br>−과학관 탐방 목표를 스스로 설정하여 관람 동선과 탐구 내용을 주도적으로 구상하기<br>−실제 문제 상황에 대하여 슬기롭게 해결하고 자주적으로 행동하기 |
| 대인관계<br>능력 | | −모둠 활동에서 친구에 대한 배려와 관용의 능력 기르기<br>−문제해결 과정에서 서로 관계를 형성하는 능력 기르기<br>−서로 협동하여 다양한 경험 공유하기 |
| | **성취 기준(평가 방법)** | |
| 활동 과정<br>서술형<br>평가 계획 | −평화 교육, 학교 폭력 예방교육의 상황이 드러나는 역할극 수행 후 느낌 나누고 다짐하기<br>−평화 공동체 약속과 선서하기 활동을 관찰하고 실천 여부 평가하기<br>−필요한 정보를 조사하고 알맞은 문장으로 자신의 생각이나 느낌을 표현하기<br>−학급회의의 절차를 알고 문제 상황 시에 안건을 제안하는 글 쓰고 발표하기<br>−학급회의에 올바른 태도로 참여하여 활동하는지 관찰 평가<br>−선거의 필요성과 선거의 과정 이해하기<br>−민주주의와 주민 자치의 개념, 지방자치단체가 하는 일 이해 여부 평가<br>−지역 문제의 해결 방안이나 발전 방안을 모색하여 건의하는 글쓰기 평가<br>−과학관 탐방 계획서 작성 평가<br>−모둠 활동 및 과학관 탐방 활동 참여 태도 관찰 평가<br>−과학관 탐방 결과 보고서 작성 발표 평가 | |

---

**1학기 2차 주제 통합 계획**

## 주제 통합 프로젝트 2. 〈환경과 도전〉

| | |
|---|---|
| 주제<br>통합학습<br>편성<br>이유 | 사회과를 중심으로 도시와 촌락의 생활 모습과 특징을 여러 가지 자료 조사와 수집하기(관련: 국어 6. 소중한 정보), 스스로 계획한 모둠별 도시 탐방을 계획하여 실행하기(관련: 사회 2. 도시의 발달과 주민 생활), 지역의 문제점에 대한 해결점을 찾아 살기 좋은 고장을 만들어 가기 위한 제안하는 글쓰기(관련: 국어 9. 생각을 나누어요), 환경보호의 중요성을 알고 생활화하기(관련: 과학 보충단원. 지표의 변화, 남한강 탐사 활동), 생명 존중 교육 실천하기(관련: 과학 2.식물의 한살이), 건전한 인터넷 정보 생활화하기(관련: 도덕 2. 함께하는 인터넷 세상) 등 일련의 활동으로 재구성하여 지도하고자 한다.<br>이 〈환경과 도전〉 주제 통합 프로젝트를 통해 학생들의 정보 수집 및 분석 능력 기르기, 스스로 도시 탐방 계획 세우기 및 도시 탐방 활동의 주도적 참여, 문제점 발견 및 해결 방안 제시, 환경보호에 대한 확고한 실천 의지의 민주시민 의식 등 미래 핵심 역량을 키우고자 한다. 또한 주변의 환경 문제에 관심을 가지고, 나와 같이 생명을 가진 식물을 기르는 과정을 통해 생명의 소중함과 동시에 나 자신도 소중함을 깨닫게 한다. |

| 기본 방향 | • 도시와 촌락의 환경 문제를 해결하기 위한 제안하는 글을 쓰도록 한다.<br>• 모둠이 협력하여 스스로 도시 탐방 계획서를 작성하고 도시 현장학습을 주도적으로 실행하도록 격려한다.<br>• 도시 탐방 결과를 정리하여 보고서를 발표하고 다양한 경험을 나누도록 한다.<br>• 우리 주변의 환경보호의 중요성을 알고 환경보호 활동을 생활화하는 태도를 지니도록 한다. | | | |
|---|---|---|---|---|
| 통합학습<br>목표 | • 도시와 촌락의 문제점과 관련하여 환경 문제 해결 방안을 제안할 수 있다.<br>• 도시 탐방 계획서를 작성하고 탐방에 주도적으로 참여할 수 있다.<br>• 환경보호의 중요성을 알고 환경보호에 대한 확고한 실천 의지를 다진다. | | | |
| 학습 기간 | 5~7월 | | 관련 교과 | 도덕, 국어, 사회, 과학 |

| 차시 | 교과 | 주요 학습 활동 | 학습 자료 |
|---|---|---|---|
| 4 | 도덕 | 1주제 소개하고 주요 학습 내용 탐색하기<br>2주제 학습 계획 작성하기<br>3정보를 얻는 방법으로 인터넷 활용하기<br>4인터넷 예절을 익히며 바람직한 인터넷 사용 습관 기르기 | 인터넷 정보 사이트,<br>스마트폰 |
| 5 | 국어 | 1-3촌락의 모습 파악하고 구분하기<br>4-5다양한 매체에서 얻은 정보에 대한 생각 나누기 | 인터넷 정보 사이트,<br>스마트폰 |
| 5 | 국어 | 1-3도시의 모습 파악하고 구분하기<br>4-5도시를 소개하는 말, 영상매체 보고 생각과 느낌을 다른 사람과 나누기 | 인터넷 정보 사이트,<br>스마트폰 |
| 10 | 국어 | 1-5여러 종류의 자료에서 촌락과 도시의 생활 모습에 대한 정보 얻고 비교하여 정리하기<br>6-7촌락과 도시의 생활 모습에 대해 차이점을 비교하여 글쓰기<br>8보고서에 쓸 표현의 특징 찾기, 글의 표현이 적절한지 살펴보기<br>9-10보고서 작성하기, 발표 자료 만들어 발표하기 | 촌락과 도시 관련 검색 사이트 |
| 6 | 사회 | 1인구 문제 살펴보기<br>2인구 집중의 원인을 도시의 특징과 관련지어 이해하기<br>3인구 문제를 해결하기 위한 제안하는 글 쓰고 발표하기<br>4환경보호의 중요성을 알고 생활화하기<br>5도시의 환경 문제 해결 방법을 제안하는 글쓰기<br>6신도시를 만드는 까닭과 살기 좋은 신도시 구상해 보기 | 인구 분포도, 제안서,<br>환경오염 사진, 동영상 자료 |
| 14 | 사회 | 1-2도시 탐방 계획 세우기<br>3-5모둠별 자료 수집 및 도시 탐방을 위한 세부 계획 작성하기<br>6-11모둠별 도시 탐방하기<br>12결과 정리하여 창의적으로 보고서 작성하기<br>13도시 탐방 계획서 및 보고서의 글에 나타난 표현이 적절한지 생각하며 서로 바꾸어 읽어 보기<br>14모둠 활동 결과 보고서를 발표하여 다양한 경험 공유하기 | 도시 탐방 모둠별 준비물, 사전 조사 자료, 계획서, 보고서 |

| 14 | 과학 | 1-4식물의 한살이를 학습하며 농사 체험하기<br>5-8텃밭을 일구며 생명을 키우고, 식물의 자람을 관찰하며 생명 존중의 자세 지니기<br>9-10우리 주변 지표의 변화를 관찰하고 학습하기/ 보충단원<br>11-14모둠 실험 계획으로 남한강 탐사 활동을 하며 우리 주변의 환경 문제에 대하여 관심 가지기 | 남한강 탐사 모둠별 준비물, 사전 조사 자료, 계획서, 보고서 |
|---|---|---|---|
| 관련역량 | 문제 발견 및 해결력 | -촌락과 도시의 생활 모습에 대한 정보 수집 및 분석 능력 기르기<br>-정보 인식 및 활용 능력 기르기<br>-촌락과 도시의 문제점 발견 및 해결 방안 제시하기 | |
| | 자기주도 학습 능력 | -수집한 정보와 자료를 활용하여 도시 탐방 계획 세우기<br>-도시 탐방 목표를 스스로 설정하여 지역과 탐방 내용을 주도적으로 구상하기<br>-실제 문제 상황에 대하여 슬기롭게 해결하고 자주적으로 대처하기 | |
| | 대인관계 능력 | -모둠 활동에서 친구에 대한 배려와 관용의 능력 기르기<br>-문제해결 과정에서 서로 관계를 형성하는 능력 기르기<br>-서로 협동하여 다양한 경험 공유하기 | |
| | **성취 기준(평가 방법)** | | |
| 활동 과정 서술형 평가 계획 | -촌락과 도시의 생활 모습이 나타난 자료 조사 과제물 평가<br>-촌락과 도시의 생활 모습을 적절히 비교하여 글쓰기 활동 평가<br>-다양한 매체에서 정보를 얻고 자신의 생각이나 느낌을 다양한 방법으로 표현하기<br>-도시와 촌락의 생활 모습과 환경에 관련하여 제안하는 글 쓰고 발표하기<br>-올바른 인터넷 사용 태도 및 정보 수집 태도 관찰 평가<br>-도시 탐방 계획서 작성 평가<br>-모둠 활동 및 도시 탐방 활동 참여 태도 관찰 평가<br>-도시 탐방 결과 보고서 작성 발표 평가<br>-남한강 탐방 계획서 작성 평가<br>-모둠 활동 및 남한강 탐방 활동 참여 태도 관찰 평가<br>-남한강 탐방 결과 보고서 작성 발표 평가 | | |

# 우리가 가꾸는 아름다운 세상

| 주제<br>통합학습<br>편성<br>이유 | 이 주제에서는 인간과 자연의 올바른 관계를 수립하는 데에서 시작하여 환경을 보호해야 하는 이유를 깨닫고 방법을 찾아 환경보호 및 녹색 생활을 실천하는 태도를 가지도록 하는 데 주제 통합 편성의 이유가 있다. 탐구적인 태도를 통하여 우리 주변 생태계의 여러 가지 식물을 관찰함으로써 식물의 다양성을 이해하고 식물의 생김새와 생태를 통하여 식물이 살고 있는 환경에 적응하는 모습에 관한 과학적 이해를 통해 생태 학습을 병행하고자 한다. 이에 한 교과에 편중하지 않고, 교과 간 통합을 통하여 보다 실질적이고 구체적인 지식 습득 및 가치관을 형성함을 도모한다. 본 주제에서는 과학 교과를 중핵 교과로 설정하여 도덕과 국어에서 관련 주제를 통합한 주제 통합 학습 '우리가 가꾸는 아름다운 세상'을 편성하였다. |
|---|---|
| 기본 방향 | 생태, 환경 보호, 탐구, 생각 표현<br>〈과학〉 재미있는 나의 탐구, 1. 식물의 생활<br>〈국어〉 5. 컴퓨터로 글을 써요<br>〈도덕〉 6. 내가 가꾸는 아름다운 세상 |
| 통합학습<br>목표 | ◎ 주변의 식물을 관찰하여 환경과 생태 현상에 대한 과학적 탐구 능력을 기르고, 환경 문제에 대한 고민을 통하여 도덕적 민감성을 가지고 올바른 가치관과 실천 방안을 생각하여 실생활에서 실천한다.<br>–다양한 식물을 관찰하여 생태에 대한 관심과 호기심을 가지고 현상에 대한 과학적 탐구 태도를 기른다.<br>–인간과 자연의 관계를 통하여 환경 보호와 녹색 성장의 중요성을 알고, 환경 문제에 관심을 가지며 환경보호 방법을 익혀 자연 친화적인 생활 자세를 생활 속에서 실천한다.<br>–탐구 보고서 작성을 위한 컴퓨터 활용의 기본 기능을 익혀 글쓰기 기능에 있어서 정보화 사회에서의 복합적 텍스트를 활용하고 해석하여 주제 탐구 보고서 작성을 효과적으로 실행하고 정보를 공유한다. |

| 학습 기간 | 9. 22(월) ~ 10. 10(금) (3주간) | 관련 교과 | 과학, 국어, 도덕 |
|---|---|---|---|

| 차시 | 교과 | 주요 학습 활동 | 학습 자료 |
|---|---|---|---|
| 1 | 도덕 | ◎ 1주제에 대한 학습 내용을 알아보고 스스로 계획하기<br>–1주제 학습 안내 및 학습 계획하기 | 교과서 |
| 2~4 | 과학 | ◎ 주제 설정 및 탐구 계획 세우기<br>–식물 관찰을 통한 생태 이해와 자연보호 실천에 관한 탐구 활동<br>–탐구 실행 계획 세우고 과학적 탐구의 방법 익히기 | 모둠활동지 |
| 5~6 | 도덕 | ◎ 환경보호와 녹색 성장의 중요성 이해하기<br>–환경보호를 위한 올바른 판단하기<br>–우리 학교의 급식 시간 모습을 관찰하여 녹색 생활이 실천되지 않은 부분 찾기<br>–올바른 실천 태도 내면화하기 | 학교 옆 근린공원의 모습<br>학교 쓰레기장의 모습<br>급식실 촬영 사진, 잔반 사진 |

| 7~10 | 과학<br>국어 | ◎ 황학산 수목원 탐방 계획서 작성하기<br>−식물 관찰 생태학습 경로 계획하기<br>−여러 가지 장소에서 적응하기 위하여 다른 생김새를 가지고 있는 식물 분류한 결과를 참고로 하여 수목원의 여러 장소 탐방 경로와 탐방 내용 정하기<br>◎ 컴퓨터를 활용하여 정보를 얻고 컴퓨터의 문서 작성 프로그램으로 탐구 계획서 작성하기<br>−컴퓨터의 기능을 익히고 프로그램을 사용하여 계획서를 작성하기 | 모둠 탐구 계획서, 활동지<br>컴퓨터(모둠별 2대 활용)<br>−정보 검색용, 보고서 작성용 |
|---|---|---|---|
| 11~15 | 도덕<br>과학<br>창체<br>(봉*) | ◎ 황학산 수목원 탐방 현장학습 실천하기<br>−현장학습 장소로 이동하기 전 안전 교육 실시, 도착 후 탐방 경로에서의 이동 시 안전 교육 실시, 수목원에서 학교로 이동할 때의 교통 안전 교육 실시<br>−자연보호와 식물의 생태 보전을 위한 이야기 나누기(숲 해설사 활용 프로그램 운영)<br>−다양한 식물을 관찰하고 조사 탐구 활동지를 모둠별 협동하여 해결하기 | 탐구 학습지(식물원의 각 장소에서 관찰할 수 있는 식물 조사하기)<br>모둠 계획서<br>숲 해설사프로그램활용 |
| 16~20 | 국어<br>과학 | ◎ 1주제 정리를 통해 자연 생태와 환경보호의 의미와 실천 태도의 중요성 내면화하기<br>−주제정리 탐구 보고서 작성하여 발표하고 정보 공유하기 | |

| 관련 역량 | 민주시민 역량 | 자연과 환경보호에 대해 올바른 인식을 가지고 실천하기 |
|---|---|---|
| | 자기주도적 학습력 | 과학적 관찰 태도와 모둠 과제 해결 시에 과학적 사고력과 탐구 능력 기르기 |
| | 의사소통 능력 | 주제 탐구 학습의 전 과정에서 모둠 구성원과 토의를 통해 의견을 교류하고 효과적으로 의사소통하기 |

| 성취 기준(평가 방법) | |
|---|---|
| 주제 통합<br>평가 계획 | −다양한 식물을 관찰하여 생태 현상에 대한 과학적 기록과 탐구적인 표현을 하는가?(태도 및 과제 평가)<br>−환경보호와 녹색 성장의 중요성을 알고 환경보호 방법을 익혀 자연 친화적인 생활 자세를 생활 속에서 실천하는가?(관찰 평가)<br>−탐구 계획서와 결과 보고서 작성 시, 컴퓨터 활용으로 문서 작성을 효과적으로 실행하고 발표를 통해 정보를 공유하는가?(계획서, 보고서 평가) |

_____
＊창의적 체험활동의 4개 영역 중 봉사활동에 해당

# 다양한 문화, 조화로운 세상

| 주제 통합학습 편성 이유 | 이 주제에서는 우리 사회의 다양한 변화 모습과 영향을 이해하고 바람직한 가치관을 형성하여 사회의 각 변화에 능동적으로 대처하는 자세를 가지도록 설정하였다. 가정의 의미와 형태 그리고 사회와 가정 내에서의 양성 평등, 사회적 소수자의 권리 보호와 인권에 대한 의식이 고취된 가운데, 학교 교육 과정 또한 이러한 실태를 올바르게 인식하고 바람직한 가치관을 형성시키고자 노력할 필요가 있다. 단순한 지식이나 피상적인 교육에서 벗어나 사회와 도덕 교과가 추구하는 가치관을 실질적으로 실현하는 태도 형성이 중요하다. 또한, 현대 사회에서 발생되는 다양한 문제점을 찾아서로 합의점을 도출하여 문제를 올바르게 해결하려는 적극적인 민주 시민의 태도 역시 요구된다. 본 주제에서는 사회 교과를 중핵 교과로 설정하여 도덕과 국어에서 관련 주제를 통합한 '다양한 문화, 조화로운 세상'을 계획하였다. |
|---|---|
| 기본 방향 | 인권, 양성평등, 사회적 소수자(다문화, 장애, 외국인 노동자, 새터민) 이해와 포용<br>〈사회〉 2. 사회 변화와 우리 생활<br>〈국어〉 7. 적절한 의견을 찾아요<br>〈도덕〉 8. 다양한 문화, 조화로운 세상 |
| 통합학습 목표 | ◎ 현대 사회에서 가족의 의미와 문제점을 찾아보고 사회를 이루는 구성원으로서 자신의 역할을 찾아 실천하고, 우리 사회의 소수자의 권리를 보호하고 인권을 존중하는 태도를 기른다.<br>–양성평등의 의미를 알고 가정생활과 사회생활 속에서 실천한다.<br>–다른 문화를 이해하고 존중해야 하는 이유를 알고 다문화 사회를 살아가는 데 필요한 태도와 방법을 실천한다.<br>–주제 관련하여 제시하는 의견의 타당성을 합리적으로 판단하는 능력과 비판적 사고력을 길러 다른 사람이 주장하는 의견이 적절한지 판단한다. |

| 학습 기간 | 12. 1(월) ~ 12. 19(금) (3주간) | 관련 교과 | 사회, 국어, 도덕 |
|---|---|---|---|

| 차시 | 교과 | 주요 학습 활동 | 학습 자료 |
|---|---|---|---|
| 1 | 도덕 | ◎ 2주제에 대한 학습 내용을 알아보고 스스로 계획하기<br>– 2주제 학습 안내 및 학습 계획하기 | 교과서 |
| 2~4 | 사회 | ◎ 현대 사회의 다양한 가족의 형태와 성 역할에 대하여 알아보고 조사하기<br>–우리 가족의 성 차별과 성 고정관념을 인터뷰하여 알아보기(가족 구성원 모두)<br>–양성평등 사회로의 변화를 알아보고 성 역할 고정관념이 우리에게 어떤 어려움을 주는지 살펴보기(자신의 주변 조사, 주변인을 인터뷰하기)<br>◎ 양성평등에 대한 나의 생각을 정리하여 제시하기<br>–성 고정관념과 의식 점검해 보기 | 학습지(인터뷰 및 정리, 우리 집의 역할 분담 알아보기)<br>–우리 가정의 성 차별, 성 고정관념에 관한 학습지<br>학습지(분홍 딸과 파란 아들 역할극 대본) |

| | | | |
|---|---|---|---|
| | | ◎ 양성평등과 관련하여 우리 사회에서 바뀌어야 할 생활 모습을 찾아 표현해 보기<br>-나의 성 평등 의식 점검, 양성 평등을 위해 바뀌어야 할 모습을 다양하게 표현하기 | |
| 5~6 | 국어 | ◎ 성 역할에 대한 의견이 적절한지 판단하고 양성평등 사회 실현을 위한 자신의 생각을 글로 쓰기<br>-(돼지책) 책을 읽고 친구들과 의견을 교류하며 의견이 적절한지 판단하여 글쓰기 | 돼지책, PPT |
| 7~10 | 사회 | ◎ 소수자의 권리와 인권에 관한 우리 사회의 문제점을 찾아보고 해결 방법을 찾아보기<br>-다문화, 장애, 외국인 노동자, 새터민 등 살펴보기<br>-영화(방가 방가, 여섯 개의 시선)를 통해 사회적 소수자의 인권에 대해 이야기 나누기<br>-공연(어둠 속의 대화) 소개를 통해 장애인의 인권 보호를 위한 방법 제안하기 | 영화(방가 방가, 여섯 개의 시선)<br>공연(어둠 속의 대화) 소개 |
| 11~12 | 도덕 | ◎ 다양한 문화를 이해하고 존중해야 하는 이유 알아보기<br>-우리가 가진 편견과 차별을 알아보고 다름에 대한 이해와 관용의 태도 가지기<br>◎ 〈하나 되는 대한민국〉 공익 광고와 캠페인을 만들어 생활 속에서 실천하기 | 모둠 생각 쪽지<br>세계 여러 나라의 인사법<br>다문화 태도 체크리스트 |
| 13 | 사회 | ◎ 2주제 정리를 통해 양성평등, 다문화 존중, 소수자 인권 보호의 중요성을 정리하기<br>-주제 정리 | 학습지 |

| 관련<br>역량 | 민주시민<br>역량 | 성 역할에 대해 올바른 인식을 가지고 실천하기<br>가정 내에서 민주적인 절차에 의해 역할을 분담하고 실천하기 |
|---|---|---|
| | 자기주도적<br>학습력 | 우리 사회의 성 차별 및 성 역할 고정관념을 찾아보기<br>사회적 소수자의 인권을 보호할 수 있는 방법을 제안하고 다양하게 표현하기 |
| | 의사소통<br>능력 | 우리 사회의 여러 형태의 인권 존중의 실제 문제점과 원인에 대하여 주변인을 대상으로 인터뷰 조사하기<br>모둠 토의를 통하여 양성평등과 관련해 다양한 방법으로 의견 나누기 |

| 성취 기준(평가 방법) |
|---|

| 활동 과정<br>서술형<br>평가 계획 | -양성평등의 의미를 알고 가정생활과 사회생활 속에서 실천할 수 있는가?(서술 및 관찰 평가)<br>-다른 문화를 이해하고 존중해야 하는 이유를 알고 다문화 사회를 살아가는 데 필요한 태도와 방법을 실천할 수 있는가?(서술 및 관찰 평가)<br>-주제 관련 의견의 타당성을 합리적으로 판단하고 비판하여 주장하는 의견의 적절성을 판단할 수 있는가?(서술 평가) |
|---|---|

## 5. 심성 계발, 함께 가꾸는 마음 터전

감성지수 EQ를 높이기 위한 창의·인성 교육을 목적으로, 도덕 교과 및 창의적 체험활동 교육 과정을 중심으로 다섯 가지 프로젝트를 구안하여 실행하였다. 프로젝트의 주제와 성격에 따라 18개의 프로그램을 구안하였으며 국어, 사회, 과학, 음악, 체육 교과의 내용과 연계하여 교과 간 재구성을 하고 실행하였다.

활동 내용 면에서 도덕과 중심의 교수-학습 과정을 계획하고 프로젝트를 실행함에 있어 바람직한 심성 계발 신장에 목적을 두고, 창의 인성 측면의 태도 함양을 목표로 하는 창의·인성 요소적 활동을 실행하여 학생들의 창의·인성 태도 함양을 기대하며 활동을 하였다. 학습자 중심 교과 활동을 구상하여 창의적 방법의 학습 활동으로 인성 교육을 실천하였으며 활동의 방법에서는 개별화된 협동학습에 기반을 둔 모둠 활동을 주로 하여 또래 집단의 상호작용을 활발히 하는 가운데 자연스러운 학습을 통해 감성지수를 높일 수 있도록 하였다.

학교에서의 창의·인성 프로젝트를 실행한 결과는 다음과 같다.

- 자연 친화적 생태체험 프로그램으로 학생들의 올바른 심성을 가꿀 수 있었다.
- 평화로운 공동체 만들기 프로그램으로 학생들이 서로 배려하는 마음을 가질 수 있었다.
- 함께 사는 어울림 공동체 프로그램으로 학생들이 상호존중과 양보의 태도를 지닐 수 있었다.
- 튼튼한 몸으로 마음 가꾸기 프로그램으로 건강한 몸에 건전한 정신을 함양할 수 있었다.
- 교과 연계 창의력 증진 프로그램으로 바람직한 창의·인성 심성 요소를 계발할 수 있었다.

창의·인성 프로젝트 실행 결과에 따른 결론은 다음과 같이 내릴 수 있다.

- 학교에서의 인성 교육은 도덕적 · 윤리적 학습 활동을 주로 떠올리게 되는데 교과를 재구성한 다양한 프로젝트 활동을 준비하여 학생 개인의 개별화된 창의적인 방식으로 표현하는 것에 대한 성공적 경험을 바탕으로 창의적 가치판단력과 창의 · 인성 요소가 함양되었다.

- 창의 · 인성 5대 프로젝트의 준비, 전개, 정리 전체 과정에서 일반적인 모둠학습이 아닌, 학생들이 전 과정을 스스로 계획, 활동, 마무리, 내면화하도록 하여 동기 유발과 흥미를 이끌어 자발적 참여를 높임으로써 창의 · 인성 영역의 태도 함양에 긍정적 자심감이 신장되었다.

- 창의 · 인성 프로그램 18개의 활동 과정 전반에 창의적 사고를 촉진할 수 있는 아이디어를 투입하여 활동을 설계함으로써 참여도가 높아지고, 활발한 의사소통과 긍정적인 피드백을 통한 감정의 교류로 원만한 교우관계를 형성하여 학교 적응력과 심성 계발에 도움이 되었다.

학교에서의 창의 · 인성 교육이란 변화무쌍한 학생들의 여건에 따라 함께 진보하고 상황에 따라 언제든 수정 적용 가능하도록 변화의 가능성과 융통성을 활짝 열어 두고 접근해야 한다는 생각이 든다. 또한 창의 · 인성 교육은 이런 측면에서 교육 활동의 다양성과 개방성 및 융통성에 연관되어 연구하고 실천해야 함을 제언해 본다.

제**13**장

중등학교 창의 · 인성교육의 실제 사례*

*중등학교 창의 · 인성 교육 실천 수업 사례는 교직 경력 18년 차의 이혜현 선생님(경기도 내 고등학교 재직, 박사 수료)이
2014년에 실시한 수업안으로, 원저자의 동의하에 게재함

# 1. 교수 · 학습 방법에서의 혁신의 필요성

미래 사회를 준비하는 학교 교육에서는 단순히 교과 교육에만 학습을 국한해서는 안 된다. 학습은 학생들 삶의 실존적 문제에 대해 통찰하고 사유와 경험, 실천의 과정을 통하여 자아정체감을 확립하고 자기실현을 하는 과정이 되어야 한다.

학생들로 하여금 자신의 학습을 재검토하도록 만드는 과제 제시 및 교사는 학생과 지식 사이의 매개자로서 지원하고 때로는 지식을 함께 창조하고 형성해 나가는 공동 연구자로서의 역할을 수행해야 한다. 지식이 학생이 탐구의 과정을 통하여 얻은 성과와는 무관하게 전문가가 형성한 절대적인 것으로 인식된다면 교과서의 내용을 반복적으로 암기하는 것으로 학습이 완성될 것이다.

그러나 학생이 학습 과정을 지원하는 교사와 함께 지식을 형성하고 창조하는 과정을 학습이라고 한다면 학생, 교사, 학습, 지식이 상호연결성을 갖고 교육 과정 속에 담아낼 수 있도록 통합적 시스템이 필요할 것이다.

# 2. 배움 중심 수업의 의미

배움 중심 수업은 기존의 '학습자 중심 수업'이 갖는 장점을 수용하되 교사의 역할을 소극적으로 규정하지 않는다. 학생과 학생, 학생과 교사의 협력에 의해 지식의 탐구를 넘어서 새로운 지식을 창조해 나가는 과정을 강조한다. 그래서 배움 중심 수업은 지식과 기능의 학습에 그치지 않고, 비판적 사고력을 갖춘 창의적인 인재를 기르기 위한 교육 활동인 것이다.

배움 중심 수업은 단지 수업 기법이나 기능을 의미하는 것이 아니다. 이는 교육 과정 재구성, 평가 혁신과 더불어 총체적인 혁신을 의미한다.

배움 중심 수업은 비판적 사고를 키우는 지성 교육의 구체적 방법론이라고 할 수 있다. 배움 중심 수업은 곧 '창의 지성 역량'을 기르는 것으로 창의 지성 역량을 기르기 위한 비판적 사고의 주요 내용으로는 비평하면서 읽기, 작문하기(표현하기), 토론하기 등이 있다.

이러한 것들을 염두에 두면서 학생들이 비판적 사고력을 키우기 위한 방안들의 예를 들어 보면 다음과 같다.

- 학습을 되새기고 의미를 연관시키기 위해 통합적으로 내용을 분석하고 이해한 내용을 짧은 글로 정리한다.
- 사고의 진전을 위해서 동료로부터의 도움과 문제 제기, 피드백을 중시하는 협력학습의 방안을 활용한다.
- 질문을 적극적으로 활용한다.
- 질문을 기초로 그룹과 개인을 대상으로 하는 다양한 글쓰기 숙제를 활용할 수도 있도록 한다.
- 대화를 통해 분석을 심화하거나 역할을 지정한 논쟁 방식을 활용할 수 있다.
- 실험과 정보 그리고 다양한 체험 영역을 텍스트로 결합할 수 있다.
- 정답을 요구하는 질문보다는 학생들의 주체적이고 창의적인 사고를 유도하기 위해 정답이 없는 질문을 통한 '모호성'의 태도를 전략적으로 활용해야 한다.

## 3. 교육 과정과 배움 중심 수업

본교의 교육 과정은 학생들이 교사와 더불어 지식을 창조하고 형성해 가면서 의미 있는 학습이 일어나도록 기능하는 배움의 통합적 시스템을 '배움 중심 수업'으로 상정하고 있다. 배움 중심 수업은 교실 수업을 통해 일어나는 학생들의 변화와 배움의 수준을 목표로 설정하고 이 목표를 성취하기 위하여 교육 내용을 선정하고 교재를 재구성하는 등의 수업 방법의 설계뿐 아니라, 이를 확인하는 평가를 포괄하는 배움의 통합적 시스템을 집약한 개념이다. 본교의 교육 과정의 목표를 달성하기 위한 방법인 배움 중심 수업을 단위 학교의 교육 과정에서 구현하기 위해서는 다음과 같은 점에 유의해야 한다.

첫째, 배움 중심 수업의 출발은 '지식'은 고정불변의 것이 아니라 끊임없이 창조되고 형성되어 인간의 인식 영역이 확대되는 것에 기반해야 한다. 교사들은 교과서의 내용을 절대적으로 인식하여 수업을 통해서 모든 내용을 빠짐없이 전달해야 한다는 생각으로부터 자유로워야 하고 교과의 내용을 재구성하거나 주제 중심으로 스스로 탐구하여 비판적이고 성찰적인 사고를 통해 형성하고 창조하는 것으로 인식해야 한다.

둘째, 학생들이 어떤 내용을 배우는가 하는 것이 아니라 어떻게 지식을 탐구해 나가는가를 배우는 것이 중심이 되어야 한다. 미래 사회에서 지식은 고정되거나 완성된 것이 아니라 지속적으로 확장되고 발전되어 가는 과정이므로 교실에서 학생과 학생 간에 일어나는 소통과 협력을 통한 지식의 상승 작용뿐 아니라 교사와 학생 간의 지식의 창조와 형성의 과정이 일어나도록 교수-학습 방법을 재구성해야 한다.

셋째, 교사는 수업을 계획하고 준비하는 과정에서 자신의 계획대로 진행되는 일련의 흐름으로 이해할 것이 아니라 변화와 발전이 일어나는 창조의 과정으로 이해해야 한다. 이 경우 목표의 설정은 구체성보다는 추상성이 강조될 필요가 있다. 수업은 교사와 학생 모두의 기여를 통해 지식이 형성, 확장되어 가는 과정이기 때문이다.

넷째, 수업이 자칫 혼란으로 빠져 버리거나 소외를 양산하거나 배움의 질을 저하시키지 않도록 학생과 학생, 학생과 교사 간의 깊이 있는 관심과 신뢰 관계 형성이 중요하다. 교사는 신뢰, 경청, 격려, 개발, 도전 장려, 존중, 참여, 지원의 관계 형성으로 자기 생각을 만드는 배움과 서로 다른 자기 생각을 나누는 나눔을 협력적으로 구현해야 한다.

다섯째, 수업 과정에서 학생과 학생, 학생과 교사 간의 활발한 소통과 토론이 이루어지는 브레인스토밍을 통해 지식을 형성해 가는 창조의 과정을 경험하도록 수업을 구성해야 한다.

여섯째, 배움의 과정은 문제의 제기를 우선하도록 조직하고 비판적 사고와 경험을 통해 지식을 내면화하는 과정이 체계적으로 진행될 수 있도록 준비해야 한다.

일곱째, 배움 중심 수업은 학생의 창의성을 길러 가는 과정, 서로의 갈등을 조정하고 협력하는 방법을 배워 민주시민으로서 성장하는 과정이다.

## 4. 배움 중심 수업의 실제

| V. 문화와 윤리 | 2. 종교와 윤리 |

| 교육 과정 내용 영역 | | V. 문화와 윤리<br>2. 종교와 윤리<br>(1) 종교의 본질 |
|---|---|---|
| 성취 기준 | | 종교의 의미와 구성 요소를 이해하고 종교의 긍정적·부정적 기능을 설명할 수 있다. |
| 성취 수준 | 상 | 종교의 의미와 구성 요소를 이해하고 종교의 긍정적·부정적 기능을 체계적으로 제시할 수 있다. |
| | 중 | 종교의 의미와 구성 요소를 이해하고 종교의 긍정적·부정적 기능을 대략적으로 제시할 수 있다. |
| | 하 | 종교의 의미와 구성 요소를 정확히 구분하지 못하고 종교의 긍정적·부정적 기능을 피상적으로 제시할 수 있다. |

### ⊘ 교수·학습 방안

- 생각 열기: 종교가 인간의 삶에 주는 의미는 무엇일까?
  - 자료 제시: '종교와 행복한 삶' 뉴스 제시
  - 생각 탐색: 제시된 자료를 통해 종교를 믿는 이유에 대해 각자의 생각을 발표

- 생각 나누기: 종교의 긍정적 기능은 무엇일까?
  - 자료 제시: 문헌 자료와 그림 자료 제시
  - 발표활동: 제시된 자료를 통해 종교의 기능에 대한 자신의 생각을 발표

- 생각 펼치기: 종교의 부정적 기능은 무엇일까?
  - 자료 제시: 뉴스 자료 제시
  - 탐구 및 성찰: 제시된 자료를 통해 종교의 부정적 기능에 대해 성찰하기

### ⌄ 개념어 사전

종교의 어원

'종교(religion)'라는 말은 라틴어[re-ligare(다시 묶다)]에 기원을 두고 있는데, '다시 묶다', 즉 재결합이라는 의미는 죄로 인해 멀어진 신과 인간이 다시 연결된다는 것으로 신을 다시 만난 인간의 내적 상태가 종교(religion)라는 것이다.

### ⌄ 배움 중심 수업 활동 01

| 수업 활동 | MIE 활동, 발표 활동 | | |
|---|---|---|---|
| 단원 | 종교의 본질 | 핵심 개념 | 종교의 의미와 구성 요소, 종교의 기능 |
| 출처 | 『http://channel.pandora.tv/channel/video.ptv?c1=06&ch_userid=ktv2008&prg id=47277848&ref=da』 | | |

**생각 열기**

1. 이 뉴스를 통하여 인간이 종교를 믿는 이유에 대하여 자신의 생각을 작성해 보자.

_____

_____

_____

_____

_____

**생각 나누기**

1. 종교의 기능
다음 글을 통해 알 수 있는 종교의 기능을 써 보자.

★고통은 인간이 신과의 계약을 깨고 신을 거역하는 죄악을 범했기에 받는 대가다. 그 죄악은 최초의 남자와 여자가 계약을 깨고 저지른 원초적인 죄악은 물론 개개인이 저지르는 구체적인 죄악을 동시에 아우른다. 이 죄악에 대해서 속죄하고 참회 기도를 해야 한다.

★감각적 경험을 추구하고, 자신의 존재를 영속시키려 하며, 고통을 잠재우려고 하는 모든 집착 자체가 고통의 원인이다. 고통에서 벗어나 해탈하기 위해서는 나라는 인식의 망상을 없애야 한다.

★고통은 인간이 지은 업(業)의 대가다. 현생의 고통은 전생의 업의 결과이며, 현생의 업은 내생의 고통의 원인이 된다. 고통에서 벗어나기 위해서는 참된 지식을 얻어 어리석음에서 벗어나야 한다.

-한국종교연구회, 『종교 다시 읽기』-

## 2. 종교와 예술의 관계

다음 작품을 통해 종교와 예술의 관계에 대한 자신의 생각을 써 보자.

## 생각 펼치기

다음 글을 통해 종교의 부정적 기능에 대한 자신의 생각을 작성해 보자.

[서울신문] 유럽에서 반이슬람교 정서가 형성된 배경에 무슬림 인구 급증에 따른 비무슬림들의 위기감이 있다면, 미국과 캐나다 등 북미 지역에서는 '테러 위협'이 자리 잡고 있다.

지난해 미국 내 무슬림 인구 추정치는 245만여 명으로 규모 자체는 북남미 전체에서 가장 많다. 그러나 비율로 따지면 전체 인구의 0.8%에 불과, 무슬림 증가로 출산율이 덩달아 뛸 정도인 유럽과는 상황이 다르다.

미국의 경우 9·11테러 이후 무슬림에 대한 부정적인 정서가 강해졌다. 그 결과 2000년 단 28건이던 무슬림을 겨냥한 증오 범죄는 테러가 발생한 2001년 481건으로 17배 이상 증가했다. 무슬림에 대한 부정적인 인식도 팽배한 실정이다. CNN과 미국의 종교 연구 단체 '퓨 포럼'이 지난해 함께 실시한 여론조사에 따르면 미국인의 46%는 이슬람교도들에 대해 비우호적인 것으로 나타났다.

시민권을 갖고 있는 '선량한' 무슬림 가족이 이유없이 비행기 탑승을 거부당하기도 하고 법정에서 이슬람식 여성 머릿수건인 히잡을 벗지 않았다는 이유로 징역형이 선고된 적도 있다. 버락 오바마 대통령이 지난해 취임식 때 '버락 후세인 오바마'라는 이름으로 선서한 데 이어 최근에는 이슬람권 50개국 기업가 250명을 초청해 이슬람권과의 스킨십에 나섰지만, 지난 1일 뉴욕 도심 한복판에서의 테러 기도 사건은 그간의 노력을 제자리로 돌려놓았다.

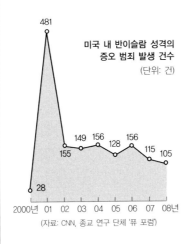

미국 내 반이슬람 성격의
증오 범죄 발생 건수
(단위: 건)

481
155
149
156
128
156
115
105
28
2000년  01  02  03  04  05  06  07  08년
(자료: CNN, 종교 연구 단체 '퓨 포럼')

이슬람과 기독교의 대립 양상도 만만찮다. 유엔 총회는 지난해 12월 종교 비방 행위를 비난하고 이슬람교도들이 테러리즘에 연계됐다는 인식에 우려를 표명하는 내용의 결의안을 채택했다. 이슬람 비방 금지가 국제법으로 인정받으면 이슬람 율법인 샤리아법이 이슬람 국가뿐만 아니라 비이슬람 국가에도 영향을 미칠 수밖에 없다.

| V. 문화와 윤리 | | 2. 종교와 윤리 |

| 교육 과정<br>내용 영역 | | V. 문화와 윤리<br>2. 종교와 윤리<br>(2) 종교와 관련된 갈등 문제 |
|---|---|---|
| 성취 기준 | | 종교와 과학의 올바른 관계를 이해할 수 있고, 종교 간의 갈등을 극복하기 위한 노력을 설명할 수 있다. |
| 성취<br>수준 | 상 | 종교와 과학의 올바른 관계를 이해할 수 있고, 종교 간의 갈등을 극복하기 위한 노력을 구체적으로 제시할 수 있다. |
| | 중 | 종교와 과학의 올바른 관계를 이해할 수 있고, 종교 간의 갈등을 극복하기 위한 노력을 대략적으로 제시할 수 있다. |
| | 하 | 종교와 과학의 올바른 관계를 정확히 구분하지 못하고, 종교 간의 갈등을 극복하기 위한 노력을 피상적으로 제시할 수 있다. |

## ✓ 교수 · 학습 방안

- 생각 열기: 우리는 다른 종교인에 대해 어떤 태도를 가져야 할까?
  - 자료 제시: 지식채널e 자료 제시
  - 생각 탐색: 삼소회의 신념과 타 종교에 대한 자신의 생각을 탐색

- 생각 나누기: 종교 갈등의 바람직한 자세는 무엇일까?
  - 자료 제시: 읽기 자료, 그림 자료, 명언 자료 제시
  - 발표활동: 자료를 통하여 종교 갈등의 바람직한 자세에 대한 생각을 나누기

- 생각 펼치기: 종교 갈등을 해결하기 위한 적극적인 방안은 무엇일까?
  - 자료 제시: 뉴스 자료 제시
  - 탐구 및 성찰: 종교 갈등을 해결하기 위한 적극적인 방안과 관련한 토의 활동 진행

## ✓ 개념어 사전

과학과 종교의 관계

"과학이 무언가를 조사한다면, 종교는 해석한다. 과학은 인간에게 지식을 주지만, 종교는 인간에게 스스로 다스릴 수 있는 지혜를 준다."

−마틴 루서 킹−

### ✓ 배움 중심 수업 활동 01

| 수업 활동 | MIE 활동, 발표 활동, 토의 활동 | | |
|---|---|---|---|
| 단원 | 종교와 관련된 갈등 문제 | 핵심 개념 | 종교와 과학의 관계, 종교 간의 갈등 |
| 출처 | 『지식채널-e』 | | |

### 생각 열기

다음 영상을 감상해 보자.

> **지식채널 e-'어떤 성직자들'**
> 삼소회는 여러 종교의 여자 수도자들이 만든 종교 간의 종교 화합 단체이며 다른 종교에 대해 열린 마음을 갖고 있다. 이들은 장애인들을 위한 시화전, 북한 어린이 돕기 운동, 에티오피아 소녀들을 위한 염소 한 마리의 희망 운동을 함께 하면서 신념과 존중의 가치를 함께 나누고 있다.

1. 성직자들의 모임에 대한 자신의 생각을 작성해 보자.

2. 종교 간 갈등 원인에 대한 자신의 생각을 작성해 보자.

---

### 생각 나누기

1. 읽기 자료 – 관용(톨레랑스)의 유래

 관용은 프랑스어의 '톨레랑스(tolerance)'에서 유래한 말이다. 1562년 프랑스 국왕 앙리 4세가 개신교도 위그노파에 종교의 자유를 허용하는 '관용 칙령'을 발표하였다. 그러나 이 칙령으로 인해 평화가 아니라 오히려 전쟁이 일어났다. 이 칙령에 반발한 가톨릭 세력이 위그노를 암살하면서 종교 전쟁이 시작되었다. 30여 년간 이어진 전쟁으로 십만 명의 개신교인이 순교당하는 비극이 발생했다. 1598년 낭트 칙령으로 전쟁은 일단락되고 위그노파의 종교의 자유가 확립되었다. 관용은 세계 최대의 개신교도 순교라는 귀중한 대가를 치른 역사를 갖고 있다. 그러한 전통 때문에 프랑스인들은 모든 종교에 대해서 톨레랑스 정신을 실천하고 있다.

2. 그림이 의미하는 바에 대해 종교 갈등과 관련하여 자신의 생각을 작성해 보자.

_____

_____

_____

_____

_____

3. 타 종교에 대한 올바른 태도와 관련하여 다음 명언이 의미하는 바를 작성해 보자.

 "하나만 아는 것은 아무것도 모르는 자다." – 막스 뮐러

## 생각 펼치기

"(                                                    )"

(자카르타=연합뉴스) 이주영 특파원 = 인도네시아 자카르타 불교사원 폭탄 공격은 미얀마 내 불교-이슬람교 충돌을 빌미로 종교 간 갈등을 촉발하기 위한 테러로 보인다고 인도네시아 언론이 6일 보도했다.

인도네시아 국가정보원(BIN) 마르시아노 노먼 원장은 사건 현장에서 발견된 폭탄에 "로힝야족의 절규에 답한다."라는 글이 적혀 있었다며 이 사건을 이슬람교도와 불교도를 자극해 갈등을 일으키려는 시도로 규정했다.

그는 이 사건은 로힝야족 이슬람교도들의 역경과 미얀마 내 불교 극단주의자들의 행위와 관련이 있다며 "범인들의 목적은 혼란을 일으키는 것이었다고 생각한다. 테러 조직과 관련이 있을 수 있다."라고 말했다.

이에 앞서 지난 4일 밤 자카르타 서부 상업지역 크분저룩에 있는 에카야나 불교사원에서는 사제 폭탄이 두 차례 터져 3명이 다쳤다. 경찰은 건물 내 다른 곳에서 불발 폭탄 1발을 찾아냈다.

사건 현장을 방문한 수리야다르마 알리 종교부 장관은 "이슬람 성월이자 금식월인 라마단에 발생한 이 사건은 저주받을 야만적 행위"라며 "이 폭탄 공격을 강력히 비난한다."라고 말했다.

BIN과 경찰은 이슬람 과격단체 등의 관련 가능성을 배제하지 않고 있으나 사건을 저지른 조직이나 배후는 밝혀 내지 못하고 있다.

인구 2억 4,000만 명 중 90% 정도가 이슬람 신자인 인도네시아에서는 미얀마 라카인 주에서 지난해 라카인족 불교도와 로힝야족 이슬람교도 간 유혈 충돌로 수백 명이 숨지는 사건이 발생한 뒤 미얀마와 불교에 대한 반감이 커지고 있으며 관련 시설에 대한 테러 가능성도 제기돼 왔다.

scitech@yna.co.kr

1. 신문 기사의 제목을 작성해 보자.

2. 종교 갈등을 극복하기 위해 필요한 방안을 작성해 보자.

| V. 문화와 윤리 | 2. 종교와 윤리 |
|---|---|

| 교육 과정<br>내용 영역 | | V. 문화와 윤리<br>2. 종교와 윤리<br>(3) 종교윤리와 세속윤리 |
|---|---|---|
| 성취 기준 | | 종교와 윤리의 차이점과 공통점을 이해하고 바람직한 종교의 모습을 설명할 수 있다. |
| 성취<br>수준 | 상 | 종교와 윤리의 차이점과 공통점을 이해하고 바람직한 종교의 모습을 체계적으로 제시할 수 있다. |
| | 중 | 종교와 윤리의 차이점과 공통점을 이해하고 바람직한 종교의 모습을 대략적으로 제시할 수 있다. |
| | 하 | 종교와 윤리의 차이점과 공통점을 정확히 구분하지 못하고, 바람직한 종교의 모습을 피상적으로 제시할 수 있다. |

## 교수 · 학습 방안

- 생각 열기: 종교인이 자신의 종교를 초월해 봉사활동을 하는 이유는 무엇일까?
  - 자료 제시: 영화 〈울지 마 톤즈〉 제시
  - 생각 탐색: 이태석 신부님이 봉사활동을 하는 이유에 대한 자신의 생각 탐색

- 생각 나누기: 종교와 윤리의 공통점은 무엇일까?
  - 자료 제시: 명언 및 고전 예문 제시
  - 발표활동: 각 종교의 황금률을 통하여 종교와 윤리의 공통점을 찾아 생각 나누기

- 생각 펼치기: 종교와 윤리는 다른 것일까?
  - 토론 활동: 주어진 자료를 바탕으로 찬성과 반대 근거를 적고 자신의 입장을 정하여 모둠별 토론 활동 하기

## 개념어 사전

종교의 윤리적 기능

윤리는 종교로부터 주어졌다. 상고 시대의 모든 사회는 먼저 종교를 가지고 살다가 그 종교의 내용이 독립된 윤리로 발전했다. 근대 사회로 넘어와서는 종교와 윤리가 분리되기 시작했다. 종교 없는 윤리가 가능하며 심지어는 윤리가 종교를 배척하는 일도 있었다. 그러나 윤리성을 내포하지 않는 종교는 없다. 어떤 종교라도 그 종교가 인간의 문제를 취급하는 한 인간적 가치의 문제를 논하지 않을 수 없고, 인간의 문제가 언급되면 그 속에는 반드시 윤리적 가치가 포함되기 때문이다. − 강동효, 『Basic 고교생을 위한 윤리 용어 사전』 −

## ⏱ 배움 중심 수업 활동 01

| 수업 활동 | MIE 활동, 발표 활동, 토론 활동 | | |
|---|---|---|---|
| 단원 | 종교윤리와 세속윤리 | 핵심 개념 | 종교와 윤리의 차이점과 공통점 |
| 출처 | 『다음 영화』 | | |

### 생각 열기

아프리카 오지 수단에 자신의 모든 것을 헌신한 한국의 슈바이처, 故 이태석 신부가 남긴 마지막 선물…… 위대한 사랑의 감동 휴먼 다큐멘터리 〈울지 마, 톤즈〉!

2010년 2월, 아프리카 수단 남쪽의 작은 마을 톤즈. 남수단의 자랑인 톤즈 브라스 밴드가 마을을 행진했다. 선두에 선 소년들은 한 남자의 사진을 들고 있었다. 환하게 웃고 있는 사진 속 한 남자…… 마을 사람들은 톤즈의 아버지인 그의 죽음이 믿기지 않는다며 눈물을 흘렸다. 그들은 세계에서 가장 키가 큰 딩카족이다. 남과 북으로 나뉜 수단의 오랜 내전 속에서 그들의 삶은 분노와 증오 그리고 가난과 질병으로 얼룩졌다. 목숨을 걸고 가족과 소를 지키기 위해 싸우는 딩카족. 강인함과 용맹함의 상징인 종족 딩카족에게 눈물은 가장 큰 수치다. 무슨 일이 있어도 눈물을 보이지 않던 그들이 울고 말았다. 모든 것이 메마른 땅 톤즈에서 눈물의 배웅을 받으며 이 세상 마지막 길을 떠난 사

람, 마흔여덟의 나이로 짧은 생을 마감한 故 이태석 신부다. 톤즈의 아버지이자, 의사였고, 선생님, 지휘자, 건축가였던 쫄리 신부님, 이태석…… 자신의 모든 것을 바쳐 온 몸을 다해 그들을 사랑한 헌신적인 그의 삶이 스크린에서 펼쳐진다.

꽃처럼 아름답고 향기로운
그의 인생이 이제 온 세상을 울린다!

1. 영화를 보고 자신이 느낀 점을 '한 줄 비평 쓰기'로 작성해 보자.

2. 이태석 신부님이 자신의 종교를 초월해 봉사활동을 함께한 이유는 무엇인가?

## 생각 나누기

### 1. 여러 종교의 황금률
여러 종교의 황금률이 공통적으로 지향하는 것이 무엇인지 생각해 보자.

- "네가 남에게 바라는 대로 남에게 해 주어라."–기독교
- "너에게 해가 되는 것이라면 남에게도 하지 마라."–불교
- "네가 하고 싶지 않은 일을 남에게 시키지 마라."–유교
- "아무도 해치지 마라. 그러면 아무도 너를 해치지 않을 것이다."–이슬람교
- "네가 싫어하는 것을 다른 사람에게 하지 마라."–유대교

_____

_____

_____

_____

_____

### 2. 종교와 윤리의 상호 긍정적 영향
다음 글을 읽고, 인도주의적 종교관과 권위주의적 종교관의 사례를 찾아 완성해 보자.

프롬은 『정신분석학과 종교』에서 세계의 종교를 인도주의적 종교와 권위주의적 종교로 나눈다. 그는 권위주의적 종교를 보잘것없고 속수무책이며 비참한 인간의 존재와 '타력적 구원'을 강조하는 종교라고 규정하였다."

| | 사례 |
|---|---|
| 인도주의적 종교관 | |
| 권위주의적 종교관 | |

### 생각 펼치기

"종교와 윤리는 다른 것인가?"

다음 글을 읽고 모둠별로 토론해 보자.

가. 종교는 우리가 필요로 하는 모든 규범을 제시합니다. 당신이 종교의 가르침을 시험하기 위해 당신의 이성을 사용하는 것은 위험천만하고 오만한 행위입니다. 우리는 초월적 존재에 의해서 창조되었고 그 뜻에 따라 살아가게끔 되어 있습니다. 종교의 규범은 자족적이지만 세속 윤리는 인간이 만들어 낸 것으로 불확실하고 애매합니다.

나. 저는 윤리와 종교는 서로 다른 것이므로 혼동해서는 안된다고 생각합니다. 윤리는 단지 인간이라는 종으로서 우리 모두가 공통적으로 가지고 있는 것을 바탕으로 삼습니다. 이를 테면 우리 자신의 본래적인 이성과 경험, 욕망, 목적 그리고 사회에서 함께 살아가야 한다는 사실 말입니다. 종교와 달리 윤리는 사회적 삶과 개인적 삶을 지탱하고 고양하는 데 이바지할 수 있습니다.

— 랜돌프 피젤, 『윤리와의 대화』 —

1. 이 글을 읽고 찬성과 반대 주장에 따른 근거를 작성해 보자.

찬성 근거 :

반대 근거 :

2. 이 글에 대한 찬성 또는 반대의 자신의 입장을 정하고 이 글의 논제에 대하여 토론해 보자.

# 참고문헌

강충열(1997). 창의성의 교육적 정의. 교육과학연구, 1(1), 1-39.

강충열(2013). 초 · 중등학교 통합적 인성교육모델: 동심원 모델. 통합교육과정연구, 7(2), 1-35.

강충열, 한상우, 권동택, 손민호, 이진웅, 정진영(2013). 인성교육 중심 수업을 위한 교육과정 편성 · 운영 방안 연구. 교육부.

강충열, 권동택, 신문승, 이선희, 이희정, 정미향, 정선미, 최홍준, 하선희(2015). 창의성 교육의 이해와 수업. 경기: 양서원.

공자(1974). 한글 논어(論語). (이을호 역). 서울: 박영사.

공자(1984). 論語. (이종은 역). 서울: 정음사.

곽병선(2013). 자유학기제란 무엇인가. 제1회 진로교육포럼 진로탐색을 위한 자유학기제: 방향과 과제 포럼자료집. 한국직업능력개발원 진로 · 책임정보센터.

교육과학기술부(2014). 초등학교 교사용 지도서 창의적 체험활동. 서울: 미래엔.

교육과학기술부(2009). 창의와 배려의 조화를 통한 인재 육성: 창의 · 인성교육 기본방안.

교육부(2013). 중학교 자유학기제 시범 운영계획(안). 세종: 교육부.

교육부(2015). 2015 개정 교육과정 초 · 중등학교「창의적 체험활동」교육과정. 교육부 고시 제 2015-74호.

김경미(2014). 자유학기제 평가를 위한 평가문항 설계 및 웹 설문지 구현. 이화여자대학교 교육대학원 석사학위논문.

김경은, 이화선, 김은아, 최인수(2007). 유아 창의성 교육에 대한 부모와 교사의 요구도 조사. 생활과학, 10, 167-187.

김기현, 김영경, 조정일, 김세은, 조발그니, 윤이흠, 박광서, 김영훈, 김영일, 박건주, 한상우

(2012). 현대인의 삶과 종교. 광주: 전남대학교 출판부.

김동일, 오헌석, 송영숙, 고은영, 박상민, 정은혜(2009). 대학교수가 바라본 고등교육에서의 대학생 핵심역량: 서울대학교 사례를 중심으로. 아시아교육연구, 10(2), 195-214.

김명숙(2001). 통합적 창의성 모형의 구성. 교육심리연구, 15(3), 5-27.

김명숙, 최인수(2005). 창의성의 영역 특수성과 영역 일반성의 절충적 대안 탐색: 창의적 잠재력과 창의적 수행을 중심으로. 교육심리연구, 19(4), 1139-1158.

김상윤(2006). 유아 창의성 교육과 진단. 경기: 공동체.

김유미(2009). 뇌를 알면 아이가 보인다. 서울: 해나무.

김종호(1999). 자녀의 인성과 창의성, 두 마리 토끼 잡기. 서울: 교육과학사.

김진성(1985). 베르그송 연구. 서울: 문학과 지성사.

김진숙(2013). 자유학기의 교수학습 및 평가 방법. 서울: 한국교육과정평가원.

김춘일(1999). 창의성 교육, 그 이론과 실제. 서울: 교육과학사.

김춘일(2000). 유아를 위한 창의성 교육. 서울: 교육과학사.

김택환 외(1996). 전환기의 국가와 윤리. 충북: 한국교원대학교 출판부.

나가타 도요시(2011). 55가지 프레임워크로 배우는 아이디어 창조기술(김정환 역). 서울: 스펙트럼북스.

노영희, 장연주(2011). 유아의 창의성 수준에 따른 언어표현력의 차이. 열린유아교육연구, 16(6), 271-295.

문미옥(1999). 엄마! 내 창의성을 방해하지 마세요 : 창의성 증진을 위한 부모 역할. 서울: 다음세대.

박병기(1998). 창의성교육의 기반. 서울: 교육과학사.

백평구, 이희수(2009). 기업에서의 창조성 교육 프로그램 분석. 인력개발연구, 11(3), 97-123.

서울대학교 교육연구소(1995). 교육학용어사전. 서울: 하우동설.

소경희(2007). 학교교육의 맥락에서 본 "역량(competency)"의 의미와 교육과정적 함의. 교육과정연구, 25(3), 1-21.

신문승(2010). 초등학생용 창의적 성향 검사의 개발 및 타당화. 초등교육연구, 23(3), 267-291.

신화식, 우남희, 김명희(2006). 영유아를 위한 창의성 프로그램. 경기: 양서원.

안병선(2013). 창의성 교육의 한국적 실천- 국제학교 학부모들 사례를 중심으로. 서울시립대학교 교육대학원 석사학위논문.

양윤옥(2003). 프로젝트 접근법이 유아의 창의성에 미치는 영향. 남부대학교 교육대학원 석사학위논문.

윤길근, 강진영(2004). 창의성 신장을 위한 교육방법. 서울: 문음사.

윤종건(1995). 창의력: 이론과 실제. 서울: 정민사.

윤종건(1998). 창의력의 이론과 실제. 서울: 원미사.

이미나, 이화선, 최인수(2012). 대학생의 창의성 교육에 대한 전공계열별 인식 비교. 교육과
정연구, 30(3), 353-376.

이종연 외(2006). Creative Thinker 프로그램 효과성 분석 연구. 한국교육학술정보원.

이지연(2013a). 자유학기제의 운영 방안. 한국가정과교과교육학회 발표자료집, 2013(7), pp.
23-51.

이지연(2013b). 성공적인 자유학기제 운영방안: 진로탐색중심접근, 제1회 진로교육포럼 진
로탐색을 위한 자유학기제: 방향과 과제 포럼자료집. 한국직업능력개발원 진로 · 책임
정보센터.

이지연(2013c). 성공적인 자유학기제 운영을 위한 진로탐색 중심의 선결과제. 교육정책포럼
제237호, 서울: 한국교육개발원.

이효선(2014). 대학생의 다양성 수용도가 창의성에 미치는 영향 : 협동학습역량과 폐기학습
역량의 매개효과. 중앙대학교 대학원 박사학위논문.

임선하(1993). 창의성에의 초대. 서울: 교보문고.

장재윤, 박지영(2007). 내 모자 밑에 숨어 있는 창의성의 심리학. 서울: 가산출판사.

전경원(1995). 창의성을 잡아요. 확!. 서울: 창지사.

전경원(1997). 브레인스토밍에 관한 문헌 고찰. 창의력교육연구, 1(1), 29-64.

전경원(2000). 동 · 서양의 하모니를 위한 창의학. 서울: 학문사.

전경원(2010). 창의력 측정: 행복한 '생존'을 위한 창의력. 서울: 창지사.

정병오(2013). 한국형 '자유학기제' 해외 사례에서 무엇을 배울 것인가?. 한국진로교육학회
춘계학술대회 자료집.

조석희(1999). 창의성 증진을 위한 교수-학습에 관한 교육심리학의 역할과 과제. 교육심리연
구, 13, 79-103.

조성수(1997). 초등학교 아동의 창의성 신장을 위한 프로그램의 효과 연구. 고려대학교 교
육대학원 석사학위논문.

조연순, 성진숙, 이혜주(2008). 창의성 교육–창의적 문재해결력 계발과 교육 방법. 서울: 이화
여자대학교 출판부.

천병희 역(2002). 시학. 서울: 문예출판사.

최상덕, 이상은, 김동일, 김재철, 박소영, 홍창남(2014). 2014년도 1학기 자유학기제 연구학교 사례연구 종합보고서. 수탁연구 CR 2014-47. 서울: 한국교육개발원.

최일호, 최인수(2001). 새로운 생각은 어떻게 가능한가: 전문분야 창의성에 대한 학습과정 모형접근. 한국심리학회지: 일반, 20(2), 409-428.

하대현(2003). MI 이론의 경험적 타당화 연구(Ⅲ): 지능과 인지양식의 영역-특수성의 발달적 변화. 교육심리연구, 17(3), 27-52.

하대현, 현진섭(2002). MI 이론의 경험적 타당화 연구(Ⅱ): 창의성과 작업양식의 영역-특수성. 한국교육심리학회 2002년도 제1차 학술대회 발표 논문. 이화여자대학교.

한기순(2000). 창의성의 영역한정성과 영역보편성에 관한 분석과 탐구. 영재교육연구, 10(2), 47-69.

한상우(1996). 현대 한국의 인성교육에 대한 철학적 반성: 전환기의 국가와 윤리(청당 김택환 박사 정년 기념 논문집). 충북: 한국교원대학교 출판부.

한상우(2003). 우리 것으로 철학하기. 서울: 현암사.

한상우(2005). 한국인의 자연과 예술관, 윤리관의 관계: 도덕과 윤리. 충청: 충청북도교육청 도덕과 수업연구회 논문집.

한상우(2009a). 원효와 베르그송의 '생명'이해: 하나의 해석학적 비교. 종교와 문화 학보, 6(5). 129-161.

한상우(2009b). 생명, 삶, 교육. 충북: 한국교원대학교 사회과학연구소.

한상우(2011). 한국인의 '인생, 삶, 생명'의식에 관한 연구. 사회과학연구 제12집.

한상우(2012). 원효의 생명관에 대한 현대적 이해. 김기현 외, 현대인의 삶과 종교. 광주: 전남대학교 출판부.

홍순정(1999). 지능과 창의성. 서울: 양서원.


Agostino, V. R. (1998). Community, character, and schooling. In T. Rusnak (Ed.), *An integrated approach to character education* (pp. 125-136). NY: Macmillan Publishing Company.

Albert, R. (1996). Some reasons why childhood creativity oftenfails to make it past puberty into the real world. In M. A. Runco (Ed.), *Creativity from childhood through adulthood: The development issues.* San Francisco: Jossey-Bass.

Amabile, T. M. (1983). The social psychology of creativity: A componential conceptualization. *Journal of Personality and Social Psychology, 45*, 357-376.

Amabile, T. M. (1989). *Growing Up Creative: Nurturing a Lifetime of Creativity*. 전경원 역 (1998). 창의성과 동기유발. 서울: 창지사.

Amabile, T. M. (1996). *Creativity in context: Update to the social psychology of creativity*. Boulder, CO: Westview.

Amabile. T. M. (1982). social psychology of creativity: A consensual assessment technique. *Journal of Personality and Social Psychology, 43*, 997-1013.

Amabile. T. M. (1983). The social psychology of creativity: A componential conceptualization. *Journal of Personality and Social Psychology, 45*(2), 347-376.

Amabile. T. M. (1998). How to kill creativity. *Harvard business review, September-October*, 77-87. MA: Harvard Business School Publishing.

Anderson, L. W. (1995). Theories and models of teaching. In L. W. Anderson (Ed.), *International Encyclopedia of teaching and teacher education* (2nd ed.) (pp. 89-91). Ny: Pergamon.

Antis, J. (1998). Learning beyond the classroom. In T. Rusnak (Ed.), *An integrated approach to character education* (pp. 45-54). NY: Macmillan Publishing Company.

Arieti, S. (1976). *Creativity: The magic synthesis*. NY: Baisc Books.

Aristotle (1985). *Nichomachean ethics*. Trans. T. Irwin. Indianapolis, IN: Hackett.

Baer, J. (1991). Generality of creativity across performance domain. *Creativity Research Journal, 4*, 23-39.

Baer, J. (1994). Divergent thinking is not a general trait: A multidomain training experiment. *Creativity Research Journal, 7*, 35-46.

Bandura, A. (1976). Social learning perspective on behavior change. In A. Burton (Ed.). *What makes behavior change possible?* (pp. 34-57). NY: Brunner/Mazel.

Barbour, K. (1998). More than a good lesson plan. In T. Rusnak (Ed.). *An integrated approach to character education* (pp. 69-79). NY: Macmillan Publishing Company.

Barron, F. (1988). Putting creativity to work. In R. J. Sternberg (Ed.), *The nature of creativity: Contemporary psychological perspectives*. NY: Cambridge University Press.

Bennette, W. J., & Delattre, E. J. (2011). Moral education in the schools. In J.L. DeVitis & T. Yu (Eds.), Character and moral educatin(pp. 3-15). NY: Peter Lang.

Benninga, J. S., Berkowitz, M. W., Juehn, P., & Smith, K. (2011). Character and academics. In J. L. DeVitis & T. Yu (Eds.), *Character and moral education* (pp. 36-42). NY: Peter Lang.

Besemer, S. P., & Treffinger, D. J. (1981). Analysis of creative products: Review and synthesis: *Journal of Creative Behavior, 15*, 159-179.

Black, P. F. (1998). Epilogue: Getting started. In T. Rusnak (Ed.), *An integrated approach to character education* (pp. 145-154). NY: Macmillan Publishing Company.

Blenkin, G. M., & Kelly, A. V. (1981). *The primary curriculum*. London: Harper & Row, Publishers.

Brameld, T.(1950). *Means and ends in education: A midcentury appraisal*. NY: Harper and Row Publishers.

Bruner, J. S. (1962). The conditions of creativity. In H. Gruber, G. Terrell, & M. Wertheimer (Eds.), *Contemporary approaches to creative thinking* (pp. 1-30). NY: Atherton.

Cangelosi, J. S. (2000). *Classroom management strategies: Gaining and maintaining students' cooperation*. NY: John Wiley & Sons, Inc.

Character Education Office (2002). *Character Education Information Handbook & Guide for Support and Implementation of the Student Citizen Act of 2001*. Raleigh, NC: North Carolina Department of Public Instruction.

Chi, M. T. H., & Ceci, S. J. (1987). Content knowledge: Tts role, representation, and restructuring in memory development. in H. W. Reese (Ed.), *Advances in child development and behavior* (Vol. 20, pp. 91-142). New York, NY: Academic Press.

Cooley, A. (2011). Legislating character. In J. L. DeVitis & T. Yu (Eds.), *Character and moral education* (pp. 63-77). NY: Peter Lang.

Covaleskie, J. F. (2011). Morality, virtue, and democratic life. In J. L. DeVitis & T. Yu (Eds.), *Character and moral education* (pp. 167-178). NY: Peter Lang.

Csikszentmihalyi, M. (1988). Society, culture, and person: A systems view of creativity. In R. J. Sternberg (Ed.), *The nature of creativity*. Boston, MA: Cambridge University Press.

Csikszentmihalyi, M. (1990). The domains of creativity. In M. A. Runco & R. S. Albert(Eds.), *Theories of creativity*. London: Sage.

Csikszentmihalyi, M. (1996). *Creativity: Flow and the psychology of discovery and invention*. NY: Harper Collins Publishers. 노혜숙 역 (2003). 창의성의 즐거움. 서울: 북로드.

Csikszentmihalyi, M. (1996). *Creativity: Flow and the psychology of discovery and invention*. NY: Harper Collins.

Dacey, J. (1989). Peak periods of creative growth across the lifespan. *Journal of Creative Behavior, 23*(4), 221-247.

Dacey, J. S., & Lennon, K. H., & Fiore, L. B. (1998). *Understanding Creativity: The interplay of biological, psychological, and social factors*. San Francisco: Jossey-Bass. 이신동, 이정규, 박성은, 김은진 역. (2009). 창의성의 이해. 서울: 박학사.

Davis, G. A. & Rimm, S. (1982), Group inventory for finding interests (GIFFI) I and II: Instruments for identifying creative potential in the junior and senior high school. *Journal of Creative Behavior, 16*(1), 50-57.

Davis, G. A. (1986). *Creativity is forever* (3th ed.). Dubuque, Iowa: Kendall/Hunt Publishing Company.

Davis, G. A. (1998). *Creativity is forever* (4th ed.). Dubuque, Iowa: Kendall/Hunt Publishing Company.

de Bono, E. (1973). *PO: Beyond yes and no*. NY: Penguin Books.

DeVitis, J. L. & Yu, T. (2011). The "moral poverty" of character education. In J. L. DeVitis & T. Yu (Eds.), *Character and moral education* (pp. 53-62). NY: Peter Lang.

Dewey, J. (1944). *Democracy and education: An introduction to the philosophy of education*. NY: The Free Pess.

Dewey, J. (1957). *The public and its problems*. Athens, OH: Swallow.

Dewey, J. (1966). *Democracy and education*. NY: Free Press.

Dewey, J. (1971a, 11th imp.). *The child and the curriculum*. Chicago, IL: The University of Chicago Press.

Dewey, J. (1971b, 11th imp.). *The school and society*. Chicago, IL: The University of Chicago Press.

Dewey, J. (1990). *The school and society*. Chicago: University of Chicago Press.

Dillon, J. T. (1994). *Using discussion in classroom*. Open University Press.

Elliott, E. E., & Dweck, C. S. (1988). Goals: An approach to motivation and achievement. *Journal of Personality and Social Psychology, 54*(1), 5-12.

Feist, G. J. (1999). The influence of personality on artistic and scientific creativity. In R. J. Sternberg(Ed.), *Handbook of creativity*. NY: Cambridge University Press.

Feldhusen, J. F. & Clinkenbeard, P. R. (1986). Creativity Instructional Materials: *A review of research. Journal of Creative Behavior, 20*(3), 153-82.

Feldman, D. H. (1993). Creativity: Dreams, insights, and transformations. In R. J. Sternberg (Ed.), *The nature of creativity: Contemporary psychological perspectives* (pp. 271-297). NY: Cambridge University Press.

Feldman, D. H. (1999). The development of creativity. In R. J. Sternberg (Ed.), *Handbook of creativity*. NY: Cambridge University Press.

Finke, R. A., Ward, T. B., & Smith, S. M. (1992). *Creative cognition: Theory, research, and applications*. Cambridge, MA: MIT Press.

Florida, R. (2002). *The rise of the creative class*. Cambridge, MA: Basic Books.

Forman, A. G. & Micknney, J. D. (1978). Creativity and achievement of second graders in open and traditional classrooms. *Journal of educational psychology, 20*, 101-107.

Frensch, P. A., & Sternberg, R. J. (1989). Expertise and intelligent thinking: When is it worse to know better?. In R. J. Sternberg (Ed.), *Advances in the psychology of human intelligence* (pp. 157-188). Hillsdale, NJ: Erlbaum.

Freud, S. (1959). Creative writers and day-dreaming. In the standard edition of *The Complete Pyschological Works, Vol 9*. (pp. 143-158). London: Hogarth Press.

Freud, S. (1959). The creative attitude. Ir. H. H Anderson(Ed), *Creativity and its cultivation* (pp.44-54). NY: Basic Books.

Gallagher, J. J. (1975). *Teaching the giftes* (2nd ed.). Boston, MA: Allyn & Bacon.

Gardner, H. (1983). *Frames of mind: The theory of multiple intelligences*. NY: Basic Books.

Gardner, H. (1989). *To open minds*. NY: Basic.

Gardner, H. (1993a). *Creating minds: An anatomy of creativity seen through the lives of Freud, Einstein, Picasso, Stravinsky, Eliot, Graham and Gandhi*. NY: Basic Books.

Gardner, H. (1993b). Seven creators of the modern era. In J. Brockman (Ed.), *Creativity* (pp. 28-47). NY: Simon and Schuster.

Getzel, J. W., & Csikszentmihalyi, M. (1976). *Creative vision: Longitudinal study of problem finding in art*. New York, NY: Wiley & Sons.

Ghiselin, B. (1963). Ultimate criteria for two levels of creativity. In C. W. Taylor, & F. Barron (Eds.), *Scientific creativity: Its recognition and development*(pp. 30-43). NY: John Wiley & sons, Inc.

Gredler, M. E. (2005). Learning and instruction: Theory into practice (5th ed.). Upper Saddle River, NJ: Pearson Education, Inc.

Guilford, J. P. (1950). Creativity. *American Psychologist, 5*(5), 444-454.

Guilford, J. P. (1967). *The nature of human intelligence.* New York, NY: McGrow-Hill.

Hadas, M. (1965). The Greek paradigm of self control. In R. Klausner (Ed.), *The quest for self control.* NY: Free Press.

Hartshorne, H., & May, M. A. (1928). *Studies in deceit.* NY: Macmillan.

Hergenhahn, B. R. (1982). *An introduction to theories of learning.* Englewood Cliffs, NJ: Prentice-Hall, Inc.

Horatius. (AD 19-20). Ars Poetica. 천병희 역(2002). 시론. 서울: 문예.

Hudd, S. S. (2011). Character education in contemporary America. In J. L. DeVitis & T. Yu (Eds.). *Character and moral education* (pp. 78-88). NY: Peter Lang

Ingram, J. B. (1979). *Curriculum integration and lifelong education.* NY: Pergamon Press Inc.

Issacs, D. (1976). *Character building in schools: Practical ways to bring moral instruction to life.* San Francisco, CA: Jossey-Bass.

Jarolimek, J., & Foster, C. D. (1995). *Teaching and learning in the elementary school.* NY: Macmillan Publishing Company.

Jay, E. S. & Perkins, D. N. (1997). Problem finding: The search for mechanism. In M. A. Runco (Ed.), *Creativity research handbook (Vol. 1).* Cresskill, NJ: Hampton.

Jonsen, A. R. & Tulmin, S. (1990). *The abuse of casuistry: A history of moral reasoning.* Sacramento: University of California Press. 권복기, 박인숙 공역(2011). 결의론의 남용. 서울: 이화여자대학교 생명의료법연구소.

Joyce, B., Weil, M., & Showers, B. (1992). *Models of teaching.* Boston, MA.: Allyn & Bacon.

Jung, C. (1933). *Psychological types.* NY: Harcourt, Brace and World.

Kaufman, J. C. (2009). *Creativity 101.* New York, NY: Springer Publishing Company.

Koestler, A. (1976). Bisociation in creation. In A. Rothenberg, & C. Hausman(Eds.), *The creativity question* (pp. 108-113). Durham, NC: Duke University Press.

Kohn, A. (2011). How not to teach values: A critical look at character education. In J. L. DeVitis & T. Yu (Eds.), *Character and moral education* (pp. 129-146). NY: Peter Lang.

Kris, E. (1976). On preconscious mental processes. In A. Rothenberg, & C. Hausman (Eds.), *The creativity question* (pp. 135-142). Durham, NC: Duke University Press.

Lickona, T. (1991). *Educating for character: How our schools can teach respect and responsibility.* NY: Bantam Books.

Lickona, T. (1993). Lessons from 10 years of teacher improvement. *Educational Leadership, 50*(November), 6-11.

Lickona, T. (2011). Character education: Seven crucial issues. In J. L. DeVitis & T. Yu (Eds.), *Character and moral education* (pp. 23-29). NY: Peter Lang.

Lickona, T., Schaps, E., & Lewis, C. (2011). Eleven principles of effective character education. In J. L. DeVitis & T. Yu (Eds.), *Character and moral education* (pp. 30-35). NY: Peter Lang.

Lockwood, A. L. (1997). What is character education? In A. Molnar (Ed.). *The construction of children's character* (pp. 174-185). Chicago, IL: The National Society for the Study of Education.

Lubart, T. I. (1994). Creativity. In R. J. Sternberg (Ed.), *Thinking and problem solving.* NY: Academic Press.

MacKinnon, D. W. (1978). *In search of human effectiveness.* NY: Creative Education Foundation, Inc.

Martin, J. R. (2002). *Cultural miseducation: In search of a democratic solution.* NY: Teachers College Press.

Maslow, A. H. (1968). *Toward a psychology of being* (2nd ed,). NY: Van Nostrand Reinhold Company.

Maslow, A. H. (1976). Creativity in self-actualizing people. In A. Rothenberg, & C. R. Hausman (Eds.), *The creativity question* (pp. 86-92). Durham, NC: Duke University Press.

McClellan, B. E. (1999). *Moral education in America: Schools and the shaping of character from colonial times to the present.* NY: Teachers College Press.

Mednick, S. F. (1962). The associative basis of the creative process. *Psychological Review, 69*(3), 220-232.

Milanovich, D.K.(1998). Partnering with community. In T. Rusnak(Ed.), *An integrated approach to character education* (pp. 133-144). NY: Macmillan Publishing Company.

Mumford, M. D. (2003). Where have we been, where are we going? Taking stock in creativity research. *Creativity Research Journal, 15*, 107-120.

Nickerson, R. S. (1999). Enhancing creativity. In R. J. Sternberg (Ed.), *Handbook of creativity* (pp. 392-430). NY: Cambridge University Press.

Noddings, N. (2002). *Educating moral people: A caring alternative to character education.* NY: Teachers College Press.

Noddings, N. (2011). *Philosophy of education* (3rd ed.). Boulder, co: Westview Press.

Noller, R. B., Parnes, S. J., & Biondi, A. M. (1976). *Creative actionbook.* NY: Charles Scribner's Sons.

Oech, R. (1983). *A whack on the side of the head: How to unlock your mind for innovation.* NY: Warner Books, Inc.

Osborn, A. F. (1963). *Applied imagination.* NY: Charles Scribner's Sons.

Parnes, S. J. (1981). *Magic of your mind.* Buffalo, NY: Bearly Limited.

Perkins, D. N. (1984). Creativity by design. *Educational Leadership, September*, 18-25.

Pincoffs, E. L. (1986). *Quandaries and virtues: Against reductivism in ethics.* Lawrence, KS: University Press of Kansas.

Platon. (BC 429). Poetica. 천병희 역(2002). 시론. 서울: 문예.

Platon. (BC 429). Politeia. 박종현 역(2005). 국가 · 정체. 서울: 서광사.

Plucker, J. A. (1999). Reanalyses of student responses to creativity checklist: Evidence of content generality. *Journal of Creative Behavior, 33*, 126-137.

Putnam, R. D. (1995). Tuning in, turning out: The strange disappearance of social capital in America. *PS: Political Science and Politics, 24*(4), 664-683.

Renzulli, J. S., Smith, L., White, A., Callahan, C., & Hartman, R. (1976). *Scales for rating the behavioral characteristic of superior student. Genetic studies of genius.* 이미순 역 (2007). 영재아 행동특성 평정척도. 서울: 박학사

Rimm, S. & Davis, G. A. (1980), Five years of international research with GIFT: an instrument for the identification of creativity. *Journal of Creative Behavior, 14*, 35-46.

Rogers, C. R. (1954). Toward a theory of creativity. *A Review of General Semantics, 11*(4), 249-260.

Rogers, C. R. (1961). *On becoming a person: A therapist's view of psychotherapy.* Boston, MA: Houghton Miffin.

Runco, M. A. (1987). The generality of creative performance in gifted and nongifted children. *Gifted Child Quarterly, 31*, 121-125.

Runco, M. A. (1996). Creativity and development: Recommendations. In M. A. Runco (Ed.), *Creativity from childhood through adulthood: The development issues.* San Francisco: Jossey-Bass.

Runco, M. A. (2004). Everyone has creative potential. In R. J. Sternberg, E. L. Grigenko & J. L. Singer(Eds.), *Creativity: From potential to realization.* Washington DC: American Psychological Association.

Runco, M. A. (2007). *Creativity: Theories, themes, and issues.* Nordwood, NJ: Ablex.

Rusnak, T. (1998a). Introduction: The six principles of integrated character education. In T. Rusnak (Ed.), *An integrated approach to character education* (pp. 1-6). NY: Macmillan Publishing Company.

Rusnak, T. (1998b). Integrating character in the life of the school. In T. Rusnak (Ed.), *An integrated approach to character education* (pp. 9-19). NY: Macmillan Publishing Company.

Ryan, K., & Bohlin, K. E. (1999). *Building character in schools: Practical ways to bring moral instruction to life.* San Francisco, CA: Jossey-Bass.

Ryan, K., & Cooper, J. M. (2000). *Those who can, teach.* Boston, MA: Houghton Mifflin Company.

Schuller, R. H. (2005). *Don't throw away tomorrow: Living God's dream for your life.* San Francisco: Harper Collins.

Schwartz, P. (1999). Quality of life in the coming decades. *Society, 36*(2), 55-60.

Shaffer, D. R. (2002). *Developmental psychology: Childhood and adolescence.* 6th edition. California: Wadsworth Thomson Learning. 송길연, 장유경, 이지연, 정윤경 역. (2006). 발달심리학. 서울: 시그마프레스.

Schaps, E., Watson, M. & Lewis, C. (1996). The caring classroom's academic edge. *Educational Leadership, 51*(1), 16-21.

Simonton, D. K. (1984). *Genius, creativity, and leadership*. Cambridge, MA: Harvard University Press.

Simpson, D. J. (2011). Neo-Deweyan moral education. In J. L. DeVitis & T. Yu (Eds.), *Character and moral education* (pp. 207-226). NY: Peter Lang.

Skinner, B. F. (1971). *Beyond freedom and dignity*. Middlesex, England: Penguin Books Ltd.

Slavin, R. E. (1994). *Educational Psychology: Theory and practice*. Needham Heights, MA.: Allyn and Bacon.

Sternberg, R. J. & Lubart, T. I. (1999). The concept of creativity: Prospects and paradigms. In R. J. Sternberg (Ed.), *Handbook of Creativity*. NY: Cambridge University Press.

Sternberg, R. J. (1989). Domain-generality versus domain-specificity: The life and impending death of a false dichotomy. *Merrill-Palmer Quarterly, 35*(1), 115-130.

Sternberg, R. J., & Lubart, T. I. (1991). An investment theory of creativity and its development. *Human Development, 34*(1), 1-31.

Sternberg, R. J., & Lubart, T. I. (1996). Creative giftedness: A multivariate investment approach. *Gifted Child Quarterly, 37*(1), 7-15.

Sternberg, R. J., & Lubart, T. I. (1995). *Defying the crowd: Cultivating creativity in a culture of a conformity*. NY: The Free Press.

Sternberg, R. J., Lubart, T. I., Kaufman . J. C., & Pretz, J. E. (2005). Creativity. In K. J. Holyoak. & R. G. Morrison (Eds.), *The Cambridge handbook of thinking and reasoning*. (pp. 351-369). NY: Cambridge University Press.

Tannenbaum, A. J. (1983). *Gifted children: Psychological and educational perspectives*. NY: Macmillan Publishing Co., Inc.

Taylor, C. W. (1988a). Various approaches to and definition of creativity. In R. J. Sternberg(Ed.), *The nature of creativity* (pp. 99-121). Cambridge, UK: Cambridge University Press.

Taylor, C. W. (1993). Various approaches to and definitions of creativity. In R. J. Sternberg (Ed.), *The nature of creativity: Contemporary psychological perspectives* (pp. 99-121). NY: Cambridge University Press.

Taylor, I. A. (1971). A transactional approach to creativity and its implications for education. *Journal of Creative Behavior, 5*(3), 190-198.

Taylor, I. A. (1986). Psychological sources of creativity. *Journal of Creative Behavior, 10*(3), 193-202.

Thomas, N. G. & Berk, L. E. (1981). Effects of school environments on the development of young children's creativity. *Child Development, 52*, 1153-1162.

Torrance, E. P. (1962). *Guiding creative talent.* Englewood Cliffs, NJ.: Prentice-Hall, Inc.

Torrance, E. P. (1963). *Education and the creative potential.* Minneapolis: University of Minnesota Press.

Torrance, E. P. (1966). *Torrance tests of creative thinking.* Bensenville, IL: Scholastic Testing Service.

Torrance, E. P. (1979). *The search for satori and creativity.* Buffalo, NY: Bearly Limited.

Torrance, E. P. (1995). Courage. *In why fly?. A philosophy of creative.* Norwood, NJ: Ablex.

Treffinger, D. J., & Renzulli, J. S. (1986). Giftedness as potential for creative productivity: Transcending IQ scores. *Roeper Review, 8*, 150-154.

Treffinger, D. J., Isaken, S. G., & Firestein, R. I. (1983). Theoretical perspective on creative learning and its facilitation. *Journal of Creative Behavior, 17*, 9-17

Urban, K. K.. (1991). On the development of creativity in children. *Creativity Research Journal, 4*(2), 177-191.

Urban, K. K.., & Jellen, H. G. (1995). *Test for creative thinking-drawing production.* Lisse, The Netherlands: Swet & Zeitlinger,

Vygotsky, L. (1925). Principles of social education for deaf and dumb children in Russia. In R. Veer, & J. Valsiner (Ed.), *The Vygotsky reader.* Cambridge Blackwell Publishers.

Wallace, P. M., Goldstein, J. H., & Nathan, P. E. (1990). *Introduction to psychology* (2nd ed.). Dubuque, IA: Wm. C. Brown Publishers.

Wallas, G. (1926). *The art of thought.* NY: Harcourt, Brace and World.

Watson, M., & Benson, K. (2008). Creating a culture for character In M. J. Schwartz (Ed.), *Effective character education: A guidebook for future educators* (pp. 48-91). NY: McGraw Hill Higher Education.

Weisberg, R. W. (2006). *Creativity: Understanding innovation in problem solving, science, invention, and the arts.* Hoboken, NJ: John Wiley & Sons. 김미선 역. (2009). 창의성:

문제해결, 과학, 발명, 예술에서의 혁신. 서울: 시그마프레스.

Wertheimer, M. (1945). *Productive thinking*. NY: Harper.

Westcott, A. M. & Smith, J. A. (1967). *Creative teaching of mathematics in the elementary school*. Boston: Allyn & Bacon, Inc.

Whitehead, B. D. (1993). "Dan Quayle was right." The Atlantic, 271(4), 47-84.

Wiles, J., & Bondi, J. (1989). *Curriculum development: A guide to practice*. London: Merril Publishing Company.

Williams, R. H., & Stockmyer, J. (1987). *Unleashing the right side of the brain: The LARC creativity program*. Lexington, Massachusetts: The Stephen Greene Press.

Wilson, J. Q. (1973). Crime and American culture. The Public Interest, 70, 22-48.

Winton, S. (2011). Does character education really support citizenship education?: Examining the claims of an Ontario Policy. In J. L. DeVitis & T. Yu (Eds.), *Character and moral education* (pp. 102-117). NY: Peter Lang.

Wolfinger, D. M., & Stockard Jr., J. W. (1997). *Elementary methods: An integrated Curriculum*. NY: Longman.

Wynne, E. A. (2011). The great tradition in education. In J. L. DeVitis & T. Yu (Eds.), *Character and moral education* (pp. 16-22). NY: Peter Lang.


두산백과. 2014. 12. 09.

두산백과. 2015. 01. 07.

유네스코 21세기 세계교육위원회, 1997: 85-104.

한국과학창의재단(2014). http://www.kofac.re.kr/www/business/k0303/info.cms 2014. 11. 05. 출력

한국SI영재교육연구소(2015). http://www.korea-si.com/si2.html 2015.01.06. 출력

http://terms.naver.com/entry.nhn?docId=1096004&cid=40942&categoryId=31538

http://terms.naver.com/entry.nhn?docId=1148006&cid=40942&categoryId=32335

# 찾아보기

## 내 용

# 저자 소개

**강충열**(Kang, Choong Youl)
미국 University of Wisconsin-Madison, Ph.D.(교육심리)
김영삼 대통령 자문 교육개혁위원회 전문위원 역임
한국교원대학교 제1대학 학장 역임
현 한국교원대학교 교수
　　한국통합교육과정학회, 한국교과영재학회 회장
　　2007, 2009, 2015 개정 초등통합교과교육과정 개발 및 교과용 도서 편찬


**김경철**(Kim, Kyung Chul)
중앙대학교 대학원 문학박사(유아교육)
호원대학교 교수 역임
한국어린이미디어학회 회장 역임
현 한국교원대학교 교수
　　한국교원대학교 유아교육원장


**신문승**(Shin, Moon Seing)
한국교원대학교 대학원 교육학박사(영재교육/창의성교육)
경기 선부초 외 3개교 교사
GERI(The Gifted Education Resource Institute) at Purdue University 연구원
2007, 2009, 2015 개정 초등통합교과용 국정도서 집필진, 연구진, 검토진
현 한국교원대학교 교원능력개발센터 책임연구원


**한상우**(Han, Sang Woo)
독일 Regensburg 대학교, Ph.D.(철학/종교학)
2009 개정 국정교과서 초등 도덕 심의위원회 위원장 역임
현 한국교원대학교 교수
　　독일 가톨릭 학술장학재단 한국위원회 사무총장, 위원장

# 창의·인성 교육의 이론과 실제
The Education of the Creativity & Character Development

2017년  4월   5일  1판  1쇄  인쇄
2017년  4월  10일  1판  1쇄  발행

지은이 • 강충열 · 김경철 · 신문승 · 한상우
펴낸이 • 김진환
펴낸곳 • ㈜**학지사**
          04031 서울특별시 마포구 양화로 15길 20 마인드월드빌딩
대표전화 • 02-330-5114     팩스 • 02-324-2345
등록번호 • 제313-2006-000265호

홈페이지 • http://www.hakjisa.co.kr
페이스북 • https://www.facebook.com/hakjisabook

ISBN 978-89-997-1206-7  93370

정가 19,000원

이 도서의 국립중앙도서관 출판시도서목록(CIP)은 서지정보유통지
원시스템 홈페이지(http://seoji.nl.go.kr)와 국가자료공동목록시스템
(http://www.nl.go.kr/kolisnet)에서 이용하실 수 있습니다.
(CIP 제어번호: CIP2017004935)

교육문화출판미디어그룹 **학지사**

심리검사연구소 **인싸이트** www.inpsyt.co.kr
원격교육연수원 **카운피아** www.counpia.com
학술논문서비스 **뉴논문** www.newnonmun.com